中国食品行业追溯体系发展报告（2016—2017）

主　编　何继红

副主编　刘　谊　斯家华　王喜富　高海伟

战略合作伙伴：南京万信方达信息科技有限公司
睿芯（大连）股份有限公司

中国财富出版社

图书在版编目（CIP）数据

中国食品行业追溯体系发展报告：2016—2017 / 何继红主编 . —北京：中国财富出版社，2017. 8

ISBN 978 - 7 - 5047 - 6578 - 9

Ⅰ. ①中…　Ⅱ. ①何…　Ⅲ. ①食品行业—发展—研究报告—中国—2016—2017　Ⅳ. ①F426. 82

中国版本图书馆 CIP 数据核字（2017）第 211781 号

策划编辑 寇俊玲　**责任编辑** 杜　鹃
责任印制 梁　凡　**责任校对** 胡世勋　杨小静　**责任发行** 王新业

出版发行	中国财富出版社		
社　址	北京市丰台区南四环西路 188 号 5 区 20 楼	**邮政编码**	100070
电　话	010 - 52227588 转 2048/2028（发行部）		010 - 52227588 转 307（总编室）
	010 - 68589540（读者服务部）		010 - 52227588 转 305（质检部）
网　址	http://www. cfpress. com. cn		
经　销	新华书店		
印　刷	北京九州迅驰传媒文化有限公司		
书　号	ISBN 978 - 7 - 5047 - 6578 - 9/F · 2808		
开　本	787mm × 1092mm　1/16	**版　次**	2017 年 12 月第 1 版
印　张	21	**印　次**	2017 年 12 月第 1 次印刷
字　数	399 千字	**定　价**	150. 00 元

中国食品行业追溯体系发展报告（2016—2017）编委会

主任委员：

丁俊发　中国物流与采购联合会原常务副会长、研究员

副主任委员：

何继红　中国副食流通协会会长

姚广海　中国国际电子商务中心党委书记

方德英　北京工商大学副校长

李锦松　泸州老窖集团有限责任公司总工程师

编委委员（按姓氏音序排列）：

陈广山　中国国际电子商务中心研究院高级咨询师、管理学博士

陈　浪　泸州老窖股份有限公司总调度室主任

陈　梅　内蒙古师范大学教授

陈韦宁　睿芯（大连）股份有限公司董事长

崔绪辉　万信方达科技发展（北京）有限责任公司副总经理

董军芳　中国副食流通协会副会长

高　昂　中国标准化技术研究院博士、副研究员

高海伟　中国副食流通协会食品安全与信息追溯分会秘书长

郭炳晖　北京航空航天大学数学、信息与行为教育部重点实验室副主任

姜同强　北京工商大学教授
鞠远程　烟台张裕葡萄酿酒股份有限公司业务部经理、会计师
李鸣涛　中国国际电子商务中心研究院院长
刘文战　北京华信瑞德信息技术有限公司副总经理
刘　谊　华北电力大学经济管理学院副教授
陆会会　江苏稻源微电子有限公司首席运营官
孟黎加　中商商业经济研究中心研究员
宁焕生　北京科技大学计算机与通信工程学院副院长
斯家华　中国副食流通协会食品安全与信息追溯分会常务副会长
仝其根　北京农学院食品科学与工程学院院长、教授
王　玎　山东省标准化研究院产品追溯与安全管控中心主任
王　辉　北京中物联物流规划研究院副院长、博士后
王树文　古贝春集团有限公司总经理助理
王喜富　北京交通大学物流工程系主任、教授
晏庆华　中国物流与采购联合会网络事业部主任
张　辉　原国家知识产权局高级审查员、派腾奥普科技服务（北京）有限公司总经理
张建军　中国国际电子商务中心研究院副院长
左　敏　北京工商大学教务处处长

其他参加编写的人员（按姓氏音序排列）：

包志强　毕铭文　柴　清　陈登立　李健平
李鸣涛　李　燕　刘浩然　莫名垚　彭迎涛
石金旭　唐清文　王德利　徐前景　杨慧河
袁　言　战文彬　张瑞芳　郑小军　周朝晖

用供应链思维构建信息追溯体系

（代序）

一、分析中国重要产品特别是食品的质量与安全要用二分法

当前中国的重要产品特别是食品的质量与安全形势究竟如何？分析这个问题要一分为二地看待，有成绩也有问题。成绩主要有：国家先后颁布和修订了《中华人民共和国产品质量法》《中华人民共和国消费者权益保护法》《中华人民共和国食品安全法》；加大了农产品、食品、药品、农业生产资料、特种设备、危险品、稀土七大类产品追溯体系的建设，“十三五”规划、2017 年的中央 1 号文件都对此提出了明确要求；2015 年 12 月 30 日，国务院办公厅专门印发了《国务院办公厅关于加快推进重要产品追溯体系建设的意见》，国务院有关部门以及各省（自治区）、市（直辖市）都出台了具体措施；我国追溯体系建设正以空前的力度、广度与深度进行着。这说明追溯体系建设作为国家经济的安全保障工程与全面建成小康社会的民生工程受到党中央、国务院的高度重视，正如党的十八届六中全会指出的那样，“我们党来自人民，失去人民拥护和支持，党就会失去根基。必须把坚持全心全意为人民服务的根本宗旨、保持党同人民群众的血肉联系作为加强和规范党内政治生活的根本要求。全党必须贯彻党的群众路线，为群众办实事、解难事，当好人民公仆”，追溯体系建设就是为群众办实事、解难事。但也从侧面说明，我国一些重要产品特别是食品质量与安全问题还相当严重，这些问题不解决，中国的强国之路就会受阻，“美丽中国”“健康中国”就是空话。

二、追溯体系成败的关键不在技术，而在思想

追溯体系建设是采集、记录产品生产、流通、消费等环节信息，实现来

源可查、去向可追、责任可究，强化全过程质量安全管理与风险控制的有效措施。追溯体系在发达市场经济国家已是一种比较成熟的对产品监控的办法，并随着信息技术的进步不断得到创新发展。中国适时提出追溯体系的建设，一是追赶国际建设追溯体系的发展步伐，我们在这一领域相对落后；二是解决我国产品特别是食品质量安全方面存在的问题，提高我国产品特别是食品质量，保障人民日常生活所需安全的食品。要解决这一问题，就要分析形成这一问题的主要矛盾与矛盾的主要方面。我国食品安全存在法律法规不健全、标准缺失、政府监管不到位、企业管理水平低、科技含量不高、消费者缺少维权意识等问题，但主要根源在哪里？我认为在思想。毛泽东同志讲，行动是受思想支配的，有什么样的思想就有什么样的行为。中国实行改革开放以来，虽然，取得了举世瞩目的成就（我国已是世界第二大经济体，第一大进出口贸易国），但也存在问题，比如"一切向钱看"的观念扭曲了一些企业与一些人的行为准则，导致诚信体系缺失，使一些企业与个人为了满足私利，完全忘掉了对国家、对他人应负的主体责任，加上缺少奖惩分明的机制，最终形成假冒伪劣产品禁而不止的局面。所以，追溯体系建设既要重视法制建设、管理建设、技术建设、标准化建设，更要重视思想建设、体制建设，打组合拳。

三、用供应链思维构建追溯体系

什么是供应链？供应链也可以叫供需链，是20世纪80年代许多专家针对企业管理研究的最新产物，英国经济学家克里斯多夫曾说过："今后世界不存在一个企业与另一个企业的竞争，存在的是一个供应链与另一个供应链的竞争。"所谓供应链，就是在生产和流通过程中，为了将产品和服务交付给最终用户，由上游和下游企业构建的网链结构，这个网链结构是利用信息技术，将商流、物流、信息流、资金流等进行管理的一个完整系统。由于经济的全球化，供应链所涉及的上下游就没有区域的界限。所以，供应链管理应从资源的优化配置及流程的降本增效切入。我把供应链区分为国家供应链、产业供应链、城市供应链与企业供应链。

追溯体系严格讲也是一个供应链体系。从纵向讲，涉及产品的原材料供应、生产加工、物流、批发零售到消费者手中；从横向讲，涉及信息、资金、标准、技术、人力资源、政府监管、行业自律等，千万不要认为追溯只是流通环节的事。如果互联网的本质特征是开放、连接、共享的话，那么供应链的本质特征就是优化、整合与共赢。

民以食为天，食以安为先，食品的安全与食品的追溯是民生工程，2020年要实现全面建成小康社会的目标，食品追溯体系建设必须只争朝夕。《中华人民共和国食品安全法》明确提出“国家建立食品安全追溯制度”，《国务院办公厅关于加快推进重要产品追溯体系建设的意见》中明确指出，要实现食用农产品“从农田到餐桌”全过程追溯管理。推动农产品生产经营者积极参与国家农产品质量安全追溯管理信息平台运行。推动追溯链条向食品原料供应环节延伸，实行全产业链可追溯管理。我认为，食品的追溯体系要抓两头带中间，一头是生产端，要非常严格，另一头是消费端，要善于维权，在此基础上，通过流通引导生产、促进消费。抓紧制定实施一批关键共性标准，统一数据采集指标、传输格式、接口规范及编码规则。建立完善追溯数据统一共享交换机制，建立企业内外一体、线上线下一体、内贸外贸一体的信息化的追溯体系。

为了推进食品行业的追溯体系建设，让全行业了解追溯体系建设的过去、现在与未来，深化认识追溯体系的热点、难点、重点问题，中国副食流通协会食品安全与信息追溯分会查阅大量材料、实验数据并结合分会工作人员的智慧完成《中国食品行业追溯体系发展报告（2016—2017）》的编写工作。

《中国食品行业追溯体系发展报告（2016—2017）》共四篇。

第一篇综合报告篇，包括三个部分：①2016年食品行业追溯体系环境分析，主要从宏观经济领域、食品行业领域、食品安全调查领域以及相关技术发展四个方面，阐述了相关背景对食品行业追溯体系发展带来的可能影响；②阐述了食品行业追溯体系发展的现状、问题、特点及其发展趋势等内容，对食品行业追溯体系面临的机遇与挑战进行了详细剖析；③回顾了国际上食品行业追溯体系发展的历程，剖析了美国、欧洲、日本及其他国家和地区食品行业追溯体系的经验，并结合中国食品行业追溯体系的现实提出了相关政策建议。

第二篇专题研究篇，包括四个专题：①国内外追溯相关专利的现状及存在的问题，探讨专利对追溯行业发展起到的重要作用；②食品追溯领域技术发展的历程及前沿；③从标准化的角度讨论食品追溯行业发展所依赖的标准化基础；④从物流与投融资的视野探讨了供应链金融在食品行业追溯体系未来可能发展的方向。

第三篇案例分享篇，包括九个案例。具体包括：中国食品安全信息追溯服务平台一个行业服务平台案例；万信方达基于供应链模式的第三方信息追溯平台、华信瑞德基于食品“一物一码”全程追溯管理解决方案、大连睿芯基于无源无硅基芯片 RFID 的产品全生命周期追溯管理系统平台、稻源科技食品安全溯源一体化数据采集系统解决方案四个技术案例；泸州老窖基于追溯体系的生产物流数字化管理的深层应用、古贝春集团基于一物一码的酒类商品信息追溯应用、张裕公司产品二维码追溯应用案例、北京艾森绿宝油脂有限公司产品质量追溯系统四个应用案例。

第四篇资料汇编篇，包括相关法律规章和相关政策两个部分。其中，食品追溯行业相关法律规章 9 项，相关政策 10 项。

由于《中国食品行业追溯体系发展报告（2016—2017）》是第一次运作，难免存在一些缺陷与不足，希望大家提出改进意见。

丁俊发

2017 年 5 月 1 日

目 录

综合报告篇

专题研究篇

案例分享篇

资料汇编篇

综合报告篇

1　2016年食品行业追溯体系环境分析

1.1　宏观经济总体情况分析

2016年，面对复杂多变的国际环境和国内繁重艰巨的改革发展稳定任务，在以习近平总书记为核心的党中央坚强领导下，各地区各部门全面贯彻党的十八大和十八届三中、四中、五中、六中全会精神，认真落实党中央、国务院决策部署，统筹推进“五位一体”总体布局和协调推进“四个全面”战略布局，坚持稳中求进工作总基调，坚持新发展理念，以推进供给侧结构性改革为主线，适度扩大总需求，坚定推进改革，妥善应对风险挑战，引导形成良好社会预期，经济社会保持平稳健康发展，实现了“十三五”良好开局。

如图1-1所示，2012—2014年的三年时间，我国国内生产总值增长速度一直稳定在7.0%以上，经济增长势头强劲，由2012年的540367亿元增长到2014年的643974亿元，增幅超过十万亿元。而2015年国家的宏观经济调控，对我国的产业结构进行了调整，提出经济软着陆，但增长量依然可观，2016年相对2014年增长量也达到了十万亿元，总体宏观环境良好。

如图1-2所示，随着总体经济环境的发展，我国人均可支配收入也呈现出强劲增长态势，2012年人均可支配收入为16510元，同比增长10.6%，而到2016年时人均可支配收入达到了23821元。五年间增幅超过7000多元。五年间虽然增幅逐步下降，但每年的增长量依然可观，人均可支配收入每年都有2000元左右的增量。人均可支配收入的提高改善了居民的生活水平，除了能够大大提高居民的消费能力，还能够进一步激发居民的消费需求。

如图1-3所示，2012年我国进口总额累计达到114801亿元，出口额达到129359亿元，贸易总额累计完成244160亿元。2014年为近五年来最高，进口额达到120358亿元，出口额达到143884亿元，贸易总额累计完成264242亿元。2012—2016年，我国的国际贸易也得到了发展，贸易额实现增长，受经济软着陆等一系列政策影响，在2015年和2016年贸易额出现波动，但贸易总额依然可观。

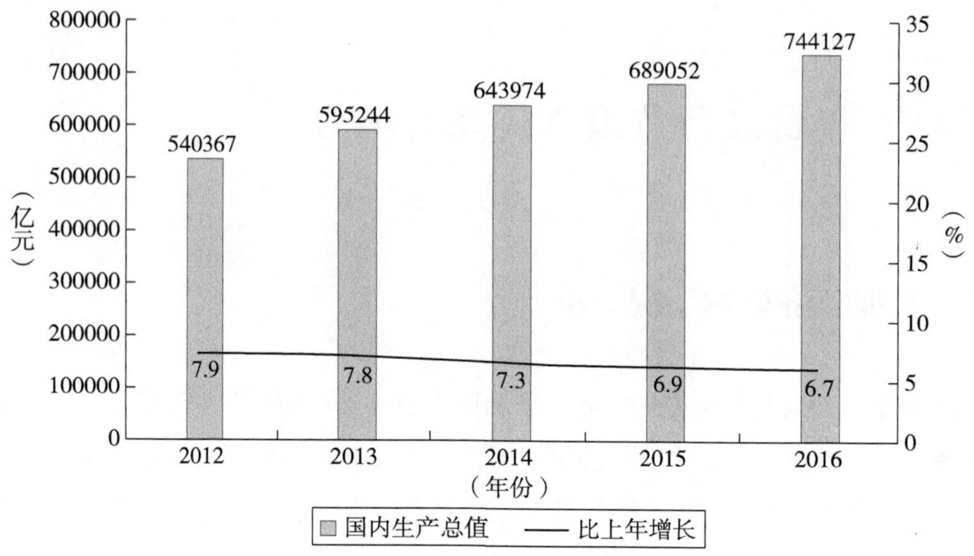

图 1－1　2012—2016 年国内生产总值及增长速度

数据来源：中华人民共和国国家统计局

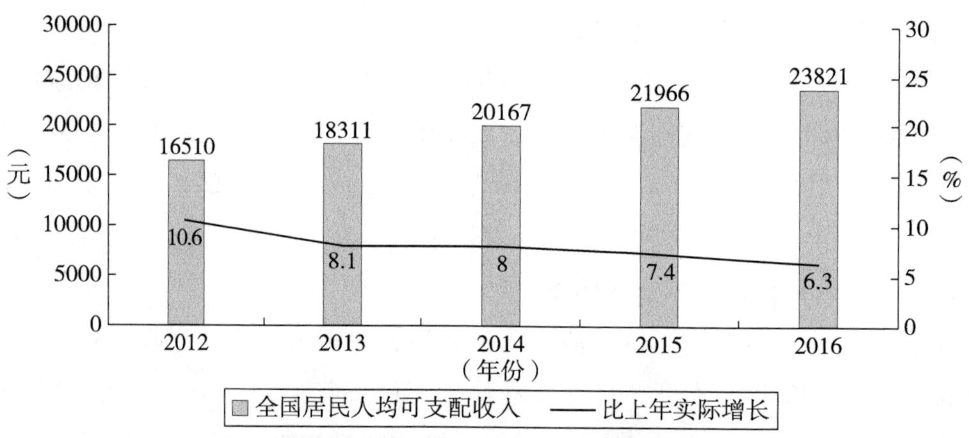

图 1－2　2012—2016 年全国居民人均可支配收入及其增长速度

数据来源：中华人民共和国国家统计局

如表 1－1 所示，2016 年与我国贸易往来频繁的国家主要来自欧盟、东盟、美国、韩国及日本，其中我国主要的货物出口国为美国和欧盟，分别占我国全部出口比重的 18.4% 及 16.2%，同时对中国香港和东盟出口额虽然较 2015 年出现一定程度的降低，但依然占总出口额的 13.7% 和 12.2%。在进口方面，欧盟、东盟、韩国及日本分别占我国全部进口比重的 13.1%、12.4%、10%、9.2%，是我国主要的进口方向。

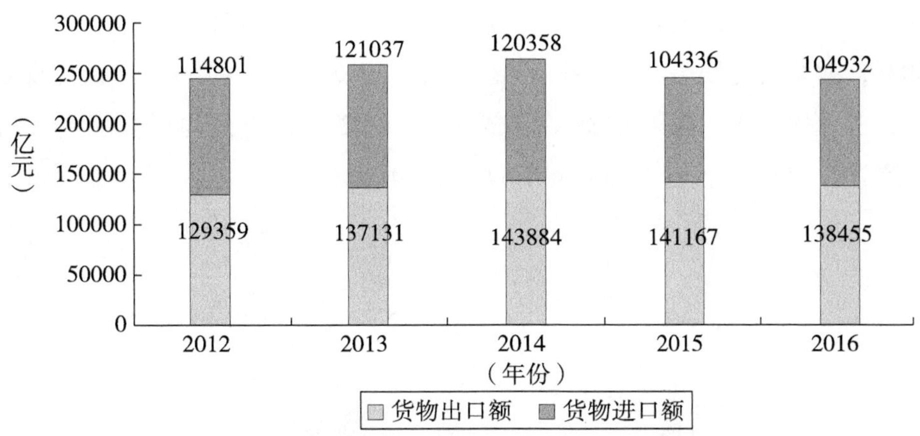

图 1－3　2012—2016 年货物进出口总额

数据来源：中华人民共和国国家统计局

表 1－1　2016 年我国对主要国家和地区货物进出口额及其增长速度

国家和地区	出口额（亿元）	比上年增长率（%）	占我国全部出口比重（%）	进口额（亿元）	比上年增长率（%）	占我国全部进口比重（%）
欧　盟	22369	1.3	16.2	13747	5.9	13.1
美　国	25415	0	18.4	8887	－3.2	8.5
东　盟	16894	－1.9	12.2	12978	7.4	12.4
中国香港	19009	－7.6	13.7	1107	39.2	1.1
日　本	8529	1.3	6.2	9626	8.4	9.2
韩　国	6185	－1.7	4.5	10496	－3.2	10
中国台湾	2665	－4.3	1.9	9203	3.4	8.8
印　度	3850	6.6	2.8	777	－6.4	0.7
俄罗斯	2466	14.2	1.8	2128	3.1	2

数据来源：中华人民共和国国家统计局

改革开放以来，国家坚持以经济建设为中心，大力发展生产力。30 年间经济总量跃居全球第二，成为第二个十万亿俱乐部成员。在不久的将来我国的中产阶级数量将成为世界第一，随之而来的是人民消费的多元化和优质化，对衣食住行的要求将日益提高，渴求更高水平的生活质量，其中，较以前变化最大的是食品和居住。

如图 1－4 所示，2016 年全国居民人均消费 17110 元，其中在居住方面消费

3746 元，占人均可支配收入的 22%；食品烟酒方面消费 5151 元，占人均可支配收入的 30%；教育文化娱乐消费 1915 元，占人均可支配收入的 11%；医疗保健消费 1307 元，占人均可支配收入的 8%；衣着消费 1203 元，占人均可支配收入的 7%；交通通信消费 2338 元，占人均可支配收入的 14%。

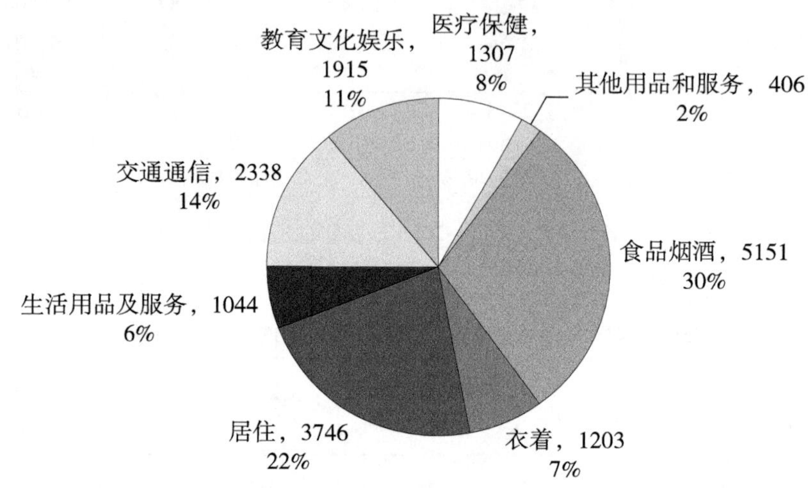

图 1－4　2016 年全国居民人均消费支出及其构成

数据来源：中华人民共和国国家统计局

由此可以看出，居民的消费主要集中在居住和食品烟酒两项，占比达到 52%，是居民的主要消费。随之而来的是居民对食品烟酒及居住需求水平的提高，其中居民对食品的关注度越来越高，在满足日常生活必需的基础上，更加注重食品的生产制造等环节，希望了解食品加工的过程及原材料选材标准，从而确定是否绿色，对人体会有哪些影响。

如图 1－5 所示，2012 年社会总消费零售累计完成 214433 亿元，2013 年累计完成 242843 亿元，较 2012 年同比增长 13.2%。2014 年同比增长 11.9%，2015 年同比增长 10.6%，2016 年同比增长 10.4%，自 2012 年到 2016 年每年社会消费总量都以 10% 以上的速度在增长。五年间总增量达 117883 亿元，2016 年全年社会消费品零售总额达到 332316 亿元，比 2015 年增长 10.4%，扣除价格因素，实际增长 9.6%。另外，根据相关数据，按经营地统计，城镇消费品零售额 285814 亿元，同比增长 10.4%；乡村消费品零售额 46503 亿元，同比增长 10.9%。按消费类型统计，商品零售额 296518 亿元，同比增长 10.4%；餐饮收入额 35799 亿元，增长 10.8%。

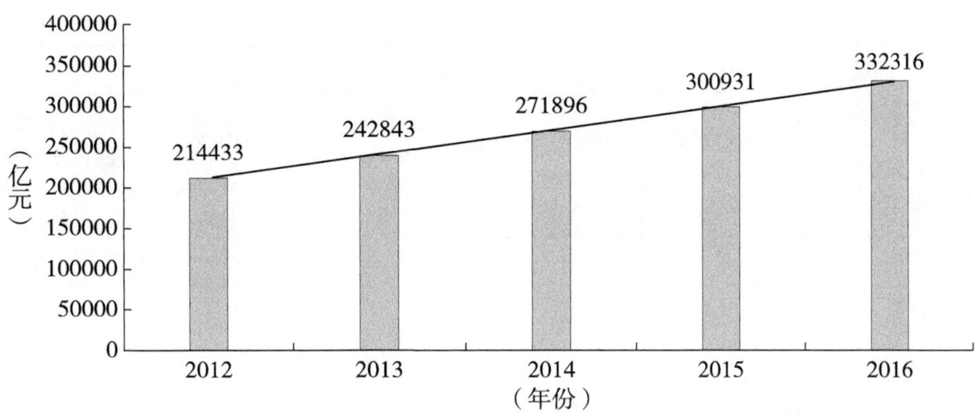

图 1－5　2012—2016 年社会消费品零售总额

数据来源：中华人民共和国国家统计局

1.2　食品行业总体情况分析

由表 1－2 可以看出，居民的主要消费集中在粮食、谷物、蔬菜、干鲜瓜果类。随着居民生活水平的提高，随之而来的是居民对以上几类的加工品及半成品的质量要求提出了更高标准，对加工过程的卫生关注度进一步提高，越来越渴望健康、绿色的生活方式。

表 1－2　　全国居民人均主要食品消费量

指标	2013 年	2014 年		2015 年	
	消费量	消费量	比上年增长率（%）	消费量	比上年增长率（%）
粮食（原粮）	148.7	141	－5.2	134.5	－4.6
谷物	138.9	131.4	－5.4	124.3	－5.4
薯类	2.3	2.2	－4.3	2.4	9.1
豆类	7.5	7.5	0	7.8	4.0
食用油	10.6	10.4	－1.9	10.6	1.9
食用植物油	9.9	9.8	－1	10	2.0
蔬菜及食用菌	97.5	96.9	－0.6	97.8	0.9
鲜菜	94.9	94.1	－0.8	94.9	0.9
肉类	25.6	25.6	0	26.2	2.3
猪肉	19.8	20	1	20.1	0.5

续 表

指标	2013 年	2014 年		2015 年	
	消费量	消费量	比上年增长率（%）	消费量	比上年增长率（%）
牛肉	1.5	1.5	0	1.6	6.7
羊肉	0.9	1	11.1	1.2	20.0
禽类	7.2	8	11.1	8.4	5.0
水产品	10.4	10.8	3.8	11.2	3.7
蛋类	8.2	8.6	4.9	9.5	10.5
奶类	11.7	12.6	7.7	12.1	-4.0
干鲜瓜果类	40.7	42.2	3.7	44.5	5.5
鲜瓜果	37.8	38.6	2.1	40.6	5.2
坚果类	3	2.9	-3.3	3.1	6.9
食糖	1.2	1.3	8.3	1.3	0.0

数据来源：中华人民共和国国家统计局

图 1-6 所示为全国居民人均主要食品消费量，可以看出粮食、肉类及蔬菜为居民的主要食材，居民对这三类的需求量最大，相应的这三类食材的种植、生产、加工等环节的安全性也是最容易引起居民关注的。

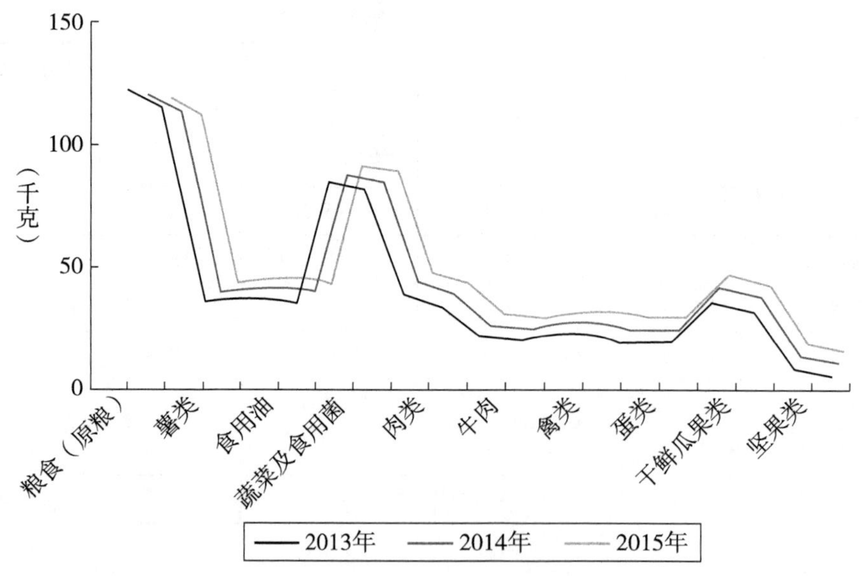

图 1-6 全国居民人均主要食品消费量

数据来源：中华人民共和国国家统计局

如图 1 -7 所示，2012 年我国粮食产量达到 58958 万吨，并逐年提高，2015 年为近五年最高，达 62144 万吨。三年时间增长量达到 3186 万吨。2013—2016 年年产量均达到 60000 万吨以上。

2016 年全年粮食种植面积为 11303 万公顷，比上年减少 31 万公顷。其中，小麦种植面积 2419 万公顷，比上年增加 5 万公顷；稻谷种植面积 3016 万公顷，比上年减少 5 万公顷；玉米种植面积 3676 万公顷，比上年减少 136 万公顷；棉花种植面积 338 万公顷，比上年减少 42 万公顷；油料种植面积 1412 万公顷，比上年增加 8 万公顷；糖料种植面积 168 万公顷，比上年减少 6 万公顷。

2016 年粮食产量 61624 万吨，比上年减少 520 万吨，减产 0.8%。其中，夏粮产量 13920 万吨，减产 1.2%；早稻产量 3278 万吨，减产 2.7%；秋粮产量 44426 万吨，减产 0.6%。全年谷物产量 56517 万吨，比上年减产 1.2%。其中，稻谷产量 20693 万吨，减产 0.6%；小麦产量 12885 万吨，减产 1.0%；玉米产量 21955 万吨，减产 2.3%。

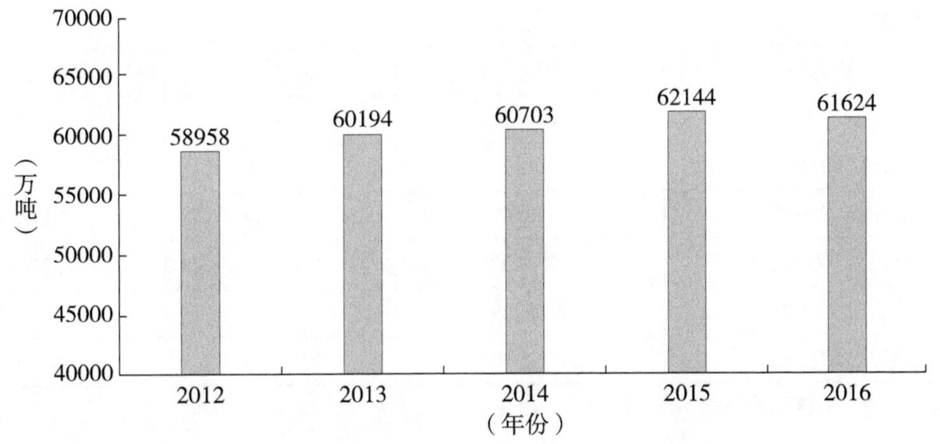

图 1 -7　2012—2016 年粮食产量

数据来源：中华人民共和国国家统计局

在工业品产量上，如图 1 -8 所示。根据表 1 -3 可以看出，2015 年相比 2014 年，烟酒的产量下降，分别减少了 207.79 亿支和 220.69 万千升，精制食用植物油和罐头产量上升，分别增加了 200.2 万吨和 53.61 万吨，与此同时对原盐和糖的需求也出现下滑，分别减少了 384.17 万吨和 168.56 万吨。

随着居民生活水平的提高，人们的健康意识逐渐增强，对危害身体的烟酒需求量下滑，而对精制食用植物油和罐头的需求量增加。同时，居民的饮食习惯也发生改变，对盐和糖的需求出现变化，更加追求低盐少糖的健康饮食习惯。

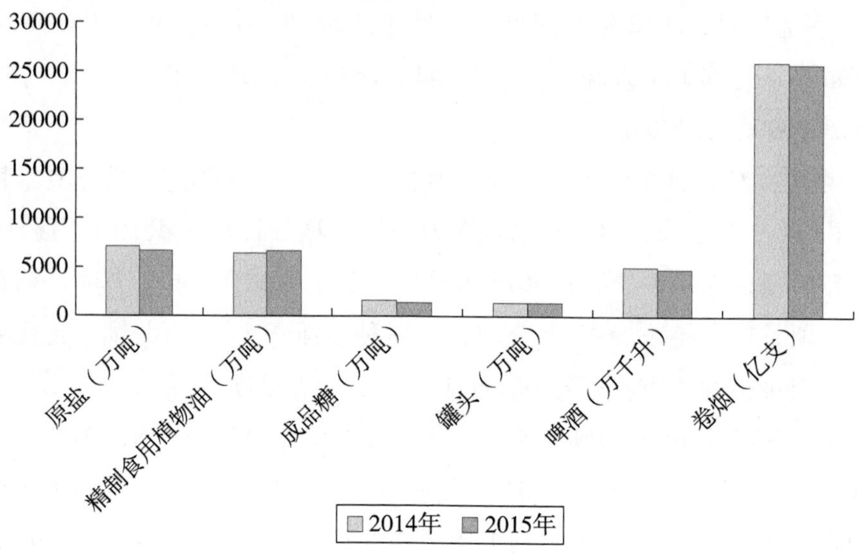

图 1－8　工业品产量

数据来源：中华人民共和国国家统计局

表 1－3　工业品产量

产品名称	2014 年	2015 年	比上年增幅（%）
原盐（万吨）	7049.71	6665.54	－5.45
精制食用植物油（万吨）	6534.1	6734.3	3.06
成品糖（万吨）	1642.67	1474.11	－10.26
罐头（万吨）	1256.32	1309.93	4.27
啤酒（万千升）	4936.29	4715.6	－4.47
卷烟（亿支）	26098.49	25890.7	－0.80

数据来源：中华人民共和国国家统计局

如表 1－4 所示，农副食品作为我国城镇居民的生活必需品，其加工业行业规模也最大，总资产达 32888.25 亿元，同样农副食品加工行业的存货也是最大，在平均用工人数上也是最大。可以看出，食品类行业的整体行业规模在各个行业中居于首位，为我国城镇居民生活的基础行业，同样也是最能引起人们关注的行业，也是在安全及健康方面人们最为关心的行业。

表 1－4　2015 年按行业分规模工业企业主要财务指标　单位：亿元

行业	农副食品加工业	食品制造业	酒、饮料和精制茶制造业	烟草制造业
资产总计	32888.25	14677.48	15599.80	9190.25
流动资产合计	16898.01	7118.51	8027.53	6740.87

续 表

行业	农副食品加工业	食品制造业	酒、饮料和精制茶制造业	烟草制造业
负债合计	16637.94	6570.94	7054.92	2341.17
应收账款	2700.10	1471.37	952.97	701.74
存货	4761.54	1497.15	2446.64	4310.00
主营业务收入	65378.24	21957.58	17373.35	9340.79
主营业务成本	58042.50	17453.11	13006.73	2542.90
销售费用	1375.55	1575.42	1292.13	149.15
管理费用	1513.49	819.41	765.92	497.80
财务费用	554.71	152.89	140.12	(16.78)
利润总额	3423.92	1876.57	1799.65	1199.60

数据来源：中华人民共和国国家统计局

1.3　食品安全调查情况分析

本节内容均来自全国40个省市消费者协会（消费者委员会、消费者权益保护委员会）与中国消费者报社、中国消费网于2016年3月15日共同发布的《全国食品安全调查报告》。报告内容显示，92.89%的消费者通常会在超市等大型购物场所购买食品。五成多的消费者会选择便利店和农贸批发市场，还有三成多的消费者会选择网店和食品零售店。同时，86.51%的消费者认为路边早、夜市或小摊最容易出现食品安全问题，占比最高；其次是网店；相比较而言，超市等大型购物场所的食品还是比较让人放心的，只有11.17%的消费者认为这里容易出现食品安全问题，占比最低。如图1-9所示，在被调查者的消费习惯上，调查显示，44.38%的消费者在购买食品之前，会查看包装标签及说明；54.09%的消费者在购买食品之前会查看包装标签及说明，但看得并不仔细；同时有1.53%的消费者根本不看。

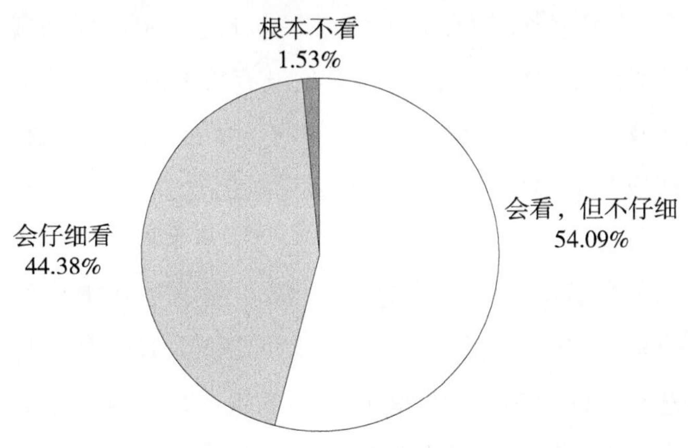

图1-9　消费者消费习惯调查

在“消费者关注食品包装上的哪些信息”中，92.42%的消费者表示会关注食品的生产日期和保质期，而有四成多的消费者却不关注食品的生产厂家、厂址及产品成分等信息；还有六成左右的消费者不关注食品添加剂、贮存条件、规格、净含量及食品安全标识等信息。如图1－10所示，79.48%的消费者表示对食品安全问题“遇到过，但较少”，另有14.96%的消费者则表示经常遇到，仅有5.56%的消费者表示还未遇到过此类问题。

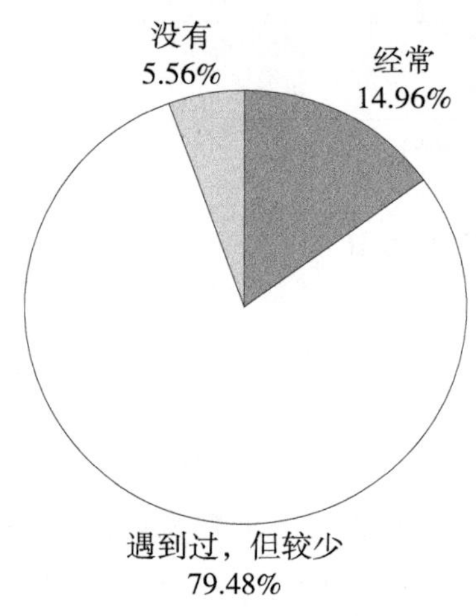

图1－10　消费者遭遇食品问题情况调查

在消费者遇到的食品安全问题中，“食品的生产日期、保质期等事项没有显著标注，不易辨识”占比超过60%；“宣传虚假或夸大”“餐饮企业生产环境脏、乱、差，卫生不达标”和“标注虚假生产日期、保质期或者过了保质期还在销售”三种情况的占比均超过五成；另有四成消费者遇到过“食品掺假掺杂、腐败变质、霉变生虫、污秽不洁、混有异物或者感官性状异常”的情况；还有两成多的消费者表示遇到过“超范围、超限量使用食品添加剂”“农药残留、兽药残留、重金属等污染物含量或致病性微生物超标”“转基因食品没有按照规定显著标示”及保健食品的标签、说明书涉及疾病预防、治疗功能，没有声明“本品不能代替药物”等违法情况。这些问题都应当引起食品经营者的高度关注。

根据图1－11所示，从食品安全问题产生的环节来看，65.5%的消费者认为食品的生产加工环节最容易出现安全隐患，16.66%的消费者则将原因归咎于种植养殖环节；另外，分别有10.83%和7.01%的消费者认为餐饮消毒环节和批发零售环节最容易出现问题。这说明多数消费者对食品的生产加工环节是否安全、卫生非常担忧，相关部门也应加大对这一环节的监管以及处罚力度。

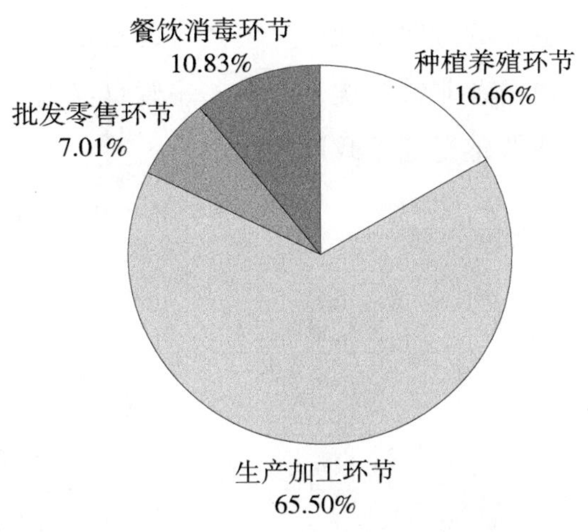

图 1－11　目前食品最大的隐患环节统计

如图 1－12 所示，“遇到这些食品安全问题之后，消费者会如何处理”这项调查显示，选择找商家要求退换或赔偿的占比最高，为 56. 72%；向行政部门或消协投诉的，占比 17. 82%；直接联系生产厂家的则较少，仅为 4. 29%。这就要求食品销售者要严格落实“首问负责制”，不要推诿责任，力争将消费纠纷解决在这一环节。调查还发现，有 19. 92% 的消费者在遇到问题食品后，会选择“忍气吞声，自认倒霉”，这就要求消费者要强化维权意识，勇于维权，千万不要让不法商家逍遥法外。

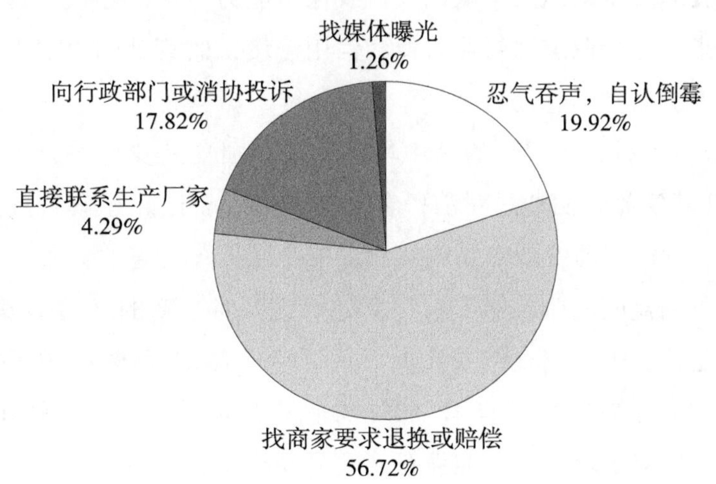

图 1－12　对遇到问题食品的处理方式

数据来源：中华人民共和国国家统计局

如图 1－13 所示，在“对我国食品安全形势的总体看法”方面分析来看，51. 28% 的消费者持悲观态度，认为问题很多，并表示担忧；33. 09% 的消费者则持相对乐观的态度，表示“有些问题，但可以解决”；还有 15. 63% 的消费者更为积极乐观，认为形势正在往好的方向发展。从消费者的态度看出，我国食品安全确实存在诸多问题，令部分消费者非常担忧，但相关主管食品监管部门正在做改善现状的努力，从而使不少消费者感受到了政府的决心。

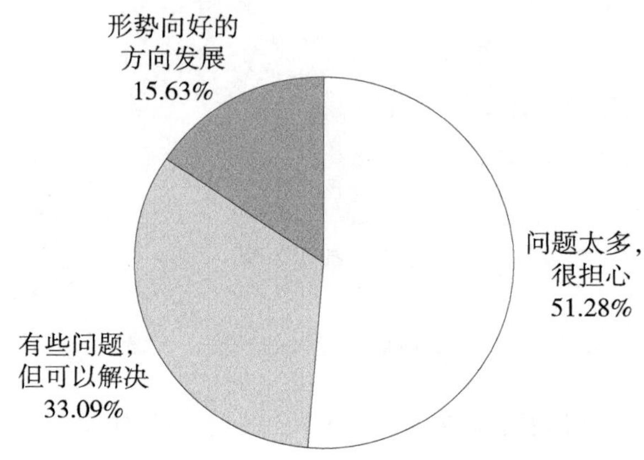

图 1－13　我国食品安全形势的总体看法分析

从造成食品安全问题的原因来看，七成多的消费者认为不法食品生产经营者利欲熏心，而相关部门执法不严，监管力度不够，以及对不法食品生产经营者的惩罚力度不够，是造成食品安全问题的主因；还有 54.20% 的消费者将原因归咎于自身，认为消费者对食品安全知识的欠缺以及自我保护能力不足也导致了食品安全问题的产生。这就要求食品行业加强行业自律和信用建设，监管部门也要严格执法，加大不法生产经营者的监管和惩处力度。

2015 年 10 月 1 日，新修订的《中华人民共和国食品安全法》（以下简称《食品安全法》）正式实施，而通过对消费者对《食品安全法》了解程度调查发现，如图 1－14 所示，六成多消费者对新的《食品安全法》知之甚少。那么，广大消费者对这一涉及切身利益的法律武器了解程度如何呢？对于新的《食品安全法》，消费者最关心的又是什么呢？调查结果让人大跌眼镜，有 63.41% 的被调查者表示对新的《食品安全法》了解很少，有 12.50% 的消费者完全不了解，只有 24.09% 的消费者了解较多。这就要求进一步加强新《食品安全法》的宣传普及工作，扩大这一法律的社会认知度，使其家喻户晓、深入人心。

而对于新的《食品安全法》，73.41% 的消费者最关心的问题是消费者的投诉能否得到及时处理，37.45% 的消费者关心从源头到餐桌如何实现食品的全程监管，37.89% 的消费者关心各部门能否狠抓落实，严格执法，让消费者能够放心消费。

对于新的《食品安全法》加大了对不法行为的惩处力度这一举措，消费者又是

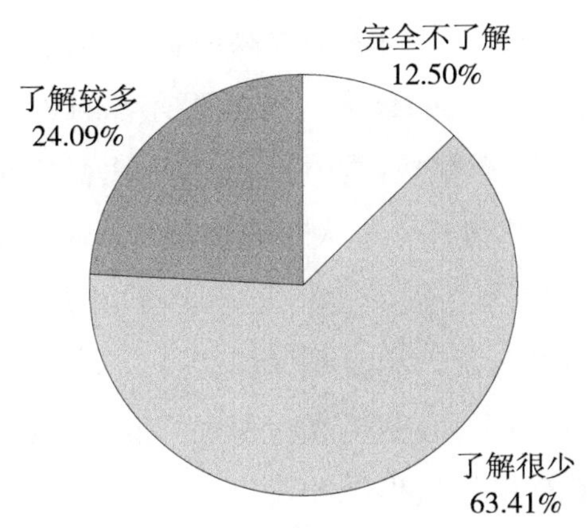

图 1－14　消费者对新《食品安全法》了解程度

数据来源：中华人民共和国国家统计局

怎么看呢？调查显示，64.24%的消费者表示效果很难说，关键要看是否真正落实到位；30.88%的消费者表示非常好，可形成有效震慑；仅有4.89%的消费者持否定态度，表示这一举措未必能收到预期效果。这显示了消费者对新的《食品安全法》落实情况的担忧。

这种对法律落实情况的怀疑态度在其他调查中也得到了一定体现。例如，新《食品安全法》规定："生产不符合食品安全标准的食品或者经营明知是不符合食品安全标准的食品，消费者除要求赔偿损失外，还可以向生产者或者经营者要求支付价款10倍或者损失3倍的赔偿金。增加赔偿的金额不足一千元的，为一千元。"对此，有37.35%的消费者赞同该法条会激发消费者依法维权的积极性；但29.35%的消费者认为检测成本高，且认定商家的"明知"行为比较困难；24.89%的消费者认为"一般，很难真正落到实处"；8.41%的消费者认为惩处力度还不够。

另外一项调查是，"新《食品安全法》中规定了广告经营者、发布者设计、制作、发布虚假食品广告，社会团体或者其他组织、个人在虚假广告或者其他虚假宣传中向消费者推荐食品，食品检验机构出具虚假检验报告，认证机构出具虚假认证结论，使消费者的合法权益受到损害的，均应当与食品生产经营者承担连带责任。您怎么看？"对此，虽然有60.29%的消费者表示"很好，可对遏制食品违法行为起到积极作用"，但仍有34.80%和4.92%的被调查者分别表示"一般，很难真正落到实处"和"效果不会明显"。

从上述调查结果可以看出，消费者在对加大处罚力度、增加连带责任的规定表示认可的同时，对《食品安全法》的法条能否真正落实，似乎信心不足，持有一定的怀疑态度。对此，执法监管部门还应严格执法，避免法条形同虚设情况的出现，确保新法能够落到实处。那么，如何才能提高消费者的消费信心呢？调查发现，选择“严格执法，加大监管力度”的最多，占被调查者的74.88%；排在第二位的是“食品生产经营者诚信自律，严格按照法律、法规和食品安全标准生产经营”，占比为71.09%；选择“强化法律责任，加大惩罚力度”“加强食品安全风险监测和评估”“加强食品检验工作”“不断提高食品安全标准”“加强宣传教育，普及食品安全知识，增强消费者食品安全意识和自我保护能力”等五项的，也占到了被调查者的六成多。这也说明，消费者信心的提高，很大程度上有赖于执法监管部门加大监管处罚力度和生产经营者严格依法生产经营。

1.4 相关技术发展情况分析

由图1－15调查结果可知，受访企业对云计算、物联网与大数据三类新技术的认知比例为57.9%、53.4%和52.1%，基本与2015年持平。可以看出，企业对新技术的认知程度均已过半，但还有很大提升空间。对于信息追溯而言，新技术的普及将对信息追溯的统计结果产生重大影响。

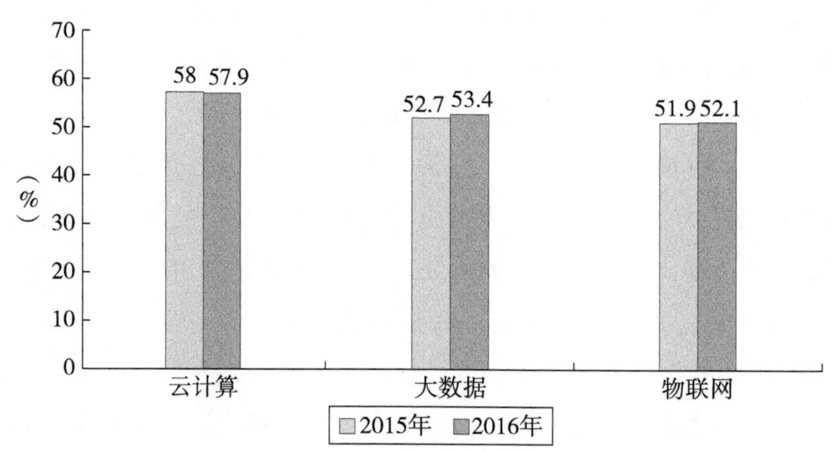

图1－15 企业对新技术的认知情况

数据来源：2016年第39次中国互联网络发展状况统计报告

如图1－16所示，企业对云计算、大数据、物联网技术的采用/计划采用比例，相比2015年提升明显，均已接近或超过20%。由此可以看出，2016年，得益于政府鼓励，创新技术的研发与应用实践获得政策支持，全社会创新气氛已经形成，并深刻影响着企业的转型升级路径。

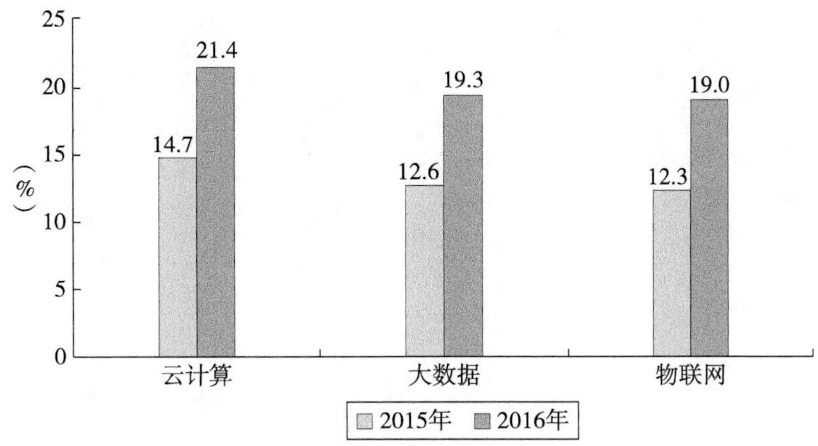

图 1－16　企业对新技术的采用/计划采用情况

数据来源：2016 年第 39 次中国互联网络发展状况统计报告

截至 2016 年 12 月，我国网民规模达 7.31 亿。互联网普及率为 53.2%，较 2015 年年底提升了 2.9 个百分点。如图 1－17 所示。

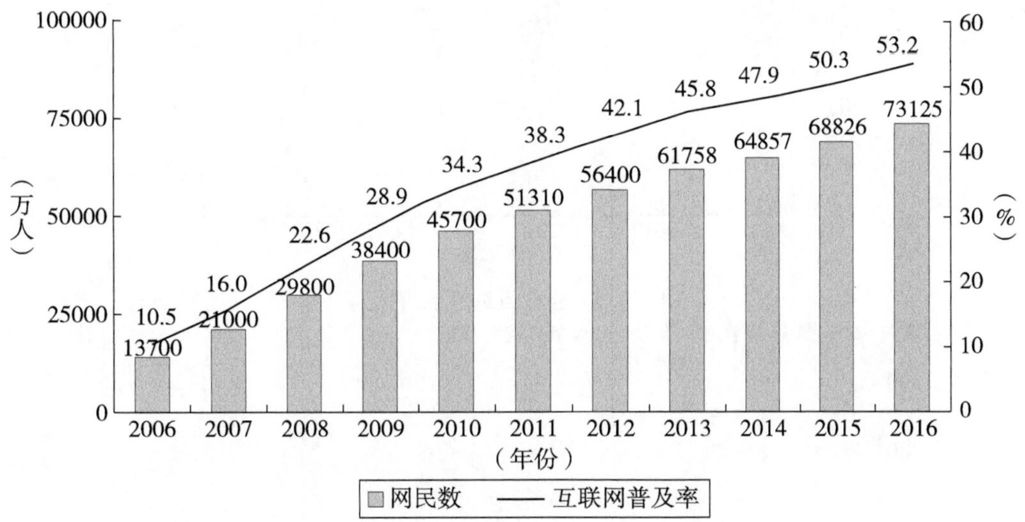

图 1－17　中国网民规模和互联网普及率

数据来源：2016 年第 39 次中国互联网络发展状况统计报告

截至 2016 年 12 月，企业计算机使用比例达到 99%，全国互联网使用比例达到 95.6%。两者差距降到最低，如图 1－18 和图 1－19 所示。

截至 2016 年 12 月，通过固定宽带接入方式使用互联网的企业占比为 93.7%；通过移动宽带接入互联网的企业占比达 32.3%，相比 2015 年上升 8.4 个百分点，如图 1－20 所示。

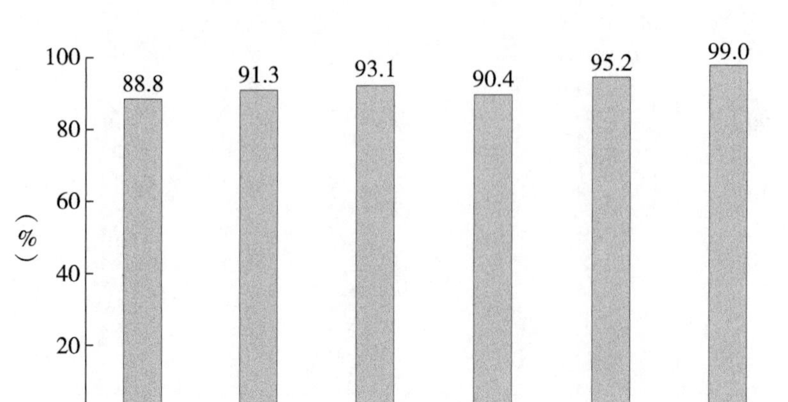

图 1－18　企业计算机使用比例

数据来源：2016 年第 39 次中国互联网络发展状况统计报告

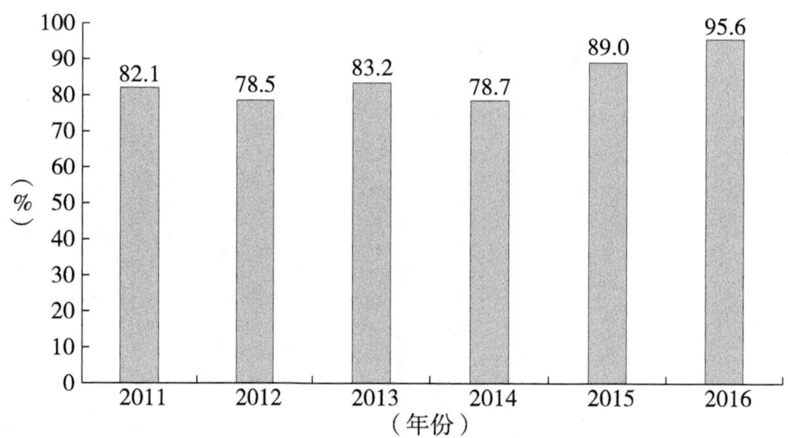

图 1－19　企业互联网使用比例

数据来源：2016 年第 39 次中国互联网络发展状况统计报告

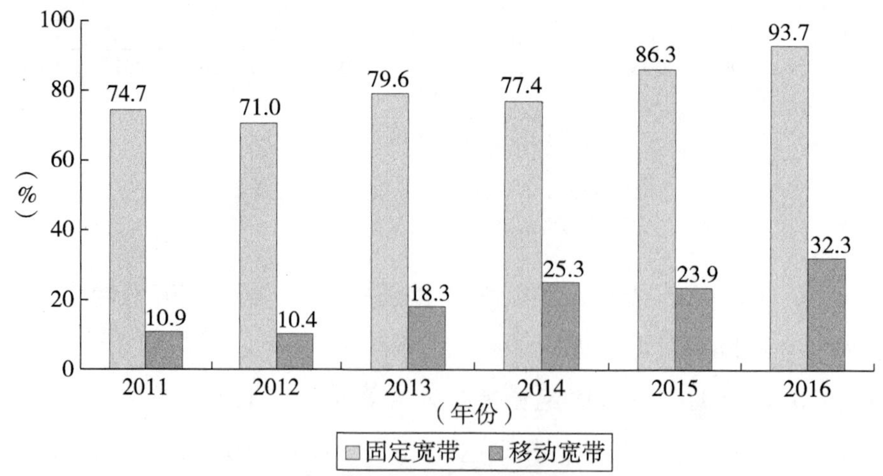

图 1－20　企业固定宽带和移动宽带接入比例

数据来源：2016 年第 39 次中国互联网络发展状况统计报告

如图1－21所示，在开展过互联网营销的企业中，通过移动互联网进行营销推广的比例达83.3%，相比2015年的46.0%增长近一倍，其中高达67.8%的企业使用了付费推广。

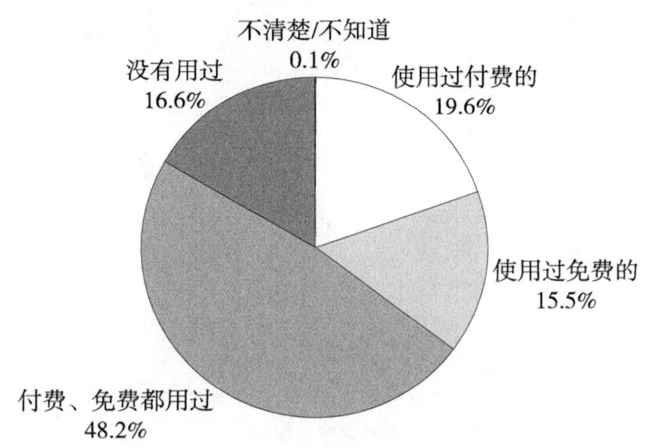

图1－21　企业移动互联网营销开展情况

数据来源：2016年第39次中国互联网络发展状况统计报告

随着消费者向移动互联网全面转移，移动流量保持高速增长，在经过一段时间探索后，专注于移动互联网营销推广的产品逐渐成熟，并得到企业客户的认可和接受。可预见的是，在未来较短的时间内，移动互联网营销推广的使用比例将接近整体互联网营销推广比例，市场规模也将保持快速增长。在各种移动营销推广中，微信营销推广使用率最高，为75.5%，如图1－22所示。企业移动推广渠道的使用情况相比2015年变动不大，但从大型互联网企业纷纷公布其移动营收占比突破关键转折点的消息来看，企业客户正在转向移动营销市场。

在网上外卖方面，2015年网上外卖用户1.14亿，手机网上外卖用户1.04亿。而截至2016年12月，网上外卖用户达到2.09亿，手机网上外卖用户达1.94亿，如图1－23所示（上述数据根据图1－23四舍五入得到）。通过这两组数据可以很明显地看出我国互联网外卖用户规模的庞大，也显示出我国普通居民对互联网外卖的依赖程度越来越高。

截至2016年12月，我国网上外卖用户规模达到2.09亿，年增长率为83.7%，占网民比例达到29.5%，其中，手机网上外卖用户规模已达到1.94亿，年增长率86.2%，占网民比例30.1%，如图1－24所示。

在网上支付方面，2015年12月网上支付用户规模达到4.16亿，手机网上支付用户规模达到3.58亿，截至2016年12月，我国使用网上支付的用户规模达到

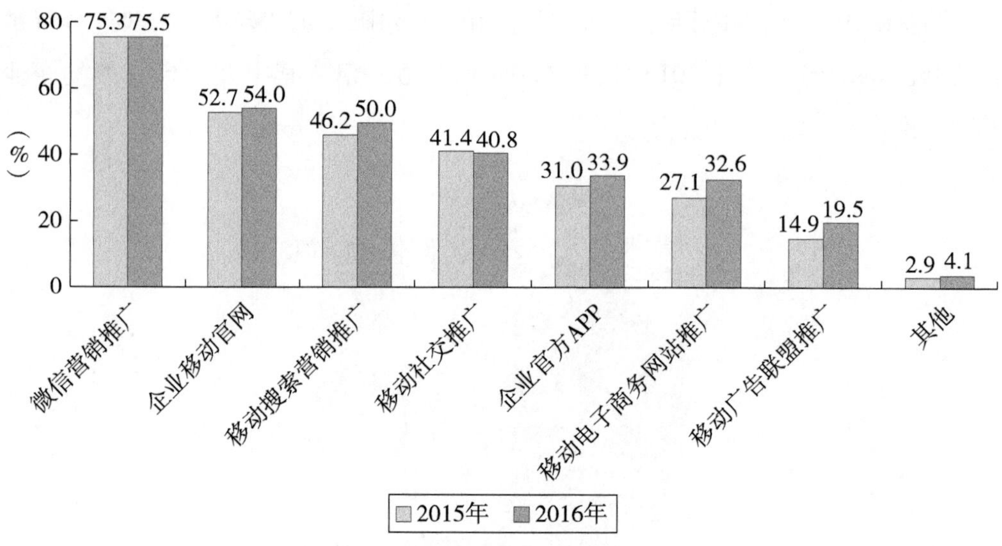

图 1－22　企业移动互联网营销渠道使用比例

数据来源：2016 年第 39 次中国互联网络发展状况统计报告

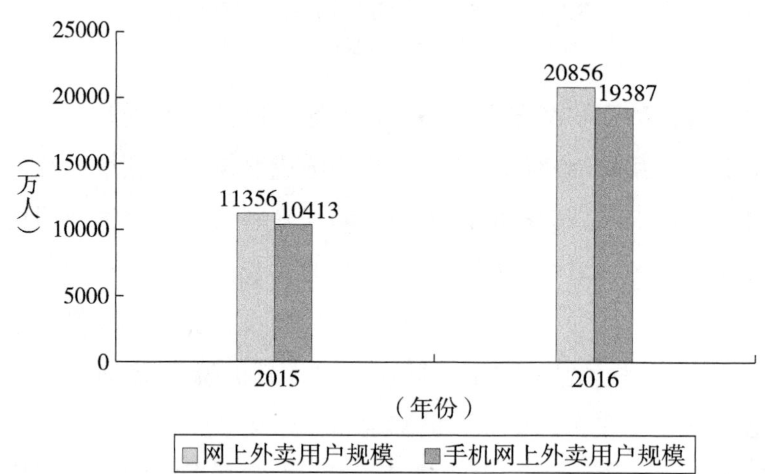

图 1－23　网上外卖/手机网上外卖用户规模

数据来源：2016 年第 39 次中国互联网络发展状况统计报告

4.75 亿，较 2015 年 12 月增加 5831 万，年增长率为 14.0%。手机网上支付用户规模达到 4.69 亿，比 2015 年增加 1.1 亿，年增长率为 31.2%，如图 1－25 所示（上述数据根据图 1－25 四舍五入得到）。

我国网上支付的比例从 60.5% 提升至 64.9%，网民手机网上支付的使用比例增长迅猛，由 2015 年的 57.7% 提升至 2016 年的 67.5%，如图 1－26 所示，从而为信息追溯发展提供了有利条件。

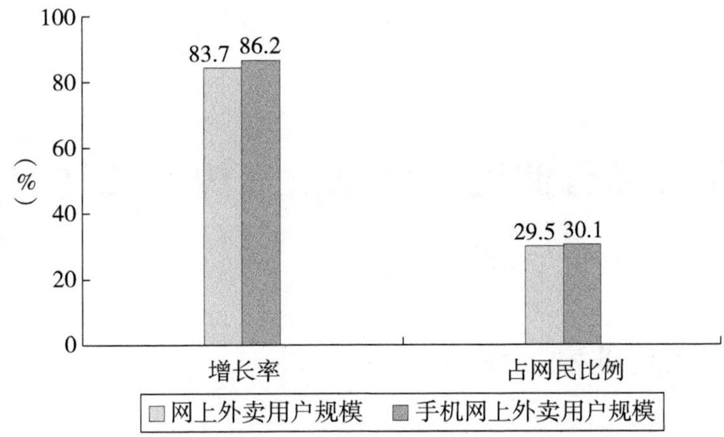

图 1-24　网上外卖/手机网上外卖用户增长率及占网民比例

数据来源：2016 年第 39 次中国互联网络发展状况统计报告

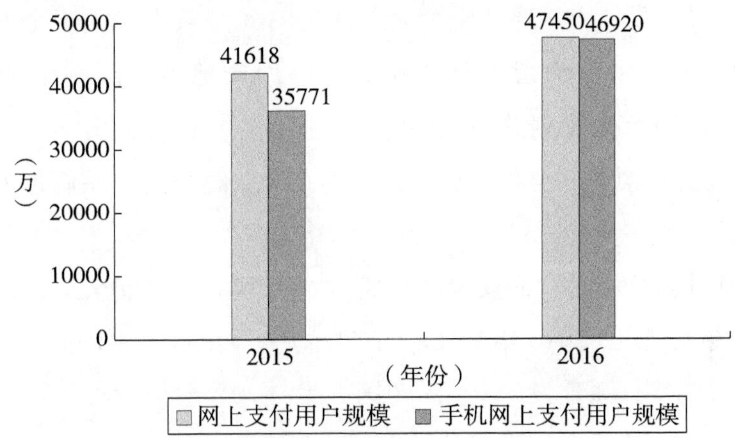

图 1-25　网上支付/手机网上支付用户规模

数据来源：2016 年第 39 次中国互联网络发展状况统计报告

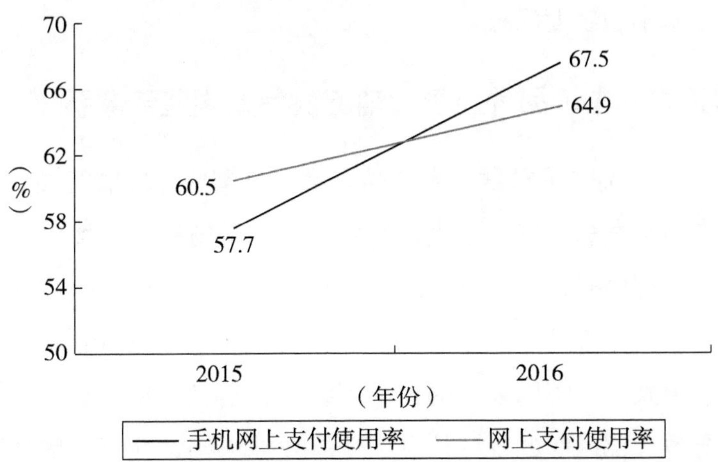

图 1-26　网上支付/手机网上支付使用率

数据来源：2016 年第 39 次中国互联网络发展状况统计报告

2 2016 年食品行业追溯体系发展概况及特点

2.1 食品追溯行业发展现状

2.1.1 法律、政策为追溯体系建立提供了制度保障

2013 年 11 月，党的十八届三中全会上通过的《中共中央关于全面深化改革若干重大问题的决定》中明确指出要“建立食品原产地可追溯制度和质量标识制度”。2014 年、2015 年李克强总理在政府工作报告中均明确提出要“建立一个科学的从生产加工到流通消费的全程可追溯体系”“建立健全消费品质量安全监管、追溯、召回制度”。

2015 年 10 月施行的《食品安全法》将“国家建立食品安全全程追溯制度”正式写入并做了专款规定。2016 年 1 月，国务院办公厅出台了《国务院办公厅关于加快推进重要产品追溯体系建设的意见》（国办发〔2015〕95 号），再次强调了应加快应用现代信息技术建设食用农产品、食品追溯体系。

我国食品安全追溯领域的相关法律法规和党政文件，为我国食品追溯体系的建设与执行提供了基本的制度保障。

2.1.2 分段监管为主、品种监管为辅的食品追溯监管体系

2013 年，国务院确立了对食用农产品质量安全实施分段监管模式。农业监管部门履行食用农产品从种植、养殖到进入批发、零售市场或生产加工企业前的监管职责，食品药品监管部门履行食用农产品进入批发、零售市场或生产加工企业后的监管职责。我国食品安全管理确立了分段管理为主，品种管理为辅的模式。

在这种管理模式下，不同部门的标准不统一，信息采集、统计、分析等技术手段千差万别，导致各部门间的统计信息无法有效地衔接、共享，增加了全程可追溯体系推行的难度。并且我国食品安全监管体制的系统性不够，我国食品追溯体系缺乏对不同环节和产品之间的协调统一，使各地政府在追溯执行上缺乏有效的保障。

同时，由于食品安全监管的分散管理体制，目前尚未建立有效的全程管理及预警、报警机制，食品安全信息的获取及信息的真实性无法保障。

2.1.3 食品安全追溯体系的相关标准逐步建立

中国物品编码中心参照国际物品编码协会的食品安全追溯指南，制定了符合我国国情的《食品安全追溯应用案例集》《牛肉产品跟踪与追溯指南》和《水果、蔬菜跟踪与追溯指南》等规范文件。目前，我国食品编码已覆盖全国5万家食品企业的15万种产品信息，包括肉、禽、蔬菜、水果、海产品等13个大类。同时，与已建立的各个追溯应用示范系统实现了数据对接。

2010—2013年，商务部又相继制定了《全国肉类蔬菜流通追溯体系建设规范（试行）》《肉类流通追溯体系基本要求》《蔬菜流通追溯体系基本要求》《肉类蔬菜流通追溯批发自助交易终端技术要求》《肉类蔬菜流通追溯零售电子秤技术要求》《肉类蔬菜流通追溯体系专用标识使用规定（试行）》等技术规范，逐步为食品追溯体系的全面推广提供了保障。

在标准制定方面，目前我国已制定《饲料和食品链的可追溯性体系设计与实施的通用原则和基本要求》（GB/T 22005—2009），《饲料和食品链的可追溯性体系设计与实施指南》（GB/Z 25008—2010），《农产品追溯要求——果蔬》（GB/T 29373—2012），《食品冷链物流追溯管理要求》（GB/T 28843—2012），《农产品追溯要求——水产品》（GB/T 29568—2013），以及即将实施的《马铃薯商品质量追溯体系的建立与实施规程》（GB/T 31575—2015）食品安全可追溯国家标准。

近年来，我国已开始逐步实施部分食品追溯的地方标准，如《奥运会食品安全食品追溯编码规则》（DB/Z 523—2008），《农产品质量安全追溯生产单位代码规范》（DB34/T 807—2008）等18项地方标准。行业标准方面已有《农产品追溯编码导则》（NY/T 1431—2007），《农产品质量安全追溯操作规程通则》（NY/T 1761—2009）等12项标准。

2.1.4 全国多省地积极开展食品安全追溯试点

上海市农业委员会于2000年12月将农产品溯源工作列为上海市科技兴农重点攻关项目，并于2007年基本建成全覆盖的农产品身份网上查询系统。2004年，北京市农业局和河北省农业厅共同承担了农业部“进京蔬菜产品质量追溯制度试点项目”。2005 年，北京市开展了自产蔬菜产品质量追溯试点。北京市农业局与河北省农业厅建设完成北京市农产食品质量安全追溯管理信息平台，对农产食品质量安全的管理横跨生产、包装、加工及零售等环节，并覆盖蔬菜、水果、畜禽和水产等多个领域。

天津市在率先实施猪肉安全追溯制度的同时，还实行了无公害蔬菜可溯源制，推出网上无公害蔬菜订菜服务。江苏省南京市借鉴国外农产品质量安全管理中产品实行产地编码的先进管理模式，以优质、安全农产品标志为质量溯源的重要载体，以南京市农产品质量安全网站为监管平台，启动农产品质量 IC（集成电路）卡管理体系。

甘肃省兰州市通过建立经营户档案，加强渔用投入品管理，推行产地品种准出制度等，建立了水产品质量安全追溯制度。黑龙江垦区以稻米和畜产品为重点，实施了农产食品质量安全信息可追溯管理。

海南省有关部门通过采用 EAN—UCC（物流信息标识和条码表示）系统对该省水产品生产、包装、储藏、运输及销售的全过程进行标识，利用条码和人工可读方式使其相互连接，一旦水产品出现卫生安全问题，即可通过这些标识追溯水产品源头。

国家条码推进工程办公室自 2004 年 6 月起在山东省潍坊市寿光田苑蔬菜基地和洛城蔬菜基地实施“蔬菜安全可追溯性信息系统研究及应用示范工程”，建立了无公害蔬菜质量安全追溯系统。

在国家、地区相继出台相关政策法规的鼓励下，我国各省市积极实施食品追溯体系建设。北京市、上海市和广东省是我国较早开展食品追溯标准化工作的省市。

广东省在婴幼儿配方乳粉追溯系统方面开展了大量工作，自 2014 年以来陆续制定了《广东省婴幼儿配方乳粉追溯系统规范》《广东省婴幼儿配方乳粉追溯系统接口标准》《广东省婴幼儿配方乳粉追溯系统数据标准》和《广东省婴幼儿配方乳粉追溯系统二维码扫码枪对接标准》等标准规范，对广东省内婴幼儿配方乳粉的生产经营进行全程追溯。

广东省还将建立食用农产品质量安全追溯体系。这也意味着，除了此前的婴幼儿配方乳粉，广东省食用农产品追溯体系建设工作已全面铺开，未来还将结合相应的追溯系统平台，真正实现对食用农产品的溯源查询。

2003 年，国家质检总局启动“中国条码推进工程”，中国物品编码中心在国内建立了多个应用示范系统。如：在肉制品方面，北京市建立了“牛肉产品追溯应用试点”，福建省建立了“远山河田鸡供应链跟踪与追溯体系”；在蔬菜水果方面，建立了“山东省蔬菜可追溯信息系统”“山东省深加工食品安全监管追溯系统”“新疆吐鲁番哈密瓜追溯信息系统”及对“葡萄质量追溯系统”的研究及应用，“江西脐橙产品溯源信息系统”；在粮食制品方面，广西壮族自治区实施了“广西米粉质量安全跟踪、追溯与监管体系”；在茶叶制品方面，四川省实施了“四川产业制品跟踪与追溯系统”；在水产品方面，海南省开展了质量安全跟踪和追溯的应用研究；在消费者终端查询方面，上海市建立了“上海市食用农副产品质量安全信息系统”等。

2008 年，农业部农垦系统启动了农产品质量追溯系统建设项目，设立了农垦产品质量安全网，通过试点工作逐步建立农产品内部的可追溯系统。2010 年，商务部以全国十个试点城市为牵头单位开展肉类蔬菜流通追溯体系建设试点。

2.1.5 肉菜及部分农产品追溯体系初步形成

我国最早在 2004 年就开始由政府主导尝试建立食品追溯系统，在借鉴国外研究的基础上，全国各地在食品安全追溯制度、标准、系统建设等方面进行了积极探索。农业部、食品药品监管总局、国家条码推进工程办公室等先后开展了一批食品（农产品）安全追溯系统的试点示范工程，例如山东省寿光市“蔬菜安全可追溯性信息系统研究及应用示范工程”。

经过十多年的食品质量安全追溯体系建设，我国食品安全追溯体系建设取得了显著成果。例如，2008 年农业部启动了“农垦农产品质量追溯系统建设项目”；2010 年商务部启动了“肉菜流通追溯体系建设项目”；2013 年国家质检总局下属单位中国物品编码中心建立了国家食品安全追溯平台；2016 年 4 月农产品质量安全追溯管理信息平台建设项目正式进入实施阶段等。

自 2010 年起，商务部以“一荤一素”为突破口，率先推进肉类、蔬菜追溯体系建设。此后，试点城市范围逐步扩大，追溯品种有所增加。截至 2016 年年底，已分 5 批支持 58 个城市建设肉类、蔬菜流通追溯体系，分两批支持 4 省的 8 家酒厂建设酒类流通追溯体系，共有 1.5 万家企业建成追溯体系，覆盖经营商户 30 余万户，初步形成辐射全国、连接城乡的追溯网络。

我国还利用信息技术建设食用农产品、食品、药品、主要农业生产资料、特种设备、危险品、稀土产品等追溯体系。

目前，我国相关部门分工明确，建立了部门间沟通协调机制，从 2016 年 7 月开始在山东省、上海市、宁夏回族自治区、厦门市四地开展了示范工作，各项工作有序推进。

国家平台接收了31个省级平台上传的质量监管与追溯数据，完善并整合条码基础数据库、QS（企业生产许可）、监督抽查数据库等质检系统内部现有资源。通过分析与处理食品企业质量安全数据，实现信息公示、公众查询、诊断预警、质量投诉等功能。

到目前为止，我国各地均已建立各种类别的食品质量与安全可追溯系统，主要有中国产品电子监管网、国家食品质量与安全追溯平台、农垦农产品质量追溯系统、国家蔬菜质量安全追溯体系、中国牛肉全程质量安全追溯管理系统、世纪三农“食品溯源安全管理系统”、追溯与召回公共服务平台和无公害枸杞果产品质量溯源系统等。

2.2 我国食品追溯行业发展存在的问题

美国学者Golan提出衡量追溯系统实施效力的“三标准”，即宽度（Breadth）、深度（Depth）、精确度（Precision）。其中，宽度用于描述追溯系统记录信息的数量，深度用于描述系统向前或向后能追溯的距离，精确度用于描述系统能够准确确定问题源头或产品某种特性的能力。使用“三标准”分析衡量我国目前的食品安全追溯系统模式，可以发现存在以下主要问题。

2.2.1 政府持续投入不足限制追溯系统的宽度

国家及地方共享式追溯系统多基于建立电子信息化平台，并进行各类信息的采集，系统对技术的要求贯穿始终。信息平台建设与维护、检测设备购置、终端信息采集设备建设与维护、软件开发等技术投入和资金投入是一个长期持续的过程。政府对追溯系统需要进行大量持续的投入，才能保证追溯体系的运行和发挥。

目前情况是政府通常一次性投资追溯系统的前期建设，后期的维护和运营往往投入有限。例如，四川省从2010年正式启动可追溯系统建设以后，每个项目所在县补助资金仅5万元，投入不足难以保持系统的正常运行和充分利用。因此，政府对追溯系统的有限投入限制了追溯系统的持续运行、追溯系统中信息记录的可持续性以及追溯系统的宽度。

2.2.2 分段监管一定程度限制追溯系统的深度

分段监管的职能划分在一定程度上限制了食用农产品追溯系统在整条供应链上

建设的流畅性，特别是由农业行政部门独立主导建设的农产品质量安全追溯系统，追溯深度仅限于从农田到进入外埠批发市场之前的范围，影响了追溯的深度。

2014 年 11 月，农业部和食品药品监管总局联合发布了《关于加强食用农产品质量安全监督管理工作的意见》，提出两部门应做好食用农产品质量安全追溯系统的有机衔接。新修订的《食品安全法》第四十二条第三款也明确了“国务院食品药品监督管理部门会同国务院农业行政等有关部门建立食品安全全程追溯协作机制”，然而系统如何共建仍在研究过程中。

另外，食品安全属地监管也限制了地方级食品安全追溯系统的追溯深度。特别是食用农产品，多以大宗批发外销为主，发送至全国各地批发市场，难以实现全程追溯。地方食品追溯系统之间难以协调，真正出现食品安全问题时，单一系统很难发挥应有的作用，这并非实现真正的共享。

2.2.3 企业缺乏参与动机制约追溯系统的精确度

企业对参与共享式追溯系统缺乏热情和动力。原因如下：一是企业加入共享式追溯系统所产生的成本和收益的平衡性决定了企业的参与动机。在政府补贴有限的情况下，追溯系统的运行无疑会增加供应链上各企业的标识购买、信息采集、录入、查询等额外成本，食品、农产品生产企业缺乏开展食品安全追溯体系建设的内在经济动力。二是作为快速消费品的食品安全信息产生的速度快、信息量大。为保证系统中大数据的完整性，监管部门会要求入网企业及时上传食品安全信息到平台上。这增加了企业额外负担，更重要的是，没有企业愿意通过“自我揭短”的方式来方便政府监管，企业缺乏加入系统的动机。三是企业担心上传至官方数据库中，内含重要商业秘密的档案与标签信息被不慎或恶意泄露，不情愿或抵制提供完整的追溯信息。

综合此三点可以看出，我国由政府主导的共享式食品安全追溯系统在实际发展过程中，在实现追溯宽度、深度和精确度方面均存在着系统性问题。

2.2.4 分段监管导致已有追溯系统不能兼容

我国食品质量安全追溯管理涉及农业、质检、工商、食品药品监管、商务等部门，各部门以分段管理的模式，对追溯体系中的部分环节进行管理。不同的追溯系统存在于不同地区、企业和产品中，对各自领域产品进行质量安全追溯，且互相之间不能兼容，无法实现信息共享。

由于追溯系统规模小，往往一个系统无法完成整个产品供应链的追溯，不能兼容的追溯系统就无法完成上下游企业的追溯信息衔接，从而也无法完成一个完整的供应链追溯。造成这种局面的原因如下：一是缺乏统一的负责开发和管理食品追溯体系的国家权威机构。这与我国现行分段管理为主、品种管理为辅的食品安全管理模型不无关系。二是具体食品安全标准和法规的制定不够协调。各类标准繁多且分散，与国际通用的和发达国家的食品安全标准等效性差，导致食品追溯体系目标不明确，使其不能快捷、准确定位食品质量安全的关键点，最终导致一个庞大的追溯系统沦为普通的食品标签。三是追溯信息采集的范围和方法不统一。食品包装上条码并不能代表食品追溯身份特征，只能证明它的产地与产品名称等，并不能显示其生产日期、原料来源及批次编号等信息。

2.2.5 消费者对追溯体系的认可度不高

虽然现在人们对食品安全的关注度越来越高，但是由于农产品消费群体中习惯传统消费的人群比例较大，所以农产品质量追溯这个概念的普及度并不高。很多消费者不了解可追溯食品在质量上的优越性，致使追溯产品和非追溯产品在品质上优势不明显，价格上也还有劣势，在一定程度上阻碍了农产品可追溯系统的推广。

消费者是可追溯食品的最终购买者，其对具有可追溯性食品的支付意愿决定着食品企业实施食品追溯体系的积极性。如果支付意愿较高，企业可以受到消费者的需求拉动：规模生产可追溯食品，提高系统使用率，降低具有可追溯性产品的边际成本，为企业创造最大收益。若消费者对具有可追溯性食品和普通食品的支付意愿相同，企业缺乏生产的直接动力，造成资源闲置，从而降低可追溯系统给企业带来的收益。

我国地区间经济发展水平不均衡，各地区的消费者对食品质量与安全问题的重视程度不同，对可追溯食品的认知程度也不同。这其中主要存在 5 点认知误区：①认为这样的做法麻烦；②购买食品只关注品牌；③不了解食品溯源的概念及用途；④不懂得通过扫描溯源码的方式了解食品生产的全过程；⑤可追溯食品由于售价提升，消费者产生厌购心理。因此，消费者对安全可追溯食品的认知不足及购买成本的因素是实施食品溯源的难点之一。

2.2.6 追溯信息及系统安全配套措施不完善

构建食品可追溯系统的一个技术要素是数据存储和信息传递，随着云技术应用、移动互联网以及智能终端的发展，追溯平台的统一性和开源性使得各种网络攻击及网络病毒在智能终端的传播和蔓延变得更加容易和快捷。

目前的追溯系统大多采用射频标识技术，如二维码、电子标签作为追溯防伪凭证确定唯一身份，此类技术具有移动性、便捷性以及全面性等优点，但在防篡改、防伪造方面具有一定的缺陷，虽然目前市场上有各类防伪标签，但都存在各类应用的缺陷。追溯平台在敏感数据防护方面存在不足，具有敏感数据明文存储，数据无法实现抗抵赖、防篡改，无法有效确认电子标签发放者身份等安全问题，这些安全问题已严重影响了追溯业务的正常开展。

2.3 食品追溯行业发展的特点

2.3.1 法制化

追溯发力，法制先行，实现食品安全可追溯的目标，必须在立法和执法层面构建相匹配、可落实的体系模式，提高可追溯的强制性和约束力。食品药品安全追溯监管要坚持依法监管，因此，健全的法律法规是食品药品安全依法监管的基础条件。

《食品安全法》为我国的食品安全追溯体系建设与执行奠定了法律基础。但是由于监管体制、技术条件、自利动机等多方面因素的影响，法律和政策尚未有效落到实处。另外，我国的相关法律和地方性法规，也存在纰漏和瑕疵，不能及时与信息社会突飞猛进的变化相互协调促进。

2.3.2 标准化

自2003年起，中国物品编码中心结合我国的实际情况，相继制定了《牛肉产品跟踪与追溯指南》《水果、蔬菜跟踪与追溯指南》等实施指南和《食品可追溯性通用规范》《食品追溯信息编码与标识规范》等国家标准。

运用系统分析方法建立的食品安全标准体系是食品安全标准制订、修订计划和规划的主要依据，是包括现有、应有标准和标准立项的全面蓝图和指导性文件。建立食品安全标准体系能有效地促进食品标准化的改革与发展，保护国内市场，开拓国际市场，提高标准化管理水平。

2.3.3 一体化

多层次、多部门各自为政，由于技术标准、管理要求和追溯目标不一致，各自独立的数据库和信息查询平台，导致软件互不兼容，信息共享困难。条块分割、无法兼容使追溯系统整体运行效率低，造成信息资源的浪费，给消费者在购买产品后查询产品信息造成了困扰，也给监管部门的管理工作带来了不便。

促进不同地区、不同产业、不同部门的追溯平台、体系在条件具备的情况下向一体化方向发展。一体化可有效提高运行效率，压缩系统成本，满足企业、消费者、监管者的多方需求。

2.3.4 市场化

我国的食品安全追溯体系的建设遵循了市场化的原则，属于企业自愿行为，政府并无强制性规定。企业的利益建立在消费者对产品安全信任的基础上。但很多企业出于维护自身声誉和利益的动机，对追溯体系的建立持犹豫态度，因此建立完善的食品追溯体系应与完善我国的社会信用体系同步。

食品溯源体系的建成和实施，需要企业付出额外的成本。由于食品溯源是一项体系复杂且见效周期较长的工程，短期可见收益较小，这对中小型企业而言易形成近期财务压力，且使得远期收益吸引力有限，与追求利益最大化的目标不符等问题。

2.3.5 信息化

信息化是以现代通信、网络、数据库技术为基础，对所研究对象各要素汇总至数据库，供特定人群生活、工作、学习、辅助决策等与人类息息相关的各种行为相结合的一种技术。信息化可以极大地提高各种行为的效率，为推动经济社会进步提供极大的技术支持，食品安全追溯体系成型于信息化，发展于信息化，对信息化的要求很高。

2.3.6 国际化

美国、日本和欧盟等国家和地区在食品安全标准制定的开始，就注重与国际标准接轨，并以国际标准化组织（ISO）和食品法典委员会（CAC）的标准为依据，在标准制定时就十分注意融入国际标准的行列及适应国际市场的要求，但同时又能结合本国（本地）的具体情况加以细化，使之更加符合本国（本地）的实际情况并具有很强的操作性。

全球统一标识系统（GSI 系统），是中国物品编码中心根据国际物品编码协会制定的 GSI 系统规则和根据我国具体国情，研究制定并负责在我国推广应用的一套全球统一的产品与服务标识系统。目前，很多国家或地区采用国际物品编码协会开发的全球统一标识系统，对食品的生产过程进行跟踪与追溯，获得了良好的效果。我国应全面推广统一标识系统，加快我国食品质量追溯与国际接轨的步伐。

2.4 食品追溯行业发展的趋势

当前世界上对食品追溯的要求，基本上分散在各种食品法规中。为了最大限度地保护消费者的安全，对食品链进行从农田/牧场到餐桌的全链追溯原则，已经成为国际社会和大多数国家政府的共识。预计会有越来越多的国家把追溯列为对产品和食品的强制性要求，并出台详细具体的规定，这可能使追溯成为国际市场上一个综合性贸易壁垒。全链追溯能力将成为越来越多的国家和地区、企业或行业对农产品和食品的基本要求。在相关法规要求不断增加和行业领先企业要求不断提高的情况下，食品企业的管理能力、人力资源状况、成本及效益掌控能力都将面临更大的挑战。

2.4.1 食品追溯领域政府监管作用的强化

政府对食品质量与安全的有效监管是食品追溯体系建设顺利运行的保障，随着新的《食品安全法》的修订，在监管方面，政府改变了原来多部门监管模式，统一由监管主体对食品质量与安全进行监管，即由食品药品监管部门一个部门行使监管权力。为有效提升监管效能，县级人民政府食品药品监管部门可在乡镇或者特定区域设立食品药品监管派出机构，将食品监管服务延伸到乡镇街道等基层。同时，将食品药品部门监管餐饮环节、工商部门监管流通环节、质监部门监管生产环节进行合并，生产、流通、消费环节由市场监管局监管，实现主体明确、责任明确的监管机制。

2.4.2 追溯相关法律法规和监管体系的完善

世界发达国家都十分重视食品追溯法律法规的建设。如：美国 2002 年就通过了《生物性恐怖主义法案》，将食品安全提高到国家战略安全高度，国家对食品安全实行强制性管理，要求企业必须建立产品可追溯系统。欧盟 2002 年 7 月制定了 1706—2000 条例，对牛的标识、注册体系以及牛肉制品的标识作出明确规定，要求从 2004 年起在欧盟范围内销售的所有食品都能够进行跟踪与可追溯，否则就不允许上市。而我国的法律尚未对食品安全可追溯作出强制要求，因此，应在现有《食品安全法》的基础上，增加相关强制实施食品安全追溯体系的内容。

2.4.3 企业追溯主体的法律责任进一步强化

可追溯体系的建立的本质是企业作为控制风险点、明确责任的主体，因此，企业追溯体系建设是食品追溯体系建设的前提条件，新修订的《食品安全法》强化了食品生产经营者的主体责任。目前，全国已有约 1.5 万家企业建成肉菜追溯体系，覆盖经营商户 32 万余户，初步形成辐射全国、连接城乡的追溯网络，打造一条从生产、流通到消费的全过程信息化追溯链条。初步实现产品来源可查、去向可追、责任可究，打造放心消费渠道。物联网技术的建设为企业食品追溯体系的建设提供了技术支撑。现阶段建立比较成功的有枸杞、茶叶以及猪肉等可追溯系统，对乳制品的追溯监管尤为严格，蒙牛奶粉和特仑苏有机奶也已建立起一套完整的全程可追溯体系。物联网技术将在我国未来食品追溯体系中得到广泛应用。

2.4.4 数据“可信、合法”逐步引起关注

追溯业务在可信证据链构成中涉及很多的关键性业务操作和敏感信息。这些信息记录并保存了产品从出生、成长（流通），乃至死亡的全部信息，这些信息是不可被他人复制，更不可被非法伪造及篡改的。

2017 年已实施的《中华人民共和国网络安全法》明确了对重要行业和关键领域、关键基础设施和重要领域信息系统实施重点保护。因此，对系统建设和运行的安全保障已经引起了足够的重视，并成为未来重点保障的环节。2015 年实施的《中华人民共和国电子签名法》明确了电子签名技术及电子认证的法律地位。在业务需求及政策背景下，越来越多追溯平台采用基于电子认证及密码算法的数字签名、加密技术来保障身份实现追溯数据安全可靠，并且这使得法律效力大大提高。

2.4.5 逐步推进食品质量安全追溯体系建设

我国的食品质量安全追溯体系建设应参照国外发达国家的成功经验，选择已经

比较成熟的行业作为试点行业，以行业龙头企业为切入点进行食品质量安全追溯体系的建设。首先在部分地区选取经济价值较高的产品进行追溯试点，再逐步渗透到原始农产品或者初级加工品，因这些产品产业链较短，进行追溯相对较容易。另外，受企业的产品、生产规模、生产方式等情况制约，先选择生产规模大、推行食品安全追溯条件相对成熟的企业开展试点，然后进行推广。

2.4.6 物联网技术在食品追溯体系中的广泛应用

依托“云”技术及“大数据”建设的全国性范围的平台越来越多，随着物联网技术的快速发展，食品追溯的精确化、可视化、智能化出现在发展路线图中。物联网技术追溯系统常用到的技术有二维条码识别技术、物流跟踪定位技术（GIS/GPS）和射频识别技术，另外，生物信息学技术也开始应用于食品追溯体系。

3　食品追溯行业国际经验及启示

食品追溯是指在生产、加工和销售的各个关键环节中，对食品、饲料以及有可能成为食品或饲料组成成分的所有物质的追溯或追踪能力。所谓的“追溯”就是一种还原产品和应用历史及其发生场所的能力，目的是发现食品链的最终端。20 世纪 90 年代，一些国家和地区开始应用可追溯系统进行食品质量安全管理。部分发达国家提出了食品追溯体系（Food Traceability System），即加强食品安全信息传递、控制食源性疾病危害和保障消费者利益的信息记录体系。欧盟委员会将食品追溯性（Food Traceability）解释为在生产、加工及销售的各个环节中，对食品、饲料、食用性动物以及有可能成为食品或饲料组成成分的所有物质的追溯或追踪能力。发达国家在食品追溯系统的建设中积累了很多可资借鉴的经验，并在实践中逐步地建设了适合各自国情的食品追溯体系。

3.1　国际上食品追溯行业典型经验

3.1.1　欧盟

3.1.1.1　不断改善立法来强化食品质量安全

欧盟的食品追溯系统建立最早，应用也最早。1997 年为应对疯牛病事件，欧盟开始建立食品质量安全追溯体系。欧盟为统一并协调内部食品质量安全监管体系，自 20 世纪 80 年代以来，先后制定了 20 多部食品质量安全方面的法律法规，形成比较完整的法律法规体系。2000 年 1 月 12 日欧盟发表了《食品安全白皮书》，将食品安全作为欧盟食品法的主要目标，形成一个新的食品安全体系框架。2002 年，随着《食品基本法》的生效，欧盟进一步在食品质量安全立法领域确定了一系列基本的原则和理念，在此基础上，逐步建立起一套较为完备的食品质量安全法律法规体系。

在整套法律法规体系中，《食品安全白皮书》是欧盟及各成员国完善食品质量安全法律法规体系和管理机构的基本法规。《食品安全白皮书》首次把“从田间到餐桌”的全过程管理原则纳入卫生政策，强调食品生产者对食品质量安全所负的责任，并引进危害分析及关键控制点（HACCP）体系，要求所有的食品和食品成分具有可追溯性。2002 年生效的《食品基本法》，则规定了食品安全法规的基本原则和要求及与食品质量安全有关的事项和程序。该法规要求从 2005 年 1 月 1 日起，凡是在欧盟国家销售的食品必须具备可追溯功能，否则不允许上市销售，并且不具备可追溯性的食品禁止进口。2006 年，欧盟开始实施新的《欧盟食品及饲料安全管理法规》，该法规涵盖了“从田间到餐桌”的整个食物链，实现了从初级原料、生产加工环节、终端上市产品到售后质量安全反馈的无缝隙衔接，对食品添加剂、动物饲料、植物卫生、食品链污染和动物卫生等易发生食品质量安全问题的薄弱环节都作出了重点规定。

欧盟的食品法的主要目标是食品质量安全，可追溯系统包括普通动物饲养方法、动物健康与保健、污染物及农药残留、新型食品添加剂、香精、包装、辐射、饲料生产、农场主和食品生产者的责任以及各种农田措施。2002 年 1 月 28 日欧盟正式成立了“欧洲食品安全局”，颁布 178 号法令，规定了食品安全法规的基本原则和要求及与食品安全有关的事项和程序，规定所有食品企业必须对生产、加工和销售过程中使用的原料、辅料及相关材料提供保证措施和数据，确保安全性和可追溯性，否则就不允许上市销售。按照欧盟的规定，食品、饲料、供食品制造用的家畜，以及与食品、饲料制造相关的物品，其在生产、加工、销售的各个阶段必须确立食品安全可追溯制度。

3.1.1.2 建立统一的食品安全管理事务机构并形成统一的食品安全危机应急机制

为对食品质量安全进行统一监管，欧盟于 2002 年成立了独立行使职能的欧洲食品安全局，欧洲食品安全局是欧盟的直属机构，下设管理委员会、风险评估小组、专门的科学小组以及信息发布机构等，经费完全由欧盟预算提供，从而在源头上保证了食品质量安全监督的公正与透明。欧洲食品安全局不直接制定规章制度，只监督整条食物链，负责对“从田间到餐桌”全过程的食品质量安全监控，其主要工作是对食品质量安全进行风险评估，同时将评估结果向社会公布。该局还负责食品质量安全议题交流，设立食品质量安全程序，规定一个综合的、涵盖整个食品链的质量安全保护措施，并建立一个对所有饲料和食品在紧急情况下的综合快速预警系统。它是一个连接欧盟委员会、欧洲食品安全局以及各成员国食品与饲料安全主管机构的网络系统。建立该系统的目的是为欧盟各成员国食品与饲料安全主管机构提供有效的途径，交换有关信息，并采取措施确保食品质量安全。综合快速预警系统对欧盟市场内和市场外的食品和饲料的安全性进行监控，每周发布一次预警及信息通报。

在欧洲食品安全局的督导下，一些欧盟成员国也对原有的监管体系进行了调整，将各自国家和地区的食品安全监管集中到一个主要部门。比如，德国于2001年将原粮食、农业和林业部改组成消费者权益保护、食品和农业部，接管卫生部的消费者保护和经济技术部的消费者政策制定职能，对全国食品质量安全实行统一监管，并于2002年设立联邦风险评估研究所以及联邦消费者保护和食品安全局两个专业机构，各州、行政区和市政府也都设立了负责食品质量安全的监管部门，从而形成全国统一的监管体系。英国、爱尔兰、丹麦、荷兰等国家和地区也都成立独立的国家级食品质量安全监管机构。欧盟每一个成员国需提出本国（地区）详细的食品质量安全控制计划，实施自查，同时制定紧急预案。欧盟委员会的作用是与各成员国的食品和兽医部门进行协调，检查、审计其计划的执行。在公共健康遭遇威胁的情况下，法律为欧盟委员会提供紧急处置权，可主动采取行动，或与成员国的权力机构协作，以确保及时迅速地采取行动。其中，肉品的快速预警系统为有效地实施危机自动防范机制提供了保障。当欧盟的任何一个部分出现问题时，信息可通过快速预警系统在几分钟内通报到欧盟的各成员国。成员国得到信息后，就会迅速销毁或强制召回问题产品。在实施可追溯原则的情况下，一旦发生问题，可迅速找出问题所在，确定原因，制定解决办法。强制性召回是欧盟食品法中关键的部分，如果没有可追溯机制，强制召回就无从谈起。

3.1.1.3 要求所有食品生产经营者必须建立可追溯体系

欧盟食品质量安全追溯体系的最大特点在于要求所有的食品生产经营者都必须建立可追溯体系，并将该项规定纳入法律框架下，强制执行。欧盟食品质量安全追溯体系对各个环节涉及的每个单位和个人都规定了具体的责任，从而保证“从田间到餐桌”的食品质量安全。欧盟食品可追溯体系内容具体要求包括：追溯应在生产、加工和分销的所有环节建立；食品和饲料的所有经营者应建立能够识别所有参与食品链过程的人和物的体系或程序；食品和饲料的经营者应建立如何与其他经营者发生联系的体系或程序；应建立食品追溯识别和文件管理体系。欧盟建立的可追溯体系要求处于食物链中各个阶段的生产商或经营者必须了解其前一阶段和后一阶段的过程，即跟踪和追溯食品、饲料、畜禽肉类以及特定成分在所有的生产、加工和流通过程的情况。简而言之，就是对“从田间到餐桌”进行全程监控。

欧盟建立的食品追溯制度是为了实现对食品“从田间到餐桌”整个过程的有效

控制，保证食品质量安全。监管机关如发现存在食品质量安全问题，可以通过电脑记录很快查到食品的来源。在可追溯体系的标识上，欧盟可追溯性法规虽未强制要求第三国出口商配合执行，但输入欧盟的进口产品需落实相关规定，为避免重新加贴标识的困扰，欧盟进口商将要求出口商配合实施欧盟统一标识，追溯的产品与流程标准依据欧盟规定的食品质量安全标准。

3.1.2 美国

3.1.2.1 集中、高效、针对性强的食品质量安全监管体系是保障食品安全的关键

美国食品质量安全监管体系主要由多个政府部门和其他民间机构组成，这些部门和机构在制定食品质量安全标准、实施食品质量安全监管、进行食品质量安全教育等方面各司其职，形成了一个对食品质量安全实行“从田间到餐桌”的全程监管体系。联邦、州和地方行政部门在食品和食品加工设施管理方面对保证食品质量安全起到互相补充和互相依赖的作用。

美国主要的食品质量安全监管机构有20余个，分为联邦、州和地方三个层次。在联邦层面上，负责食品质量安全的机构主要有：卫生与公众服务部下属的食品药品监督管理局以及疾病控制和预防中心，农业部下属的食品安全和检验局以及动植物卫生检验局，还有环境保护署与全国海洋和大气管理局。州和地区机构的职责是配合联邦机构执行各种法规，检查辖区内的食品生产和销售点。在这些监管部门中，食品药品监督管理局的管辖范围最宽，涉及肉类和家禽以外的所有食品；肉类、家禽和相关产品由食品安全和检验局负责；动植物卫生检验局在食品质量安全方面的主要职责是负责动物疫病的诊断、防治、控制以及对新发生疫病的监测，保护和改善美国动物和动物产品的健康、质量；环境保护署监管饮用水的安全性以及食品中的农药残留问题；海洋和大气管理局监管鱼类和其他海产品的卫生状况；疾病控制和预防中心监管所有食源性疾病的调查和防治。

联邦机构对管辖范围内的事务实行从上到下的“一揽子”垂直管理，如食品药品监督管理局及食品安全和检验局对各种食品实行的是“从田间到餐桌”的全程监管，疾病控制和预防中心对食源性疾病则是从预防、治疗直至后期研究负责到底。这种管理方式避免了各环节间的脱漏或重复，防止管理缺位导致一个环节出现问题就影响到整个食品行业。美国政府还充分利用网络优势为消费者提供食品质量安全信息，帮助公众预防食品质量安全事故。通过联邦政府设立的政府食品质量安全信息网站，消费者可以链接到与食品质量安全相关的各个站点，查找到准确、权威并

即时更新的信息。除政府机构外，民间团体也是食品质量安全监管的重要力量。2006 年 6 月，一个名为公众利益科学中心的团体，起诉肯德基使用反式脂肪含量高的烹调油，促使反式脂肪成为媒体关注的热点，并引来监管机构介入。后来，肯德基和其他快餐店很快宣布停止使用反式脂肪。

美国的众多食品协会和食品企业建立了自愿性可追溯系统，70 多个协会组织和 100 余名畜牧兽医专业人员组成了家畜开发标识小组（USAIP），共同参与制定并建立家畜标识与可追溯工作计划，目的就是要在发现外来疫病的情况下，能在 48 小时内确定所有涉及与其有直接接触的食品企业。美国建有联邦政府、州政府和地方政府既相互独立又相互合作的食品安全鉴定管理网，食品机构中资深的科学家和公共健康专家互相合作，努力保证美国食品的安全性。

3.1.2.2 科学、灵活、强有力的食品质量安全法律体系为保障食品质量安全提供法律依据

美国有多部规范企业、团体和个人行为的食品质量卫生联邦法律法规，这些法律法规提供了食品质量安全的指导原则和具体操作标准与程序，使食品质量安全的各环节监管、疾病预防和事故应急反应都有法可依。

在管理法律体系上，美国有关食品质量安全的法律法规繁多，既有《联邦食品、药品和化妆品法案》《食品质量保护法》和《公共卫生服务法》等综合性法规，也有《联邦肉类检查法》等非常具体的法律。这些法律法规覆盖了所有与食品相关的监管保护规范要求，为食品质量安全制定了非常具体的标准以及监管程序。美国总统于 1977 年宣布并实施《食品安全行动计划》。联邦政府、州政府、地方政府和美国食品行政部门对总统、国会、法院及公众负责。2002 年美国国会通过了《生物性恐怖主义法案》，将食品质量安全提高到国家安全战略高度，提出“实行从农场到餐桌的风险管理”，国家对食品安全实行强制性管理。在《生物性恐怖主义法案》（2002）的指导下，FDA（Food and Drug Administration，食品药品监督管理局）制定了《记录建立和保持的规定》《生产设施注册及进口食品运输前通知的规定》和《管理性扣留的规定》等法规，为企业和执法者提供了实施食品追溯的技术和执法依据。2004 年 FDA 公布了《食品安全跟踪条例》，要求所有涉及食品运输、配送和进口的企业要建立并保全相关食品流通全过程记录。并要求到 2006 年年底所有与食品生产有关的企业都必须建立食品质量安全可追溯制度，在种植环节推行良好农业规范管理体系，在加工环节推行良好生产规范管理体系，以及危害分析及关键控制点食品质量安全认证体系。此外，食品药品监督管理局与食品安全和检验局制定了食品召回规定和

规范市场的《联邦安全和农业投资法案》。2009 年的《食品安全加强法案》是对美国《联邦食品、药品和化妆品法案》70 年来最大的修订，主要对食品监管的全过程进行了修正和加强。法案要求企业建立一整套从危害分析到制订针对性的预防性措施再到召回和追溯等纠正措施的管理计划。

3.1.2.3 严厉的处罚和有效的食品来源追溯体系对食品企业形成有力的威慑

上有严格监管，下有激烈竞争，若被查出食品质量安全有问题，生产商或销售商都会受到处罚，且要花巨额费用召回相关食品。2009 年出台的《食品安全加强法案》规定，食品药品监督管理局将以更高的频率对企业进行检查，企业面临因检查不合格而失去输美登记资格的风险；如果首次检查不通过，复查时企业还要支付食品药品监督管理局的费用。当有证据表明某种食品产品存在风险时，食品药品监督管理局不需要提出确切的证据即可要求企业自愿召回或下达强制召回令，所产生的费用由企业承担。因此，出现需要召回产品的情况会有所增加。同时，企业违犯法案受到的处罚更加严厉，规定任何人如果故意违犯《联邦食品、药品和化妆品法案》有关“掺杂”和“错误标签”食品的规定，将处 10 年以下监禁或并处罚款。而民事处罚方面，罚金最多则可达到 750 万美元。此外，法案还包含了原产地标注规定、信息通报制度、食品追溯制度、食用农产品标准制定等。

3.1.3 日本

3.1.3.1 相关法律日臻完善

根据不同社会时期出现的新问题，日本不断修订和完善相应的法律法规。

《食品卫生法》和《食品安全基本法》是日本保障食品质量安全的两大基本法律。《食品卫生法》于 1947 年颁布并经过多次修订，仅 1995 年以来就修订了十多次，其中 2003 年的变化最大。日本政府在 2003 年制定并开始实施《食品安全基本法》，表明日本政府要建立一套保证食品“从田间到餐桌”全过程的食品质量安全控制系统。从 2003 年起，日本将食品安全追溯体系通过分销途径延伸到消费者环节。除此之外，日本食品质量安全管理的主要法律依据还有：《食品卫生法》《农药管理法》《植物防疫法》《家畜传染病防治法》《转基因食品标识法》《屠宰场法》等。此外，日本还制定了大量的相关配套规章，为制定和实施标准、检验检测等活动奠定法律依据。

3.1.3.2 食品质量安全追溯实施的范围逐渐扩大

在食品追溯系统的建设和应用方面，日本走在世界的前列，其不仅制定了相应的法律法规，特别是在零售阶段，日本的大多数超市都安装了食品追溯终端，以供消费者查询相关信息。日本的食品追溯系统主要是在政府的推动下建立的，它包括食品质量卫生、食品原料投入品（农药、兽药、饲料添加剂等）质量、动物防疫和植物保护。食品追溯系统首先从肉制品入手，从2001年开始，政府要求在肉牛生产供应体系中全面引入可追溯系统，从零售点到农场，全面实施强制性可追溯系统，系统允许消费者通过互联网输入包装盒上的牛肉信息码，获取他们所购买牛肉的原始生产信息。2002年，日本农林水产省正式决定，将食品信息安全追溯制度当作“安全、安心信息供应计划”的一个关键环节，推广到全国的猪肉、鸡肉等肉食产业，牡蛎等水产养殖产业和蔬菜产业。2003年6月，日本通过了《牛只个体识别情报管理特别措施法》，同年12月1日开始实施。2004年年底，日本出售的每一块牛肉均有标记相应动物来源号码的标签，使出生日、性别、品种、生产者、运输记录、屠宰日期和进口日期的追溯成为可能。同时，日本开始了实施牛肉以外食品的追溯制度。2005年年底，建立了粮农产品认证制度，对进入日本市场的农产品要进行“身份”认证。2008年12月22日，日本农林水产省发布WTO/ TBT（世界贸易组织/技术性贸易壁垒）通报，拟建立大米的可追溯体系。目前，日本已逐渐建立起对所有农产品实施可追溯管理模式，日本农业协同组合（农协）下属的各地农户，必须记录果蔬、肉制品和乳制品等农产品的生产者、农田所在地、使用的农药和肥料、使用次数、收获和出售日期等信息。

日本《家畜传染病防治法》中把向日本进口偶蹄类动物及其产品的国家分为0、1、2、3四类，这四个类别详细地规定了不允许向日本进口的偶蹄类动物，如2类国家生产的偶蹄类动物内脏、肉、火腿及烤肉，如未在日本农林水产省注册的工厂中生产，则不允许向日本进口。日本政府的食品质量安全标准分食品质量和安全卫生两大类标准，日本厚生省有2000多个食品质量标准和1000多个农药残留标准，农林水产省则颁布了351种食品品质规格。在日本，食品质量安全认证和食品追溯系统普遍被消费者接受，日本的食品质量安全管理所需费用均列入政府财政预算，检验检疫费由财务省足额解决，检验人员开支也统一纳入政府财政支出。

3.1.3.3 多方协同制衡的食品质量安全监管体系

2003年，日本出台《食品安全基本法》，并成立隶属内阁府的食品质量安全委员会，开始新的食品质量安全行政管理，形成农林水产省、厚生劳动省和食品安全委员会三方协同制衡的食品质量安全监管体系。在责任划分上，农林水产省下设食品危机管理小组和消费者安全局两个部门，负责食品的安全和质量。厚生劳动省下属的药品管理局和食品管理局等机构主要负责食品的流通安全。

食品安全委员会主要负责对食品质量安全进行独立风险评估，审议和监督相关政策的执行情况。另外，在全国各地还设有为数不少的派出机构。同时，食品安全委员会还是具有协调职能的直属内阁的机构，其对风险管理部门进行政策指导与监督，以及风险信息沟通与公开。

在日本，中央和地方政府都有责任对进口食品进行质量安全检查，中央政府主要负责在口岸对进口产品实施检查，地方政府则负责对国内市场上销售的进口食品进行检查。厚生劳动省大臣和各都道府县知事指定的食品安全检验员，负责按授权范围履行相应的食品质量安全检验和指导职责。

依据《食品卫生法》，日本在进口食品把关方面，可视情况采取三个不同级别的进口管理措施，即例行监测、指令性检验、全面禁令。

3.1.4 其他国家

除食品可追溯体系起步较早的欧盟、美国、日本之外，加拿大、澳大利亚、荷兰等国家和地区也相继建立起监控食品安全风险的可追溯体系，且目前都还在不断完善扩展中。

3.1.4.1 加拿大

1998年12月，加拿大肉牛标识管理机构宣布实施加拿大肉牛标识计划（The Canadian Cattle Identification Program），以市场需求为导向，发展肉牛标识和可追溯系统的国家策略，并通过《联邦动物健康法》来对肉牛及其身份提供法律支持。2004年，加拿大开始建立由政府启动、企业推动的国家食品追溯体系，保证80%的国产食品从农产品原料到零售都可追溯。加拿大政府与25个食品行业和贸易协会共同对食品追溯开展了实质性研究，以全球统一标识体系为基础制定了两个重要的标准和导则，即《食品追溯数据标准第一版》和《食品追溯良好规范》，并在此指导下，制定了牛肉、新鲜农产品和水产品的操作指南。

在加拿大，牲畜识别作为动物溯源的一项主要组成部分。2013年，牲畜追溯系统由加拿大食品检验署执行并由动物健康规章监管，该系统对牛、羊从出生到屠宰进行标记和识别，之后又对猪和山羊进行了注册和标记。2014年2月26日，加拿大食品检验局通过CFIA媒体宣布：“生猪养殖户及其他行业的保管人将必须记录和报告猪从出生或进口到屠宰或导出的所有过程。”还详细规定了如何识别养殖猪和养殖野猪，并于2014年7月1日开始生效。该条例适用于包括那些死在农场以及不能进入食物链的国内所有作为生产食品的养殖猪。2015 年 7 月 1 日，该条例适用范围扩大至养殖野猪。

在加拿大，可追溯被联邦和省政府视为国家发展战略中的一个收益项目，因此，政府、产业和协会共同组成一个由统一的指导委员会负责领导决策的罐头追溯组织。并对罐头追溯给予财政上的支持，目前已投入 1 千多万加元。其中，该组织分工明确，内部还设立四个工作组，分别是：商业案例、标准或综合、市场战略管理挑战以及沟通或教育。

3. 1. 4. 2 澳大利亚

作为一个畜牧业大国且迄今为止未发生过畜产品质量问题的国家，澳大利亚采取强制执行与自愿实施相结合的方式从两个方面来保障畜产品质量。自 2005 年以来，澳大利亚通过国家牲畜识别系统（NLIS）对牲畜进行追踪，对牛、羊进行强制性的标记和识别。通过在 NLIS 数据库和国家动物识别系统中的登记，监控动物的寿命以及从出生到屠宰的各项运动。为确保畜产品质量安全性及可追溯性，澳大利亚特别制定“国家销售者声明（NVD）”制度，畜产品的所有生产者都必须严格按照该制度执行，只要是没有 NVD 记录的畜产品都无法在市场上流通销售。

3. 1. 4. 3 荷兰

荷兰是一个农业、畜牧业出口大国。20 世纪 90 年代初期，为保证生产链中所有重要活动都在受控情况下进行，荷兰推出了关于禽蛋商品的综合质量系统（IKB）。IKB 系统几乎覆盖了禽肉和禽蛋商品的每一条生产链，并且每一条生产链上都有各自专门的特色。该体系监管生产链上从生产商至零售商的每一个环节且都做了书面记录，这些信息将一直伴随家禽和家禽产品。其核心在于贯穿整个生产链的信息交换，从而保证生产链中的任一环节都能追溯到任何动物或产品的原始信息，最终保证消费者购买产品的安全性。

3. 2 国际上食品追溯行业标准化建设

食品追溯体系是一种基于风险管理的安全保障体系，通过建立该体系，可识别出发生食品安全问题的根本原因，即时实行产品召回或撤销。食品追溯标准化就是要做到食品追溯体系建立原则、目标和任务的标准化，食品追溯体系设计与实施的标准化和信息标准化。国际上较早开展食品追溯标准化工作的国家和地区主要有欧盟、美国、日本和加拿大。

食品追溯体系的建立与实施离不开标准的支撑，国际标准化组织（ISO）发布了饲料与食品供应链的可追溯性——体系设计与实施的总则与基本要求（ISO 22005：2007）。该标准包括范围（Scope）、规范性引用文件（Normative references）、术语与定义（Terms and definitions）、追溯的原则和目的（Principles and objectives of traceability）、设计（Design）、执行（Implementation）、内部审计（Internal audit）和复审（Review）等八章。

目前，该标准是食品追溯方面先进的国际标准之一，确立了设计和实施饲料与食品供应链追溯体系的原则与要求，对我国建立和实施食品追溯体系有很好的参考和借鉴价值。

3.2.1 追溯的原则和目的

ISO 22005：2007 指出，追溯体系设计与实施应遵守可验证、一贯性和公平性、重视结果、经济性、实务性、遵守适用的规定和方针以及遵守既定的正确性等七大原则。从而保证食品安全和质量；满足产品订货规格；记录产品的历史和来源；便于产品召回；识别食品和饲料链中各个环节的责任；便于有关产品特殊信息的验证；为利益相关者和消费者提供信息沟通；执行国际、国内、地区和当地可行的政策法规；提高企业执行效力、生产力和经济效益这九大目标。

3.2.2 食品追溯体系设计与实施的要求

ISO 22005：2007 对追溯体系的设计必须包含目标、法规和方针、产品及（或）成分、位置、物流（物料流程）、信息要求、程序和文件化等八个方面的内容。具体要求厘清追溯体系的目标；厘清与追溯相关的法规和方针上的要求事项；针对适用追溯体系的目的，厘清产品及（或）成分；明确供应者和顾客，以此来确定企业在食品链中的位置；以符合追溯体系目的的做法，明确物料流程（Flow of material），并形成文件；信息要求方面，必须明确来自供应者获取的信息，收集到关于产品及（或）流程追溯的信息，以及提供给顾客及（或）供应者的信息等三方面信息；建立程序一般涉及为物流编制的文件和相关信息，包括文件保持和验证，这些程序必须包含修正及纠正措施。

ISO 22005：2007 要求企业（组织）在实施追溯体系时，首先，应执行追溯体系的承诺，委派管理负责人提供资源，决定和传达任务、责任到人，从而保证顺利实施；其次，要求企业应选择适当的工具和方法去追溯、记录和传达信息，并建立一个包含全部已明确要求事项的追溯计划，使其成为更大管理体系的一部分；再次，要开发和实施教育训练计划，来证实企业有正确执行追溯体系的能力；最后，要确定追溯体系的监督架构和关键绩效指标。

实施过程中，为达到追溯的目的，必须要依照计划的周期，实施评估体系有效性的内部审计，并在适当的周期或目的、产品和流程三者之中有变更时，对追溯体系进行复审，并以复审为依据，采取适当的修正和纠正措施。

ISO 22005：2007 要求复审过程中最少包含的内容有：①追溯测试的结果；②追溯审计上的观察结果；③产品或流程的变更；④饲料及食品链内的其他组织所提供的追溯相关信息；⑤纠正措施；⑥包含对投诉等顾客的回馈；⑦新的或修订过的法规要求；⑧新的统计性评估手法。

3.3 国际上发达国家食品追溯主要特点

在发展阶段、消费习惯、生产模式等多种因素影响下，食品追溯体系相对完善并切实发挥作用的国家基本都是发达国家，且不同国家或地区都采取了不同的追溯模式。总体看来，国际上食品追溯方式主要有以下特点：

（1）法律保障完善

国外，尤其是发达国家食品追溯均有一套相对完善的法律体系，覆盖食品从生产到零售终端的各个环节，大多从食品安全的角度，政府提出明确的追溯要求及实施期限，具体由企业去实施，政府负责监管和督察。此外，国外与追溯相关的法律会根据不断变化的社会经济情况进行修订完善，比如，欧盟在《食品立法总原则的绿皮书》的基础上又出台了新的《食品安全白皮书》；美国的《联邦食品、药品和化妆品法案》也经过多次修订，最近一次修订在 2011 年 1 月；日本《食品卫生法》从 1947 年制定到现在，仅 1995 年以来就修订了十多次。

（2）全产业链追溯

食品整个产业链条的任何环节都有可能发生质量安全问题，因此，国外食品追溯大多采取了“从农田到餐桌”式的全产业链追溯，并且在法律中予以明确，如美国《生物性恐怖主义法案》，实行从农场到餐桌的风险管理，欧盟《食品安全白皮书》，牵涉整个食物链，覆盖所有食品部门，而且欧盟甚至将食品生产环节的投入品也纳入追溯范围，比如农作物生产过程中的化肥、农药投入品，畜产品生产过程中的饲料、兽药等。

（3）追溯与质量保障措施融合

追溯的核心是将食品全产业链的质量安全信息进行批次整理和链条合成，发达国家或地区在建立食品追溯体系的过程中，大多采取了追溯与质量安全保障措施相融合的措施，GAP（良好农业规范）、GMP（良好操作规范）、HACCP（危害分析及关键控制点）等质量安全管理技术体系均明确了影响质量安全的关键点，并建立了有效的信息采集系统，而追溯同样需要采集质量关键控制点的质量信息，两者的融合可以解决追溯难以采集质量信息和各项质量安全保障措施难以超越环节的缺陷，实现优势互补，更有效地保障食品的质量安全。比如美国，基于企业已建立的GMP和HACCP等管理体系，经过第三方认证，便可建立追溯体系。

（4）追溯系统全国统一

在食品全国流通甚至全世界流通的经济格局下，各国食品追溯系统建设大多采取“全国统一”的模式，在节省成本的同时，提高了追溯信息采集和查询的准确性、及时性、规范性和可信性。虽然国外追溯系统在全国统一建设推进的同时，建设模式并不完全一致，比如荷兰由协会负责建设推广，法国则由政府食品主管部门负责国家数据库的建设和维护，但总体上，国外发达国家统一建设食品追溯系统，均有法律保障，并由政府亲自推进或扶持协会大力推进。

（5）畜产品追溯先行

由于国外发达国家的追溯系统大多起源于疯牛病危机，同时国外肉品消费以“牛肉”消费为主，因此，国外食品追溯大多从畜产品开始，尤其是从“肉牛”开始，这与肉牛生产的规模化、标准化水平较高，追溯难度较小也有一定的关系，主要的追溯模式均为生产环节通过“耳标”记录生产转栏信息，流通环节通过信息采集，明确来源、去向及主体信息。最近几年，随着追溯系统的发展和消费者的认可度越来越高，追溯范围逐步向种植业和水产业扩展。

（6）以农场或合作社为建设基础

国外食品可追溯系统建立的基础都是大型生产经营主体，由于生产主体规模差异较大，欧美和东亚地区又有所不同。欧美国家和地区追溯系统的建立是基于大型企业和大型种植园建立的，尤其是大型食品加工企业成为追溯系统的建立者、实施者和引导者；日本、韩国等东亚国家和地区在小农经济条件下，大多基于“农协”建立追溯系统，以减少追溯成本，提高追溯信息采集的真实性、准确性和信息化水平。

（7）处罚明确且严厉

明确且严厉的处罚是保障追溯系统持续运行的关键，国外的处罚方式主要有两种：一种是法律明文规定处罚，一种是取消政府补贴资金。如美国法案规定，任何人如果故意违反《联邦食品、药品和化妆品法案》有关“掺杂”和“错误标签”食品的规定，将处10年以下监禁或并处罚款；在民事处罚方面，罚金最多则可达到750万美元。芬兰则规定，一旦发生农场畜产品的质量安全问题或信息记录缺失问题，政府则会以削减或取消公共补助资金的方式给生产者予以惩戒，而政府补助资金在农场收入中占的比重在1/4左右。

3.4 国际上食品追溯经验对我国的启示

为应对美国、欧盟等国家和地区对进口食品设置的质量安全可追溯贸易壁垒，中国积极引进食品质量安全追溯体系，组建国家食品药品监督管理总局，出台《农产品质量安全法》，这一系列举措都标志着中国食品质量安全管理的加强。在食品质量安全追溯体系上，由于中国开展食品追溯试点的时间较晚，且农产食品标准化生产落后。因此，中国在相关的监管机构体系设置、协调机制、法律规范、执行力度等多方面还有待规范和完善。通过分析美国、欧盟、日本等国家和地区较成熟的食品追溯监管体系，针对我国食品质量安全追溯体系的监管情况，得到以下几点启示：

3.4.1 建立食品追溯相关的法律法规

发达国家的成功经验是通过建立食品安全可追溯查询系统加强对食品的监督和管理。我国目前主要有两大食品追溯系统：一个是农业系统，从食品生产环节入手建设追溯系统；一个是商务系统。与国外食品追溯有法律保障不同，从法律角度看，我国目前没有一部专门针对食品追溯的法律。在“法律”层面，《农产品质量安全法》和《食品安全法》作为我国食品质量安全管理的两个大法，均未要求建立食品追溯系统；唯一提到追溯的是《动物防疫法》第二章第十四条要求“加施畜禽标识，实施可追溯管理”。在“条例”层面，只有《生猪屠宰管理条例实施办法》第四章第十九条提出的“生猪定点屠宰厂（场）应当建立质量追溯制度……”。在“部门规章”层面，《畜禽标识和养殖档案管理办法》《农产品包装和标识管理办法》《农产品产地证明管理办法》《农产品地理标志管理办法》均提到建立追溯系统。在国务院发布的“通知”中，也多次提到要建立食品追溯系统，但均未明确具体的建设要求和惩罚措施。最近，商务部门从推进“肉菜追溯”的角度，出台了一系列规范和标准，但离法律范畴还比较远，约束力有限。

当前，我国食品安全可追溯制度仍处在试点推进阶段，食品质量安全的问题主要表现在信息不对称、规范标准不统一、生产加工以及流通企业执行积极性不高、信息管理难度大、消费者对其缺乏了解等方面。目前食品安全问题需要政府、企业和社会各界共同努力，快速推进食品安全可追溯体系建设，特别是在我们这样一个发展中国家，政府一定要充分发挥主导作用，迅速建立健全一系列法律法规，出台食品质量安全政策，使食品来源可追溯、去向可查证、责任可追究，从而确保食品质量安全，提高全国人民的生活质量。

为此，建议由国务院食品安全委员会牵头，负责制定一部专门的追溯法律，明确追溯模式、责任划分方式，统一追溯标准、财政补贴标准，确定数据采集内容、数据采集方式，制定严厉且具有可操作性的惩罚措施，为基层追溯建立部门和执法部门开展肉菜追溯工作提供强有力的法律依据，并为解决食品追溯建设阻力大、建而不用、使用难以持续或设备挪作他用的问题，为推动追溯系统高效建设和持续使用保驾护航。

3.4.2 建立符合中国特色的食品追溯制度与标准

寻找已有质量安全管理技术的共同点，加强与现行食品质量安全管理制度的契合。GAP、GMP、HACCP 这些质量安全管理技术体系的共同点是都要有一个有效的记录系统。因此，可将食品追溯体系与 GAP、GMP、HACCP 结合实施，以便更有效地发挥各自的作用。将农产品追溯体系与中国现行的食品质量安全管理认证制度结合起来，形成一个可供消费者、管理机构快速有效追溯的信息记录监控系统，可避免重复监管等问题的出现。如美国许多企业选择 GMP 和 HACCP 管理体系，并以第三方认证形式建立食品质量安全可追溯体系。

在我国追溯体系建立初期，由于企业花费成本较高，收益不明显，企业缺乏主动性，因此政府应加快制定和完善我国食品追溯体制、技术标准的建设，为全面推进食品追溯体系标准化建设提供法制基础和技术支撑。我国地域广阔，地区差异大，企业数量众多，规模资质各不相同，加上食品种类多，因此，食品追溯体系要逐步建立，不能操之过急，必须采取突出重点，逐步推进的方针。就企业来说，应该选择规模比较大、条件比较成熟的企业进行试点，取得一定的经验后再进行推广，才能起到事半功倍的效果；而对于食品行业和种类来说，应该选取单位价值比较高的产品进行试点，再向其他产品进行推广；或者选择消费量大、食品安全问题较大的食品，例如从肉、蛋、奶等入手，再逐步向其他产品进行推广。我国追溯体系也可以借鉴欧美等发达国家和地区的经验，实行强制性追溯与自愿性追溯相结合的方法，先对部分食品种类或企业实施强制性追溯，等市场条件逐渐成熟后，再逐渐扩大强制性范围。比如，北京、上海等城市已经启动了蔬菜和肉制品等食品追溯体系的试点工作。生产企业作为食品质量和安全的第一责任者，要加强食品的源头管理工作，特别是农牧产品、生鲜果品，要特别加强种植基地的管理工作。

3.4.3 建立统一的食品追溯监控体系

当前，我国食品安全监管坚持以“分段监管”为主、“品种监管”为辅的原则，各职能部门从自身分管环节出发，建立了一系列追溯系统。比如农业部门围绕生产环节，建立了四个追溯系统，分别为全国种植业产品质量追溯体系、动物标识及疫病可追溯体系、水产品质量安全追溯体系、农垦追溯体系。四个追溯体系的追溯模式、数据库、信息采集标准皆不相同，根本无法互联互通。商务部门从屠宰、流通环节入手，建立了“肉菜流通追溯体系”，又独自确立一套追溯模式、信息采集标准和与中央数据库不同的追溯体系，但各信息彼此分割，成为一个个“信息孤岛”，这与国外全产业链追溯和全国统一追溯的模式截然不同。在这样的食品追溯体系下，各个信息追溯系统难以发挥协调联动作用，也不易统一追溯标准和信息采集标准，影响了追溯工作的开展。

因此，应借鉴欧盟一些国家和地区由一个主要部门集中监管食品质量安全的经验，逐步缩小参与食品质量安全管理部门的数量，进一步进行职能调整；强化参与食品质量安全管理部门之间的协调机制；逐步实行食品质量安全检测设备的资源共享、检测结果的有效互认制度等，减少浪费，降低管理成本。通过建立健全国家、省（自治区）、市（直辖市）级相应机构，对机构设置、职能划分、运行机制、从业人员、资质等进行明确规定，进行跨系统、跨地域的合作，与企业联手加强食品源头控制，建立食品追溯官方监控体系，实施食品质量安全市场准入制度、食品质量安全认证制度、食品召回制度以及建立可追溯的食品安全数据库等。要确保食品安全，关键是建立先进的安全标准体系、检测体系和完善的监督管理体系。我国的食品质量要提高、食品出口竞争能力要增强就必须提高食品安全管理，在农业生产中推行 GAP 管理体系，在食品加工中推行 GMP 和 HACCP 管理体系，建立与国外食品管理体系相接轨的认证认可制度，并且要建立从生产、加工、运输、储藏、销售等整个食品全程控制的管理体系。同时我们还要认识到可追溯系统的建立需要花费一定的成本，在我国还没有足够的经验之前，应选取单位价值高的产品在发达城市进行试点，获得成功和经验后，再向其他产品和其他城市推广。

3.4.4 政府加大对食品追溯体系的投入及宣传教育

在发展可追溯体系的过程中，政府的态度及措施起到关键性作用，各国政府一般通过奖惩措施和资金补贴，指导企业建立可追溯体系。欧盟、美国、加拿大、日本等国家和地区的政府通过资金补贴诱导企业生产可追溯食品，对可追溯体系进行科研资助，推动可追溯技术的发展。美国对有安全问题的食品有严厉的处罚措施，一旦出现食品质量安全问题，生产商和销售商都要被处罚，如处十年以下监禁，同时还处以高额的罚金。

此外，与发达国家相比，我国消费者对食品质量安全信息的认知还处于较低水平，与其对食品质量安全的关注程度形成鲜明对比，尤其消费者对食品质量安全追溯体系的认知水平极低，很多企业仍然对食品追溯体系持观望或不支持态度。而在国外，如加拿大和日本，非常重视对食品安全的宣传教育，加拿大通过互联网进行食品安全宣传教育，联邦的多个部门如外交部、贸易部、一些大学等都参与食品安全的工作；在日本，每年六月为食品安全教育月。借鉴国外经验，各级政府可以通过互联网进行食品安全宣传，学校可以请专门的食品研究专家担任营养老师，对师生进行食品安全和食品营养教育。同时，对食品加工企业和食品经营者也进行食品可追溯体系的培训，构建全方位的食品安全预防体系，进一步加强食品安全法的宣传教育，强化食品生产企业自律行为，增强全社会对食品安全的参与意识，深入推进食品生产监管工作，更好地维护消费者的利益。要利用广播、电视、报纸、网站等媒体立体宣传《食品安全法》和食品追溯体系，通过多种形式向群众介绍食品安全知识，推广试点企业的先进管理经验和食品追溯体系的建设经验。

参考文献

[1] 赵荣，陈绍志，乔娟．美国、欧盟、日本食品质量安全追溯监管体系及对中国的启示［J］．世界农业，2012（3）：1－4.

[2] 李圣军．国际农产品追溯方式的经验与启示［J］．前线，2014（12）：30－32.

[3] 李炜．发达国家食品可追溯系统建设及其对我国的启示［J］．中国防伪报道，2012（9）：26－29.

[4] 仝新顺，吴宜．食品安全的可追溯系统研究综述［J］．物流工程与管理，2010（1）：126－128.

[5] 徐玲玲，朱仕青，赵京．国外实施食品可追溯体系的经验与对我国的启

示［J］. 食品工业科技，2015，36（12）：26－28.

［6］杨林. 基于全球统一标识系统的食品安全追溯体系实施战略研究［J］. 质量技术监督研究，2010（6）：54－57.

［7］刘鹏，刘文，马爱进. 国外食品可追溯制度建设分析及对我国的启示［J］. 标准科学，2012（12）：88－93.

［8］杨彦，廖洪波. 国内外食品追溯标准化工作现状分析与建议［J］. 西南农业大学学报（社会科学版），2009（10）：26－29.

本篇撰稿人： 刘　谊　华北电力大学经济管理学院副教授
石金旭　华北电力大学
姚广海　中国国际电子商务中心党委书记
李鸣涛　中国国际电子商务中心研究院院长
张建军　中国国际电子商务中心研究院副院长
陈广山　中国国际电子商务中心研究院高级咨询师、管理学博士
杨　爽　中国国际电子商务中心研究院专家
王德利　中国国际电子商务中心内贸信息中心总经理
郑小军　中国国际电子商务中心政府业务部副总经理
陈登立　北京国富泰信用管理有限公司总经理
唐清文　北京国富安电子商务认证安全有限公司总经理
柴　清　宁夏平罗县农产品质量安全协会会长

专题研究篇

4 国内外追溯相关专利研究

4.1 研究背景

专利在我国人民的眼里仅是能够保护自己产品不受别人模仿的一种私有权利。但是在欧美发达国家和地区，专利成为被赋予了更加重要、更加市场化、更多经济功能的法律工具。

法国有个名叫罗兰·莫瑞诺的科技记者，在1974年做科技报道时发现当时通用的磁条式银行卡使用时不安全，并且储存的数据也非常少，于是通过悉心研究发明出一种芯片卡（这种芯片卡即是目前大多数银行所使用的智能IC卡的雏形），于1974年3月25日在法国提出了一项专利申请（公开号：FR2266222），然后通过继续改进性研究，于1975年3月17日继续在法国提出了两项改进性发明专利申请（公开号：FR2304992和FR2304989），并于1975年3月21日依据法国的上述三项发明专利申请作为优先权在美国提出了一项发明专利申请（公开号：US3971916），这项专利申请由于囊括了法国的三项发明专利申请的全部技术内容，因此其作为了智能IC卡技术的核心专利。在以后的一段时间里，罗兰·莫瑞诺还在英国、德国、加拿大等国家和地区相继提出了相关改进性的发明专利申请。在这之后，罗兰·莫瑞诺成立了一家高科技公司，这家高科技公司主要做两件事，其一，继续进行技术研发和相关专利的申请和布局；其二，进行其专利的大量许可和推广。通过其有力的推广，很多科技巨头使用了这项技术并且实质上促成了相关标准的形成，而罗兰·莫瑞诺的高科技公司作为专利权持有人，每年非常可观的专利许可费用就成为该公司最为主要的利润来源。

另外是让我国彩电行业曾经深受打击的一个例子：早前美国某专利运营商依据数千项专利构建成的专利池形成ATSC（美国数字电视国家标准）标准的必要专利，从而向全球所有彩电生产企业收取每台彩电23美元左右的专利许可费用。中国彩电行业当年由于长期低价竞争，利润非常微薄，但是还需要给这家专利运营商缴纳相对高昂的专利许可费用，这就对我国彩电生产厂商造成了极大的威胁，后来中国成立了中彩联与其进行专利对抗，这一局面才有所缓解。

在经济发达国家和地区，上述这样的例子数不胜数，而随着我国经济的高速发展，在大量产品“走出国门”的时候很多会受到相关国际巨头的包括专利在内的各种威胁。而我国的专利制度仅有30多年的历史，相较于经济发达国家和地区动辄几百年的历史，我们的意识、经验都稍显稚嫩。在全球经济一体化的当今社会，我国经济高速发展的同时，我国的企业更加需要对专利引起高度的重视，而这种重视不仅需要关注自有技术专利的申请，还需要关注对于整个行业或者全球相关技术点的专利分析、对于企业已有专利的管理以及相关联盟企业整体的专利运营、通过专利联盟的方式形成相关技术的专利池并对专利池进行国际运营，等等，这些都是需要我国企业、协会、联盟引起高度重视。如果仅将专利停留在政策层面，对于专利的理解仅停留在专利申请层面，而没有将专利作为资本来运营，没有对专利作为信息进行汲取和分析，未来我国在全球逐渐掀起的第四次工业革命中将会步步受挫。

基于上述背景，笔者试图以专利申请情况为基础，以食品信息追溯的专利现状为切入点，从整个物联网的专利现状入手，逐步细化到食品信息追溯相关趋势和技术进行分析，意图向相关从业企业展示目前我国相关技术在全球范围内的地位和需要受到广泛关注的方向。

4.2 专利现状研究

4.2.1 物联网行业专利现状

4.2.1.1 物联网技术分解

食品信息追溯属于物联网领域的一个分支，对于食品信息追溯行业的专利现状进行分析之前，首先需要分析整个物联网的行业现状。

物联网产业最直接的体现在于智能化的应用，各个领域的智能化应用从不同程度上促进了经济发展和社会进步。在2012年工业和信息化部发布的《物联网“十二五”发展规划》中也明确了九大重点领域应用示范工程。因此依据这九大重点领域，本次分析研究将物联网分为九个领域，分别包括智能工业、智能农业、智能物流、智能交通、智能电网、智能环保、智能安防、智能医疗和智能家居。而其中智能物流领域又可以分为智能运输、智能仓储、智能产品可追溯、智能配送、智能流通加工、智能包装、智能搬卸装运等七个方面。本研究最关注的食品信息追溯行业就属于其中智能产品可追溯分支。

对于物联网技术整体及对各个分支技术分布情况和趋势的了解，是了解食品信息追溯技术在全球分布方式的前提，因此我们首先对物联网技术整体趋势和分布情况进行分析和研究。

4.2.1.2　**物联网行业申请量趋势**

图 4－1 展示了全球物联网相关技术的专利申请量情况。由于专利从申请到公开需要一定的周期，2014 年之后的专利公开数量并不等于申请数量，因此该处的数据截至 2014 年。

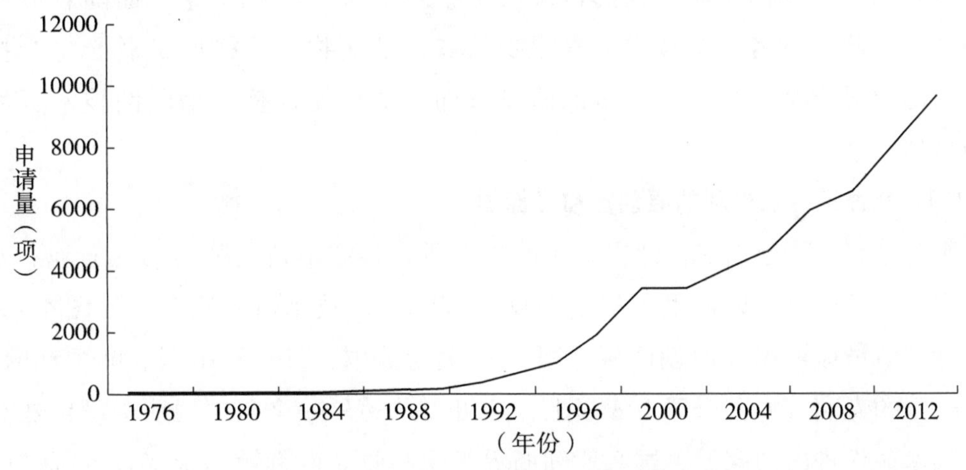

图 4－1　全球物联网领域专利申请量趋势

可以看出，物联网领域的专利技术和其他传统技术领域一样也经历了四个阶段。第一阶段为起步阶段（1976—1990 年）。这段时间物联网概念还不是很明确，主要以感知层的传感器件为主要基础的研究对象。最为典型的是 1978 年美国国防部高级研究计划局资助卡耐基—梅隆大学进行的分布式传感器网络研究项目，从该项目开始，对于物联网相关技术的研究开始萌芽。第二阶段为缓慢增长期（1991—2000 年）。这个时期物联网概念开始逐步普及，更多的企业和科研机构都加入了该技术领域的探索。除了美国、日本等国家和地区之外，新兴市场国家也逐步加入到物联网相关技术研发的行列。例如，我国的科研人员从 1999 年左右开始启动了物联网相关技术的研究并着手进行专利的申请和布局。第三阶段为震荡发展期（2001—2008 年）。这个时期物联网概念已经深入人心，物联网的应用领域的扩展也趋于成熟和完善，各个市场主体争先恐后地对核心感知技术进行研发，并且随着应用的进一步扩散，专利申请量继续增加，但是随着专利领域攻城略地逐步饱和，因此申请量具有一定时期的震荡，但总体处于快速增长。第四阶段为高速增长期（2009 年至今）。随着应用层面的更加深入和应用领域的更加广泛，技术分支更加细化和深入，新的研发点和突破点增加，申请量呈现井喷态势。研究主体也随着“欧盟十四点计划”的制定、“感知中国”战略的推出、“U－Japan”战略的推出以及“U－Korea”战略的推出，进一步加快了研发的深度和广度，专利申请也广泛深入到各个应用领域。

从上述物联网技术的专利申请量情况也可以看出，物联网相关技术已经从初期的纵向技术研究到横向扩展为主、纵向深入为辅，然后再发展到现如今的纵向深入为主、横向扩展为辅的传统成熟技术的发展路线上来，而随着应用领域的扩展，物联网各分支技术会进一步扩展，从而物联网横向扩展必将会找到更多新的突破点从而扩展出更多的研发方向，继而使得整个物联网技术更加高速地发展。

4.2.1.3 物联网行业专利的原创国和目标国

所谓专利申请原创国，即申请人的国籍所在地或申请人公司的注册地。专利申请原创国的研究可以在很大程度上反映该国整体技术研发实力，如图 4－2 所示，专利申请原创国（原创区域）排名依次为美国、日本、中国、韩国和欧洲。源于美国的专利技术占全球 1/3 以上，这可以从另外一个角度说明美国依然是该领域技术最先进的国家。美国政府和商界组织在物联网领域的很多技术标准已经成为事实上的全球行业标准。日本作为工业技术强国，在物联网技术领域也投入了大量的研究，深入分析可以发现，其专利申请主要集中在几个较大的科技企业，这与美国和欧洲的特点比较类似，说明在这些国家和地区，物联网技术已经从分散无序竞争阶段进入核心技术集中、研发纵向深入阶段，技术已经集中到几家大型科技企业手中。随着我国国家整体实力的增强，同时物联网产业逐步提升为中国国家战略支持产业，我国大型企业和相关的科研机构正积极抓住机遇，投入大量的研发力量，积极在这个领域与国外的技术巨头进行技术优势的争夺，但是我国在物联网各分支技术领域，特点不尽相同，在某些分支技术领域，技术已经向几家较大科技企业集中（如中兴、华为、海尔），而在另一些分支技术领域，技术都还处于分散竞争阶段。

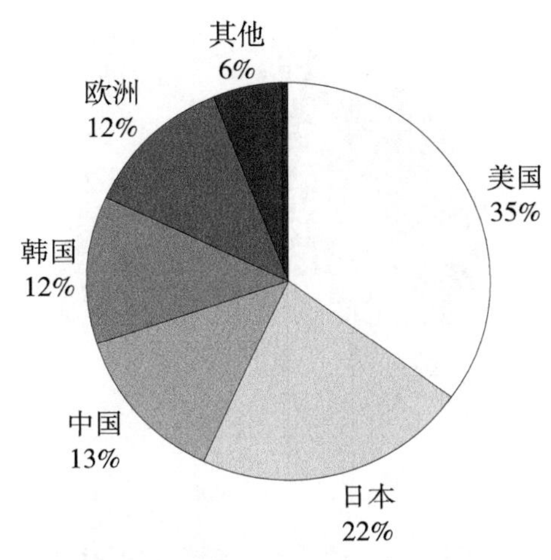

图 4 －2　全球物联网领域专利申请原创国（区域）分布

所谓专利申请目标国，即专利布局、专利申请的区域和国家。专利申请目标国的研究主要代表了技术消费和技术应用的市场国。如图 4 －3 所示，对物联网领域而言，我国成为了最大的专利申请目标国，也就是说科技巨头判断的全球最大的物联网市场在中国，因此各大科技巨头将大量的专利布局在我国。作为最大的专利申请目标国，是机遇也是挑战，机遇是全球相关产品都在我国区域内争夺市场，这给国内相关供应商、技术提供商等带来了极大的商机，而挑战是，科技巨头在我国区域内大量的专利布局导致我国的专利陷阱频出，这也给国内的技术研发者和生产企业带来巨大压力，稍有不慎就会进入科技巨头的专利保护范围之内。因此我国企业需要对此引起高度重视，提前预警，避免成为专利侵权的被告。专利申请的第二大目标国为美国，首先是由于美国作为最大的技术原创国，在本国布局专利是最为基础的做法，其次也证明了美国物联网市场依然非常强大，我国企业如果要选择进入美国市场，需要对美国相关专利进行全面的预警分析，否则难以避免在美国市场上遭受纷繁芜杂的相关诉讼。

为了更加清晰地判断专利技术流入和流出方向，笔者列出图 4 －4 的蛛网图进行对比，可以看出美国、日本、欧洲、韩国都是作为专利技术输出国和地区存在，而我国成为最大的专利技术输入国，这从一个角度上来说，我国的物联网领域市场巨大，吸引着各国巨头在我国进行技术投入和市场竞争，但是从另外一个角度来说，该领域的专利技术属于非常明显的“贸易逆差”，而美国、日本、欧洲、韩国相对我国都是技术上的“贸易顺差”国和地区，我国大量的资金都被这些发达国家和地区从高端技术领域赚取，而我国输出的都是低端制造品。而专利技术并不像普

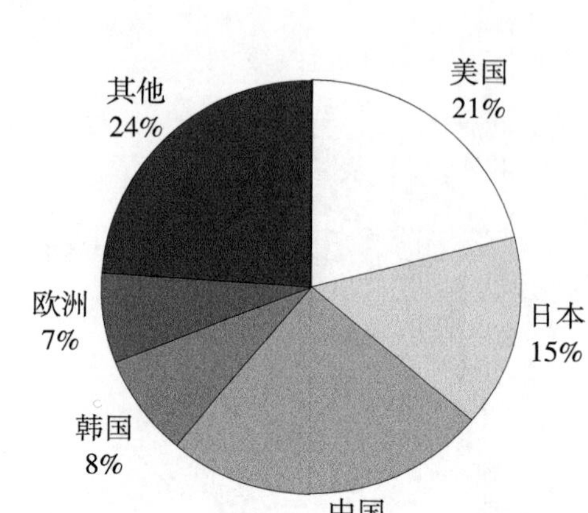

图 4－3　全球物联网领域专利申请目标国和地区分布

通产品一样属于易耗品，专利的布局是获得一种权利，技术布局的范围是确定的，被圈占越多，那么技术领域上的范围剩下的就越少，我们可以依法制造的产品就越少，如果要进入被圈占领域进行产品生产、销售、许诺销售、进口、出口等行为，就必须给权利人缴纳专利许可费，大量的利润被技术输出国和地区所赚取，国内企业产品成本大幅增加，最终会导致企业利润大幅度减少，或者产品价格高而不具有竞争力而被淘汰。

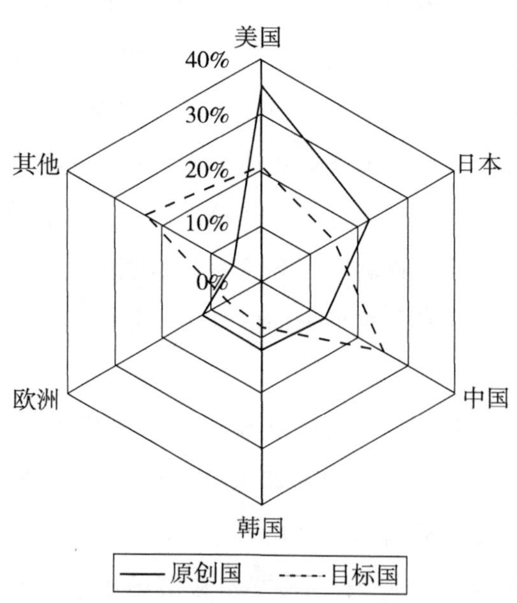

图 4－4　全球物联网领域专利申请原创国（地区）和目标国（地区）对比

4.2.1.4　物联网行业技术分支专利分布

依据技术分支进行专利申请量的分布经分析后得到图 4－5 的结果。从图 4－5

可以很清晰地看出，无论是在全球范围内还是在中国范围内，智能交通是物联网所有分支中申请量最多的。这既与智能交通发展起步较早有关，也与近几年无人驾驶汽车飞速发展的现状有关。

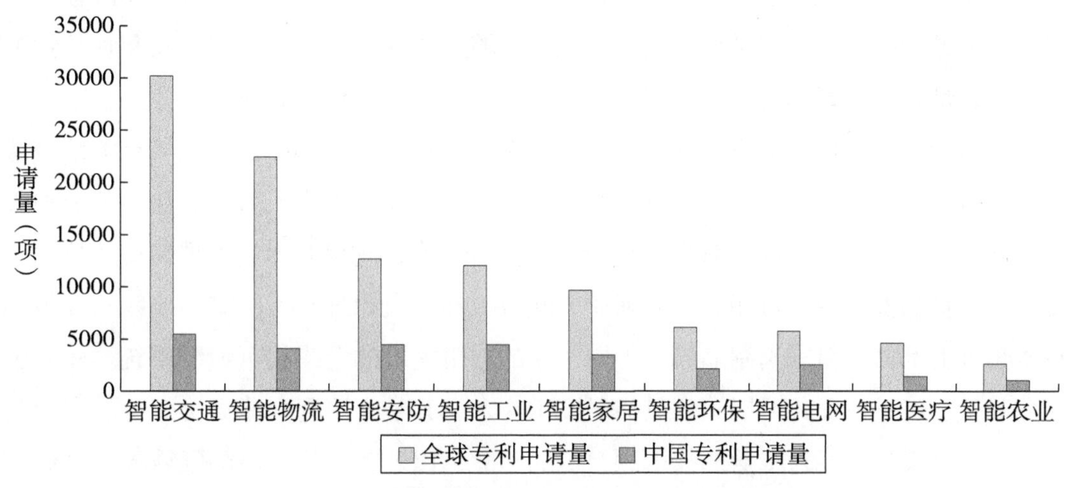

图4-5　物联网行业各技术分支专利申请量分布

与食品信息追溯关系密切的智能物流领域作为专利申请量第二的分支出现。智能物流的发展得益于RFID（Radio Frequency Identification，射频识别）、二维码等技术的发展，基于这些技术可以快速构建库存监控、配送管理、安全追溯、物流配送一体化智能物流的应用服务。食品安全问题是我国近几年来亟须解决的重大问题，而智能物流则可以非常方便地解决食品原料分配、生产、包装、运输、配送和装卸等方面食品安全的问题。

智能安防、智能工业、智能家居、智能环保、智能电网、智能医疗和智能农业依次排名第3至第9。虽然申请量没有前两个领域多，但是这几个领域也是国家规划的九大领域中的重点领域。如智能安防、智能家居和智能环保领域越来越受到国内创新主体的重视，小米公司、华为公司在这三个领域都有相当程度的投入。智能工业在国内各大汽车厂商和家电生产厂商中应用非常广泛，主要包括生产环境和产品生命周期检测、制造供应链追踪、安全生产等方面，随着这些产品的市场进一步延伸到国外，相信这几个领域的技术研发会进一步地爆发。

4.2.2　食品信息追溯行业专利现状

4.2.2.1　食品信息追溯领域全球专利申请量趋势

食品信息追溯是利用各种智能信息技术对食品产品供应链的生产、收购、运输、存储、销售和配送等各个环节的信息进行采集、存储和处理。通过对食品从原料、生产到消费的全过程进行监控，从而从源头开始即实现对供应链各个节点的信息进行控制，为供应链各个环节信息的溯源提供服务。食品信息追溯系统通常包括信息采集模块、信息检测模块、追溯信息存储模块、任务管理模块和追溯信息输出模块。通过食品信息追溯系统的有效实施，能够追溯食品生产加工的源头和食品物流全过程，是有效监督和促进食品安全的关键，也是关系大众食品安全的重要保障。

随着全球范围内食品安全问题日益受到关注，各国司法部门都强化了有关政策法规，同时在技术层面上，各国政府也在相关科技领域加大了投入力度。从根本上加强食品安全，实现“从田间到餐桌”的全过程监控，食品追溯技术的发展使得从技术角度上保障食品安全成为可能。澳大利亚、欧盟、加拿大和日本等国家和地区从政策和技术角度上都对家畜和肉制品建立了国家级的非常完善的全流程可追溯系统。而我国在食品信息追溯方面也开展了大量的研究工作，尤其是中国副食流通协会食品安全与信息追溯分会这样相对专业的技术型组织的建立，以及食品信息追溯领域的相关研究和平台的开发，使得在我国构建一套全流程食品信息追溯系统成为可能。

图 4 -6 展示了在食品追溯领域专利申请量的变化趋势。对于物联网行业中食品追溯这个第三级技术分支，全球的专利申请量还是相对较高的。从图 4 -6 也可以分析得出全球在该技术分支的发展可以分为三个阶段。第一阶段为技术萌芽期，这个阶段主要从 1987 年第一项相关专利提出开始到 2002 年，在这个阶段申请量呈平稳缓慢增长，这也基本符合大多数行业的发展趋势。这个阶段食品标识的研究主要是条形码的研究，分析这个阶段的专利发现，为了消除计算机应用中数据录入瓶颈的问题而发明了条形码技术，通过对条形码的自动识别，实现了数据的自动识别和录入。在 1973 年，美国统一代码委员会选定 IBM（国际商业机器公司）的条形码系统作为北美通用的产品代码而应用于食品零售业，利用条形码技术进行自动销售大大增加了食品的流通，并且也促使了自动读取条形码设备的研究，渐渐地，条形码的研究扩大到了很多相关领域，从而形成了该领域的雏形技术。第二阶段为飞速发展期，这个阶段为 2003—2006 年，在这个阶段专利申请数量飞速增加，呈现出该领域独特的增长方式。分析相关专利可以得到这个阶段的技术与各国的政策密不可分。2000 年，欧盟颁布了《新牛肉标签法规》（第 1760/2000 号法规）（主要针对“疯牛病”事件而制定的对于牛肉监控的法规），要求在欧盟国家和地区上市销售的牛肉产品必须具备可追溯性。2002 年又颁布了《一般食品法》（第 178/2002 号法规），规定凡是在欧盟国家和地区销售的食品必须具备可追溯性，否则不允许上市销售，并且禁止进口不具备可追溯

性的食品。2002 年，美国通过了《生物性恐怖主义法案》，要求食品企业必须建立产品可追溯制度。2002 年，加拿大强制实施牛标识制度，要求所有的初始牛群都必须采用 29 种经过认证的条码、耳标等进行标识，从而可以实现从源头对牛肉制品的追溯。第三阶段为稳定增长期，这个阶段主要为 2006 年至今。2008 年，加拿大 80% 以上的农业食品联合体实行农产品可追溯制度。同时期，日本、澳大利亚等国家和地区也纷纷出台以牛肉为切入点的食品追溯的相关法律法规。由于各大经济体从法律形式上规定了食品可追溯性的重要性，因此在这个时期，相关技术的研发呈现出爆发式的增长，申请量也从第一阶段的每年 100 项左右迅速上升到每年 600 多项。这个阶段之所以稳定增长，主要是由于前期爆发式增长，各大企业在这个领域攻城略地，将可能的技术方向都进行了相关专利的布局，从而导致技术向纵深化发展，研发的横向扩展方向受到局限。这个阶段的专利申请主要集中于对前一时期发明的各种技术进行细化，例如 RFID 发展为无源的 RFID、有源 RFID 和半有源 RFID，或者对产品工作频率进行进一步研究，继续开发低频、高频、超高频等产品。

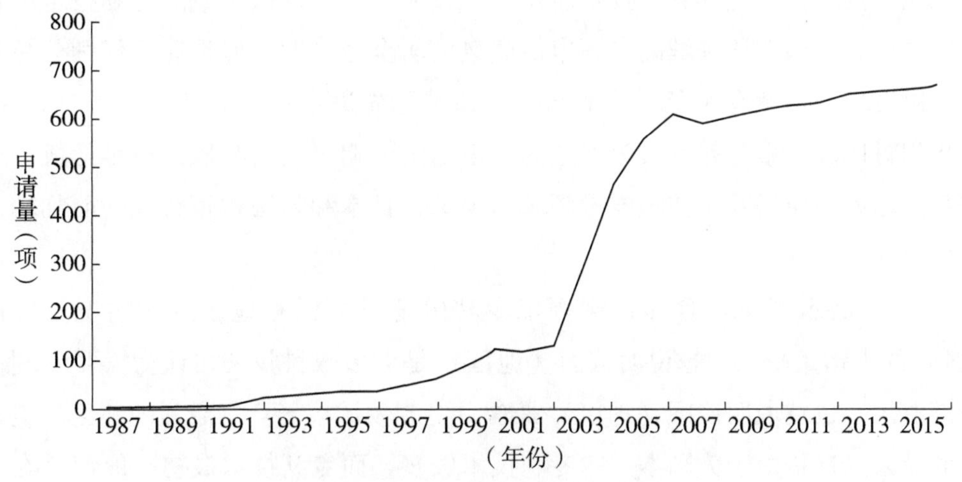

图 4－6　食品追溯领域专利申请量趋势

4.2.2.2　食品追溯领域专利技术原创国和目标国

图 4－7 展示了食品追溯领域专利技术的原创国和地区，即专利技术的来源地。从图 4－7 中可以看出，在食品追溯领域，美国依然是技术最为先进的国家，美国传统的通信技术一直处于全球领先地位，并且在 20 世纪 70 年代，美国将条码系统作为北美的通用产品代码而应用于食品零售业。基于该传统，美国在条码技术上一直占有主导地位，并且随着物联网技术的发展，以及美国科技创业政策的先进性，使得在该新兴领域，技术发展非常迅猛，从而形成了大量的相关专利技术。而二维

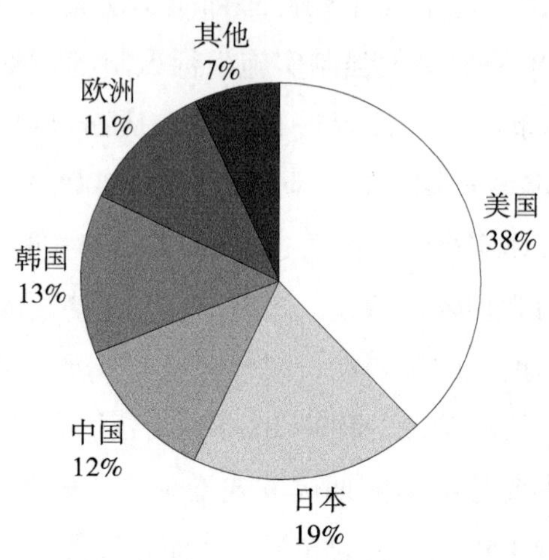

图 4－7　全球食品追溯领域专利申请原创国和地区分布

码技术最早是在日本被发明出来的，因此日本在二维码方面拥有较多的相关专利申请。韩国由于三星、LG（韩国乐金集团）等体量相对较大的科技公司也在研究食品追溯相关技术，因此其总体技术研发投入较大，从而在该领域的专利技术中也占有一席之地。中国在该领域的专利申请数量位居全球第四，但是通过仔细分析具体专利可以发现，虽然有些专利技术能够达到国际先进水平，但是技术相对碎片化、同质化相对比较严重，并且最为严重的是申请主体相对比较分散，很难形成一个稳定完整的体系，使得我国在该技术领域与美国、日本和韩国差距较大，面临较大的竞争压力。

图 4－8 展示了全球食品追溯领域专利申请目标国和地区分布情况。目标国（地区）的申请量越大，越说明该国（地区）是大多数科技公司认为需要专利保护的关键地区，也越说明该国（地区）是食品追溯领域市场竞争激烈的地区。美国所占份额最大，这是由于美国本土的专利技术较多，而专利技术最初一般都会在本土布局，同时也由于美国对于食品安全政策和市场的优势较为明显，因此其布局数量最多，但是相对于其本土原创技术占比的 38%，作为目标国的占比下降至 32%，说明美国在该领域专利技术出口数量还是非常大的。欧洲虽然本土原创技术并不是很高，但是作为目标国（地区）排名第二，占比达到了 23%，这与欧洲在全球范围内最为重视食品安全、最先进行相关法律体系构建不无关系，政策引导使得市场体量较大，从而使得在欧洲范围内专利技术的竞争非常地激烈。虽然从整个物联网领域来看，中国是最大的目标市场，但是就食品追溯这个细分领域而言，中国只位列第五，占比为 10%。

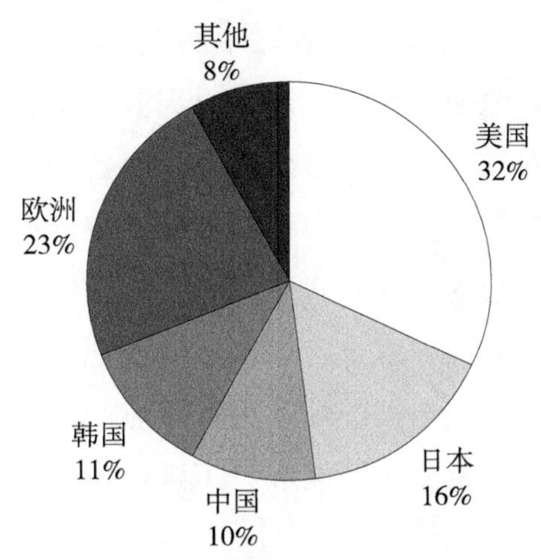

图4－8　全球食品追溯领域专利申请目标国和地区分布

图4－9从专利原创国和目标国角度展示了技术流入和技术流出的情况，与物联网整体专利格局有相似的地方，但也有很大不同的地方。相似的是，美国、日本、韩国依然作为专利技术输出国而存在。不同的地方是，中国不再是最大的技术输入国，取而代之的是欧洲，大量国际性科技公司在欧洲进行市场比拼和竞争。而中国市场在目前并没有引起这些国际性科技公司的足够重视。另外一个不同之处在于，中国不再是技术输入国，而是成为和韩国比例类似的技术输出国，虽然数量非常小，但是技术趋势比较明显，说明在这个领域，我国已经有从专利角度走出国门的企业了。

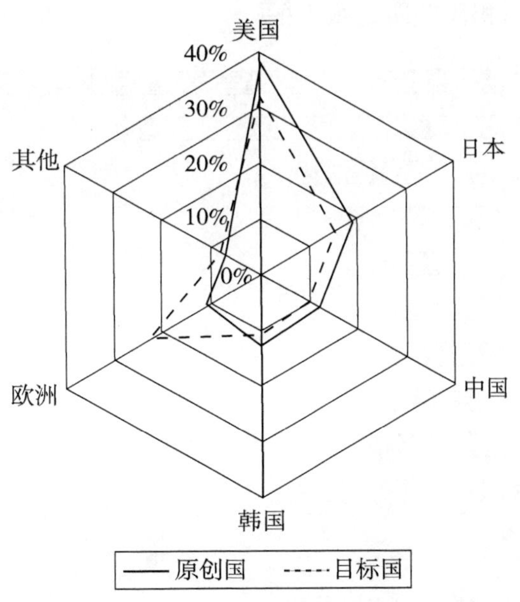

图4－9　全球食品追溯领域专利申请原创国（地区）和目标国（地区）对比

上述数据比例对国内企业是一个比较利好的形势，由于之前很久的一段时间，我国对于食品安全问题的重视程度没有提高到一定高度，因此国际巨头企业对我国在该领域的专利布局也不是很多，但是随着我国近几年对食品安全问题重视程度的逐步提高，必然进一步激发市场竞争，这就不可避免地会出现误踩别人专利陷阱的事件，在接下来的一段时间，国际巨头在我国的专利布局必然会大幅度地提升。因此我国企业必须在这个阶段进一步重视专利技术的研发和专利的布局，避免错过这个时期后，完全被国际巨头将可能的技术细分领域全部都进行布局，我国企业的产品和服务就完全不能进一步延伸，在我国也将处于处处是雷区的境地。

4.2.2.3 食品追溯领域主要专利申请人

通过分析食品追溯领域全球申请人的情况而得出图 4 - 10 所示的食品领域主要申请人分布，通过对图 4 - 10 分析可以得出，申请人排名前十位的都是国际上有名的科技公司，包括 IBM、东芝、摩托罗拉、LG、大日本印刷株式会社、西门子、惠普、富士通等涉猎非常广泛的大体量的科技巨头，这些科技巨头每年在研发和专利中投入的资金都是非常高的。而对照我国目前在食品追溯领域的实际情况，几乎没有一个相对较大的科技公司来领导（对照整个物联网领域，我国还有中兴、海尔、华为等企业能够与国外企业进行适当的抗衡，而在食品追溯这个细分三级领域，几乎没有一家较大型的国际型公司来领导），并且在科技研发和专利上的人力、物力、财力的投入与上述公司相比差距是很大的。

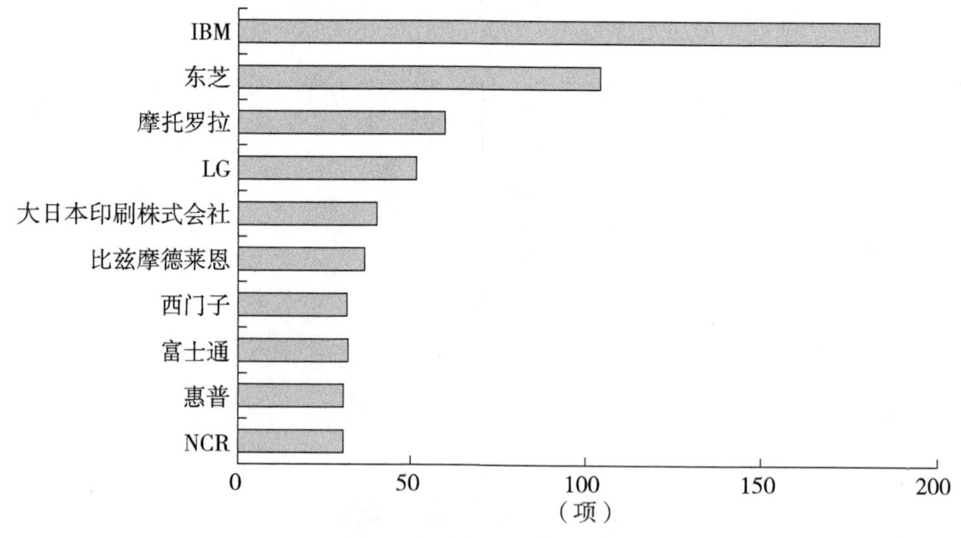

图 4 - 10　食品追溯领域主要专利申请人

通过分析上述科技巨头在区域布局方面的情况发现，IBM 公司在该领域的专利申请特点非常独特，主要都在美国本土申请，其在美国的申请量占到总量的 80%，在欧洲的申请量接近 10%，而在其他区域的申请量非常少，作为国际科技巨头而言，这样的专利申请策略是非常反常的，对于原因笔者只能猜测其对于除美国和欧洲市场之外的市场规模具有非常大的不认同感。IBM 在该领域申请的专利中仅有相当少的一部分在我国进行了布局，并且这些专利都不是其核心专利。食品追溯领域东芝在我国的专利申请也仅有 11 项，富士通在我国有 8 项相关专利申请，而其他排名靠前的科技巨头都没有在我国进行专利布局，这也许与前几年我国在这个领域的市场规模相对较小有关系。从另外的角度讲，这样的布局情况对于我国企业也是非常利好的消息，我国企业可以趁这个时机在国内进行大规模的专利布局，从而缩小与国际巨头的差距。

4.2.3 重要申请人相关专利技术分析

IBM 公司是该领域最为主要的申请人，于 1911 年创立于美国，是世界上最大的信息工业跨国公司。IBM 在 2008 年最早提出了智慧物流的概念，但是从 20 世纪 90 年代开始就在该领域有了一定的积累，1997—2001 年在该领域的研发有一个小高潮，该时期主要关注基于网络对编码产品进行识别的相关技术，在 2008 年之后专利申请量在智能物流的各个领域都处于领先地位，期间主要关注于二维码及 RFID 的识别、追踪以及基于云计算功能的产品识别及配送。

图 4－11 展示了 IBM 公司在智能物流领域专利申请量（全球）的分布情况，虽然将其智能物流领域的相关技术分为食品信息可追溯、智能仓储、智能装卸、智能运输、智能包装和智能配送，但实际上其各个分支技术之间有很多都是交叉存在的，譬如将赋码过程归到智能包装领域中，但是在食品信息追溯的整体过程中，赋码也是非常重要的一个环节，为了分析方便，笔者将食品的信息采集、信息监测、信息追溯查询及输出的相关技术归为食品信息可追溯分支。即使这样进行分类，从图中依然可以得出 IBM 公司最为关注的还是食品信息追溯的相关技术，这说明在食品信息追溯领域，IBM 公司是这个行业的技术领军企业，当然同时也是我国在该行业最大的竞争对手，因此对于 IBM 公司的相关技术进行一定的研究，才能更加清晰地了解该技术领域最新和最深入的研发方向和研发深度。

因此笔者最后通过对 IBM 公司在食品信息追溯领域的几篇核心专利进行分析，期望能够给国内企业一点启示。

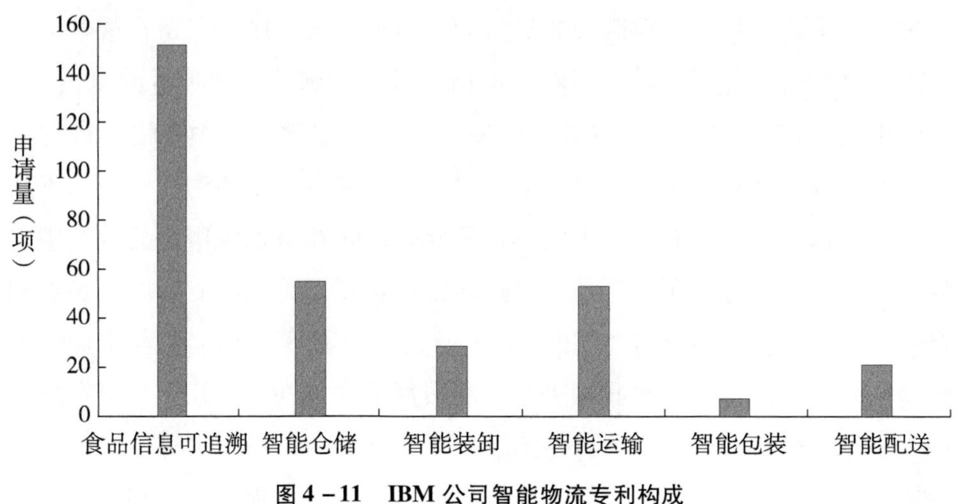

图 4－11　IBM 公司智能物流专利构成

US7616113B2（专利公开号），主要关注射频识别（RFID）标签仓储系统，涉及调整飞行时间因素的基础上确定 RFID 读写器和 RFID 标签之间的距离等相关技术。US7719423B1（专利公开号），主要关注射频识别库存追踪系统产品的追踪方法，包括身份和数据接收，产品被装入容器中时分析类别和数据，并将处理的结果和数据发送到标签。US6712276B1（专利公开号），主要关注消费者在零售销售点系统的反馈信息处理方法，公开一种通过检查客户的反馈信息并将其放在接近预印标签的条形码序列信息标记区进行处理的方法。US7000834B2（专利公开号），主要关注使用射频识别装置自动获取产品的保质期、重量、温度等信息。US6616056B2（专利公开号），主要关注电子标签的方法固定追踪库存药品食品从而实行访问控制的技术。US7348886B2（专利公开号），主要关注产品库存追踪方法，涉及无源射频识别标签的标识，通过使用有源射频识别标签设置进行散列识别。

上述专利仅是笔者通过专利分析中引证和被引证的方式而筛选出来的该领域名义上的核心专利，国内企业如果也在这几个领域进行研究，即可对上述专利以及以上述专利作为基础专利的整个专利族进行有针对性的专题研究，这样既可以避免重复研究，也可以学习先进的技术研发思路和方向，同时还可以为我们进一步的专利布局方向提供思路。

4.3　专利研究存在的问题及建议

4.3.1　为避免被国际巨头各个击破，进行合纵连横，成立产业联盟

中国整个物联网产业的市场规模已经超过 4 千亿元，其中食品追溯领域的产业规

模占有相当一部分份额，其战略意义不仅仅是形成快速增长的新兴产业，更重要的是要推进信息化与工业化深度融合，促进传统产业优化升级，实现生产力和生产方式的变革。

从技术原创来看，美国和日本是本领域全球专利申请原创国家的前两名，分析这两个国家的专利申请特点可以得出其申请主要集中在几家大企业，即核心技术主要掌握在这几家大企业手中，而企业体量较大之后，资金雄厚，一旦发生专利纠纷，会有专业的部门和专门的雄厚资金来应对，因此对于专利战争，这些企业的优势非常明显。而国内的申请人非常分散，并且同质化相对比较严重，在本领域并没有出现体量相对较大的科技型企业，因而很难形成一个稳定完整的体系，一旦出现专利纠纷，不管是国外企业侵权还是国内产品侵犯其专利权，国内企业都没有大体量的专业人士和专门大量的资金来应对这样的专利诉讼。因此，在这方面国内企业与国外巨头的差距非常大，从而使得我国在该技术领域上与美国、日本甚至韩国差距较大，面临较大的竞争压力。

在没有较大体量的科技公司作为行业引领者的情况下，成立该领域的技术联盟或者行业技术委员会，从而将松散的技术进行汇集、整合，将专利技术形成纵向和横向的体系，是该领域我国科技工作者目前最应该关注的方面，这样才能与国外巨头进行抗争，否则国外巨头日渐地攻城略地，该领域可以被我国掌握在手中的区域日渐减少，日后我国的产品或服务不仅难以走出国门，甚至在本土上都容易陷入国外巨头的专利泥潭中。

产业联盟是市场成熟的重要标志，在欧美发达国家和地区是各个技术领域普遍存在的一种商业模式，联盟的兴起与产业发展的瓶颈有着内在的关联性，以联盟的形式整合产业链资源，共同发展成为战略性新兴产业发展非常重要的途径。通过联盟的方式可以实现合纵连横，进一步整合资源，充分整合各个部门、各试点城市、各相关产业协会及各地的地方产业联盟，并且形成专业部门和专有资金来应对可能到来的专利战争，按照统筹规划、分工协作、保障重点、急用先行的原则，建立高效的标准协调机制，积极推动自主技术标准的国际化。只有这样才能保证国内相对较为松散的企业在即将到来的专利战争中取得一定的优势，继而在食品追溯市场取得先机并减少落入国际巨头专利陷阱中的可能性。

4.3.2 抓住机遇，以联盟为载体，大量高质地进行国内的专利布局，继而以国内专利作为基础，真正实现“走出去”的战略目的

通过上述分析可以看出，虽然在整个物联网领域中中国的专利目标国排名第

一，但是对于食品追溯的这个细分领域，中国作为专利目标国排名第五，所占比重仅有10%，这说明国际科技巨头在食品追溯这个领域并没有对中国市场达到较高的重视程度，这与国内对于食品安全问题的政策引导和国内相关技术和市场的成熟程度稍显欠缺有一定关系。

这样的现状给予了我国企业一定的机遇，国内企业如果能够在这个阶段深入研发和挖掘该领域的相关技术，并且通过专利布局而在中国国内布局相当数量和高质量的专利，同时利用产业联盟的优势对申请的专利进行整合、优化，从而至少在中国区域内突破国际科技巨头的专利壁垒，尽量少踩其已有专利的陷阱，并且在国内布局形成一定体量的情况后，进行国际的专利布局，从而更好地为“走出去”战略做好技术和产品的保驾护航工作。

国内企业在研发和挖掘该领域相关技术的时候，可以对IBM、东芝等科技公司现有的专利进行深入的研究（例如对笔者列出的相关核心专利以及相关外围专利进行深入研究），了解其关注的方向和研发重点以及研发的深入程度，既可以避免误入其专利保护范围，又可以对自身的研究提供一些思路和方向，继而可以对自身技术的研发、专利的布局进行适时的调整。

随着中国食品安全相关法律法规的成熟和相关平台的建立，以及产业联盟的成立，国内企业可以相互进行技术和商业模式的借鉴和良性竞争，这样一个相对的新兴产业必然会为“中国制造”贡献自己的一份力量，同时也必然会使得中国成为第四次工业革命的领导者并为此贡献自己的一份力量。

参考文献

杨铁军．产业专利分析报告［M］．北京：知识产权出版社，2016.

5 食品追溯技术研究

5.1 食品追溯相关定义

2006 年，国际食品法典委员会（Codex Alimentarius Commission，CAC）制定了标准 CAC/GL 60—2006 *Principles for traceability/Product tracing as a tool within a food inspection and certification system*（《食品检验和认证体系中运用可追溯性/产品追溯的原则》），将可追溯性定义为"在特定生产、加工和分配阶段跟踪食品流动的能力"，并将可追溯性与产品溯源作为同一术语。此后，ISO 制定的标准中涉及食品追溯的内容时，基本上都引用了上述标准中的定义。ISO 22005：2007 对定义中的"流动"进行了解释，即"流动"可能涉及食品或饲料原材料的来源、加工历史或分配。各国的食品追溯相关标准基本上都遵循和沿用了 ISO 22005：2007 中关于可追溯性的定义。

追溯包含溯源和追踪两个方向的功能。溯源指沿食品供应链向上游回溯，识别追溯单元的来源，可为危害源头的查找提供支撑；追踪指沿食品供应链向下游跟踪追溯单元的流动路径，了解追溯单元的去向，为产品召回等提供信息。其中，"追溯单元是指需要对其来源、用途和位置的相关信息进行记录和追溯的单个产品或同一批次产品"，例如物流单元、零售商品等。

食品可追溯体系是收集、证明、传递供应链中所有加工的信息，通过这种特别的信息记录方式为消费者提供产品的原产地等历史信息，并可以看到种植、添加的物质等信息。冯根充（2009）认为，食品可追溯体系是对食品生产—流通—消费服务等过程的全程监管以及在此基础上实现对食品的信息和经营责任的追溯。

5.2 食品质量可追溯单元划分与优化

食品质量安全可追溯体系具有许多环节，其中可追溯单元的划分是最为基础的技术环节。可追溯单元是指一批可追溯的对象。这些可追溯单元在生产中被认为是一个整体，有着共同的特征而且独一无二，在任何供应链条中都是产品信息的唯一标识。一般而言，可追溯单元由标识信息和记录信息两部分组成：标识信息的主要功能是确保追溯过程的连续性；记录信息的主要功能是实现企业内部追溯。可追溯单元的大小决定着可追溯系统的精度，可追溯单元大，追溯精度低，召回成本高，但系统的运行成本低；可追溯单元小，追溯精度高，召回成本低，但系统的运行成本高。因此，如何划分可追溯单元，要从产品、技术和经济等多维角度出发，确定追溯的最佳单元，实现追溯系统经济性平衡，从而在产品发生质量问题时实现快速召回，这样既能保证产品质量的安全又可降低企业的损失。

5.2.1 可追溯单元划分原则与方法

5.2.1.1 基于单体的可追溯单元划分方法

基于单体的可追溯单元划分方法是将追溯目标的产品个体采用统一的编码，实现对追溯目标的产地、品质、数量、加工过程等信息的集合管理。这种方法追溯精度高，但追溯系统运行成本较高。目前，该方法主要应用在家畜（牛、羊、猪）养殖追溯系统中，部分也应用在家禽养殖、水产养殖追溯系统中。下面主要以猪肉质量安全可追溯系统为例详细介绍此划分方法，商品猪佩戴耳标后，记录相关信息，分别是耳标号、圈栏、品种品系、来源、戴标人、日期等，如表 5 – 1 所示。

表 5 – 1　　商品猪信息

字段	字段名	类型
1	耳标号	nchar
2	圈栏	nchar
3	品种品系	nchar
4	来源	nchar
5	戴标人	nchar
6	日期	datetime

为了规范畜牧业生产经营行为，加强畜禽标识和养殖档案管理，建立畜禽及畜禽产品可追溯制度，有效防控重大动物疫病，保障畜禽产品质量安全，从 2006 年 7 月 1 日起，农业部颁布的《畜禽标识和养殖档案管理办法》正式实施。其中畜禽标识编码由畜禽种类代码、县级行政区域代码、标识顺序号共 15 位数字及专用条码组成，畜禽标识编码形式为：×（种类代码）– ××××××（县级行政区域代

码）－×××××××××（标识顺序号）。其中，猪的畜禽种类代码为1。

15位的畜禽标识（耳标号）是追溯系统的基础和核心，是猪的唯一标识号，本系统中所有的信息采集都是以畜禽标识（耳标号）为基本单位的，充分保证了饲料、兽药、免疫等信息可以追溯到猪个体。

5.2.1.2 **基于批次的可追溯单元划分方法**

批次是指在相似条件下生产、加工或包装的某一追溯目标单元的集合。该划分方法是将同一批次的产品视为一个可追溯单元，采用统一的编码，实现对追溯目标的产地、品质、数量、加工过程等信息的集合管理。这种方法追溯精度低，不能精确到特定环节和个体，但追溯系统运行成本较低，适用于单体价值低、数量多的快速消费类产品。目前，该方法多应用于加工领域，如乳品追溯系统、果蔬产品追溯系统。下面主要以乳品追溯系统为例详细介绍此划分方法。

乳品的可追溯性是我国乳品企业获得生产许可的前提。追溯系统的主要目的是收集供应链上产品及其相关的物料流转、位移及加工信息。在面临食品安全危机的时候，这些信息使得企业能有效管理后续的产品召回活动。因此，合理的追溯单元的划分可以提高追溯系统的效率和性能。原料乳拆分成任意部分用于生产不同批次的产品，加工次序和数量关系复杂，难以区分，因而结合生产过程中的数据，将原料乳和产品批次分离，建立原料乳和产品批次之间的批次关联模型，完成乳品批次划分，能较好地实现乳品追溯。

运送原料乳的奶罐车一般有分离的2~3个奶罐，可分装不同来源的原料乳，因此可利用电子铅封和奶罐车来标识原料乳批次。奶罐车离开牧场时，所有管道出入口采用具有唯一编号的电子铅封，并记录原料乳的来源牧场、时间、重量、罐号等信息。奶罐车进厂检测时，由检测人员识读奶罐铅封编号，记录到厂时间、车号、罐号、重量。原料乳接收后被泵入储奶罐，当储奶罐装满时，一个批次的原料乳被分成两个子批次由管道转流到另一个储奶罐，子批次的量通过流量计的计量进行区分。

产品批次根据生产日期、产品品种进行编号，保证产品批号的唯一，标识原料乳和产品批次后，下一步的关键是建立原料乳和产品的批次及数量对应关系。原辅材料与产品之间的批次关联，存在一对一、一对多、多对一、多对多四种情况。定义追溯复杂度的数值为原辅料批次与产品批次的关联总数量。原辅料用于某批次产品的生产，即认为它们之间存在关联。

储奶罐每天或隔一定的周期进行清洗，清洗前后的产品批次是明显分离的。因此以储奶罐的两次清洗间隔的时间作为一个研究周期建立批次关联模型，以此完成乳品追溯单元的划分。

5.2.2 可追溯单元优化方法

优化可追溯单元，可以提高追溯系统精度，有效降低风险扩散和缺陷产品的召回成本。目前，应用最多的优化方法主要有三种，表 5－2 对三种方法做了比较与分析。

表 5－2　　可追溯单元优化方法的比较与分析

优化方法	面向对象	理论基础	特点
可追溯单元流程优化	批次和单体	业务流程与关键控制点	能够识别关键追溯信息而剔除冗余的追溯信息；优化可追溯单元划分与信息采集，但在系统决策支持与智能化方面不足
可追溯单元混合度优化	批次	数学建模	能够有效降低可追溯单元的混合度，实现追溯系统的决策支持，实现主动追溯，但系统运算时间较长，在运算方法方面还需要进一步研究
可追溯单元建模优化	批次和单体	计算机建模	通过计算机建模能够便于对可追溯单元进行分析与描述，利于系统开发

5.2.2.1 可追溯单元流程优化

首先对生产、加工流程进行分析，然后确定产品质量安全的关键控制点，分析可追溯单元质量传递关系，确定可追溯单元信息采集与管理，从而优化可追溯单元流程。张健等在对肉类食品供应链追溯单元识别与质量传递关系分析的基础上，确定了肉类食品供应链追溯单元的活动形式，以追溯单元的变迁过程为依据，对肉类食品追溯系统流程进行了优化，为追溯系统开发建立了基础。具体步骤如下：

第一步：原生产系统的实体标识。原生产系统的实体要定义为追溯单元必须对其进行唯一性标识，该标识同生产批次的编号有实质性的区别，一个生产批次可能包含多个追溯单元，同时，一个追溯单元也可能包含在多个生产批次中。

第二步：原生产链图形化描述。标识好生产系统的实体后，需要对生产链进行图形化描述，一般用树结构描述，树的节点表示追溯单元，连接父单元和子单元。

第三步：追溯单元分解（合成）率的确定。追溯单元的分解是一个父单元分解为两个或以上子单元的过程，追溯单元的合并是一个或多个父单元合成为一个子单元的过程。生产系统中可以根据情况确定最大分解（合成）率、最小分解（合成）率、平均分解（合成）率。平均分解（合成）率表明生产链的总体分布情况；最大分解（合成）率保证追溯系统的可靠精度；相对于最大分解（合成）率，最小分解（合成）率主要用来估计追溯精度。以图 5－1 为例，假设 A 单元分解为 4 个 B 单元，同时，B 单元来源于 3 个 A 单元，则标注为 3 个 A 单元演变成 4 个 B 单元。

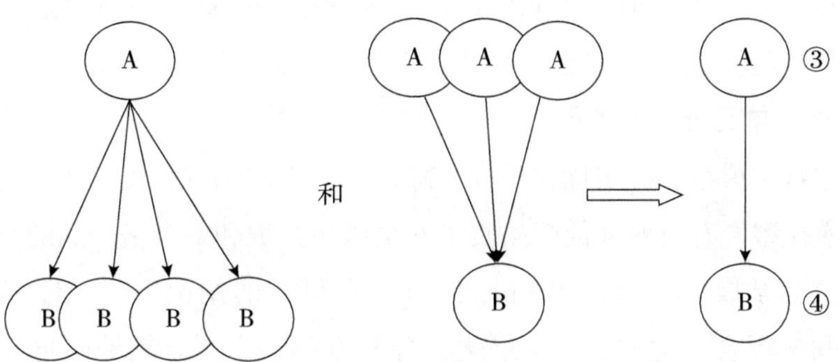

图 5－1　追溯单元的分解与合成过程

第四步：原生产系统的可追溯性分析。根据前面三步的描述，该生产系统可以在一定程度上实现生产过程的追溯，根据标注分解率与合成率的精确程度，可判断追溯的精确程度。

第五步：通过分解（合成）树分析。建立“优化过程区”，如图 5－2 所示，对每个追溯单元分析，试图以最小的分解率与合成率为基础，优化分解（合成）树。对不同的食品加工过程（考虑经济性和可行性），不一定都能达到理论最优结果。

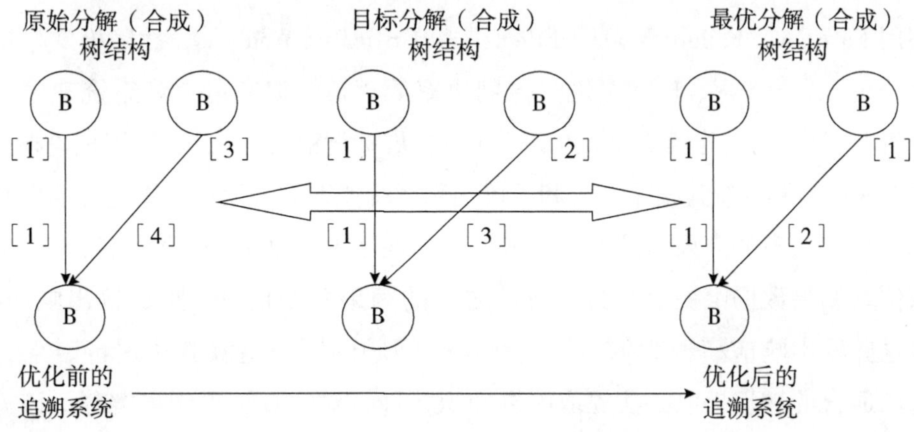

图 5－2　追溯流程优化过程图

第六步：生产过程的改进和优化。根据第五步的优化结果改进生产加工过程，定义追溯记录，选择合适的追溯单元的识别方式，定义追溯数据库，应用追溯系统。

以追溯单元为基础的食品安全追溯系统优化方法明确了追溯单元定义的原则和方法，但对不同的食品加工过程（考虑经济性和可行性）不一定都能达到理论最优结果，因此要实现快速有效的安全追溯必须在追溯系统中建立追溯单元危害性的隐含因果关系。食品供应链可追溯单元识别与质量传递关系，确定了食品供应链可追溯单元的活动形式，以可追溯单元变迁过程为依据，对食品质量可追溯系统流程进行了优化，从而使可追溯系统更为简洁、实用和高效。

5.2.2.2 可追溯单元混合度优化

通过建立数学模型，确定优化目标，降低产品批次的混合度，进而寻求最优的可追溯单元传递模型，有效地降低产品质量安全风险扩散和不合格产品的召回成本。

通过建立数学模型可以在 M 批原料与 P 个订单的情况下，对原料批次与订单产品批次之间进行合理优化，求解最优的分配方案，进而有效地降低订单产品的原料批次混合程度，达到优化质量追溯精度的目标。再利用多目标优化方法求解最佳方案，有效地缩小原料供应商的责任追踪范围。

上面提出的订单原料批次混合问题模型及解决方法从战略运营与生产操作两个视角对企业起到了一定的作用。从战略运营的角度看，降低订单原料批次混合程度，一方面降低了由原料多批混合而产生质量问题的风险，另一方面可以提高质量追溯的精度，降低企业的召回成本并缩小原料供应商责任追踪的范围，提高产品的质量与核心竞争力。从生产操作的角度看，通过对原料批次的调优分配可以对制订产品生产的周计划或月计划起到一定的指导作用，大大削弱对原有人员经验知识的依赖。

5.2.2.3 可追溯单元建模优化

利用 FMECA（Failure Mode，Effects and Criticality Analysis，故障模式、影响和危害性分析）、Petri 网、D 型图论、模糊概率等理论，研究可追溯系统建模与优化方法，将 UML（统一建模语言）、XML（可扩展标记语言）、可信计算理论模型等建模技术引入可追溯系统建模中，有利于可追溯系统原型的开发和运算速度的提升。

基于行为建模的因果追溯方法，较好地解决了复杂仿真分析中因果关系追溯问题，从仿真结果数据中提取行为及行为之间的因果关系信息，形成输出响应模型，然后以这些输出响应模型为依据，选取符合问题的因果追溯算法进行因果关系追溯，选取适合的知识提取方法提取因果知识，最终对仿真结果作出解释。该方法是一种面向行为的因果分析方式，它的主要特点是能够获取行为原因及其作用过程，分析过程定量化，并最大程度地实现了分析过程的规范化和自动化。

5.3 食品质量安全可追溯信息采集与传输关键技术

5.3.1 可追溯采集关键技术

目前，已应用于食品质量追溯系统中的信息采集技术主要有条码识别、射频识别（RFID）、无线传感网络（Wireless Sensor Networks，WSN）、时间—温度指示器（Time－Temperature Indicator，TTI）、机器视觉等技术。表5－3对这几种技术进行了比较。

表5－3　不同追溯信息采集技术比较

采集技术	功能	采集距离	抗污染性	价格	耐用性	信息量	周期性
条码	识别	近	弱	很低	易损	小	一次性
RFID	识别	较远	强	较低	好	较大	循环
WSN	识别/感知	最远	强	较高	好	大	循环
TTI	感知	最近	一般	最低	易损	一般	一次性
机器视觉	识别/感知	较远	一般	最高	好	大	循环

5.3.1.1 条码技术

1. 条码技术概述

条码是将线条与空白按照一定的编码规则组合起来的符号，用于代表一定的字母、数字等资料。在进行辨识的时候，用条码阅读器扫描，得到一组反射光信号，此信号经光电转换后变为一组与线条、空白相对应的电子信号，经解码后还原为相应的字母、数字，再传入计算机。条码辨识技术在现阶段已经相当成熟，其读取的错误率约为百万分之一，首读正确率大于98%，是一种可靠性高、输入快速、准确性高、成本低、应用面广的资料自动收集技术。

世界上约有225种以上的一维条码，每一种一维条码都有自己的一套编码规则来规定每个字母（可能是文字或数字）是由几个线条（Bar）与几个空白（Space）组成，以及字母的排列。一般较流行的一维条码有39码、EAN码（国际物品编码）、UPC码（商品条码，用于在世界范围内唯一标识一种商品。我们在超市中最常见的就是这种条码）、128码，以及专门用于书刊管理的ISBN（国际标准书号）、ISSN（国际标准连续出版物编号）等。国际广泛使用的条码种类有EAN码、UPC

码、Code39 码（可表示数字和字母，在管理领域应用最广）、ITF25 码（交叉 25 码）、Code bar 码（代码条，多用于医疗、图书领域）、Code93 码、Code128 码等。

其中，EAN 码是当今世界上广为使用的商品条码，已成为电子数据交换的基础；UPC 码主要为美国和加拿大使用；在各类条码应用系统中，Code39 码因其可采用数字与字母共同组成的方式而在各行业内部管理上被广泛使用；在血库、图书馆和照相馆的业务中，Code bar 码被广泛使用。除以上列举的一维条码外，二维条码已经在迅速发展，并在许多领域得到了应用。

条码是迄今为止最经济、实用的一种自动识别技术。条码技术具有以下几个方面的优点：

①输入速度快。与键盘输入相比，条码输入的速度是键盘输入的 5 倍，并且能实现“即时数据输入”。

②可靠性高。键盘输入数据出错率为三百分之一，利用光学字符识别技术出错率为万分之一，而采用条码技术误码率则低于百万分之一。

③采集信息量大。利用传统的一维条码一次可采集几十位字符的信息，二维条码更可以携带数千个字符的信息，并有一定的自动纠错能力。

④灵活实用。条码标识既可以作为一种识别手段单独使用，也可以和有关识别设备组成一个系统实现自动化识别，还可以和其他控制设备连接起来实现自动化管理。另外，条码标签易于制作，对设备和材料没有特殊要求，识别设备操作容易，不需要特殊培训，且设备也相对便宜。

2. 一维条码

在日常生活中，若注意观察商品外包装可以发现，上面通常会印有一维条码。其是由条、空、字符构成的，为了达到表示信息的目的，这些条、空、字符都是按照一定规则组成的，如图 5－3 所示。对光线反射率较低的为条，对光线反射率较高的为空。一维条码可以被特定的设备识读。它具有制作使用成本低、输入方式快、可靠性高、读取方便等优点。

图 5－3　一维条码

尽管一维条码的流行为信息的传输提供了便捷，但是随着条码技术的应用越来越广，传统一维条码的缺点也逐渐暴露出来。由于一维条码携带信息量有限，只能在一个方向（通常是水平方向）上表示信息，所以信息密度较低，信息容量较小，成为一维条码发展的一个瓶颈。且一维条码仅仅能做到对商品的标识进行识别而无法做到对商品进行描述，人们要想知道商品标识的具体含义只能从后台的数据库提取相应的信息，如果没有数据库或网络的地方，商品标识的具体含义无法获得，标识也就没有任何意义。此外，一维条码对于汉字和图像信息的表示无能为力，在需要用到汉字、图像的场合几乎无法应用。为了解决这一系列的问题，人们就开发出了二维条码。

3. 二维条码

二维条码从一维条码演变而来，信息容量增长了上百倍，从一维条码的几十字节增加到现在的两千字节，并且二维条码可将文字、照片等多种字符进行编码，实现了在没有数据库和网络互连不方便的地方进行信息携带和传递。因此，越来越多的人开始认识和接触二维条码技术。

常见的二维条码有 PDF417（高信息含量的便携式数据文件）、MaxiCode（矩阵式二维条码）、Data matrix（数据矩阵）、QR Code（快速反应条码）、Code49（连续型、多层条码）、Code16K（可变长度条码）、Code One（成像设备识别条码）等 20 余种，其中 QR Code 具有超高速识读、高效表示中文汉字等特点。

（1）PDF417 条码

PDF417 条码所属的二维条码类别为行排式二维条码。之所以被称作 PDF417 码是因为它的每一个字符都是由 4 个条和 4 个空共 17 个模组构成的。其结构如图 5 -4 所示。

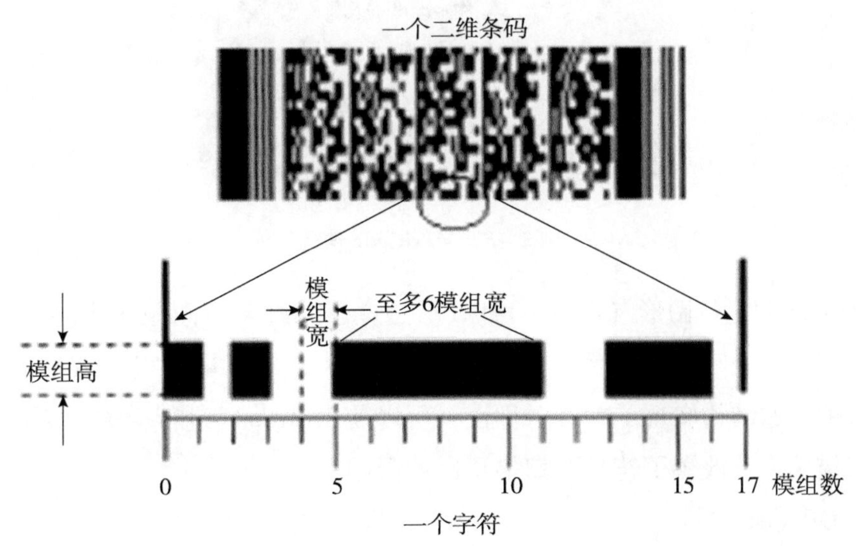

图 5 -4　PDF417 条码结构

PDF417 编码符号周围一圈为空白区域，主要用于识别本编码符号，中间区域为多行结构，每一行主要由七部分组成，包括左空白区、起始符、左行指示符、数据区、右行指示符、终止符、右空白区。此编码的纠错能力较强，编码的每一行既涉及本行的基本信息，同时还记录一些反映其他位置上的字符（错误纠正码）的信息。所以，在某种特殊的恶劣环境下，一部分条码遭到损坏时也可以利用条码中的位置码进行相应的纠正从而顺利还原信息。PDF417 码错误级别可分为 9 级，从 0 到 8 依次增强。

（2）MaxiCode

MaxiCode 又称为 USS – MaxiCode（Uniform Symbology Specification MaxiCode），由美国著名的联合包裹服务公司（United Parcel Service，UPS）特别为满足高速度下物品扫描的需求而专门开发设计的一种二维条码，主要目的是实现对包裹的追踪和搜寻。MaxiCode 主要由两部分组成，一部分是相互连接的平行六边形模块，另一部分是位于二维条码图片正中心部位的定位图形。其整体结构如图 5 –5 所示。

图 5 –5　MaxiCode 结构

MaxiCode 的定位图形（Finder Patter）是位于二维条码图像正中心位置的三个等间距的同心圆环。采用这种定位图形和平行六边形蜂巢式模块共同构建 MaxiCode，这种图像结构实现了中心对称性，可以使 MaxiCode 进行全方位无障碍扫描，提升了扫描速度，改善了符号对扫描角度的限制。

（3）QR Code

QR Code 有许多强大的功能，如大容量的信息存储容量，高可靠性及超高的保密防伪性，并且它能够表示文字和图像等多种文本信息。除了上述功能外，QR Code 也可以完成一个完整的 360 度无限制角度的高速读取二维条码的操作，并能有效地表达大量的信息。QR Code 专门针对亚洲汉字设计，以适应相应的语言文化环境的特点，尤其对中国汉字信息和日本汉字信息能够进行特殊的优化编码处理。

每一个 QR Code 二维条码都是一个正方形阵列模块，主要由编码区域和功能图形共同构成。编码区域主要用于数据信息的存储，功能图形主要由位置探测图形、分隔符号、定位图形和校正图形等部分组成。QR Code 符号周围是预留的空白区域，宽度至少 4 个模块，围绕在符号周围。其图像结构如图 5－6 所示。

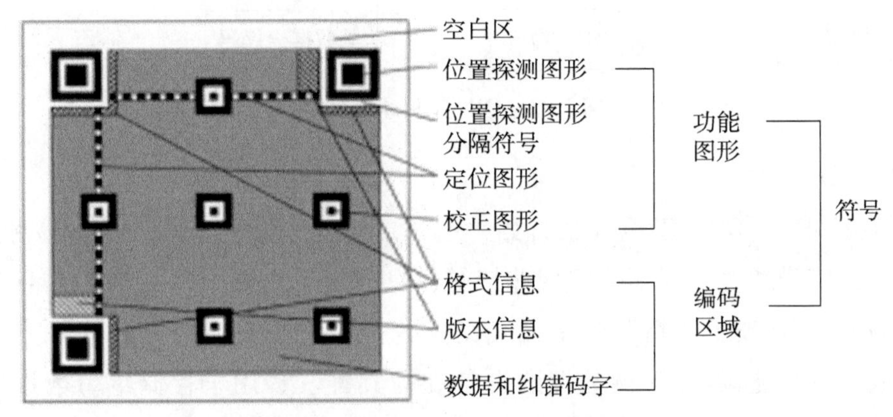

图 5－6　QR Code 的基本特征图

以 QR Code 为例研究手机的二维条码识别技术在农产品质量安全追溯系统中的应用，提出的识别方法和思路略加修改同样也适用于其他二维条码。系统架构如图 5－7 所示。该系统主要包括 4 个功能模块：①二维条码图像采集功能模块。通过控制摄像头的状态（打开、关闭、自动对焦）以捕获食品包装上的二维条码。②图像预处理功能模块。通过摄像头捕获二维条码图案容易受到光照、角度、与摄像头的距离、摄像头像素数等因素的影响，所得到的二维条码会存在比较明显的歪曲、污损、倾斜等各种噪声和失真，导致不能译码或者错误的译码。为提高其可识读性，需进行灰度化、二值化等预处理。③条码识别功能模块。对预处理之后的条码图像进行倾斜矫正、条码分割和数据译码来识别条码，显示条码中的信息。④二维条码追溯功能模块。根据条码识别的农产品追溯号查看详细的追溯信息。

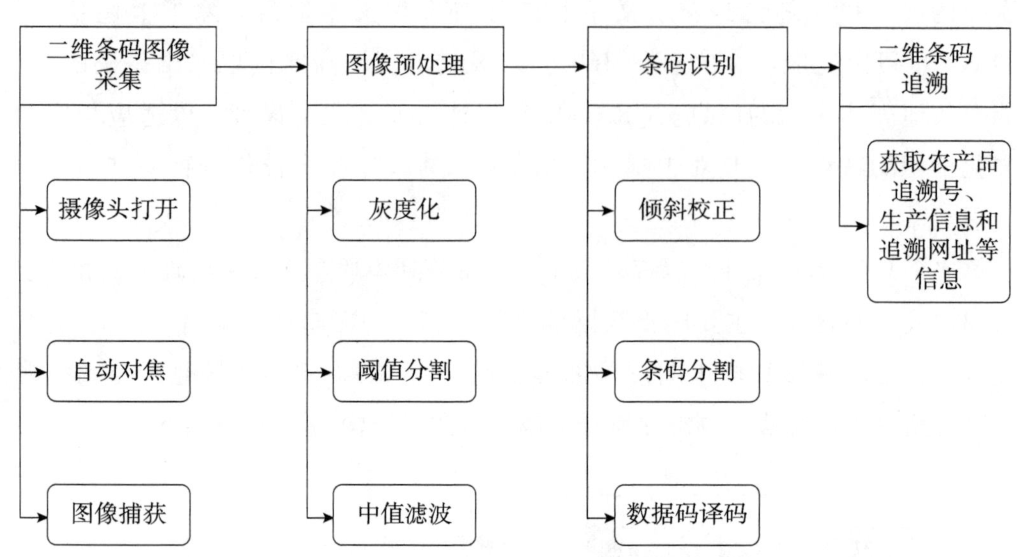

图5－7　QR Code 系统架构

5.3.1.2　RFID **技术**

RFID 技术是20世纪90年代开始兴起并逐渐走向成熟的一种自动识别技术。它利用射频信号通过空间耦合实现非接触信息传递，并通过所传递的信息达到识别的目的。RFID 技术的精髓就是无线交换数据，这个交换数据过程需要两种设备来完成，一个能读/写射频数据的设备和与其配套、用于存储编写数据、含天线的芯片；数据能自动进行交换，不需要任何操作人员的参与便可启动 RFID 的数据读取程序（物品编码标识）。一个基本的 RFID 系统由电子标签、读写器、天线和后台主机系统组成。电子标签是 RFID 系统的数据载体，可存储识别对象的相关信息，具有可重复读/写、使用寿命长、不易仿制等特点。根据自身是否带有电源电子标签一般分为无源、有源、半无源三类。对比其使用范围和自身价格，目前使用较多的为无源和半无源式。读写器主要是读取标签内数据或通过天线向标签发送信号。

RFID 系统的基本工作原理是：由读写器通过发射天线发送特定频率的射频信号，当附着电子标签的目标对象进入发射天线工作区域时产生感应电流，从而获得能量并被激活，使得电子标签将自身编码信息通过内置射频天线发送出去；读写器的接收天线接收到从标签发送来的调制信号，经天线调节器传送到读写器信号处理模块，经解调和解码后将有效信息传送至后台主机系统进行相关处理；主机系统根据逻辑运算识别该标签的身份，针对不同的设定做出相应的处理和控制，最终发出指令信号控制读写器完成不同的读/写操作。

与其他数据采集形式相比，RFID 具有很多优势，主要体现在以下五个方面：

（1）读取方便

RFID 标签不需要像条码标签那样瞄准读取，只需要被置于读取设备形成的电磁场内就可以准确读到，更加适合与各种自动化的处理设备配合使用，同时减少甚至消除由于人工干预数据采集而带来的人力资源成本、效率降低和生产差错以及纠错而产生的成本。

（2）读取速度快

RFID 每秒可进行上千次的读取，同时处理许多标签，高效且高度准确，从而使企业能够在不降低（甚至提高）作业效率，又不增加（甚至减少）管理成本的前提下，大幅度提高管理精细度，让整个作业过程实时透明，创造良好的经济效益。

（3）可进行修改

RFID 标签上的数据可反复修改，既可以用来传递一些关键数据，也使得 RFID 标签能够在企业内部循环使用，将一次性成本转化为长期摊销的成本，在进一步节约企业运行成本的同时，降低企业采用 RFID 技术的风险成本。

（4）可在恶劣环境下识读

RFID 标签的识读不需要以目视可见为前提，因为它不依赖于可见光。因而可以在其他条码技术无法适应的恶劣环境（例如高粉尘污染、野外等环境）下使用，进一步扩大自动识别技术的应用范围。

（5）可与条码技术混合使用

RFID 技术能与条码技术混合使用，分别用于同一系统中各自最适合的环节，再加之移动计算技术，并将无线局域网和广域网作为企业有线网络系统的延伸扩展，便能真正让整个企业的所有现场作业流程与各种企业管理信息系统之间实现无缝连接，让作业现场的每一步操作都处在计算机管理信息系统的管理、监督和控制之下，从而使企业花费巨资兴建的管理信息系统的功能得以充分发挥，实现整个投资效益的最大化。

综上所述，RFID 具有读/写速度快、范围大，能同时识别多个标签，且读写器可以直接与后台的信息系统连接，能够满足自动化管理的需要，标签的存储容量比条形码大得多，且可擦写等特点。除了可以用来标识农产品，RFID 还能储存更多有关农产品质量安全的信息，便于对农产品安全实施监控。RFID 标签不受油渍、灰尘、药物等环境的影响，尺寸大小与形状多样化，用于农产品的标识，解决了条形码易破损、受环境限制大的缺点。

最近几年，为了提高整个农产品供应链的可追溯性，可读/写、低功耗的 RFID 标签逐渐取代传统的只读型条形码。针对农产品在仓储和运输环节的环境参数监测问题，近年来出现了集成传感器的电子标签。该电子标签通过集成相应功能的传感器进而获得温度、湿度、气体浓度等环境参数。这种标签能够记录流通过程中的重要参数，进而找到问题出现的根源，降低产品召回率，便于责任认定，避免大规模群体中毒事件的发生。

1. RFID 应用系统分类

由于 RFID 具有的许多优点和已经取得的巨大成功，它正在成为全球热门新科技，将给全球各行业带来新的变革。按功能可把 RFID 系统分成四种类型：EAS 系统、便携式数据采集系统、物流控制系统、定位系统。

（1）EAS（电子商品防窃）系统

Electronic Article Surveillance（EAS）是一种设置在需要控制物品出入口的 RFID 技术。这种技术的典型应用场合是商店、图书馆、数据中心等，当未被授权的人从这些地方非法取走物品时，EAS 系统会发出警告。在应用 EAS 技术时，首先在物品上粘附 EAS 标签，当物品被正常购买或者合法移出时，在结算处通过一定的装置使 EAS 标签失活，物品就可以取走。物品经过装有 EAS 系统的门口时，EAS 装置能自动检测标签的活动性，若发现活动性标签，EAS 系统会发出警告。EAS 技术的应用可以有效防止物品的被盗，不管是大件的商品，还是很小的物品。应用 EAS 技术，物品不用被锁在玻璃橱柜里，而是可以让顾客自由地观看、检查商品，这在自选日益流行的今天有着非常重要的现实意义。典型的 EAS 系统一般由三部分组成：①附着在商品上的 RFID 电子标签、电子传感器；②RFID 电子标签灭活装置，以便授权商品能正常出入；③监视器，在出口形成一定区域的监视空间。

（2）便携式数据采集系统

它使用带有 RFID 阅读器的手持式数据采集器采集 RFID 标签上的数据。这种系统具有比较大的灵活性，适用于不宜安装固定式 RFID 系统的应用环境。

（3）物流控制系统

在物流控制系统中，RFID 阅读器被分散布置在既定的区域，阅读器直接与数据管理信息系统相连，而信号发射机是移动的，一般安装在移动的物体、人上面。当物体、人流经阅读器时，阅读器自动扫描标签上的信息并传送到数据管理信息系统以供存储、分析和处理，达到控制物流的目的。

（4）定位系统

定位系统用于自动化加工系统中的定位以及车辆、轮船等的运行定位。阅读器放置在移动的车辆、轮船上或者自动化流水线中移动的物料、半成品、成品上，信号发射机嵌入操作环境的地表下面。信号发射机上存储有位置识别信息，阅读器一般通过无线或有线的方式连接到主信息管理系统上。

2. RFID 技术在食品追溯中的应用

国外关于此技术的研究从 20 世纪 90 年代开始，许多国家和地区已经应用 RFID 可追溯系统进行农产品质量安全管理。近年来，随着 RFID 技术的成熟和应用的推广，集成传感器的电子标签也得到了发展。SYSCO（美国西斯科）公司已经完成低温储运系统的射频识别（RFID）和传感系统测试，证明了 RFID 在食品运输过程中监控温度和环境条件的能力很强，可以有效保证食品品质和质量安全。美国的 Wayne 农场，在家禽肉运输过程中使用的冷冻车上安装了带有集成温度传感器的 RFID 监测系统。2006 年德国联邦教育及研究部（BMBF）斥资 300 万欧元资助 FreshScan 项目，主要就是在肉类加工场将肉制品安装 RFID 标签，同时标签内的温度传感器将根据设定的时间读取肉制品的温度、湿度等数据，并且将这些信息存储在标签中，而系统所使用的扫描仪可以随时跟踪记录肉的储存状况（包括温度、湿度以及是否发生化学反应等），从而达到保持肉类新鲜的目的。日本已经成功地将该技术应用于米酒保鲜，即将 RFID 标签贴在米酒酒瓶上，标签内置温度传感器，在运输米酒的车辆上也安装传感器，对酒瓶标签上传输的信息通过数据实时分析，就可获得每瓶酒经历的温度历史记录，以确保酒的新鲜品质。

相比发达国家，我国对此的研究起步较晚，但经过近几年的快速发展已经取得了一些成果。2008 年北京奥运会期间，带有集成传感器的电子标签在新鲜蔬菜供应链中发挥了强大的作用，实现了对进入奥运村的每一棵蔬菜进行源头追溯以及供应链的完全透明。这是因为每棵蔬菜上的电子标签记录了其产地及生产加工环节等相关信息，同时在运输冷藏车上自动进行温度、湿度记录，从而提供了一个详尽而具有独特视角的供应链。中国科学院微电子研究所的沈红伟等设计了具有温度传感功能的 RFID 无源标签，该设计提出了电子标签结构及参考电路。天津科技大学王以忠等设计了用于果蔬保鲜的 RFID 温/湿度记录系统。经过试验验证，该系统运行良好，能够准确记录果蔬的温/湿度参数，可以广泛应用在果蔬保鲜系统中。

3. 条码技术与 RFID 技术相结合

下面用两个具体案例来描述条码技术与 RFID 技术在食品安全追溯系统中相结

合来保证信息的完整追溯。

案例1

（1）RFID技术的使用

①养殖阶段。本系统中采用可以选择的RFID个体识别技术和以批次为单位的识别技术。采用RFID技术实现畜产品的可追溯功能，最大的瓶颈是电子标签的价格问题。本系统采取能够适应苛刻环境要求的RFID耳标作为猪个体的识别手段，实现以个体为单位的全程跟踪与溯源，RFID耳标实现回收重复利用。本系统同时设计了可供客户选择的以养殖批次为单位的追溯单元。在养殖场子系统中，建立对生猪在养殖场的最小管理单位。生猪的管理以一窝仔猪作为最基本的管理单元。与此同时，提供了将数据库中的生猪信息与加钉在生猪耳朵上的RFID耳标进行数据关联的功能，从而实现了对生猪个体的有效管理。

②屠宰阶段。在屠宰线挂猪的扁担钩上安装RFID电子标识，对屠宰线进行改造，在信息采集点安装读/写装置，读取扁担钩RFID电子标识的存储信息，完成追溯信息由养殖场到屠宰厂的传递。

（2）条码技术的使用

流通阶段。由于流通、销售环节需要高速地读取大量白条肉信息，并同时具有低成本需求，因此我们采用可重复利用的PVC（聚氯乙烯）条码绑带标签，实现流通阶段个体识别，条码绑带在售出后可回收，大大降低了成本。出库时采用手持条码读取设备读取白条肉上的绑带标签；在超市接收白条肉也用手持条码设备。考虑到出库处信息采集的环境（低温、潮湿、多霜），手持条码扫描设备应充分满足实用需求。

案例2

针对实际个体电子标识成本较高等问题，目前，我国对生猪标识普遍采取耳标与条形码相结合的方法，在保留塑料耳标的前提下，增加了与数字编码一致的二维条码。与原来相比，在成本增加不多的基础上大大提高了耳标的自动识别水平。但是，相对于电子标识读取方式来说还是不够灵活，另外塑料耳标还有易消耗、易破坏、受环境影响等问题。目前国内先进的技术有RFID、DNA（脱氧核糖核酸）分型及视网膜识别等。RFID的成本较高，对操作人员的技术要求也比较高。就目前我国以散养为主的养殖方式来说，大面积推广应用电子标识还有一定的经济困难。

生鲜猪肉产品可追溯系统的工作原理具体内容包括：首先，利用RFID技术，在生猪养殖场，对每头生猪戴上塑料耳标，用于记录该养殖场内所有生猪个体在整个生长过程中的有用信息，并且保证这些猪身上的追溯码都是唯一的，同时为了提高耳标的自动识别水平，通过激光打码设备在每一头猪身上打印追溯码，当生猪出栏时通过动物检验检疫部门将合格的生猪追溯码信息扫描录入其中，并增加“追溯码”字段以供待宰猪使用，其中增加的“追溯码”信息包括屠宰加工企业、屠宰加工地点、屠宰加工日期等。其次，将其配送到肉类食品加工中心，加工时，每一头猪的全部追溯码将会被车间操作员录入企业收购系统中，系统会通过追溯码与ID（身份识别）的对应关系，关联供应商、养殖地、检疫证号、屠宰加工日期、级别等一系列有用信息。进入屠宰加工后的配送阶段，由于流通、销售环节需要高速读取大量的猪肉信息，并同时具有低成本需求，因此我们采用可重复利用条码标签，实现流通阶段个体识别，而且条码标签在售出后可进行回收，这样也大大降低了成本。最后，利用条码技术进行分批次标识，条码信息包含产业链上游批次标识信息，并将其全部信息标识在加工好的生鲜肉类产品上，以备下一个环节或终端客户使用，最终配送到终端客户，终端客户可以通过该标识信息追溯到产品的整个产业链各环节上的信息。具体流程如图 5 - 8 所示。

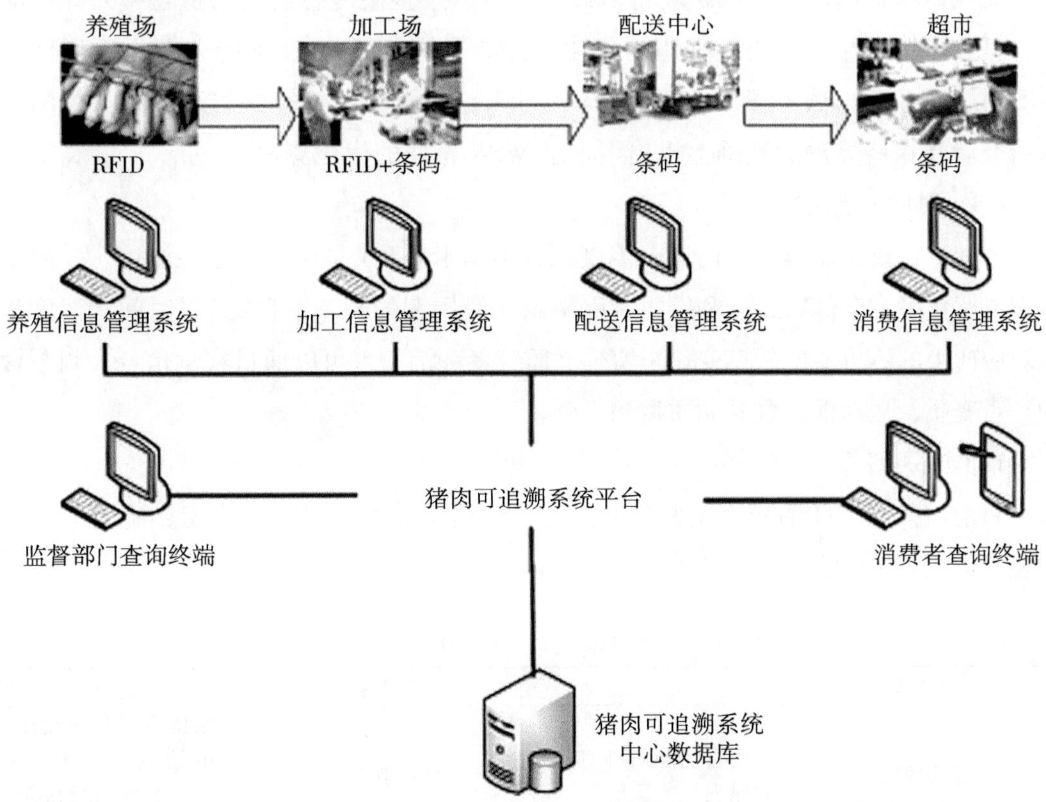

图 5 - 8　猪肉产品全程可追溯工作原理

5.3.1.3 WSN 技术

随着物联网技术的日益成熟，传感网络的应用也进入了新的篇章。在这个过程中，无线传感网络作为一种分布式传感网络，广泛应用于军事、智能交通、医疗卫生等多个领域。其中，食品追溯也是重要应用之一。食品追溯过程不仅需要对食品供应链结构信息有一定掌握，同时还需要通过无线传感网络技术对供应链过程中的环境信息进行采集。通过对掌握的两者信息进行分析，保证实时掌握食品在运输过程中的品质变化情况，同时也保证了追溯信息采集的准确性。Xinqing Xiao 等通过 WSN 技术实时监测冷链物流中温度的变化，从而得到冷链物流中关键的质量参数，通过对各质量参数之间进行相关分析，最后确定关键质量参数，提高了冷链物流的可追溯性和透明度。Wang Xiang 等将无线多气体传感系统作为一个有效的实时冷链监控系统，对葡萄冷链管理的温度、湿度和气体微环境（如二氧化碳、二氧化硫和氧气）等追踪指标进行监测和控制，有效监控葡萄品质变化，同时分析追踪了指标对葡萄新鲜度的影响。Junyu Wang 等通过基于 ZigBee（紫蜂）标准无线传感网络开发了一个实时易腐食品供应链监控系统，提高了系统数据传输的成功率。

无线传感器网络节点的优化部署研究可以有效提高传感器网络覆盖率并降低能耗，延长网络寿命。目前，常用的优化算法有虚拟力算法（VFA）、萤火虫群优化（GSO）、粒子群算法（PSO）、蛙跳算法（SFLA）、混沌果蝇算法（FOA）等，国内的研究者在这些算法的基础上提出了很多 WSN 布局的优化算法。

5.3.1.4 时间—温度指示器

时间—温度指示器又称时间—温度积分指示卡。TTI 是应用于记录温度，并用于标识易腐食品在存储、运输和销售过程中剩余保质期的装置。TTI 通过时间和温度累积效应产生的不可逆的颜色变化来实现。监管者和消费者可以通过视觉信息来判断食物是否变质，从而保证食品的质量和安全。

1. 国外 TTI 研究进展

目前国外对 TTI 的研究主要分为四类，包括扩散型、聚合反应型、酶型和微生物型，如表 5－4 所示。

表 5－4　国外不同类型 TTI 的比较

TTI 类型	原理	主要物质	特点
扩散型	利用有色酯质染料的扩散原理	有色酯质染料	根据不同酯质物质的熔点进行响应，并由温度情况决定扩散速率

续 表

TTI 类型	原理	主要物质	特点
聚合反应型	通过生成有色的高聚物的颜色深浅程度来判断食物新鲜与否	生成高聚物	使用前必须存储在极低的温度环境下，因为在成为产品前就开始相应的监测
酶型	酶催化底物水解产生酸，导致体系浓度升高，酸碱指示剂的颜色发生变化	酶	温度的高低直接影响酸碱指示剂的颜色变化
微生物型	它是通过乳酸菌等微生物在生长代谢过程中产生酸，造成 pH 降低而导致酸碱指示剂的颜色变化	乳酸菌等微生物	TTI 的反应与食品腐败微生物密切相关

由于国外对 TTI 的研究有较长的历史，并拥有大量的与 TTI 相关的专利，其中有些产品已经在生产和应用。比如，微生物型 TTI 的反应与食品腐败微生物密切相关，其中 TTI 中细菌的生长和新陈代谢能直接反映食品中细菌的生长和代谢情况，因此，相比其他类型的 TTI，微生物型 TTI 在国外研究得更成熟。

2. 国内 TTI 研究进展

国内 TTI 研究相对较晚，并且相关领域的研究成果较少，很少出现较为成熟的商业化 TTI。近几年国内主要研究的类型包括电子型 TTI 和酶型 TTI。

（1）电子型 TTI

电子型 TTI 通过切换键与预设修改键相结合来设置日期和时间初始值，再键入 TTI 曲线的温度以及对应的不同温度的货架期。在其运行后，温度和货架期将直接显示，并且按小时刷新，通过这种方法可以测试和记录单位时间内温度变化以及预测食品货架期。谷雪莲等人通过电子型 TTI 监测不同温度、时间存放的牛乳剩余货架期变化，同时采用生物化学方法对牛乳的品质进行监测，准确地记录温度和货架期，能在一定时间内起到预警作用。

（2）酶型 TTI

李慧杰等人利用碱性脂肪酶—底物反应体系开发了一种时间—温度指示器，建立了时间—温度—响应值模型，并对其应用形式、动力学参数进行了初步的研究，得出响应的活化能在 52kJ/mol ~ 56kJ/mol，该体系有望用作检测环境温度的指示方法。乔磊等人研制出新型碱性脂肪酶型 TTI，通过在多组不同温度条件下，与冷鲜猪肉进行储藏试验，从而评估该 TTI 对储藏过程中冷鲜猪肉品质变化的指示。结果表明，该 TTI 在恒温和变温条件下，可有效显示冷鲜猪肉在储藏过程中基于挥发性盐基氮的品质变化历程。

5.3.1.5 机器视觉技术

在实际生产过程中，食品从生产到具体商品经过了不同的生产环境，其复杂性导致在一些情况下常规的识别技术或者环境感知技术无法正常工作甚至失效。机器视觉技术作为处理这一类情况的方法，是对各类信息采集技术的扩展和补充。如 Emanuelle 等建立了一个计算机视觉系统，将 ANN（人工神经网络）用作转换模型，利用贝叶斯分类器将绿色咖啡豆进行分类，该模型实现了 1.15% 的泛化误差，从而有效地帮助种植者对其分类。Souraya 等基于机器视觉的自动化系统，利用色差法，使用 PCA（主成分分析）和 PLS－DA（偏最小乘法判别分析）方法进行分析，结果表明色度计和图像分析允许根据颜色属性对高品质和劣质无花果进行完全区分。Antonio Girolami 等利用美能达 CR－400 色度计和计算机视觉系统（CVS）测量比色特征，通过一系列相似性测试和统计分析，证明了 CVS 能提供某种有效的测量，它们重现了与真实颜色非常相似的颜色，同时可以保存样品图像供检查和比较。通过机器视觉等一系列方法可以对食品进行分类、测量甚至监测。

5.3.2 可追溯传输关键技术

信息传输是信源将信息经信道传送到信宿，并被信宿接收的过程。这个过程包括发送、传输和接收。在进行食品质量追溯时，供应链上有多个主体参与，而这些主体一般根据自身业务需要建设各自的追溯系统。这些系统建设缺乏统一规划，存储的数据是独立、分散的，数据源存在很大差别，形成了众多异构数据，使得各个主体之间的追溯信息传输困难。

然而，可扩展标记语言的产生，使可追溯信息传输已经从最初的不同供应链主体各自设计开发自身的数据传输模式发展到应用统一的、标准化的信息传输方式。这有效增加了系统的兼容性，提高了可追溯信息的传输效率，实现了不同供应链主体的无缝连接，有助于食品质量安全可追溯体系的顺利实施。可扩展标记语言是一种允许用户根据需要自己定义标记的源语言，具有平台无关性、易于扩展、交互性好和语义性强等特点，是最常见的异构数据库之间进行电子数据交换（Electronic Data Interchange，EDI）与传输的标准。

为更好地说明跟踪追溯技术中的数据传输过程，这里以产品质量跟踪追溯体系一般模型为例进行说明，如图5－9所示。产品质量的跟踪系统包括从产品原料数据输入，各工艺加工数据传输，直到成品销售完成的全过程（如图5－9中Ⅰ→Ⅱ→Ⅲ）。企业内网（Intranet）的构架，企业中心数据库服务器支撑着产品生产业务过程中的各个环节（点）及节点（KP_1，KP_2，…，KP_n）上的数据管理。追溯系统则是跟踪系统的逆过程，可依赖于企业外网（Extranet）、互联网（Internet）、无线网络传输等，从商品反溯到销售（点）、各环节工艺加工，直至产品原料等上游的每个生产节点（如图5－9中Ⅲ→Ⅱ→Ⅰ）。两者构成一个基于数据传输的完整的产品生产及销售的跟踪追溯体系。

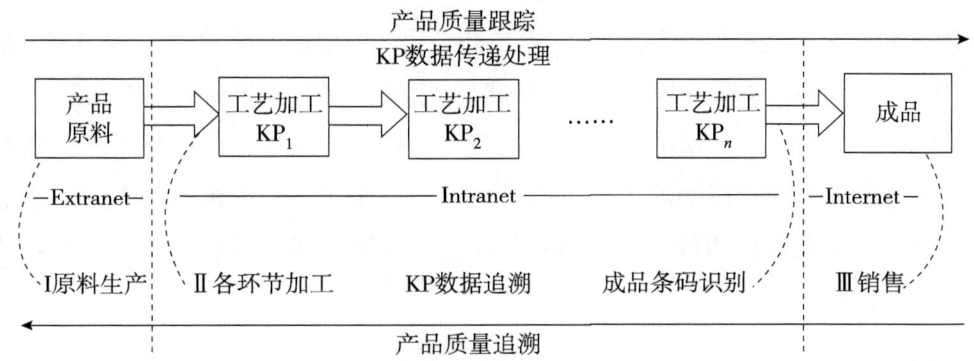

图5－9　产品质量跟踪追溯体系一般模型

5.3.2.1　传输过程

1. 源点采集的信息传输

在现代化生产中，往往通过技术设备准确监测原产品的体征信息和生长数据，如家畜个体档案、蔬菜的生产情况等，特别是随着生产场区范围扩大，无线传感器网络技术为较大区域监测提供了新的途径。WSN可在一个范围内配置体积小、成本低的微小传感器节点，节点间采用无线通信方式组成一个无线网络系统，由若干传感器节点检测并获取网络覆盖范围内目标的信息，并将信息传输到网络汇聚点，非常适合在现代化生产信息管理中应用。因此，生产源的采集信息传输构成了可追溯传输技术的首要部分。

网络拓扑结构是指在网络中设备与传输媒介形成的点与线的物理构成模式，它决定了网络的工作方式和性能。信息的准确获取是食品质量安全追溯的基础，而这些基础信息的获取离不开传感器，因此，合理地进行传感器的选择、布局和优化对获取准确的信息起着决定性作用。传感器布局优化属于典型的集合覆盖和多目标组合优化问题，求解难度较大。

为了改善传感器节点随机部署时的不合理分布，提高网络覆盖效果，许多学者在该领域付出努力并已取得较为成熟的成果。李强懿等将虚拟力算法进行了改造，提出基于证据理论的节点部署方案。宋明智等在标准粒子群优化算法的基础上提出了一种带有动态因子惯性权重的自适应粒子群优化算法，并将其用于解决无线传感器网络覆盖优化问题，提高了网络的最大覆盖率。徐跃州等提出一种简单、高效的混沌果蝇算法，并应用于无线传感器网络的节点布局。周国庆等基于 ZigBee 设计开发了节能型水产养殖环境监测系统，采用了低功耗的节点设计方案和软件设计方案，降低了节点的能耗，延长了网络生存周期。

一般情况下，实际信息传输中不同的拓扑结构各有自身的传输特点和应用场景。WSN 网络常用的三种拓扑方式分别是星形拓扑结构、树形拓扑结构、网状形拓扑结构。这里以树形拓扑结构的 WSN 网络为例，对路由节点数据传输情况进行分析说明。

如图 5－10 所示，在这种拓扑结构的 WSN 中，数据从传感器节点发送到路由节点，路由节点再向上层的路由节点或者网关节点发送，最后汇聚到数据中心。树形网络中，信息采集点的数量多，高层节点上汇聚的数据量就会很大，经路由节点传输的数据量也很大。

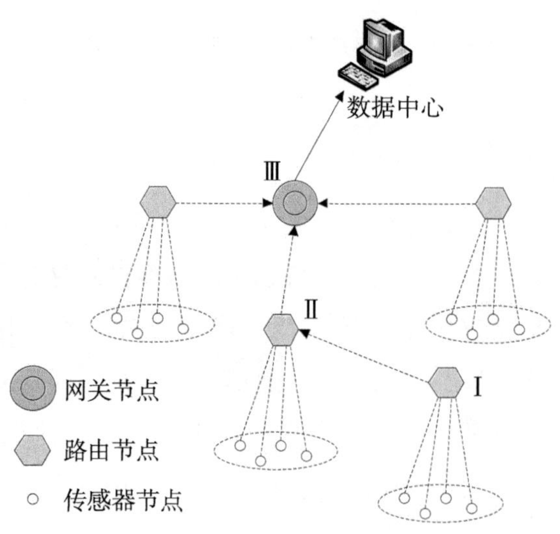

图 5－10　WSN 中数据传输过程

传感器节点采集的数据不随时间发生变化。路由节点接收和发送大量未发生变化的数据并无实际意义。因此，实际生产中往往采取存储转发的传输策略。具体思路如下：在每个路由节点上计算每个传感器节点数据前、后有无变化，若数据前后未发生变化，则丢弃不向上层转发；若节点数据前后发生变化，则存储并向上层转发。路由节点数据传输模型如图 5－11 所示，一个路由节点收到 N 个数据，若只有 i 个数据发生变化，则（$N-i$）个数据不转发，只发送 i 个节点数据；i 的取值范围为［0，N）。

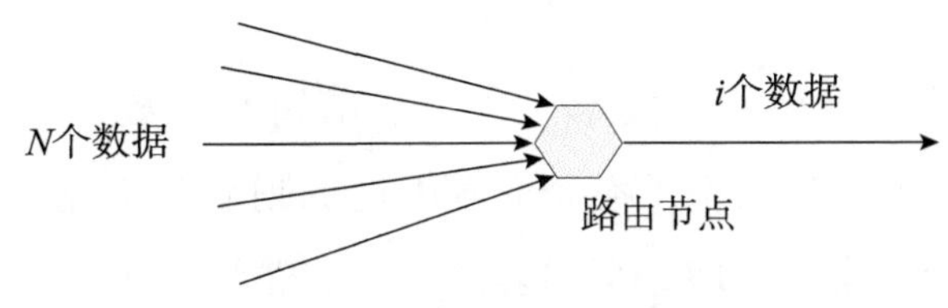

图 5－11　路由节点数据削减模型

由于奶牛体征数据变化缓慢，因此，可以采用此结构，间隔采集到的数据随时间变化很小；路由节点接收发送的数据随时间变化也很小，相当于重复发送同样的数据。通过数据削减，将发生变化的数据向上层转发，减少上层节点的开销，可以降低拥塞情况。

2. 工艺加工过程的追溯信息传输

基于二维条码内嵌上游各业务关键节点一维条码的混合条码数据传输技术，实现加工过程的追溯。局域的车间产品数据追溯是车间产品数据跟踪的可逆过程（见图 5－12）。一般情况下，当产品出现问题，希望系统能迅速、准确地追溯到车间加工的每个环节（业务节点）。由于采用业务过程中的节点一维条码标识和成品二维条码标识的混合技术，用户通过识别二维条码信息内容，可逐一显示出内嵌的上游各业务节点的一维条码信息，反溯出产品的生产业务过程，从而快速实现车间的局域追溯。

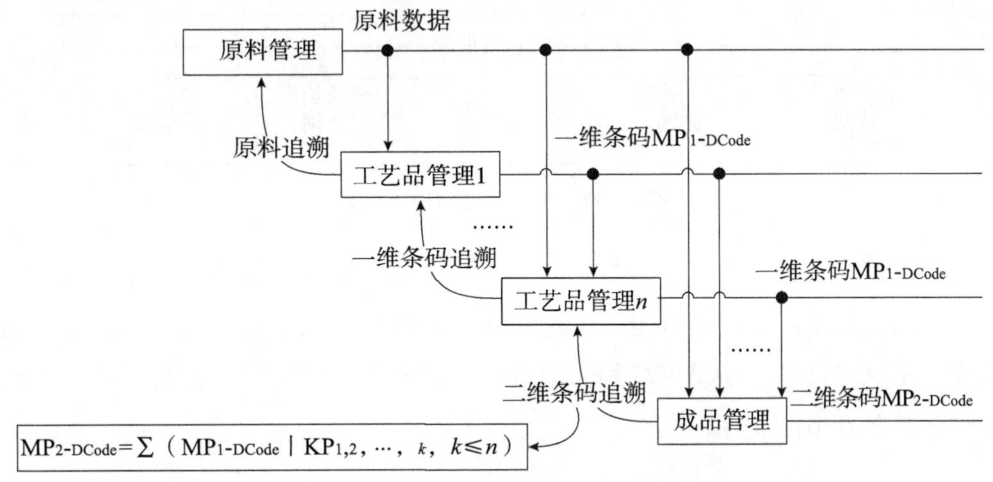

图 5－12　各加工阶段数据传输模型

3. 成品至产品销售后的全程追溯的信息传输

基于本体与XML的数据融合传输技术，实现对物理上分布的企业成品数据的无缝连接和产品信息传输共享，使用户从逻辑上面向一个综合的虚拟数据库的操作，从而便捷地实现产品从成品到销售的全程追溯。并且当信息量比较大时，可以结合采用压缩技术。

基于混合条码数据传输追溯技术，适合于车间产品数据追溯。而普通消费用户、质监部门、供应或销售的上下游企业等的追溯则需要更完善的追溯技术。适合采用主从式的数据传输模式，即一个物理上分布、逻辑上数据融合共享的虚拟数据库体，作为追溯体系的数据层（见图5－13），基于Web（全球广域网），或者基于无线传输单元（Wireless Data Transmit Unit，WDTU），利用GPRS/CDMA（通用分组无线服务技术/码分多址）网络平台，使所有可追溯点和数据中心的服务器构成一个基于IP（网络间互联协议）的广域网作为网络层，不同用户通过Web或GPRS/CDMA，实现从销售到生产的广域的全程产品追溯。

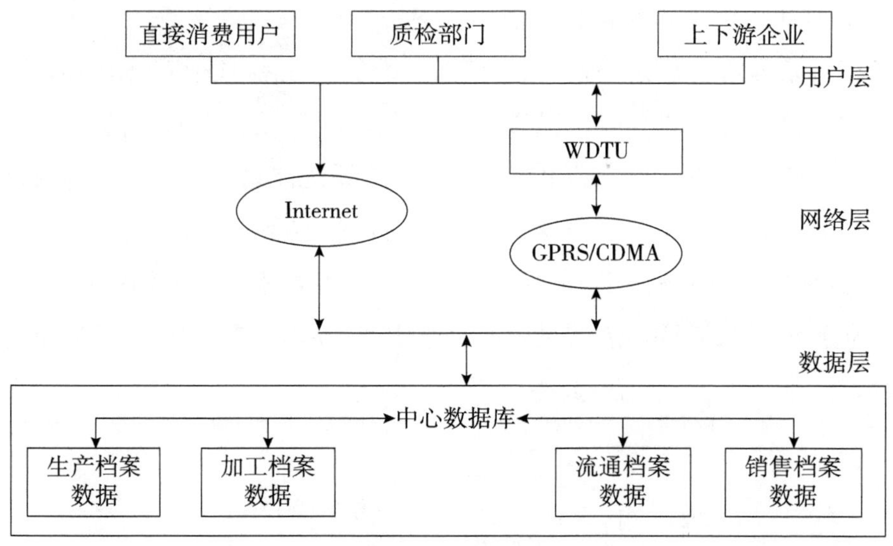

图5－13　主从式数据传输模型

主从式信息交换模型以中心数据库为主数据库，供应链各环节数据库为从数据库，从数据库记录产品在本环节的信息，并定期将与溯源密切相关的信息上传到主数据库。主从式信息交换模型既利于消费者了解各环节产品安全信息，也便于政府监管供应链各环节的企业。

5.3.2.2 溯源数据的压缩技术

1. 压缩传感

追溯信息采集优化可以通过压缩传感技术，减少所采集的数据，提高传输效率，延长传感器能量与寿命。

压缩传感理论是 Donoho DL，Candes E 及华裔科学家 Tao 等在 2006 年提出的一种新的采样理论方法。它不同于常规的 Nyquist - Shannon（奈奎斯特—香农）采样，而是在采样环节实现了边采样边压缩的方法，使采样频率降低的同时，数据维数也得到了压缩。可以理解为将传统采样方法中的采集与数据压缩两个过程合二为一，如图 5 - 14 所示。

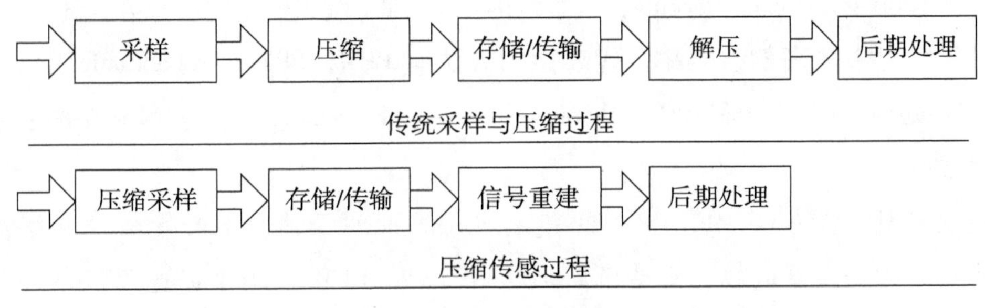

图 5 - 14 压缩传感过程

压缩传感理论主要包括三个部分，即信号稀疏分解、编码测量及重构算法。使用压缩传感采样的前提条件是原始信号须满足稀疏性，即原始信号可以用有限个非零系数来表达，其余系数为零或接近于零。目前，还没有一种普适的方法来指导如何建立稀疏分解字典。针对不同类型的原始信号，学者们已经提出了许多适合用作字典中原子的子函数，比较著名的有离散余弦变换基、傅里叶变换基、小波变换基及 Gabor 基（伽伯变换基函数）等。编码测量是压缩传感的第二个重要环节。稀疏分解环节并没有实际介入采样的过程中。而编码测量才是真正的采样环节。在这个环节中通过测量矩阵将信号从高维空间投影到低维空间。常用的满足条件的测量矩阵包括高斯随机矩阵、随机伯努利矩阵、部分正交矩阵、局部哈达玛矩阵、托普利兹矩阵和循环置换矩阵等。压缩传感采样的最后一个环节就是通过算法实现信号的重构。目前，主要是通过求解优化问题来实现对原信号的重构。研究人员提出一系列求次最优解的算法。压缩传感信号重构衍生出许多算法，这些算法大体可以分为贪婪追踪算法、凸松弛法及组合算法等。其中，比较著名的算法有匹配追踪（Matching Pursuit，MP）算法、正交匹配追踪（Orthogonal Matching Pursuit，OMP）算法及基追踪（Basis Pursuit，BP）算法等。

2. 压缩传输

WSN 节点数量众多，且覆盖范围较大，为了确保整个传感器网络数据的可信度，需要记录每个数据包的溯源数据，但是存储空间有限以及传感器节点能量和带宽的限制使得相关操作难以实现。因此，针对传感器网络的溯源数据压缩方法就显得十分必要。溯源数据的压缩主要分为无损压缩和有损压缩两类，其目标都是对溯源数据进行最大程度的压缩，以减少 WSN 能量消耗。但也因方法各异而使其在压缩效果和特点上不尽相同。

（1）有损压缩传输

有损压缩传输的方法通常基于 BF（Bloom Filters，二进制向量数据结构）和 PPM（Probabilistic Packet Marking，概率包标记），除了会丢失重要信息外，还会在溯源数据恢复时存在较高的误码率，代表性的方法有 PPM，PPF（Probabilistic Provenance Flow，概率溯源数据流）和 BFP（Bloom Filter based Provenance，基于溯源数据的内嵌布隆过滤器）。

在众多 IP 追踪技术中，PPM 具有无须高昂管理开销、不产生额外网络流量、不带来过高的路由器负载、支持事后追踪等优点。PPM 是用来描述 WSN 中溯源数据相对原始的一种方法，这种方法中，用来记录溯源数据的数据包和节点的编号在数量上是一一对应的。Rank method［等级法（网络用语）］方法利用传感器节点的 ID（地址）构造溯源数据。与 PPM 一样，Rank method 通过概率决定是否构造溯源数据，以至于可以将整个溯源数据分割成许多部分溯源数据。因此，Rank method 通过多次发送部分溯源数据至基站，最终在基站根据部分溯源数据重构整个溯源。

（2）无损压缩传输

无损压缩传输的方法可以完全恢复原始数据而不引起失真，其中代表性的溯源数据压缩方法有基于算术编码的方法和基于字典的方法。算术编码是一种无损的数据压缩技术，出现概率高的数据符号将被分配较短的码字，而出现概率低的数据符号的码字则较长。该方法使用分布式的方式来达到比其他方法更高的压缩率，并且确保压缩的结果接近香农定义的信息熵。不同于其他的溯源数据压缩方法，无损压缩传输方法的溯源数据大小不会随着数据包经过的跳数增加而增加，而是取决于节点不同路径所接收的数据包的概率大小。该方法在保证 WSN 数据机密性、完整性的同时，还能有效地节约网络的带宽和能耗。由于该方法在节点处的编码和解码都涉及大量的计算，随着 WSN 规模扩大、节点数量增多、网络拓扑结构日益复杂，过多的计算量必将导致该算法性能下降，尤其在 BS（浏览器与服务器）节点处，过度的复杂计算将极大地加重它的工作量。

在基于字典的方法中，网络中的每个传感器节点都存有一个数据包所经过路径的字典序列。借助字典，每个数据包只需一个路径索引值就可得到经过的完整路径。由于这个索引相当于字典中的一个单词，所以，索引长度与数据包经过的节点数量无关，这样更有利于节约网络的带宽和能耗。相比基于算术编码的方法，该方法的一大优点就是编码和解码时都没有过多的计算量，所作的操作几乎都可归纳为对字典序列的查询。因此，若网络拓扑结构较为稳定，数据包的传输路径变化不大，则字典的使用率会很高，该算法的效率也会更高。

5.3.2.3 安全策略

1. 传输安全性要求

采用 XML 作为 Web 服务传输数据的方法，那么在 Web 上传输和存储的 XML 文档数量将会非常巨大，包含的数据内容也将非常丰富。如果有些数据包含了一些敏感信息，那么就需要考虑这些数据的安全性。

与传统的数据一样，XML 文档中的数据也需要多种手段保证安全性。这里我们认为的安全性应该是：保证数据不会受到非授权的检索、修改和删除，数据来源真实可靠。既然加密、签名、访问控制等技术可以用于保护传统的数据，那么它们也可以存放于 XML 文档的数据上。目前，已经有许多 XML 安全方面的规范，包括 XML 加密、XML 签名等。傅德胜等从 XML 加密、XML 数字签名和 XML 密钥管理等方面分析了 XML 应用中的安全技术框架与规范。

2. XML 数据传输安全方案

在现有的 XML 数据安全传输方案中，针对信息敏感程度不同的安全处理，大致的方案可分为如下四类：

（1）基于分布式管理分级

根据业务的需求和管理人员的配置，在系统中通过定义管理单元及其具有相似性的多级、分布式管理的体系结构。这是一种基于主动防御策略的安全传输模型。该方案主要用于增强系统管理的有效性，提高数据管理的效率。

（2）基于访问控制权限

为了防止 Web 服务器信息泄露和系统被非法使用，需要制订访问控制策略并采取相应的措施来保证服务器信息的安全性。访问控制策略定义了在系统运行期间的授权和非授权行为，即哪些事件是允许发生的，哪些是不允许的，保证只有对资源拥有访问权限的用户才能访问资源。为了达到这种控制，每个想安全访问 Web

服务器的用户都必须经过鉴别或身份验证，然后根据用户的身份来定制访问权限。访问控制可以有效地维护系统的保密性、完整性和可用性。

（3）基于传输协议分级加密

在安全 Web 应用中，信息机密程度有很大差异，如果不分级、分类，全部采用同样的安全保护，势必造成资源浪费。在方案中，将信息安全级别分为“高、中、低、公开”四个密级，并按密级级别把信息存放于不同目录，配置服务器相关指令，设定各个目录的加密强度，从而实现信息敏感程度不同的分级加密。

（4）基于不同保密性的分级加密

为了适应不同的保密性需求，根据选取关键信息类型的不同组合及数量将保密性划分级别。该方案根据对不同的应用场合选用不同的安全级别。针对各种信息进行深入分析，找出关键信息进行保密性强的加密措施。

5.4 食品质量可追溯信息处理技术

本节主要从货架期/品质预测技术、食品质量诊断与控制技术、物联网技术支撑下的追溯系统集成框架几部分进行研究。

5.4.1 货架期/品质预测技术

货架期是指食品在储运过程中，在推荐条件下能够保证食品安全，保持理想的感官、理化和微生物特性，并保留标签上所声明的营养价值的一段时间。随着我国经济的高速发展，人们生活水平不断提高，相应地对食品的品质也提出了更高的要求。而货架期是消费者了解食品品质的重要依据之一，对保障食品安全有重要意义。

这里以食品货架期建模预测理论为出发点，阐述货架期预测的研究方法和研究进展，对不同类型的预测模型及其应用进行对比分析，最后展望食品货架期预测的未来重点研究方向，以期为准确了解食品货架期动态信息，优化食品质量安全控制提供理论基础。

食品货架期预测建模理论和研究方法如下：食品从生产到最终消费的过程中，在化学反应和微生物的共同作用下，品质会逐渐发生变化，产生腐败、变质以及不良气味等现象，直至货架期终点。食品品质衰变机理与货架期研究方法，如图 5－15所示。

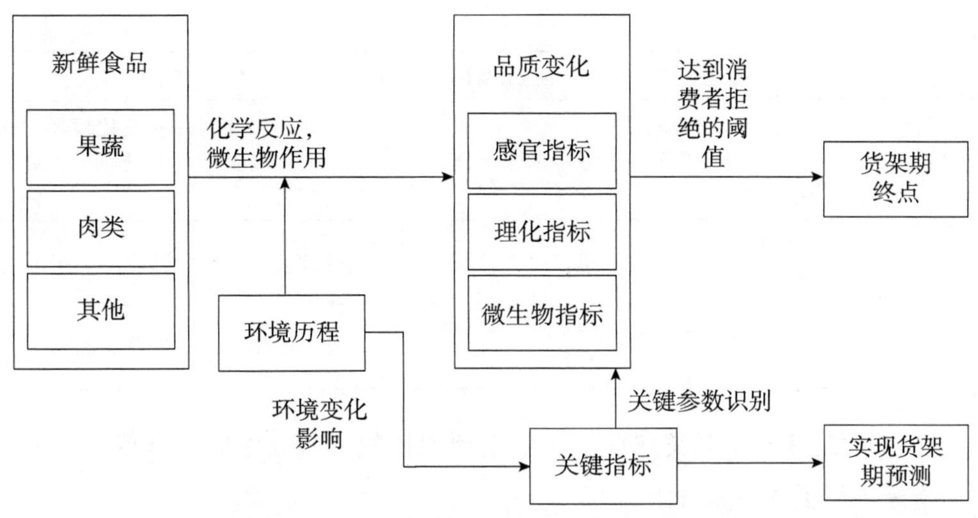

图5－15　食品品质衰变机理与货架期研究方法

货架期预测研究方法主要有两种类型。第一种是在不考虑食品品质变化过程中所发生的具体化学反应或内在原因的基础上，将食品品质变化过程作为黑盒，仅通过数据相关性分析研究食品所经历的环境历程与食品整体品质变化的关系，此类方法的优点在于直接建模，系统误差较小。缺点在于所构建的模型适用范围通常比较有限。第二种是选择有代表性的、关键的食品品质指标，基于化学或微生物学的相关原理研究其变化规律，进而研究食品品质的整体变化规律，实现剩余货架期预测。这种指标一般又可以分为两类：第一类，指标本身是消费者判断食品品质与货架期终点的关键参考因素，如颜色、气味等感官指标；第二类，与包括感官评价在内的其他品质指标具有同步变化规律的代表性指标，如维生素C、菌落总数等。该方法的理论依据是：食品腐败过程中发生的众多化学反应对环境条件的反映在一定范围内是相似的，比如一定范围内的温度升高，可以提高酶促反应速率，相对湿度可以通过影响酶促反应底物传送来影响酶促反应速率等。从建模的角度看，基于不同的原理，食品货架期预测主要模型有五种，如表5－5所示。

表5－5　食品货架期预测主要模型

原理	模型	适用指标	特点
化学动力学	一级反应模型，二级反应模型	理化指标、菌落总数	形式简单，适用性比较强，通常与Arrhenius（阿伦尼乌斯）方程结合使用，且只考虑温度的影响
微生物生长动力学	一级反应模型，二级反应模型，三级反应模型	菌落总数、特定腐败菌	更接近食品品质变化的本质，除温度外，还考虑了pH值、水分活度等因素

续 表

原理	模型	适用指标	特点
人工智能	BP（Back Propagation，反向传播）神经网络	多指标综合分析	不依赖于明确的品质变化模型，从而在一定程度上减少系统误差；具有自学习能力
统计学	威布尔危险值分析（WHA）	感官评价	易受评价主观性的影响
基于温度	Q10 模型	理化指标、菌落总数	通常只适用于较小的温度范围

表5－6对适用于不同类别食品货架期预测在相关研究中应用并取得良好效果的品质指标进行了整理和对比。

表5－6　食品货架期预测相关研究指标选择对比

类别	研究对象	指标选择
肉类	冷却猪肉	菌落总数、TVB－N（挥发性盐基总氮）、TBARS（硫代巴比妥酸反应产物）、pH值、色值、主成分因子
	香肠	气味、颜色
	冷鲜猪肉馅	热杀索丝菌
水产品	大黄鱼	不同温度下的特定腐败菌；产 H_2S 菌数
	带鱼	细菌总数、TVB－N、鲜度指标 K 值
	罗非鱼	特定腐败菌－假单胞菌
果蔬	草莓	维生素C、颜色
	葡萄	硬度
	上海青	维生素C、叶绿素、颜色参数、黄度、色差
	鲜切西兰花	维生素C
	鲜枣	霉菌菌落总数
	番茄	硬度
	番茄汁	维生素C、细菌总数
其他类食品	速冻水饺	酸价、过氧化值、饺皮含水率、亨特白度
	枣	维生素C
	牛奶	类芽孢杆菌数、细菌总数、酸度
	鸡蛋	质量、蛋黄系数、气室高度
	米糠油	过氧化值（POV）

食品货架期预测建模方法与应用如下：

1. 基于化学动力学的食品货架期预测方法

基于化学动力学食品货架期预测方法的出发点是：食品品质指标的变化大多是由化学反应引起的，其变化速率会受到环境因素的影响，比如温度、湿度、气体环境等。

2. BP 神经网络方法

BP 神经网络是一种人工智能建模方法，由 Rumelhart 等于 1986 年提出，近年来在食品货架期预测领域的应用相对比较广泛。比如，潘治利等应用 BP 神经网络研究了波动温度下速冻水饺有效积温与剩余货架期的关系，验证试验表明，预测效果优于传统动力学的方法。

基于 BP 神经网络的食品货架期预测优势在于：不需要事先确定品质指标变化规律，可以减少系统误差；并且 BP 神经网络的自学习功能可以在应用中不断提高预测模型的准确性，结合信息技术可能会在实际应用中取得更好的发展。但是，BP 神经网络的应用也有一定的局限性：一方面，BP 神经网络的应用通常需要对评价数据进行训练，训练时间可能比较长；另一方面，关于隐含层的层数和节点数当前并没有可靠的理论指导，一般基于经验和试验数据分析来确定。

5.4.2 食品质量诊断与控制技术

为了保证食品供应链过程中的质量安全，通过分析食品质量安全风险因素与表征标识，总结食品质量安全风险传播规律及模式，建立相应的故障诊断规则，有助于发现追溯中潜在的薄弱环节，快速发现食品安全故障，实施快速召回，防止故障的扩散与恶化；同时提出可能采取的预防改进措施，消除或减少危害发生的可能性，提高追溯系统可靠性及安全性水平。

当食品出现安全隐患时，如何快速、有效地追溯到出现问题的环节，这时就需要运用关联规则挖掘的 Apriori（关联规则）算法和频繁模式树（FP－tree）的数据挖掘技术来优化、分解食品安全关键要素以及数据分析系统中的安全关键因子。

利用 Apriori 算法，通过迭代检索出数据事务库中的所有频繁项集，即支持度不低于风险因子设定的阈值的项集，然后再利用频繁项集构造出满足最小信任度的规则；FP－tree 频集算法是通过第一遍扫描用户输入的追溯号之后，把数据库中的频集压缩进一棵频繁模式树中同时依然保留其中的关联信息，随后再将 FP - tree 分化成一些条件库，每个库和一个长度为 1 的频集相关，然后再对这些条件库分别进行挖掘。当原始数据量很大而复杂时，结合划分的方法，使得一个 FP - tree 可以放入主存中，通过该方法分解用户交互界面中输入带有相关规则的复杂的追溯号。通过上述两种算法，系统成功匹配数据库中相关联的数据并智能化集成，生成安全关键要求的信息动态页面，高效率、全面地分析追溯信息。

例如，当检测一批奶粉的某些金属风险因子含量时，利用原子吸收光谱算法，找出含量值不符合国家规定的值，然后顺着这个风险因子添加流程的路线进行追溯，可以快速准确地查到出问题的环节。进而帮助决策者实施决策，以减少不安全食品给人们带来的损失。

5.4.2.1 FTA 分析法

FTA（Fault Tree Analysis，故障树分析法）是一种将系统故障形成原因按树枝状逐级细化的图形演绎方法。它以系统所不希望发生的事件作为分析目标，根据事件的因果逻辑关系，利用逻辑推理方法逐级追溯引起系统所不希望发生事件的那些最基本的直接因素。根据建立好的故障树，基于布尔代数方法可以建立顶事件和基本事件关系的结构函数，进而可实现故障树最小割集的定性分析和顶事件发生概率、基本事件重要度等问题的定量分析。如图 5 - 16 所示，FTA 方法能够将可能造成系统不希望发生事件的各种因素联系起来，有利于找到系统的薄弱环节。陈洪根将 FTA 与 BN（Bayesian Network，贝叶斯网络）结合，利用贝叶斯网络具有的描述事件多态性和故障逻辑关系非确定性的能力，弥补 FTA 法由于上述不足所导致的定量分析过程存在的准确性问题。

5.4.2.2 FMECA 模型

FMECA 作为一种主动检验的半定量分析方法，是以故障模式为基础，对故障的严重程度和发生的概率进行分类，并在分类的基础上进行归纳分析。FMECA 包括故障模式及影响分析（FMEA）和危害性分析（CA）。Massimo 等将 FMECA 方法应用于食品和食品生产过程，探测可追溯系统中的关键点，如图 5 - 17、表 5 - 7 所示。

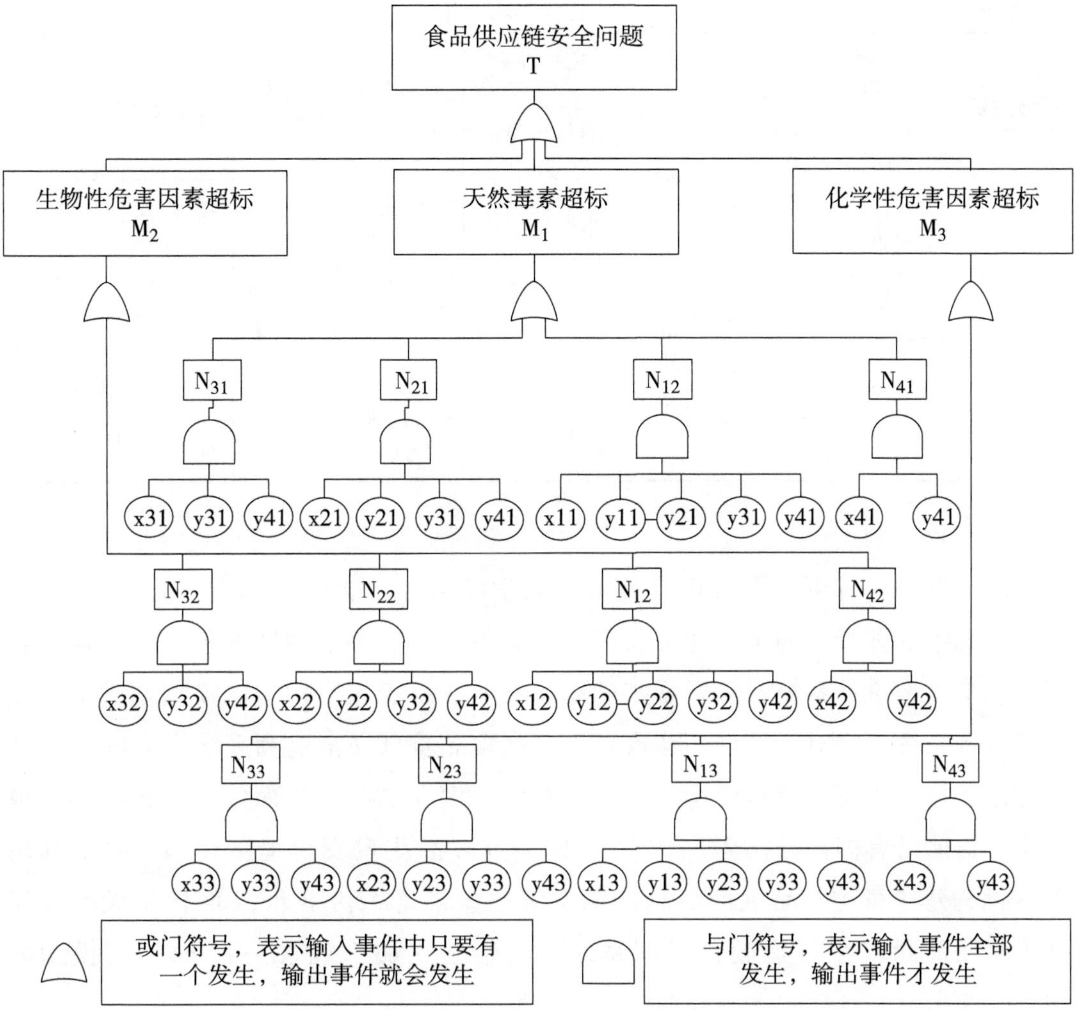

食品供应链安全问题
T
生物性危害因素超标
M2
天然毒素超标
M1
化学性危害因素超标
M3
N31
N21
N12
N41
x31 y31 y41 x21 y21 y31 y41 x11 y11 y21 y31 y41 x41 y41
N32
N22
N12
N42
x32 y32 y42 x22 y22 y32 y42 x12 y12 y22 y32 y42 x42 y42
N33
N23
N13
N43
x33 y33 y43 x23 y23 y33 y43 x13 y13 y23 y33 y43 x43 y43
或门符号，表示输入事件中只要有一个发生，输出事件就会发生
与门符号，表示输入事件全部发生，输出事件才发生

图 5－16　食品质量安全故障树

明确分析范围
明确任务与功能分析
确定故障判据
故障模式分析
确定故障原因
故障影响分析
故障检测方案分析
补偿措施分析
危害性分析
得出分析结果
1.系统定义
2.FMEA
3.CA

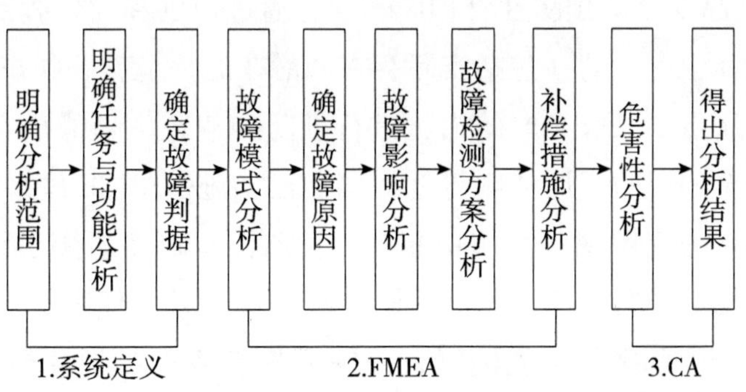

图 5－17　FMECA 分析步骤

表 5 - 7　　危害模式影响分析

危害类别	危害模式		危害原因		危害影响		危害检测方法	改进补偿措施	危害处理	备注
	识别号	模式	识别号	原因	局部	全局				
对每一产品可能发生的危害进行分类	根据产品危害分析的结果，依次填写每一产品的所有危害模式		根据危害原因分析的结果，依次填写每一危害模式的所有危害原因		根据危害影响分析的结果，依次填写每一个危害原因的局部和全部影响		根据产品的危害模式原因、影响等分析结果，依次填写危害检测的方法	根据危害影响、危害检测等分析结果，依次填写改进补偿措施	对于发生的产品危害，依次填写如何进行后期的处理工作	主要记录对其他栏的注释和补充说明

5.4.2.3　Petri 网

Petri 网是一种可以用网状图表示的数学模型，它能较好地描述系统的结构，表示系统中的并行、同步、冲突及因果依赖等关系，并以网图的形式，简洁、直观地模拟离散事件系统，分析系统的动态性质，易于在所构造的模型基础上直接实现控制系统。相对于其他的建模方法，在食品质量安全追溯系统中，Petri 网分析方法和技术可用于流程模型的分析，在清晰度和准确性方面要优于传统的建模方法。目前已有国内外学者利用 Petri 网研究食品质量安全追溯体系。牛楠利用 Petri 网构建了畜类产品生产信息追溯系统；于合龙等利用 Petri 网模型设计并实现了水稻质量安全可追溯物联网系统。肉牛生成加工危害关系 Petri 网模型如图 5 - 18 所示。

5.4.2.4　HACCP 体系

HACCP 是食品安全的预防性管理原理，它通过识别和评价食品在生产、加工、流通、消费等过程中存在的（包括实际存在和潜在的）危害，找出对食品安全有重要影响的关键控制点，采取必要的措施进行预防和纠正，降低危害发生的可能性，达到保障食品安全的目的。周洁红等针对国内已实施 HACCP 体系的企业进行了研究，分析了该体系的应用现状与应用瓶颈。目前已有很多追溯系统应用了 HACCP 体系管理、规范食品的种植（养殖）、加工和流通体系。任晰等利用 HACCP 计划确定了对罗非鱼产生危害的关键因素，开发了基于 Web 的罗非鱼养殖质量安全追溯系统；Koutsoumanis 等在对冷藏食品链的关键控制点进行风险评估和预测的基础上，开发了冷藏食品质量监测和安全保证系统。HACCP 计划一览表如表 5 - 8 所示。

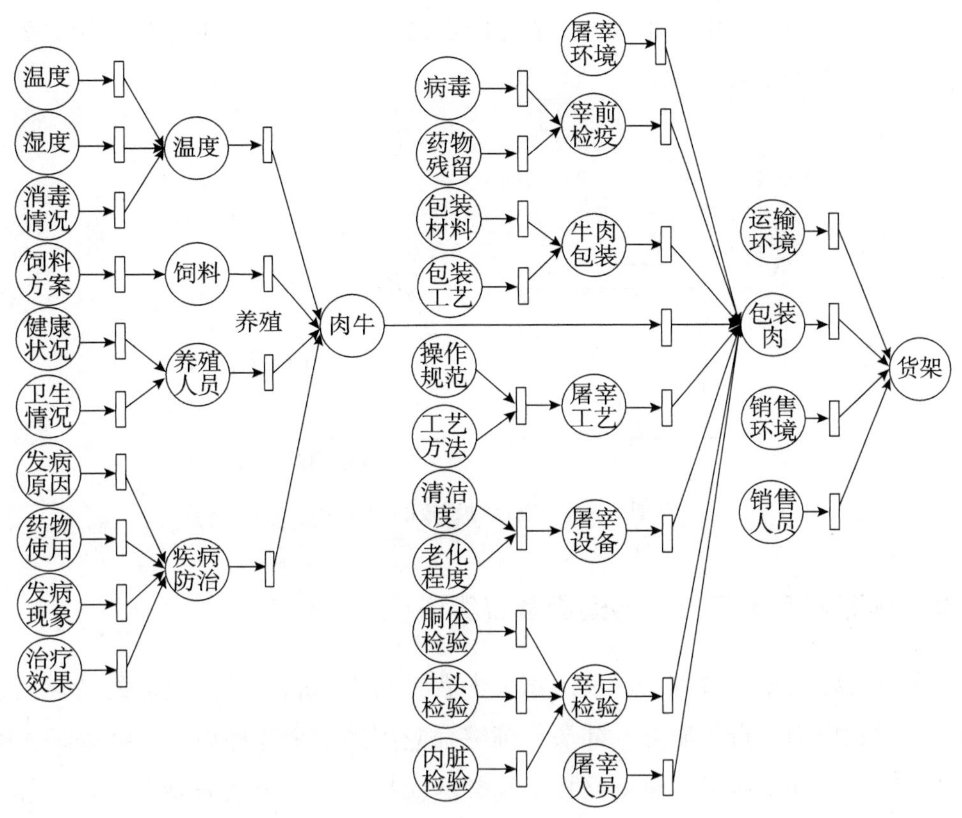

图 5－18　肉牛生成加工危害关系 Petri 网模型

表 5－8　HACCP 计划一览表

关键控制点 (Critical control point)	显著危害 (Significant hazards)	关键限值 (Value of CCP)	监控 (Monitors)				纠正措施 (Corrective actions)	记录 (Record)	验证 (Verification)
			对象 (Objects)	方法 (Methods)	频率 (Frequency)	人员 (Personnel)			

5.4.2.5　统计过程控制

统计过程控制（Statistical Process Control，SPC），是指使用控制图等统计技术来分析过程和其输出，通过适当的措施来达到并保持过程稳定，从而实现改进和保证产品质量的目的。SPC 中应用的主要工具是控制图。控制图包括上、下控制限及中心线，并有按时间顺序抽取的样本统计量数值的描点。若描点落在上、下控制限之外或描点的排列不随机（国家标准《常规控制图》GB/T 4091—2001 明确给出了 8 种变异模式），则表示出现了异常。控制图的实质就是区分偶然原因与异常原因。王晓红等把统计过程控制研究应用到 HACCP 体系中，通过对数据的定量分析，弥补了 HACCP 体系中忽略了加工过程是否稳定的不足，以确保生产过程始终处于稳定状态，如图 5 – 19 所示。

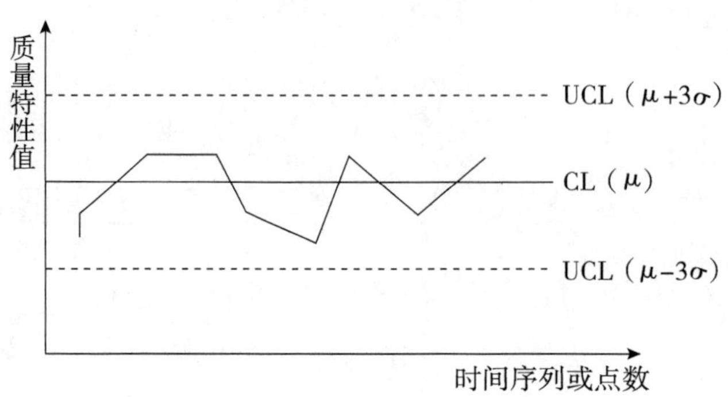

图 5 – 19　统计过程控制图示例

5.4.3　物流网技术支撑下的追溯系统集成框架

在突破关键技术的基础上，我国相关学者针对不同农产品及食品的特点对追溯系统的构建和应用进行了研究。陆昌华等综合应用动物个体标识、二维条码、RFID 标签和一维条码标签技术，将网络技术和数据库技术与传统的养猪业和屠宰加工业结合，构建了一种适合中国国情的肉用猪和猪肉安全质量监控的可追溯系统；杨信廷等以蔬菜初级产品、水产品为研究对象，从信息技术的角度构建了一个以实现质量追溯为目的的农产品质量安全生产管理及质量追溯系统；熊本海等提出了基于猪肉安全生产的物质流与信息流的跟踪与溯源流程；任晰等用 B/S 模式结构体系建立了基于 Web 的罗非鱼养殖质量安全可追溯系统；郑火国等以粮油产品为研究对象，采用信息编码、多平台溯源、硬件研发等技术，建立了多层次、多角色的粮油产品质量安全可追溯系统；王东亭等提出了以果品加工配送中心为核心的脐橙追溯方案。

根据农产品及食品供应链的组成及物联网技术的层次，构建了“一核、双轴、三链”的农产品质量安全溯源技术体系框架，如图 5 – 20 所示。“一核”即实现农产品质量安全溯源的核心目标；“双轴”即以农产品从生产到监管溯源的供应链为横轴，以物联网技术从信息感知、信息传输到信息处理与决策为纵轴；“三链”即面向供应生命周期的产品链、面向供应链主体的服务链和面向物联网的技术链。

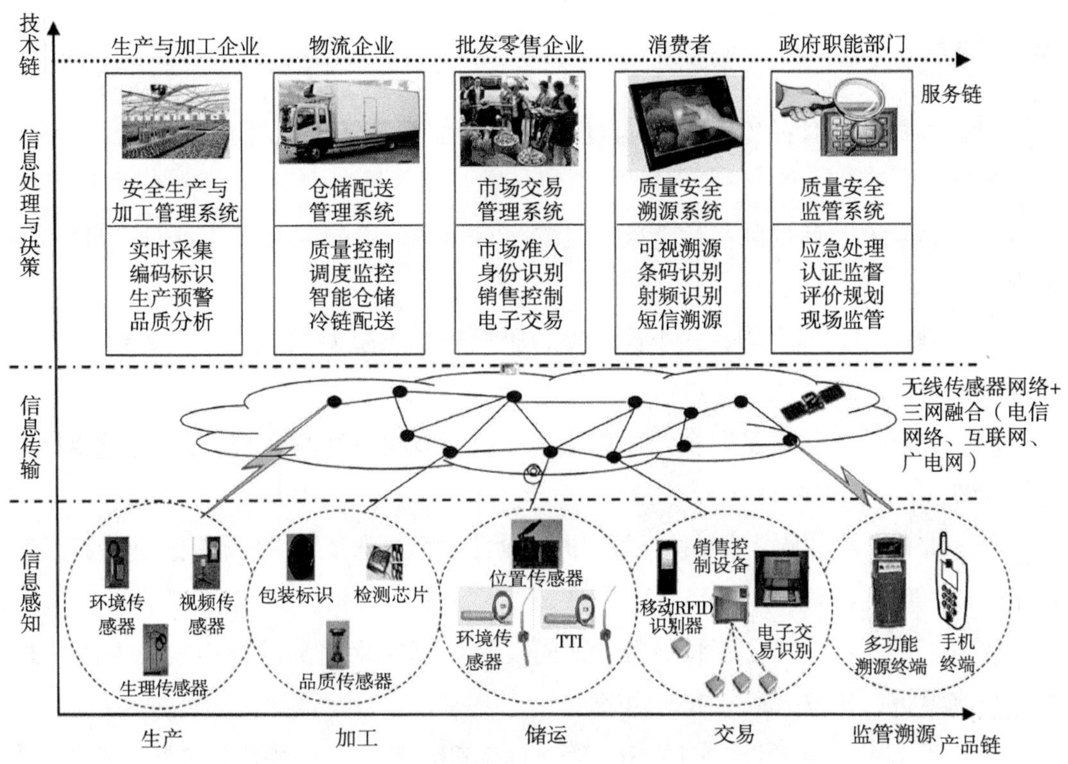

图 5－20　农产品质量安全溯源技术体系框架

在信息处理与决策方面，通过构建面向供应链不同环节的应用系统实现智能管理与决策支持。面向生产与加工企业构建安全生产与加工管理系统，实现生产信息实时采集、不同包装单元编码标识、生产预警决策、产品品质分析等功能；面向物流配送企业构建仓储配送管理系统，实现产品质量控制、配送调度监控、仓储智能决策、冷链配送管理等功能；面向批发零售企业构建市场交易管理系统，实现市场准入管理、交易主体身份识别、销售过程控制、电子交易管理等功能；面向消费者构建质量安全溯源系统，实现可视化溯源、条码识别、射频识别、短信溯源等功能；面向政府职能部门构建质量安全监管系统，实现应急处理、认证监管、评价规划、现场监管等功能。

在应用系统方面，应将成熟的农业智能决策模型与供应链管理系统相结合，实现对农产品质量的过程控制。在追溯平台建设方面，各级政府应建立多部门协调的统一追溯平台，解决不同部门之间的管理壁垒，同时为消费者提供一个可信的追溯渠道。

参考文献

［1］刘丽梅．食品安全追溯与过程风险评估建模及优化［D］．济南：山东大学，2014.

［2］费亚利．政府强制性猪肉质量安全可追溯体系研究［D］．雅安：四川农业大学，2012.

［3］傅泽田，邢少华，张小栓．食品质量安全可追溯关键技术发展研究［J］．农业机械学报，2013（7）：144－153.

［4］杨亮．猪肉质量安全可追溯系统养殖环节的设计与实现［J］．农业网络信息，2007（12）：42－44.

［5］张健，刘丽欣，张小栓，等．肉类食品安全追溯系统中的流程优化建模［J］．食品科学，2008（2）：451－455.

［6］石峰，吴东坡，李群，等．面向复杂仿真因果追溯的行为建模方法［J］．系统仿真学报，2007（2）：405－409.

［7］毛志慧，陈新度，胡常伟，等．面向虾产品质量追溯优化原料批次混合问题研究［J］．工业工程，2012（5）：45－50.

［8］赵胜．条码技术发展的现状与趋势研究［J］．邢台职业技术学院学报，2008（5）：76－78.

［9］万菁．二维条码的编解码及系统实现［D］．上海：上海交通大学，2007.

［10］胡晓崇．Data Matrix 码识别技术研究［J］．杭州电子科技大学学报，2008，28（5）：123－127.

［11］梁凤梅．快速识读 QR Code 码［J］．电脑开发与应用，2002，15（5）：12－13.

［12］李舜，陈伟，陈适．Symbian OS 环境中用活动对象处理非抢占式多任务的安全性分析［J］．武汉理工大学学报：交通科学，2007，31（3）：537－539，551.

［13］张智文．射频识别技术理论与实践［M］．北京：中国科学技术出版社，2008：11－12.

［14］张建华．我国 RFID 技术应用中存在的问题与对策［J］．商场现代化，2006（19）：54－55.

［15］周文豪．从三鹿事件看 RFID 技术在食品安全领域的应用与局限性［J］．

中国电子商情：RFID 技术与应用，2008（5）：7－8.

［16］国伟，储晓刚．RFID 技术及其在食品安全领域中的应用［J］．食品科技，2007（9）：5－7.

［17］王以忠，胡春园，陈绍慧，等．冷藏车内温度场和湿度场的数值模拟研究［J］．保鲜与加工，2010（3）：26－29.

［18］王文豪，张亚红，朱全银，等．QR Code 二维条形码的图像识别［J］．计算机技术与发展，2009，19（10）：123－126.

［19］徐跃州，张欣．基于混沌果蝇算法的 WSN 优化布局［J］．计算机工程与设计，2015（4）：901－905.

［20］潘文龙，谢晶．食品物流过程中时间－温度指示器（TTI）研究进展［J］．渔业现代化，2013，40（6）：52－57.

［21］刘璐，张健，张小栓，等．基于时间－温度模型的罗非鱼品质变化对比实验分析［J］．食品科学，2008，29（4）：409－411.

［22］谷雪莲，刘宝林，华泽钊，等．电子式时间－温度指示器监测牛乳货架期的实验研究［J］．食品科学，2006，27（10）：508－510.

［23］李慧杰，贾玲，彭雅茜子，等．一种酶型时间温度指示器的研究［J］．绿色包装，2016（7）：30－35.

［24］乔磊，卢立新，唐亚丽，等．酶型时间温度指示器监测冷鲜猪肉贮藏货架期［J］．农业工程学报，2013，29（13）：263－269.

［25］杨信廷，钱建平，赵春江，等．基于 XML 的蔬菜溯源信息描述语言构建及在数据交换中的应用［J］．农业工程学报，2007（11）：201－205.

［26］徐焕良，陆荣和，彭增起，等．基于产品生命周期管理的肉品车间生产跟踪及追溯体系研究［J］．农业工程学报，2007（12）：161－166.

［27］李强懿，马冬前，张聚伟，等．基于证据理论的无线传感器网络节点部署算法［J］．计算机测量与控制，2013（6）：1715－1717.

［28］宋明智，杨乐．基于改进自适应 PSO 算法的 WSN 覆盖优化方法［J］．计算机应用研究，2013（11）：3472－3475.

［29］杨旭辉，周庆国，韩根亮，等．基于 ZigBee 的节能型水产养殖环境监测系统［J］．农业工程学报，2015（17）：183－190.

［30］梁琨，沈明霞，葛玉峰，等．基于二维条码和 ARM 的谷物溯源采集传输系统（英文）［J］．农业工程学报，2012（S2）：167－171.

［31］明华，张勇，符小辉．数据溯源技术综述［J］．小型微型计算机系统，2012，33（9）：1917－1923.

［32］宋寿鹏，邵勇华，堵莹．采样方法研究综述［J］．数据采集与处理，2016（3）：452－463.

［33］李树涛，魏丹．压缩传感综述［J］．自动化学报，2009（11）：1369－1377.

［34］郑文怡，毛健．无线传感器网络溯源数据压缩传输技术综述［J］．江苏大学学报（自然科学版），2016（5）：572－577，603.

［35］顾韵华，傅德胜，王兴．XML 安全技术分析与应用［J］．计算机科学，2009（5）：118－120，141.

［36］傅泽田，邢少华，张小栓．食品质量安全可追溯关键技术发展研究［J］．农业机械学报，2013，44（7）：144－153.

［37］穆维松，傅泽田，朱志强，等．食品货架期预测研究进展与趋势［J］．农业机械学报，2015，46（8）：192－199.

［38］史波林，赵镭，支瑞聪．基于品质衰变理论的食品货架期预测模型及其应用研究进展［J］．食品科学，2012（21）：345－350.

［39］傅泽田，邢少华，张小栓．食品质量安全可追溯关键技术发展研究［J］．农业机械学报，2013（7）：144－153.

［40］林勇湫，蔡小鹏．基于食品安全追溯系统平台的食品安全关键要素数据分析系统的研究与探索［J］．食品安全质量检测学报，2012.

［41］吕顺意，张小栓，张健，等．基于 FTA/FMECA 的肉类食品危害溯源方法［J］．食品科学，2010（17）：115－119.

［42］陈洪根．基于 FTA－BN 的食品供应链安全风险预测模型［J］．物流技术，2015（9）：232－234.

［43］牛楠．畜类产品生产信息可追溯系统的构建与实现［D］．重庆：重庆大学，2009.

［44］于合龙，张恒维，刘杰，等．水稻质量安全可追溯系统的研究［J］．吉林农业大学学报，2002（2）：1－9，72－74.

［45］任晰，傅泽田，穆维松，等．基于 Web 的罗非鱼养殖质量安全信息可追溯系统［J］．农业工程学报，2009（4）：163－167.

［46］干莉娜．食品生产过程的统计过程控制应用研究［D］．天津：天津大学，2011.

［47］王晓红，高齐圣．基于 HACCP 的食品安全管理体系中的统计过程控制研究［J］．食品科技，2007（11）：1－5.

［48］陆昌华，谢菊芳，王立方，等．工厂化猪肉安全生产溯源数字系统的实现［J］．江苏农业学报，2006，22（1）：51－54.

［49］杨信廷，孙传恒，钱建平，等．基于流程编码的水产养殖产品质量追溯系统的构建与实现［J］．农业工程学报，2008，24（2）：159－164.

［50］熊本海，傅润亭，林兆辉，等．生猪及其产品从农场到餐桌质量溯源解决方案——以天津市为例［J］．中国农业科学，2009，42（1）：230－237.

［51］任晰，张小栓，穆维松，等．基于 Web 的罗非鱼养殖质量安全可追溯系统的设计与实现［J］．计算机工程与设计，2009，30（16）：3883－3886.

［52］郑火国，刘世洪，孟泓，等．粮油产品质量安全可追溯系统构建［J］．中国农业科学，2009，42（9）：3243－3249.

［53］王东亭，付峰，饶秀勤，等．基于分级处理生产线的脐橙全程追溯系统［J］．农业工程学报，2013，29（5）：228－236.

［54］杨信廷，钱建平，孙传恒，等．农产品及食品质量安全追溯系统关键技术研究进展［J］．农业机械学报，2014，45（11）：212－222.

［55］XIAO X，HE Q，LI Z，et al. Improving traceability and transparency of table grapes cold chain logistics by integrating WSN and correlation analysis 2017［J］. Food Control，2017（73）：1556－1563.

［56］WANG X，HE Q，MTETIC M，et al. Development and evaluation on a wireless multi－gas－sensors system for improving traceability and transparency of table grape cold chain 2017［J］. Computers and Electronics in Agriculture，2017（135）：195－207.

［57］J WANG，H WANG，J HE，et al. Wireless sensor network for real－time perishable food supply chain management 2015［J］. Computers & Electronics in Agriculture，2015，110（6）：196－207.

［58］S WANG，X LIU，M YANG，et al. Review of Time Temperature Indicators as Quality Monitors in Food Packaging［J］. Packaging Technology & Science，2015，28（10）：839－867.

［59］EMD OLIVEIRA，DS LEME，BHG BARBOSA，et al. A computer vision system for coffee beans classification based oncomputational intelligence techniques［J］. Journal of Food Engineering，2016（171）：22－27.

[60] S BENALIA, S CUBERO, JM PRATS - MONTALBÁN, et al. Computer vision for automatic quality inspection of dried figs (Ficus carica L.) in real - time [J]. Computers & Electronics in Agriculture, 2016 (120): 17 - 25.

[61] A GIROLAMI, F NAPOLITANO, D FARAONE, et al. Measurement of meat color using a computer vision system [J]. Meat Science, 2013, 93 (1): 111 - 118.

[62] DONOHO D L. Compressed sensing [J]. IEEE Transactions on information theory, 2006, 52 (4): 1289 - 1306.

[63] MASSIMO B, MAURIZIO B. FMECA approach to product traceability in the food industry [J]. Food Control, 2006, 17 (2): 137 - 145.

[64] KOUTSOUMANIS K, TAOUKIS P S, NYCHAS G J E. Development of a safety monitoring and assurance system for chilled food products [J]. International Journal of Food Microbiology, 2005, 100 (1 - 3): 253 - 260.

6 食品追溯标准体系研究

标准是为了在一定范围内获得最佳秩序，对活动或其结果规定共同的和重复使用的规则、导则或特性的文件。该文件需经协商一致制定并经一个公认机构的批准。它以科学、技术和实践经验的综合成果为基础，以促进最佳社会效益为目的。标准原意为目的，也就是标靶。技术意义上的标准就是一种以文件形式发布的统一协定，其中包含可以用来为某一范围内的活动及其结果制定规则、导则或特性定义的技术规范或者其他精确准则，其目的是确保材料、产品、过程和服务能够符合需要。

标准化是对现实问题或潜在问题制定共同使用和重复使用的条款的活动。古巴比伦的《汉谟拉比法典》、秦始皇统一中国的度量衡、拿破仑主导制定的《法国民法典》实际上就是标准化的体现。标准化为人类文明的发展提供了重要的技术保障。全球化的今天，标准化水平已成为各国、各地区核心竞争力的基本要素。一个企业乃至一个国家，要想在激烈的国际竞争中立于不败之地，必须深刻认识到标准对国民经济与社会发展的重要意义。

6.1 标准的重要意义

6.1.1 标准是规范市场经济客体的“法律”

标准的本质是统一，它是对重复性事物和概念的统一规定；标准的任务是规范，它的调整对象是各种各样的市场经济客体。

众所周知，市场经济包含主体和客体。主体是人，包括市场上从事交易活动的所有组织和个人，它们的行为靠法律来规范和约束；客体是物，包括市场上经营和交换的成千上万种产品与服务，它们则依靠标准来规范。从这个意义上来说，标准具有鲜明的法律属性。它和法律法规一起，好比车之两轮，鸟之两翼，共同保障着市场经济有效、正常运行。根据标准的约束力，我国把标准分为强制性标准和推荐性标准两大类。就强制性标准而言，它以国家强制力保障实施，其本身就是一种技术法规；而后者一经接受并采用，或各方商定同意纳入经济合同中，就成为各方必须共同遵守的技术依据，也具有法律上的约束性。

6.1.2 标准是国民经济和社会发展的重要技术支撑

在宏观层面，标准事关我国社会主义市场经济发展全局。标准是全面提高社会效率、维护市场公平的重要保障。

在微观层面，标准事关企业的生存与发展。标准是企业组织生产和经营的依据，高标准才有高质量。正如日本著名质量管理专家石川馨教授在总结日本质量管理经验时说，“没有标准化的进步，就没有质量的成功”。

6.1.3 标准是市场竞争的制高点

“得标准者得天下”。标准决定着市场的控制权。从这个意义上来看，标准也是一种游戏规则。谁的技术成为标准，谁制定的标准就被市场认同，谁就会获得巨大的经济利益。通过标准与专利的融合，实现专利标准化、标准垄断化，可以最大限度地获取市场份额和垄断利润，故有“三流企业卖产品，二流企业卖专利，一流企业卖标准”之说。由此可知，标准竞争已成为继产品竞争、品牌竞争之后，又一种层次更深、水平更高、影响更大的竞争形式。只有加紧完善以专利和技术标准为依托的自主创新体系，才能在激烈的竞争中胜出。

纵观标准竞争局势，国际国内反差巨大。一方面，发达国家凭借强大的技术创新优势，不遗余力地主导国际标准的制定。ISO（国际标准化组织）、IEC（国际电工委员会）等国际标准组织秘书处有一半以上被德国、美国、英国、法国、日本五国瓜分。另一方面，技术标准的缺失使我国企业在国际竞争中往往受制于人。

6.1.4 标准的战略地位日益突出

经济全球化浪潮使标准竞争上升到了战略地位。20 世纪 90 年代后期，特别是进入 21 世纪以后，发达国家纷纷制定各自的标准化发展战略，以应对因经济全球化对自身带来的影响。欧盟、美国、加拿大等国家和地区的标准化战略在 2000 年前后相继出台。日本为了应对标准竞争，在 2006 年由首相亲自组织研究制定本国的国际标准综合战略。

我国也十分重视标准化建设，《国家中长期科学和技术发展规划纲要（2006—2020 年）》明确把实施技术标准战略作为我国科技发展的两大战略之一。党的十八大以来，习近平总书记就标准化工作做出了一系列重要论述。习近平总书记在致第 39 届国际标准化组织大会的贺信中说，“标准是人类文明进步的成果，中国将积极实施标准化战略，以标准助力创新发展、协调发展、绿色发展、开放发展、共享发展。我们愿同世界各国一道，深化标准合作，加强交流互鉴，共同完善国际标准体系”。

6.1.5　标准是走向国际市场的“通行证”

随着贸易自由化在全球的推进，标准已成为发达国家新贸易保护主义的主要表现形式。由于 WTO（世界贸易组织）对关税和配额等传统贸易保护手段做了限制，发达国家往往利用标准的合法性和隐蔽性，把标准作为新型非关税壁垒的主要手段，达到限制他国产品出口、保护本国产业的目的。具体体现在：标准涉及的技术指标种类和数量越来越多，要求越来越苛刻，修订越来越频繁，发展中国家一般很难达到。随着新贸易保护主义势力的抬头，由标准引发的贸易摩擦还会不断加剧，因此要使国际贸易顺利进行，产品就必须跨越标准这道“槛”。

标准是企业自主创新、跨越发展的法宝；是国家科学发展、社会和谐的保障。我们在发展社会主义市场经济中，一定要重视标准。

6.2　我国食品追溯标准体系的发展历程

6.2.1　国家对于食品追溯的相关要求

2004 年 5 月，国家质量监督检验检疫总局出台了《出境水产品追溯规程（试行）》《出境养殖水产品检验检疫和监管要求（试行）》。出口养殖水产品生产、加工、储存企业实施卫生注册登记制度，向出口生产企业提供养殖水产品原料的养殖场需在 2004 年 10 月 1 日之前完成备案工作。出口养殖水产品的加工原料必须来自经检验检疫机构备案的养殖场，否则不予受理报检。出口水产品及其原料需按照《出境水产品追溯规程（试行）》的规定标识。中国的出口水产品可以通过特定标识追溯到从成品到原料的每一个环节。2004 年 9 月，国务院发布《国务院关于进一步加强食品安全工作的决定》，明确提出建立农产品质量安全追溯制度。

2007 年 4 月，国务院办公厅发布《国家食品药品安全“十一五”规划》，将加强食品安全应用技术的研究列入主要工作内容，包括食品品种特征溯源技术、农产品质量安全溯源技术。

2010 年 9 月，国务院办公厅印发《国务院办公厅关于进一步加强乳品质量安全工作的通知》，提出建立乳品电子信息追溯系统，要求国家质检总局、工商总局、农业部、商务部、食品药品监督管理总局要会同有关部门抓紧研究以婴幼儿配方乳粉和原料乳粉为试点推行的电子信息追溯系统，实现从奶源、采购、生产、出厂、运输到销售终端的全程有效监管，确保产品在任何环节都能快速辨别真伪。并要求相关部门在 2011 年年底前完成婴幼儿配方乳粉和原料乳粉电子信息追溯系统建设和相关标准、法规的制定，并逐步在乳品行业推行电子信息追溯系统。

2011 年 11 月，国家发展和改革委员会、工业和信息化部组织编制了《食品工业“十二五”发展规划》，将推进食品安全可追溯体系建设纳入主要工作内容，鼓励推进物联网技术的示范应用，完善食品生产企业的信息化服务体系；2011 年 12 月，农业部办公厅印发《动物电子耳标试点方案》，选择在天津市武清县、内蒙古自治区等地开展试点工作，力图通过试点工作丰富追溯手段，改进追溯技术，进一步推进动物标识及动物产品追溯体系建设工作。

2012 年 2 月，国务院办公厅印发《2012 年食品安全重点工作安排》，提出加快重点食品和食用农产品安全追溯体系建设，明确要推进肉类、酒类电子追溯体系建设。2012 年 5 月，国家发展和改革委员会印发《“十二五”国家政务信息化工程建设规划》，要求加快建设食品（含农产品）生产、加工、流通（含进出口）、消费等环节的安全监管信息化工程，利用物联网技术、溯源技术、防伪技术、条码技术、云计算技术等，建设支持食品及食品添加剂生产达标的生产监管信息系统，建设支持食品及食品添加剂品牌真伪认证、来源追溯、过程追踪、责任追查及召回销毁的流通监管信息系统。2012 年 6 月，国务院办公厅印发《国家食品安全监管体系“十二五”规划》，明确加强食品质量安全溯源管理，建立健全追溯制度，要求按照循序渐进原则，先行在婴幼儿配方乳粉和原料乳粉、肉类、蔬菜、酒类产品、保健食品等方面实现电子追溯，并逐步拓展到其他重点食品品种。

2014 年 4 月，国务院办公厅《关于印发 2014 年食品安全重点工作安排的通知》，强调要建立食品原产地可追溯制度和质量标识制度。

2015 年 4 月，新修订的《食品安全法》第四十二条明确表示，国家建立食品安全全程追溯制度。食品追溯被正式写入我国的法律中，追溯将为食品安全承担相应的技术保障和支撑。2015 年 12 月，国务院办公厅印发了《国务院办公厅关于加快推进重要产品追溯体系建设的意见》，图 6－1 所示为对该意见的解读，该意见明确了重要产品追溯体系建设的目标。到 2020 年，追溯体系建设的规划标准体系将得到完善，全国追溯数据统一共享交换机制将基本形成，重要产品生产经营企业采用信息追溯体系的比例将大幅提高，追溯体系建设将明显改善市场环境。

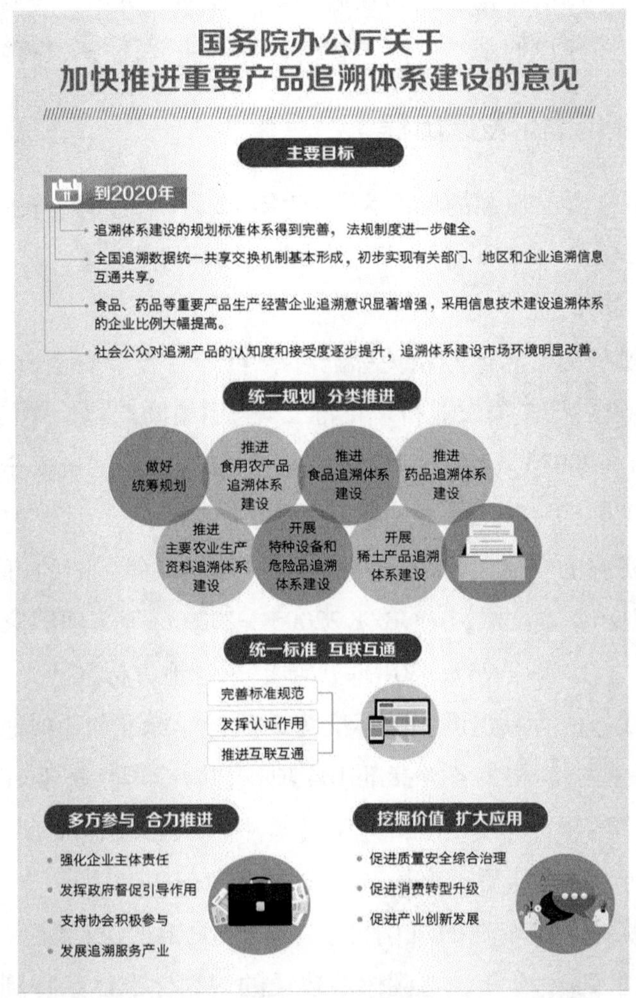

图 6－1　国务院办公厅关于加快推进重要产品追溯体系建设的意见图解

资料来源：图片来源于中国政府网（www. gov. cn）

2016 年 9 月，国家食品药品监督管理总局印发《关于推动食品药品生产经营者完善追溯体系的意见》（食药监科〔2016〕122 号）。该意见指出食品药品追溯体系是食品药品生产经营者质量安全管理体系的重要组成部分，食品生产经营者应当按照有关法律法规要求分别对其原辅料购进、生产过程、产品检验和销售去向等如实记录，保证数据的真实、准确、完整和可追溯等，明确食品药品追溯的责任主体、追溯对象范围和数据要求。

2017 年 2 月，商务部、工业和信息化部、公安部、农业部、国家质检总局、国家安全生产监督管理总局、国家食品药品监督管理总局七部门联合印发《关于推进重要产品信息化追溯体系建设的指导意见》。该指导意见以保障民生为核心，以落实主体责任为基础，以信息化追溯和互通共享为方向，突出可操作性，提出了重要产品信息化追溯体系建设的基本原则、建设目标、主要任务和保障措施。

6.2.2 食品追溯标准化发展历程

我国第一项基于食品追溯的标准为2007年12月1日起施行的《农产品追溯编码导则》（NY/T 1431—2007）农业行业标准，该标准是响应《国家食品药品安全“十一五”规划》起草的。

2009年开始实施的食品追溯相关标准有《农产品质量安全追溯操作规程通则》（NY/T 1761—2009）等5项农业行业标准、《药用植物产地追溯信息编码和标识规范》（DB12/T 401—2008）1项天津市地方标准和《果品质量安全追溯产地编码技术规范》（DB13/T 1159—2009）1项河北省地方标准。

2010年开始实施的食品追溯相关标准有《饲料和食品链的可追溯性体系设计与实施的通用原则和基本要求》（GB/T 22005—2009）等2项国家标准和《罗非鱼产品可追溯规范》（DB44/T 737—2010）1项广东省地方标准。

2011年开始实施的食品追溯相关标准为2项行业标准和3项地方标准。到2016年年底我国共有食品追溯相关各类标准104项，包含全国性标准（国家标准、行业标准、团体标准）45项，地方标准59项（其中一项已经作废）。食品追溯标准处于缓慢增长期，处于标准滞后于市场经济发展的状态。

2015年国务院办公厅印发的《国务院办公厅关于加快推进重要产品追溯体系建设的意见》，要求到2020年，追溯体系建设的规划标准体系得到完善，全国追溯数据统一共享交换机制基本形成，初步实现有关部门、地区和企业追溯信息互通共享。该意见提出要建设和完善追溯标准体系，并且明确了必须要实现数据横向、纵向的共享标准体系机制。

2017年商务部等七部门联合发布的《关于推进重要产品信息化追溯体系建设的指导意见》，将追溯标准体系建设完善列入主要任务。该意见指出要分析提炼追溯的核心技术要求和管理要求，明确不同层级、不同类别标准的定位和功能，建成国家、行业、地方、团体和企业标准相衔接、覆盖全面、重点突出、结构合理的重要产品追溯标准体系。研制一批追溯数据采集指标、编码规则、传输格式、接口规范等共性基础标准，实现产品追溯全过程的互联互通与通查通识。在追溯标准化研究的基础上，选择条件好、管理水平高的地区、行业、企业探索开展重要产品追溯标准化试点示范工作，推动标准制定和实施。针对重点产品和环节，根据产品形态、包装形式、生产经营模式、供应链协同相关业务流程等特点，明确各品种追溯体系建设的技术要求，设计简便适用、易于操作的追溯规程和查询方式。探索推进重要产品追溯标准与国际接轨，携手打造中国与“一带一路”沿线国家重要产品追溯通用规则，逐步建立国际间重要产品追溯体系，增强中国标准的国际规则话语权。

2017 年 4 月，国家标准委办公室、商务部办公厅完成《关于开展重要产品追溯标准化工作的指导意见（征求意见稿）》的拟定工作，并向中央网络安全和信息化领导小组办公室、国家发展和改革委员会、工业和信息化部等相关部门征求意见。该指导意见提出，到 2020 年，标准化支撑重要产品追溯体系建设的作用明显增强。基本建成国家、行业、地方、团体和企业标准协同，覆盖全面、重点突出、结构合理的重要产品追溯标准体系。

我国追溯标准体系建设即将进入快车道，大量与追溯相关的国家、行业、地方、团体标准将会如雨后春笋般地涌现，再经过几年市场的调整、选择、淘汰、整合，最后将形成几大追溯体系标准。

6.3 食品追溯标准体系的现状分析

食品追溯标准体系是将标准化的理念、原则、方法运用到食品追溯各环节的监督管理与技术服务中，通过制定标准并付诸实施，达到追溯质量目标化、追溯手段规范化、追溯过程程序化、追溯管理精细化的目的，从而获得最佳服务秩序和社会效益的过程。

追溯体系本身属于物联网范畴，从技术角度看，追溯标准体系应包含对象和数据两大类标准。对象标准负责被追溯食品、责任人、节点的身份确定，数据标准解决数据内容、通信、接口、存储、翻译、共享等问题。

另外，食品追溯的主体是食品，所以要以食品安全标准为食品追溯标准体系推进的前提；大部分的食品追溯身份识别码通过包装附着到食品上，因此还要遵照食品包装的标准要求。

6.3.1 追溯类标准现状分析

追溯体系在我国起步较晚，追溯标准体系建设相对滞后。截至 2016 年年底，我国已发布各类追溯标准 123 项，其中与食品相关的标准 104 项，非食品相关追溯标准 19 项。以下从标准使用范围和内容两个方面对 104 项与食品相关的追溯标准进行分析。

6.3.1.1 从使用范围方面分析

（1）全国范围使用标准

到 2016 年，我国已有追溯类国家标准 6 项，分别为《饲料和食品链的可追溯性体系设计与实施的通用原则和基本要求》（GB/T 22005—2009）、《饲料和食品链的可追溯性体系设计与实施指南》（GB/Z 25008—2010）、《食品冷链物流追溯管理要求》（GB/T 28843—2012）、《农产品追溯要求（果蔬）》（GB/T 29373—2012）、《农产品追溯要求（水产品）》（GB/T 29568—2013）、《马铃薯商品质量追溯体系的建立与实施规程》（GB/T 31575—2015）。行业标准 39 项，其中农业部行业标准 13 项、商务部行业标准 19 项、国家出入境检验检疫局行业标准 6 项、国家发展和改革委员会物流行业标准 1 项。如图 6－2 所示为全国相关部门制定食品追溯标准占国家标准总数比例。

全国范围使用标准应该包含国家标准、行业标准和全国性社团的团体标准，由于团体标准处于刚刚起步的阶段，所以到 2016 年年底尚无食品追溯类的全国性团体标准发布。

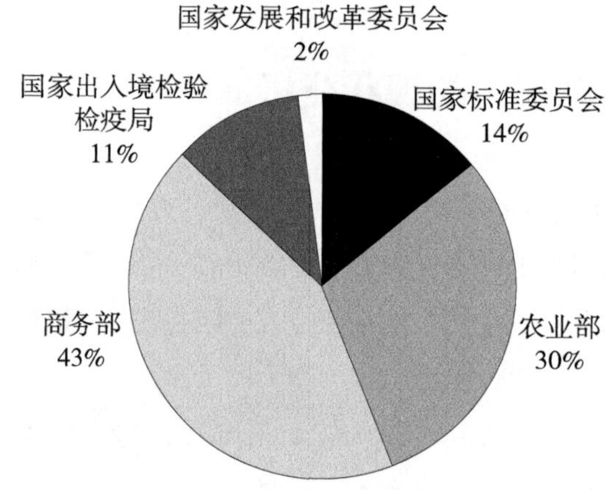

图 6－2　全国相关部门制定食品追溯标准占国家标准总数比例

（2）地方范围使用标准

到 2016 年年底，全国各地方追溯类标准 59 项（含 1 项已作废标准），其中天津市 2 项、河北省 2 项、内蒙古自治区 15 项、吉林省 5 项、江苏省 1 项、浙江省 1 项、安徽省 8 项、江西省 3 项、山东省 2 项、河南省 1 项、广东省 6 项（含深圳市地方标准 1 项）、广西壮族自治区 4 项、海南省 1 项、四川省 1 项（攀枝花市地方标准）、新疆维吾尔自治区 7 项（1 项已作废）。图 6－3 所示为地方各省制定食品追溯标准占比。

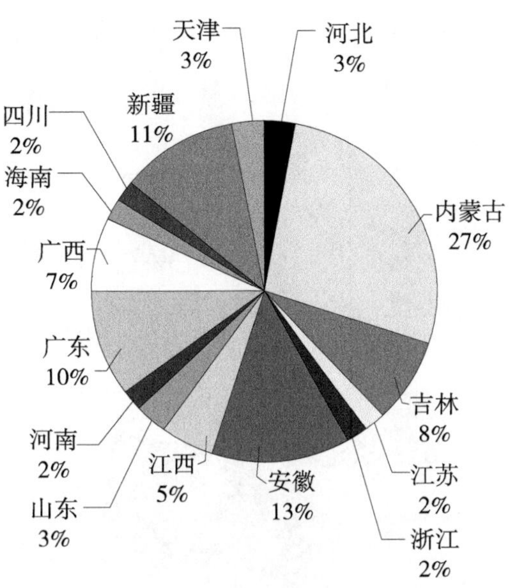

图 6－3　地方各省制定食品追溯标准占比

6.3.1.2　**从标准内容方面分析**

从标准内容方面来分析 104 项食品追溯类相关标准，分别为通用类 10 项、农业类 73 项、地理标识类 1 项、酒类 10 项、冷链食品类 4 项、乳品类 4 项、食用油类 1 项、休闲食品类 1 项。如图 6－4 所示为追溯标准按内容分布占比。

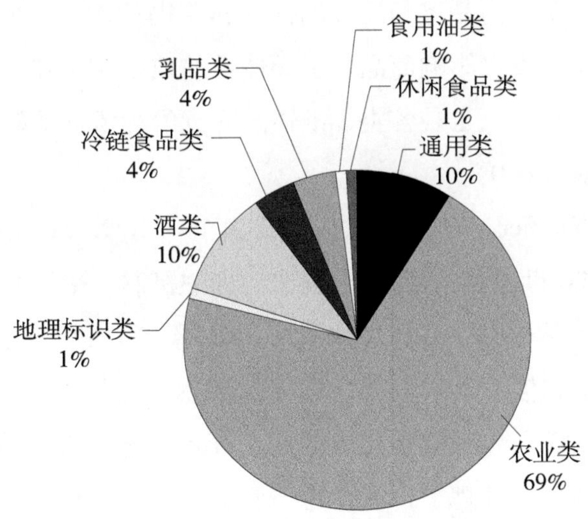

图 6－4　追溯标准按内容分布占比

农业类标准占食品追溯类标准的 69%，是食品追溯类标准的主要贡献者，这是我国近年来对食品安全追溯体系建设的高度重视和大力发展的结果。农业类追溯标准中有农业通用类标准 15 项、肉菜类 25 项、水产类 10 项、粮食类 9 项、果品类 7

项、蛋禽类 2 项、茶类 2 项、中药材类 1 项、其他类 2 项。如图 6 - 5 所示为农业类追溯标准分布占比。

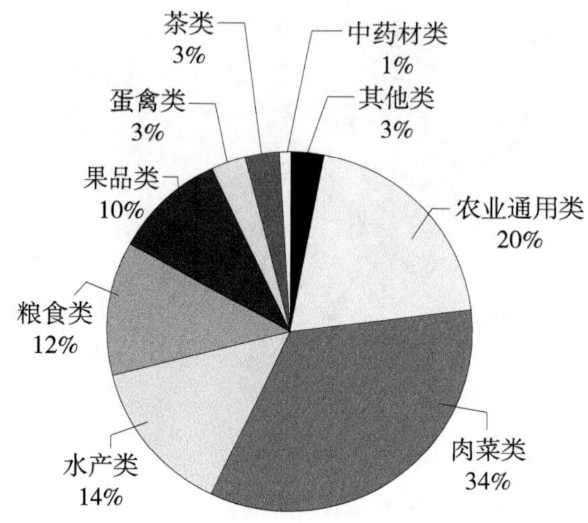

图 6 - 5　农业类追溯标准分布占比

6. 3. 2　物联网对象类标准现状分析

对象类标准是解决追溯对象身份识别的标准，也是对象进入物联网的入口标准和依据。该类标准是实现商品追溯的基础标准和前提条件，其便捷性、科学性、合理性、可操作性等特点直接影响商品可追溯体系的效率和成本。因此，对象类标准对商品追溯体系十分重要，也是各类标准体系间竞争最激烈的标准之一。

6. 3. 2. 1　对象标识符（OID）

OID（Object Identifier，对象标识符）是由 ISO/IEC、ITU - T（国际电信联盟电信标准分局）于 20 世纪 80 年代联合提出的标识机制，采用分层树形结构对任何类型的对象（包括实体对象、虚拟对象、复合对象等）进行全球无歧义、唯一命名。OID 可定义通信和信息处理世界中的任何事物，它是可标识（可以命名）的，同时也可被注册。OID 是与对象相关联的用来无歧义地标识对象的全局唯一的值，可保证对象在通信或信息处理中正确地定位和管理。通俗地讲，OID 就是网络世界中对象的身份证。OID 具有分层灵活、扩展性强、跨异构系统等优势，并可兼容现有标识机制，广泛应用于信息安全、医疗卫生、网络管理等领域。

6. 3. 2. 2　物联网标识体系之物品编码 Ecode

Ecode，即 Entity Code，物联网统一标识，是由中国物品编码中心研发的适用于物联网发展的编码方案。Ecode 有两层含义，一是表示物联网统一的物品编码，Entity 是指实体，包括物理实体和虚拟实体，Ecode 定义了由版本 V、编码体系标识（Numbering System Identifier，NSI）和主码（Master Date code，MD）组成的三段式编码结构；二是表示物联网标识体系，包含了物品编码、数据标识、中间件、解析系统、信息查询与发现、安全机制、应用模式等多个部分，是一套完整的编码系统。

Ecode 通过分析我国物联网各个领域的应用需求，按照编码层、标识层、网络层、应用层四层架构建立了围绕 Ecode 的编码系统，为企业提供单品级的 Ecode 编码的分配与管理；搭建了基于 Ecode 编码的物联网标识服务子平台，为公众提供了统一的产品信息的查询和发现服务入口。同时，遵循“自主标准、统一标识、广泛兼容”三个基本原则，中国物品编码中心研制了具有自主知识产权的物联网标识体系系列十三项国家标准。

6.3.2.3 追溯对象编码规范

《追溯对象编码规范》（T/CFCA 0001—2017）是由我国知名食品企业牵头，联合众多食品生产企业、信息技术企业、物流企业、科研机构、行业组织等共同起草的中国副食流通协会团体标准。

该规范中的追溯对象是指追溯体系中被追溯的各相关主体，核心目的是打破“信息孤岛”，建立各追溯体系间互联、互通、互可识别的一套通用、先进、包容、开放、可操作的基础型追溯对象编码规范；为每个追溯对象提供唯一、规范、可识别的追溯身份码。

该规范由生产、物流、商贸、技术服务等用户企业为主要起草单位，科研机构、行业组织以技术支持和咨询的方式参与起草。其目的有三个，一是建立一套适用于我国市场环境的追溯对象编码规范体系；二是为我国追溯各方提供一套终身免费、可持续自主使用的编码规范；三是为打破企业内部各系统间、企业与企业之间、行业与行业之间各类“信息孤岛”提供基础编码依据。

6.3.3 食品安全标准与追溯标准关系分析

6.3.3.1 GAP（Good Agricultural Practice，良好农业规范）

GAP 起源于欧洲，是一套针对农产品生产的操作规范，是以农产品生产过程质量控制为核心，以危害分析与关键控制点、良好卫生规范、可持续发展和改良农场体系为基础，关注员工健康、安全和环境保护，避免农产品在生产过程中受到外来物质的污染和危害的一套操作体系。1997 年，EUREP（欧洲零售商协会）在市场零售商的倡议下提出了 EUREPGAP（欧盟良好农业操作规范），被用来评价操作的规范程度，涉及水果、蔬菜、水产品、咖啡、禽类、肉牛、羊、奶牛、猪等范围。我国于 2005 年 12 月 31 日发布首批《良好农业规范》GB/T 20014. 1—GB/T 20014. 11—2005 共 11 项涉及果蔬、畜禽等系列国家标准，于 2006 年 5 月 1 日起正式实施。为进一步完善我国良好农业规范标准体系，国家认证认可监督管理委员会组织起草完成了茶叶、水产等 13 项良好农业规范国家标准 GB/T 20014. 12—GB/T 20014. 24，并于 2008 年 4 月 1 日起实施。农场作物、家禽等良好农业规范国家标准 GB/T 20014. 2—GB/T 20014. 10 于 2007 年进行修订，于 2008 年 5 月发布，并于 2008 年 10 月 1 日起正式实施。

6. 3. 3. 2　GMP（Good Manufacture Practice，良好作业规范）

GMP 是政府为了保证食品在生产、加工、包装与储存过程中的卫生而制定的强制性法规，对食品安全性具有保障的管理体系。GMP 要求食品生产加工企业应该保证生产过程的合理性、生产设备的安全与卫生、质量控制的完善性和管理体系的严格性，同时对食品生产加工的供应链进行控制。GMP 是食品生产加工企业保证食品安全生产的先决条件。良好的操作规范以法规、推荐性法案、条例和准则等形式规范食品生产加工的企业环境、硬件设施、生产管理和卫生管理等。归纳起来看，GMP 实际上是一种对具体环节操作处理的质量保障制度，即通过 4M：Materials（符合要求的原料），Machines（符合要求的设备），Men（胜任的工作人员），Methods（确定的方法），生产加工出符合卫生安全的食品的质量保障制度。

6. 3. 3. 3　SSOP（Sanitation Standard Operation Procedure，卫生标准操作规范）

SSOP 是食品生产加工企业为了达到良好操作规范的标准，并且消除生产加工过程中不良的人为因素，制定的强制性的关于生产加工的指导性文件，从而保证食品的卫生安全。SSOP 是食品生产加工企业建立和实施 HACCP 计划的重要前提条件。

6. 3. 3. 4　ISO 9000 体系

ISO 9000 体系是由 ISO/TC176 技术委员会（ISO 中第 176 个技术委员会）于 1987 年制定的质量管理和保障体系，用于指导各环节、各要素的标准化实施以及合格评定。ISO 9000 体系是由一系列既相互关联又有区别的标准组成的，涉及实施指南、标准要求与监督审核等方面。其中 ISO 9001 用来评定企业设计和控制产品的合理性；ISO 9002 用来评定企业是否具有对生产过程的控制能力；ISO 9003 用来评定检验检疫是否符合规定。

6.3.3.5 HACCP

HACCP体系是目前世界上最为流行的食品安全质量控制体系之一。为了避免食物中毒以及其他食源性疾病的发生，HACCP对食品供应链中可能造成食品污染的各种因素进行分析与判断，确定供应链中的CCP（关键控制点），进而为每个CCP建立限度与监控体系，根据监控结果进行纠错，最后审核体系，并做好操作记录。

6.3.3.6 **将食品可追溯体系与食品安全相关标准体系相关联**

可追溯系统不是孤立的，它首先要满足食品安全、包装等相关标准体系，在其基础之上与其他质量管理体系结合才能更好地发挥作用。GMP是对食品加工的基本要求，是有效实施HACCP的关键。HACCP是通过过程控制以保证质量，是可追溯的基础，可追溯体系的核心是为保证食品安全而保持的记录系统。食品可追溯体系能增加生产链透明度，提高消费者放心程度，它是连接食品安全与消费者放心食用食品的桥梁。HACCP、GAP和GMP等质量管理技术体系的共同点是都需要一个有效的记录系统，因此，可追溯体系与HACCP、GAP、GMP、ISO 9000体系结合实施才能更好地发挥各自作用。

6.4 食品追溯标准体系存在的问题

6.4.1 千姿百态——追溯概念理解不统一

目前追溯体系建设进程中，因缺乏对追溯概念的准确定义和解释，对追溯的内涵和外延进行界定困难，导致应用企业不能准确辨认追溯和其基本功能。在信息追溯快速推进的这几年中，食品生产企业、流通企业、消费者等追溯相关各方都从信息追溯中受益匪浅，加之其良好的扩展性，因此很多食品企业也都在通过各种方式、渠道、技术手段探索尝试应用信息追溯。但是，由于对信息追溯的认知不同，有的企业用其进行防伪，有的关注过程追溯，有的关注产品宣传，有的关注市场跟踪，有的关注商品促销等。各类追溯标准中没有统一的追溯概念，在食品行业中呈现了“千姿百态”的“追溯”系统现象。

6.4.2 万“码”奔腾——没有相对统一的追溯编码规则

国家和相关政府部门一直鼓励各地开展追溯建设，但仍未制定出追溯的统一编码等标准体系规范。建立追溯体系的企业大都各自为政，按照自己的需求或理解进行编码，出现了大量的“追溯孤岛”和标准体系。万“码”奔腾的混乱局面严重影响了追溯间的互通互联、追溯信息的交换与共享，造成追溯社会化资源的极大浪费。

6.4.3 空中楼阁——标准体系不接地气

目前已经建立的追溯体系标准中，大部分的标准在起草的过程中缺乏大量的市场调研，没有掌握应用各方的实际情况和需求。将标准建立在理论研究的基础之上，从而与市场实际应用需求相差较远，导致标准成为空中楼阁而无法落地。

6.4.4 婆婆太多——多头与分段监管阻碍社会化追溯发展

目前，我国追溯体系在不同领域不同阶段的政府监管部门不同，这种多头和分段监管模式导致多个同质追溯体系的重复建设，追溯标准的制定也以各自监管需要为出发点，形成以不同监管部门为代表的“追溯孤岛”的格局，从而严重影响了我国追溯体系的社会化水平的整体提升。

6.5 食品追溯标准化体系完善建议

6.5.1 建立与完善相关法规

欧美等发达国家和地区都是率先建立食品可追溯体系，然后规范市场监管。我国需要参考发达国家和地区的相关法规，结合我国的实际情况，构建可追溯法律基础，尽量与国际接轨。2015 年 10 月 1 日实施的新《食品安全法》第四十二条要求“国家建立食品安全全程追溯制度。食品生产经营者应当依照本法的规定，建立食品安全追溯体系，保证食品可追溯。国家鼓励食品生产经营者采用信息化手段采集、留存生产经营信息，建立食品安全追溯体系。国务院食品药品监督管理部门会同国务院农业行政等有关部门建立食品安全全程追溯协作机制”。《食品安全法》为我国开展食品安全追溯提供了法律保障，同时也对相关国家标准的制定提出了要求。

6.5.2 抓紧相关追溯标准制定

截至 2008 年，我国已有各类食品标准 3400 项，包括国家标准 2206 项，行业标准1194项；在2206项食品国家标准中，强制性标准650余项，推荐性标准1550项，基本形成了食品安全标准体系。随着经济的发展，新产品不断被开发出来，食品工艺水平不断提高，食品产品不断推陈出新，但食品标准没有及时配套跟上，导致食品标准严重滞后。现有的追溯标准为部分食品领域的追溯提供了方案，但我国食品质量安全追溯的标准仍需完善。

6.5.3 完善食品包装和标签制度

食品包装、标签是建立追溯的重要条件之一，没有包装和标签标志，追溯信息就无从依附。总之，中国食品可追溯体系建设刚刚起步，对部分出口食品所建立的追溯体系还很不完善，应借鉴欧美等发达国家和地区的做法对可追溯系统进一步充实、细化和完善。在产品及其属性信息有效标识基础上，还需加强对相关信息的获取、传输及管理，实现源头可追溯、流向可跟踪、信息可查询、产品可召回，尽快建立一整套行之有效的食品可追溯体制。

6.5.4 统一编码标识

我国建立食品质量安全信息追溯体系的目标，将利用国家公众信息网络已有的资源和基础，采用既能与国际接轨又可自主可控的物联网标识技术，实现产品质量安全信息追溯的动态性、完整性和准确性，并与国家其他物联网公共服务平台互联互通和资源共享。同时，食品质量安全追溯体系架构灵活可扩展，兼容不同领域、不同细分行业，适应和包容差异化的企业编码体系和产品信息追溯水平，面向消费者、企业和政府提供跨领域、跨平台的公共服务。

食品溯源涉及农业、烟草、商务、工商、质检等多个行业主管部门，标准众多，主要有农产品追溯码、药品电子监管码、肉类蔬菜流通追溯等。而且，编码方案和管理规则繁多，因此，要构建“大一统”的食品质量安全追溯体系面临着很多挑战。

从目前中国食品安全体系建设的整个层次来看，食品安全信息追溯体系编码标准是最底层的基础，而政府级、行业级、企业级的食品安全系统则是建立在这个标准之上的具体应用，读码等信息读取设备、信息采集设备、信息系统的软硬件集成、检测仪器、赋码等则是在这个具体应用系统运行的组件。由此可见，作为底层基础的追溯信息编码标准则成为食品安全追溯系统未来兼容性和扩展性的重要基础。也就是说追溯信息的编码标准犹如电脑的操作系统，而政府级、行业级、企业级等各个独立运行的追溯系统则是建立在操作系统上的软件应用。而整个社会的食品安全信息追溯体系必然会朝着互通互联的方向发展，编码标准将成为影响未来整个社会食品安全体系标准化的重要支撑和必备条件。

6.5.5 政府强制、行业引导、市场竞争

基于上述分析，建议我国追溯体系标准化建设采用政府强制、行业引导、市场竞争的方式进行，即我国相关政府部门应该出台关于追溯效果方面的强制标准，而将编码标准、协议标准之类的支撑标准采用行业引导、市场充分竞争的方式交给市场去建立和完善。这样的组合方式既达到了政府和公众要求的追溯效果，又经过充分的市场竞争保障了效率和可操作性，同时还能符合行业发展需求。

参考文献

［1］王燕利．试谈对标准重要性的理解［J］. 大众标准化，2011（5）：14－15.

［2］冯建国．我国物流追溯的现状及发展建议［J］. 物流工程与管理，2013，35（7）：10－12.

［3］封巍．基于标准体系的畜产品可追溯系统的研究与实现［D］. 昆明：昆明理工大学，2013.

7 供应链金融

随着信息追溯技术的不断发展，在商品流通环节中以单个商品为单位的一物一码将成为未来信用社会的构建基石，而信息追溯系统中商品追溯信息的最大应用场景就是基于追溯大数据的供应链金融体系。结合区块链技术和云数据服务，供应链金融的形式在未来将会更加紧密地结合信息追溯体系，形成相互促进的共生发展关系。目前的供应链金融体系还处在由传统的人工征信向大数据征信过渡的阶段，后面将对供应链金融的基本概念和在我国的发展形势进行深入阐述，并且对2016年度信息追溯与供应链金融大事进行综述和展现。

7.1 供应链金融概念

供应链金融是指处于产业链核心地位的企业，依托高信用优势广开门路获得廉价资金，通过相对有效的征信系统和完善的风险防范措施，向产业链上下游客户提供融资服务，获得新利润增长点，构建更紧密的产业链生态系统。作为产业模式升级的自然演化，供应链金融“从产业中来，到金融中去”，具有深厚的行业根基，颠覆了传统金融“基于金融而金融”的范式，打开了另一扇窗，兼具金融的爆发力和产业的持久性。供应链金融是在全球化贸易体系和经济发展下发展起来的全新企业融资模式，它以供应链生态为依托，以信息化和互联网化为加速器，正迅速成为现代企业融资的一种利器。中瑞财富和网贷天眼联合发布《2016互联网+供应链金融研究报告》，报告预测2020年我国供应链金融市场规模将达到15万亿元人民币。

7.2 中国供应链金融的产生与发展

中小微企业是我国经济发展中的中坚力量。然而，中小微企业融资难在当下中国经济发展过程中仍然是一个十分棘手的问题。中小微企业自身信用级别较低、社会公信力不足、固定资产等抵押担保品少、经营管理不善、财务信息不透明等原因，从而使得中小微企业不受银行等金融机构青睐。供应链金融则为中小微企业融资提供了新思路。

2000 年，深圳发展银行（2012 年，深圳发展银行与平安银行合并为一家银行）在国内开始开展货押业务，可以视为我国供应链金融的最早形态；2003 年 7 月率先推出“1 + *N*”（1 指核心企业，*N* 指核心下游的多家采购商）供应链金融业务，成为我国首个推出供应链金融的商业银行；2005 年 7 月，提出“面向中小微企业，面向贸易融资”的业务策略；2006 年推出“供应链金融”品牌，当年荣获深圳市金融创新奖，成为我国开展供应链金融业务的开拓者。随着深圳发展银行供应链金融业务取得成功，众多商业银行纷纷利用金融产品同质性、易复制等特点，改良出符合自身的供应链金融。例如，华夏银行的“*N* + 1 + *N*”模式、广东发展银行的“*N* + 1 + *M*”模式（*M* 指核心企业上游的多家供货商）等，至今，95% 以上的商业银行都拥有具有自己特色的供应链金融产品和服务。2008 年之后，由于全球性金融危机的爆发，较长一段时间内，无论是国外还是国内都处于银根紧缩、信贷业务收缩的状态，但供应链金融凭借自身的独特优势，却呈现出蓬勃发展的态势。以深圳发展银行为例，在 2010 年年末供应链金融业务的授信规模就达到 1755 亿元，不良率仅占 0.32%，这既体现出供应链金融风险较低的优势，也彰显出供应链金融作为商业银行一个重要利润增长点具有极大的开发潜力。

2010—2016 年，我国供应链金融已由传统的纯金融信贷模式发展为互联网金融与供应链金融相结合的模式，实现了信息与产业透明化。金融机构与核心企业及中小微企业的有机结合，带动物流企业等第三方企业的发展。以互动、协同、可视为理念，利用成熟互联网和 IT 技术构建平台，链接供应链的上下游及各参与方，包括核心企业、中小微企业、商业银行、物流服务商、保险公司等，为企业提供准确及时的在线融资、在线结算等投资理财服务。相对于电商领域企业，实体企业对供应链金融的需求更加渴望，在互联网电商飞速发展的今天，像淘宝、京东等线上网络交易平台对实体企业的冲击越来越严重，实体企业迫切希望通过完善的供应链金融业务，来提高实体企业的竞争力。

较之传统的供应链金融，“互联网 +”时代下的供应链金融可以利用成熟的互联网技术和 IT 构建平台，使金融机构与核心企业密切合作，运用大数据、云平台等技术实现资源共享，并且通过对相关各方经营活动中所产生的商流、物流、资金流、信息流的归集和整合，提供适应供应链全链条的在线融资、结算、投资理财等综合金融与增值服务。这就扩展了供应链金融的规模，由原来的“链”逐渐扩大为

“网”，这张“网”覆盖的范围越大，参与的主体越多，在互联网技术的支持下，供应链金融变得更为复杂和高效。

当前，我国互联网企业都在供应链金融这一领域努力发展，京东就是其中的典型代表之一。京东现在已经不单单是电商平台，而是集京东物流、京东金融于一身，形成了一条较为完整的互联网供应链金融。京东在发展战略中，已将供应链金融作为产业的基础，京东自建的物流给它带来了很大的优势，京东经过不断地发展，已经形成了一套较为完善的供应链金融，为上游企业提供资金与理财服务，为下游消费者提供分期付款模式。同时，京东拥有优质的上游供应商、下游消费者的精准大数据，成功搭建了较为完善的供应链金融业务框架。未来供应链金融的发展将更加依靠大数据、云平台等互联网技术，体系也将越来越完善，企业发展也必将依靠供应链金融这条道路，谁能使体系更加完善且成熟，谁就会在发展的道路上越走越远。

相对于针对个人用户的信用分期、信用贷款以及通过场景进行延伸的消费金融服务，供应链金融将核心企业和上下游企业联系在一起提供灵活多样的综合性、一体化金融产品和服务，风险更加可控，交易场景更具有独特性，正成为经济新旧动能转换时的新风口。这从供应链金融在2016年的表现就可以看出端倪。

一是政策发力供应链金融。2016年2月16日，中国人民银行、国家发展和改革委员会、工业和信息化部等八部委联合发布《关于金融支持工业稳增长调结构增效益的若干意见》，专门提及“大力发展应收账款融资”，还提到“推动更多供应链加入应收账款质押融资服务平台”“推动大企业和政府采购主体积极确认应收账款，帮助中小微企业供应商融资”等内容。金投手联合创始人赵中亮表示：“供应链金融越来越得到国家的重视，正是在充足的政策支持下，促使各路产业资本和金融资本踊跃投入到供应链金融的大潮之中。”

二是物流基础设施服务商纷纷进军供应链金融。2016年9月18日，阿里旗下的菜鸟网络宣布联合蚂蚁金服旗下的网商银行正式上线供应链金融产品，单笔最高可贷3000万元。这充分说明物流基础设施服务商通过线下的物流设施对货物直接或间接地进行掌控，因而在切入供应链金融特别是以存货融资为基础的业务占据天然的优势。

三是行业巨头布局纷纷抢滩供应链金融。众多传统行业巨头纷纷将眼光瞄准“供应链金融”，例如海尔、格力、TCL、美的、联想、海航、新希望六和、富士康等行业均开始抢滩供应链金融市场。赵中亮表示，产业巨头由于居于产业链的焦点位置，对上下游的商流、资金流有绝对的掌控，所以做供应链金融在风控上有着天然的优势，产业巨头将目光锁定供应链金融，通过导入供应链金融可以改善上下游紧绷的资金链关系，现代商业的竞争已经不再是企业之间的竞争，而是供应链与供应链的竞争，只有整个供应链链条上的企业的四流（物流、商流、资金流、信息流）顺畅后整条供应链才会具备竞争优势。

7.3 “互联网+供应链金融”运行模式

供应链金融的目标是实现物流、商流、资金流、信息流的“四流合一”，而互联网则是实现这一目标的最佳方式。互联网与供应链金融结合的优势主要表现在网络化、精准化、数据化方面。从目前我国互联网金融发展的现状看，存在着几种比较主流的“互联网+供应链金融”的运行模式。

第一种是电商平台发展模式。电商平台发展模式是指电商平台通过获取买卖双方在其交易平台上的大量交易信息，并且根据客户的需求为上下游供应商和客户提供金融产品与融资服务。即电商平台凭借在商流、信息流、物流等方面的优势，扮演担保角色（资金来源主要是商业银行）或者通过自有资金帮助供应商解决资金融通问题，并从中获取收益。由于积累了大量的真实交易数据，电商平台能够方便并快速地获取、整合供应链内部交易和资金流等核心信息；通过不断积累和挖掘交易行为数据，分析、归纳借款人的经营与信用特征，通过云计算和大数据技术，电商平台可以做到合理的风险定价和风险控制，且相关成本很低。电商模式包括综合电商模式和垂直电商模式两大类。目前，国内综合电商模式的成功案例包括阿里、京东、苏宁等，垂直电商模式成功案例主要有上海钢联、生意宝等。

第二种是 P2P（Person - to - Person，点对点借贷平台）网贷平台发展模式。P2P 网贷的供应链金融是网贷平台直接接触供应链核心企业的经营生产，通过数据共享、实时监控、产品抵押等手段，把企业通过平台融资的风险经由其生产活动大幅降低，从而为投资人提供低风险高回报的标的项目。P2P 的供应链模式面对的是整个行业而非单个核心企业，行业存量、市场空间将会给互联网平台提供更大的成长空间。P2P 网贷平台处理和整合信息能力以及审批效率、创新速度都远超商业银行，贴合市场、机动灵活，且资金来源风险偏好多元化，可以满足产业链中的中小微企业的个性化需求。P2P 平台把相应债权标的可以打包设计成短期产品，符合目前 P2P 线上投资人的短期投资偏好，且收益率相比银行理财产品要高出很多。一些国内领先的 P2P 平台在自身丰富的行业经验累积和专业的风控能力的基础上，纷纷深度介入能源、农业、旅游、珠宝等产业供应链领域。国内成功切入供应链金融的 P2P 平台主要有宝象金融、银湖网、农发贷等。目前，我国供应链金融的业态模式主要分为以下五种。

7.3.1 经销商、供应商网络融资模式

利用核心企业的信用引入，对核心企业的多个经销商、供应商提供授信的一种金融服务，是供应链金融最典型的融资模式，目前主要运用在汽车、钢铁等供应链管理较为完善的行业。经销商、供应商网络融资模式，如图 7－1 所示。

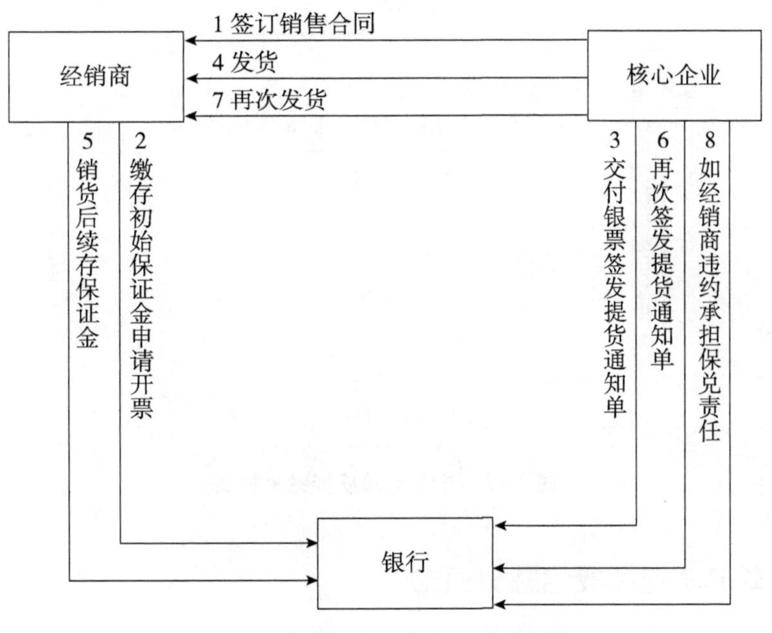

图 7－1 经销商、供应商网络融资模式

7.3.2 银行物流合作融资模式

银行物流合作融资模式是指银行与第三方物流公司合作，通过物流监管或信用保证为客户提供授信的一种金融服务，主要合作形式包括物流公司提供自有库监管、在途监管和输出监管等，也有物流公司基于货物控制为客户提供担保的情形。该模式的核心在于银行借助物流公司的专业能力控制风险，银行可以通过与物流公

司的合作发现并切入客户群来拓展业务空间。

7.3.3 交易所仓单融资模式

交易所仓单融资模式是指利用交易所的交易规则以及交易所中立的动产监管职能，为交易所成员提供动产质押授信的一种金融服务。该模式包括现货仓单质押融资和未来仓单质押融资两种形式。交易所有两类，一是上海证券交易所等三大期货交易所；二是一些地方的大型专业交易市场。

该模式的推动力在于交易所和批发市场方具有促进交投的利益驱动，进而关心会员的资金流问题。因此商业银行可以将交易所作为“1”，会员作为“N”实施业务开发。图 7－2 所示为未来仓单质押融资模式。

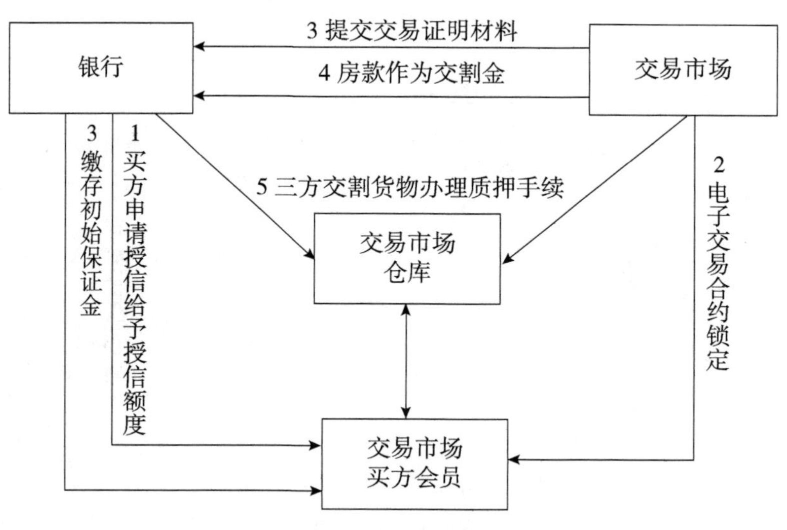

图 7－2　未来仓单质押融资模式

7.3.4 订单融资封闭授信融资模式

订单融资封闭授信融资模式是指银行利用物流和资金流的封闭操作，采用预付账款融资和应收账款融资的产品组合，为经销商提供授信的一种金融服务。该种服务实际上突破了“$1+N$”的模式，主要是因其交易特点为“两头大、中间小”，即“$1+N+1$”，适用于多个不同产业领域的中间商，如以煤炭企业为上游、钢铁企业为下游的经销商，以办公设备生产企业为上游、政府采购平台为下游的经销商等。订单融资封闭授信融资模式，如图 7－3 所示。

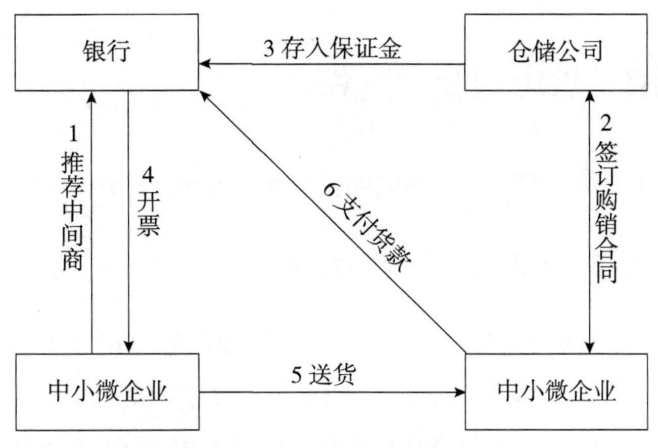

图 7－3　订单融资封闭授信融资模式

7.3.5　设备制造买方信贷融资模式

设备制造买方信贷融资模式是指根据设备制造生产企业和下游企业签订的买卖合同，由商业银行向下游终端企业或经销商提供授信，用于购买该生产企业设备的一种金融服务。它与传统先款后货融资模式不同：一是融资主体不同。先款后货融资模式的融资主体是经销商；设备制造买方信贷融资模式的融资主体是生产企业。二是担保方式不同。先款后货融资模式的担保方式为动产（即存货）质押或抵押，均需引入第三方物流企业监管；设备制造买方信贷融资模式的担保方式为设备（固定资产）抵押，在有关部门登记即可。三是融资工具不同。先款后货融资模式的基本融资工具为银票（期限较短）；设备制造买方信贷融资模式的基本融资工具为中长期贷款（期限较长）。设备制造买方信贷融资模式，如图 7－4 所示。

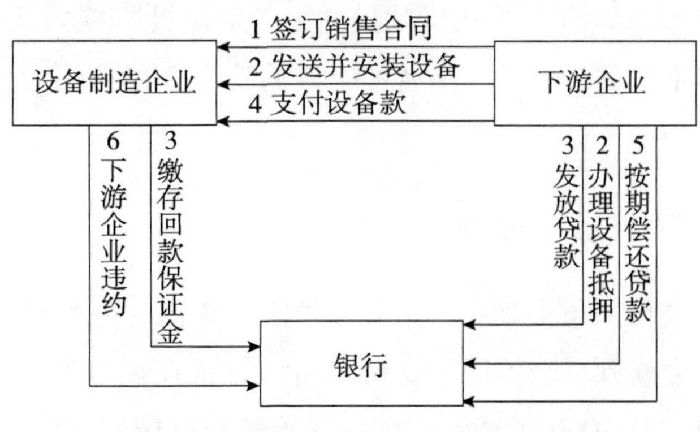

图 7－4　设备制造买方信贷融资模式

7.4 “互联网+供应链金融”模式

“互联网+供应链金融”有多种模式，主要的类型有以下八种。

7.4.1 基于B2B电商平台的供应链金融

我国电商门户网站如焦点科技、慧聪网、敦煌网等，B2B（Business-to-Business，企业对企业）电商交易平台如上海钢联、找钢网等，都在瞄准供应链金融，往金融化方向发展。如找钢网在2015年上线胖猫物流及以“胖猫白条”打头的金融服务。针对优质采购商提供的“先提货，后付款”的合作模式，意味着找钢网在供应链金融方面迈出了实质性脚步。通过多年积累的客户交易数据，垂直的数据风控能力是做供应链金融的优势。

7.4.2 基于B2C电商平台的供应链金融

B2C（Business-to-Customer，企业对个人）电商平台，如淘宝、天猫、京东、苏宁等都沉淀了商家的基本信息和历史信息等优质精准的数据，这些企业依据大数据向信用良好的商家提供供应链金融服务。以京东为例，近年来，京东频频加码互联网金融，供应链金融是其金融业务的根基。京东通过差异化定位及自建物流体系等战略，并通过多年积累和沉淀，已形成一套以大数据驱动的京东供应链体系，其中涉及从销量预测、产品预测、库存健康、供应商罗盘到智慧选品和智慧定价等各个环节。京东供应链金融利用大数据体系和供应链优势在各个交易环节为供应商提供贷款服务，具体可以分为六种类型：采购订单融资、入库环节的入库单融资、结算前的应收账款融资、委托贷款模式、“京保贝”模式、“京小贷”模式。京东有非常优质的上游的供应商、下游的个人消费者、精准的大数据，京东的供应链金融业务水到渠成。

7.4.3 基于支付的供应链金融

只想做支付的支付公司不是好公司。支付宝、快钱、财付通、易宝支付等均通过支付切入供应链金融领域。不同于支付宝和财付通C端的账户战略，快钱等支付公司深耕B端市场，从2009年开始，快钱开始探索供应链融资，2011年快钱正式将公司定位为“支付+金融”的业务扩展模式，全面推广供应链金融服务。如快钱帮助联想整合其上游上万家经销商的电子收付款、应收应付账款等相应信息，将供应链上下游真实的贸易背景作为融资的基本条件，形成一套流动资金管理解决方案，打包销售给银行，然后银行根据包括应收账款等信息批量为上下游的中小微企业提供授信。

7.4.4 基于 ERP 系统的供应链金融

传统的 ERP（Enterprise Resource Planning，企业资源计划）管理软件等数据的 IT 服务商，如用友、金蝶、汉得信息等通过多年积累沉淀了商家信息、商品信息、会员信息、交易信息等数据，基于这些数据构建起一个供应链生态圈。如老牌财务管理 ERP 企业——用友网络，互联网金融是该公司三大战略之一，数千家使用其 ERP 系统的中小微企业，都是其供应链金融业务平台上参与的一员。汉得信息与用友的模式略有不同，汉得信息的客户均是大型企业，而其提供供应链金融服务的对象，将会是其核心客户的上下游。

7.4.5 基于一站式供应链管理平台的供应链金融

一些综合性第三方平台集合了商务、物流、结算、资金的一站式供应链管理，如我国上市企业怡亚通、苏州市的一号链、南京市的汇通达等，这些平台充分掌握供应链全过程的信息，包括物流掌握、存货控制等，已成为一个强大的数据平台。如怡亚通，创立于 1997 年，是一家一站式供应链管理服务平台，其推出“两天两地一平台”战略。纵向整合供应链管理各个环节，并通过采购与分销职能，为物流客户提供类似于银行存货融资的资金代付服务，赚取“息差”收入；同时，针对需要外汇结算的业务开展金融衍生交易。

7.4.6 基于 SaaS 模式的行业解决方案的供应链金融

细分行业的信息管理系统服务提供商，通过 SaaS（Software - as - a - Service，软件即服务）平台的数据信息来开展供应链金融业务，如我国零售行业的富基标商、合力中税，进销存管理的金蝶智慧记、平安银行橙 e 网生意管家、物流行业的宁波市的大掌柜、深圳市的易流 e - TMS（e - Transportation Management System，e - 运输管理系统）等。以平安银行生意管家为例，我国首个免费的 SaaS 模式供应链协同云平台，是平安橙 e 网的核心产品。橙 e 平台将平安银行供应链金融传统优势推向更纵深的全链条、在线融资服务。更纵深的全链条是把主要服务于大型核心企业的上下游紧密合作层的供应链融资，纵深贯通到上游供应商的上游、下游分销商的下游。在线融资是橙 e 平台为供应链融资的各相关方提供一个电子化作业平台，使客户的融资、保险、物流监管等作业全程在线。

7.4.7 基于大型商贸交易园区与物流园区的供应链金融

大型商贸交易园区依托于其大量的商户，并以他们的交易数据、物流数据作为基础数据，这样的商贸交易园区有很多，如深圳市华强北电子交易市场、义乌市小商品交易城、临沂市商贸物流城、海宁市皮革城等。以浙江省的银货通为例，浙江省的“块状经济”历来发达，永康市五金之都、海宁市皮革城、绍兴市纺织品市场、嘉善县木材市场等都是知名的块状产业聚集区。而这些产业集群的特征是，其上下游小微企业普遍缺乏抵押物，但却具有完整的上下游供应链。在这样的背景下，银货通在“存货”中发现了信用，创立存货质押金融，是国内首家基于智能物流、供应链管理的存货金融网络服务平台。

7.4.8 基于大型物流企业的供应链金融

物流占据了整个商品交易过程中重要的交付环节，连接了供应链的上下游。它们基于物流服务环节及物流生产环节在供应链上进行金融服务。我国大型快递公司及物流公司，快递公司如顺丰、申通、圆通、中通、百世汇通等；物流公司如德邦、华宇、安能等均通过大量的客户收发物流信息进行供应链金融服务。目前顺丰、德邦已经开始通过物流数据渗透货主采购、仓储物流费用等方面进入供应链金融。以顺丰为例，2015 年 3 月底，顺丰全面开放全国上百个仓库为电商商家提供分仓备货，同时推出顺丰仓储融资服务。优质电商商家如果提前备货至顺丰仓库，不仅可以实现就近发货，还可凭入库的货品拿到货款。顺丰具备庞大的物流配送网络、密集的仓储服务网点及新兴的金融贷款业务，三点联结形成完整的物流服务闭环。除仓储融资外，顺丰金融供应链产品还有基于应收账款的保理融资、基于客户经营条件与合约的订单融资和基于客户信用的顺小贷等。

因搭上“互联网 +”快车而飞速发展的供应链金融仍然面临着很多严峻的问题。首先，与供应链金融相关的法律法规比较滞后，在供应链金融飞速发展的同时，急需一套完善的法律法规来保驾护航，这样才会使供应链金融业务走得更加长远；其次，一些行业不正当竞争，也影响着供应链金融的发展，像一些 O2O（Online to Offline，线上到线下）平台的虚假融资信息等；再次，供应链内部的风险也日益突出，互联网技术的发展使供应链金融由“链”向“网”发展，在更多企业享受到供应链金融利益的同时，供应链金融的风险也随之增加；最后，当下的互联网供应链金融需要较为先进的网络技术，对从业人员业务技术也有较高的要求。

由于产业发展不是很完善，一些体制中还有很多漏洞，近些年互联网金融诈骗频发，建立完善的管理体制迫在眉睫。商业银行竞争优势的发挥在于创新，而与产品和服务创新相伴而来的各种风险必须得到有效控制和防范。因此，商业银行供应链金融的风险管理作为一项系统工程，需要在整个商业银行的范围内建立一个全面的风险管理体系，只有这样才能使商业银行供应链金融所面临的风险降低到最低程度，从而提高商业银行的经营效率。对供应链金融风险进行管理的方法主要是通过加强风险信息的了解和沟通，对潜在的意外和损失进行识别、衡量和分析，以最小成本、最优化组合对风险实行有效规避、实时监控，以保证供应链金融的安全。

7.5 P2P 供应链金融模式发展与现状

随着供应链金融的发展以及“互联网 +”理念不断深入各行各业，P2P 网贷与供应链金融产生了融合，P2P 供应链金融业务也孕育而生，银行、电商、上市公司以及 P2P 平台争相布局。现阶段，供应链金融业务更加开放，P2P 平台成为中小微企业融资的新途径。供应链金融的发展需要借助互联网的优势，而互联网金融的发展需要更加贴近实体经济的需求。供应链金融与 P2P 网贷的融合成为一个重要发展趋势，也是 P2P 转型发展的突破口之一，这种模式的兴起有内在的必然性。

首先，从 P2P 平台角度来看，互联网金融经过近几年的飞速发展，大多数 P2P 网贷平台的运营模式类似，行业竞争日益激烈，因此必须实现行业的转型发展。P2P 网贷行业的核心竞争力主要体现在对资产的筛选上，因为优质的资产直接决定了平台质量。同时，供应链金融由于依托供应链上的核心企业，在真实贸易的前提下，将单个企业不可控的违约风险转化为供应链整体可控的风险，从资产端和风控端这两个角度实现了对 P2P 平台运营风险的有效控制。因此，供应链金融成为 P2P 网贷行业寻找的优质资产端。

其次，从供应链金融的角度来看，供应链领域融资需求很大，供应链金融迫切需要多方资金的聚合，P2P 的迅速发展成为供应链金融寻求资金来源的重要途径。P2P 与供应链金融相结合主要有以下几个优势：①P2P 平台处理和整合信息的能力以及审批效率、创新速度都远超商业银行，对企业融资门槛要求也较低，贷款流程简化；②相比于商业银行，P2P 平台更贴近市场，资金来源风险偏好多元化，可以满足供应链中的中小微企业的各种需求；③由于供应链金融涉及的借款标的往往都属于周转性的短期资产，P2P 平台可以把相应债权标的打包设计成短期产品，也符合目前 P2P 平台投资人的短期投资偏好。同时，P2P 与供应链金融结合本身也符合金融服务实体的基本精神，符合国家政策导向。

P2P 供应链金融根据不同的角度可以分为不同模式：①根据 P2P 平台是否直接介入供应链的角度分为直接介入供应链和间接介入供应链两种模式。直接介入供应链模式根据融资标的不同分为应收账款融资模式、动产质押融资模式、预付账款融资模式；②根据核心企业的不同又可以分为以物流企业为核心的模式、以电商平台为核心的模式和以 ERP 企业为核心的模式等。间接介入供应链一般指与保理公司合作的模式。

7. 5. 1　直接介入供应链模式

根据融资标的不同而划分的直接介入供应链的模式是 P2P 平台直接与核心企业合作，典型代表有与上海钢联合作的葫芦金融，与瑞茂通合作的中瑞财富，与海尔集团合作的海融易等。在以中小微企业围绕核心企业的供应链中，中小微企业的资金缺口通常会发生在采购、生产和销售三个阶段，因此也对应了三种不同的融资模式，分别是应收账款融资模式、动产质押融资模式和预付账款融资模式。①应收账款融资。应收账款融资的基础实际上是赊销的存在。上游供应商向核心企业提供产品或服务，由于核心企业在整个供应链中的强势地位，通常资金结算需要一段账期，上游供应商就会出现资金短缺，而这类资金需求急、时间短，在传统金融体系里难以获得。由于核心企业与其上游供应商之间存在真实的债务关系，且核心企业无法偿债的风险很低，在这种模式中，以对核心企业的应收账款作为第一还款来源，由 P2P 平台撮合投资人与供应商达成借贷关系，核心企业往往还需要对供应商的信息进行核实、风险进行监督，甚至对 P2P 投资人本息保障等承担兜底责任。②动产质押融资。在供应链动产质押融资模式下，P2P 平台主要通过与物流企业的合作，签订仓储监管协议，借助物流企业的监管来实现融资。物流企业负责对中小微企业质押货物进行有效的保管、物流跟踪、价值评估与损失控制等服务。同时 P2P 平台与核心企业一般还要签订担保协议，约定在中小微企业违约时，由核心企业负责偿还或回购质押货物。③预付账款融资。预付账款融资模式是指中小微企业在与核心企业签订采购合同，P2P 平台与物流企业签订仓储管理协议的前提下，中小微企业凭借物流企业的仓单向 P2P 平台申请质押贷款的融资业务。在这种模式下，核心企业一般要承诺回购，承担连带担保责任，并由 P2P 平台控制中小微企业的提货权。中小微企业可以通过分批归还借款，P2P 平台再通知物流企业释放相应比例的提货权。这种模式有效地缓解了中小微企业全额购货带来的短期资金压力。

根据核心企业不同而划分的直接介入供应链模式是指在一条供应链中，除了直接参与供销的核心企业，还有很多辅助参与供应链的核心企业，它包括物流企业、电商企业以及 ERP 企业，这些企业的典型特点都是基于真实交易的数据，它们都能控制中小微企业物流、信息流以及资金流，对中小微企业的征信更加容易，对借款标的的审核更加方便。①以物流企业为核心。在物流、信息流、资金流三流中，物流是线下闭环中最为重要的一环。P2P 平台首先与供应链上的核心企业即物流公司达成战略合作关系。在这种供应链关系中，物流企业为上下游的交易提供租用仓储场地或者货物运输服务，通过提供物流服务能有效掌握上下游之间的第一手交易信息，从而为供应链上下游企业提供各类型的信用贷款。当然在这一过程中，物流企业需要协助对货物价值进行评估与库存监管，同时提供一定的增信承诺。②以电商平台为核心。电商平台由于存有大量企业真实交易数据，能够对其平台的商户信息实现点对点式的监控，并且可以不断通过积累的大量真实数据分析借款人的信用特征。以电商平台为核心的 P2P 互联网金融模式主要存在于大宗商品 B2B 平台，以找钢网和 P2P 平台中瑞财富的合作为例，找钢网是一个针对钢铁贸易全产业链的 B2B 电商平台，对于在找钢网上进行买卖交易的钢铁企业来说，找钢网就是这条供应链中的核心企业。目前，找钢网已与全国 40 余家钢厂展开合作，下游有两万左右买家群体。③以 ERP 企业为核心。由软件公司控股的 P2P 网贷平台，其主要的模式是为使用同款软件的企业提供相应的金融服务，通常是基于 ERP 软件或者其他数据软件，利用这些软件上的历史数据寻找融资项目。具体实现途径一般是：ERP 企业与 P2P 平台达成合作协议，融资企业需要向 P2P 平台提供 ERP 系统的访问接口，软件提供商虽然是企业经营管理的辅助方，但是在长期的经营中与企业建立了信任关系，并且在系统中沉淀了大量有价值的企业经营数据，P2P 平台可以很方便地查看企业的动态经营状况。以用友为例，旗下 P2P 平台“友金所”主要服务于使用用友 ERP 软件的小微企业。

7.5.2 间接介入供应链模式

P2P 平台对于供应链的信息掌握相对并不透明，往往间接地介入供应链。它主要指 P2P 平台利用保理公司对供应链信息掌握更加透明的优势间接介入供应链，是供应链金融另一种重要的方式。商业保理是指中小微企业将基于与核心企业购销合同所产生的应收账款转让给商业保理公司，由商业保理公司为其提供应收账款融资、管理、催收等综合金融服务。商业保理的本质相当于债权转让，将核心企业的信用转为自身信用。当 P2P 平台参与其中时，商业保理公司再将应收账款的受益权转让给 P2P 平台，到期后商业保理公司从核心企业处收回本息并支付给 P2P 平台。这一过程中，P2P 平台将应收账款的审核转交给商业保理公司，可以通过保理公司回购或者引入保险、担保等方式来保障投资人资金安全。根据《2016—2020 年中国商业保理行业深度调研及投资前景预测报告》，截至 2015 年 12 月底，全国注册的商业保理企业共有 2514 家，2015 年我国商业保理融资业务量超过 2000 亿元，较 2014 年增长了 1.5 倍，商业保理正在成为中小微企业融资的重要渠道之一。P2P 平台引入商业保理项目，一定程度上既保证了平台充足的项目资源，同时也有助于保理行业的迅速发展。

7.6 供应链金融典型案例分析

供应链金融近年来已经成为全球各大电商企业和物流企业供应链创新和金融服务发展的新方向，通过为供应链上的其他企业提供融资服务，来提升供应链的整体竞争力，实现供应链上所有参与企业的价值共赢。总体来看，典型的供应链金融案例关注的是供应链不同参与方的利益，在供应链协作中，需要考虑不同实体间的利益均衡。价值共创，主体是服务生态系统中所有经济参与者，它们基于资源共享的互动关系，共同创造价值。在服务生态系统中，经济参与者通过共享自己的资源帮助其他参与者实现、创造价值，同时也在这一过程中获取外部资源创造自身价值。供应链金融本身就是一个有机的服务生态系统，各方参与者进行服务交换，通过资金流、信息流、物流等资源的整合，各取所需，共同创造价值，实现供应链生态系统整体效益的提高。

7.6.1 UPS 供应链金融案例分析

UPS（United Parcel Service）是联合包裹服务公司的简称，成立于 1907 年，1998 年，UPS 资本公司（UPS Capital Corp）成立，2001 年 UPS 并购了美国第一国际银行，之后将其与原来的子公司 UPS 资本公司整合在一起，从此 UPS 开始为客户提供供应链金融服务，包括存货融资、代收货款以及专门为中小微企业提供信贷、贸易和金融解决方案等金融服务。UPS 在供应链金融生态系统中属于提供融资服务的第三方物流企业，通过共享其资金资源，与供应链上其他企业进行物流、信息流、资金流的互动，帮助供应链上的中小微企业走出资金困境，更高效地创造企业价值，UPS 自身也获得业务增值利润，在这一过程中实现了价值共创。

7.6.1.1 UPS 以“货运融资”模式解决中小微企业融资难问题

UPS 供应链生态体系当中，大部分中小微企业不具备强大的资金实力，融资难成为制约中小微企业发展的重大问题。UPS 针对那些规模不大，但资信状况良好的中小外贸企业推出了“货运融资”服务。中小进口企业把委托 UPS 运送的货物作为向其贷款的抵押担保，前期只需向 UPS 资本公司支付进口货物总额 50% 的费用，UPS 资本公司就为其提供向供货商付清全额货款的融资服务，中小进口企业需在 60 天内向 UPS 偿还垫付货款和融资的费用。该融资服务把中小微企业从动产中盘活，提高了企业活力，为企业创造了新的价值。在货运融资的过程中，中小微企业向 UPS 支付服务费用，但同时也获得了高效的融资服务和物流服务，节约了时间成本。

7.6.1.2 UPS 以“预付货款”模式缩短供应商的账期

一般而言，供应链中的大型核心企业为了降低成本，往往会选择延期支付来压榨中小供应商的利润，这势必会影响供应商的资金回流，甚至可能会影响供应商的供货能力，进而影响整个供应链的效率。UPS 针对这种情况专门推出了“预付货款”业务。UPS 所服务的大型核心采购企业，有许多中小供应商，UPS 作为沟通双方的桥梁，与双方达成合作协议。UPS 资本公司在两周内先把货款支付给供应商，合作条件是供应商的货运以及其他物流业务均由 UPS 负责，供应商向其支付服务费用。UPS 再通过 UPS 资本公司与核心采购企业进行货款结算，由于 UPS 负责货物运输，则降低了采购企业失信的风险。对于供应商来说，UPS 提供的供应链金融服务，使其应收账期大大缩短，在货物发出之后就能收到货款，提高了资金周转率，进而提升了整个供应链的运营效率，实现了价值共创。

7.6.1.3 UPS 以“代收到付货款”模式增加 UPS 利润

三方受益物流行业的仓储、运输等基础服务利润率很低，供应链金融使物流服务和金融服务结合起来，这势必会提升物流企业的竞争力，提高物流企业的利润。UPS 推出的“代收到付货款”业务是供货方委托 UPS 承运一批货物，而 UPS 与收货方也有合作协议，UPS 替收货方预付 50% 的货款给供货方，当收货方提货时，则需把全部货款交付给 UPS。在 UPS 把全部货款交付给供货方之前，存在资金运动的时间差，因此，UPS 可以利用这笔无息资金为其他客户提供放贷服务。这种模式，使 UPS 不仅收取了基础的服务费用，还利用资金运动的时间差，获得新融资服务的费用，自然增加了业务利润。UPS 供应链服务生态系统，通过供应链金融这一服务创新，使得生态系统中的中小微企业解决了融资难的问题，供应商缩短了账期，提高了资金周转率，而 UPS 自身则提升了竞争力，提高了企业利润，因而参与供应链金融的各方实现了价值共创，提高了整个供应链系统的效益。

7.6.2 京东供应链金融案例分析

京东集团旗下设有京东商城、京东金融、拍拍网、京东智能、O2O 及海外事业部。2012 年京东开始涉足供应链金融服务，已经开发出“京保贝”“京小贷”等业务服务模式。京东近年来一直致力于构建以电商、物流、技术以及金融相融合的信息平台，依托强大的数据和自建物流体系，为客户提供量身定制的金融服务。京东在商业生态圈中既是电商平台，又是供应链金融资金的提供方，依赖于京东平台的供应商为了加快资金周转，接受京东的融资服务，双方在互动服务的过程中共创价值，中小供应商提高资金周转率，进而提高生产供货效率，京东保证了供货渠道畅通，同时又通过提供融资服务实现了业务利润增值。

7.6.2.1 京东以“京保贝”模式实现快速放贷

2013 年，京东推出面向京东自营供应商的“京保贝”，这项金融服务产品主打 3分钟放款，供应商根据自身情况，在线申请融资，京东利用高度集成和自动化的信息系统在线受理申请，供应商 3 分钟之内即可融资到账。这不仅提高了供应商获取资金支持的速度，也提高了供应商的供货能力，进而提高了整个京东供应链生态系统的效率，实现了价值共创。

7.6.2.2 京东以“京小贷”模式提供全方位金融服务

“京小贷”模式以全方位的金融服务，帮助供应商提高资金周转率，保证京东供货渠道畅通，同时增加了京东客户的黏性，实现京东生态圈的多方共赢。2014 年，京东推出的“京小贷”，可以提供订单贷款、提前收款、信用贷款等金融服务模式。订单贷款主要是为供应商释放在途订单金额，加快资金回笼。提前收款服务是帮助商家收回“卖家已发货/买家未确认收货”的在途资金，做到无账期销售。信用贷款服务结合京东商城平台上店铺的综合经营情况，评定出具体授信额度，在线快速放款。这种全方位的服务使京东供应链生态圈的所有参与者都能依据自己的需要，获得相应的融资服务，实现了多方共创价值，提升了供应链生态系统整体效益。京东的供应链金融打造的是一个服务闭环，在这个过程中，供应商由于资金短缺，可以根据自己的需要申请不同的融资类型，京东数据平台积累了大量的客户信息，因而能快速反应，提供高效的融资服务。供应商在这一过程中，缩短了账期，解决了资金短缺问题，为企业发展新的业务创造了可能性。对京东自身而言，打造了一个高效的服务闭环，提升了客户的黏性，提高了业务增长率，也赢得了更多的合作伙伴。

7.6.2.3 京东以供应链生态金融圈推进衍生金融服务

从整个京东生态圈来看，供应链金融将电商、物流、技术以及金融融合运营，实现了各方参与者的价值共创，进而整个服务生态系统的价值得到增值。除基于信用的贷款融资模式之外，京东金融还于2015年9月推出了动产融资服务。动产融资以传统金融企业不敢触及的在售货物质押为切入点，以专业仓储服务为核心，整合从品牌商到零售商的全方位供应链信息，并以此为基础为周转中的货物质押提供授信。上线以后，受到供应商尤其是小微供应商的欢迎。据悉，截至2016年10月，动产融资已放贷超过80亿元，筑建了一整套作为企业金融服务平台的企业金库——高收益、灵活度好。随着京东金融业务的不断深化，为企业提供信贷融资服务也很快成为了京东金融构建企业金融的一部分。因为，通过深入接触一些已服务的企业，京东金融发现，很多企业在流动资金理财上的需求也很强烈。于是，京东金融于2016年6月推出企业理财服务——企业金库。所谓的企业金库，即在企业资金充裕时为企业提供理财服务，提升资金使用效率、降低运营成本。京东企业金库活期最低100元起投，定期最低1万元起投、最高7天周期。在同等起投门槛或者理财期限下，收益高于大部分理财产品，同时灵活度也好于大部分理财产品。“活期日日金”交易日认购、次日起息，可随时申请赎回，支持部分赎回功能和自动转存，赎回最快T+0到账；“7天定期理财”随时预约，每周二、周四认购扣款，可自动复投，支持部分赎回需求。此外，为解决企业采购中的账期问题，京东金融已将“京东金采”服务进行升级迭代。“京东金采”根据企业的资质及综合运营情况核定信用额度，为企业用户提供信用赊购、分期付款、账期管理等金融服务。到2016年，“京东金采”已对京东企业客户实现全覆盖，累计为近两万家客户提供企业金融支付。从内外围的信贷产品，到为下游采购商提供账期支付的“京东金采”，最后到为上下游企业提供的理财服务的“企业金库”，京东供应链金融已形成一套完整的企业金融服务。

7.6.3 传化供应链金融案例分析

传化集团有限公司（下称传化集团）作为传统企业，从发展公路港开始到现在已有16个年头。传化金融面对的并不是大型的货主，更多的可能是成百上千万的中小型、制造型企业。因此，传化集团要打造“传化网”生态圈。由于传化公路港的企业绝大部分是小微型企业，面对的制造企业都是中小型的，传化集团希望通过生态圈的建立让整个大数据中心建立起来。通过供应链金融提供一些碎片化的金融产品，以推动数据化来驱动金融发展。

传化集团搭建生态圈，其战略可以用“四个一”进行总结。

第一，“一张网”。未来建立覆盖全国的城市物流中心的网络。所谓“无网不成物流”，只有通过成熟的网络，车辆和货物才能得到高效运转。这张网包括传化公路港，更希望能将其他的物流园区及铁路、航空的港口甚至仓储企业联盟起来，从而将四个运力体系整合起来。

第二，“一套系统”。在公路港的基础上，真正形成数据中心，进而推出“业务运营系统”：一是万物互联，将人、车、货、仓连接起来，进行无缝连接；二是所有业务要一单到底；三是“四流合一”，即商流、资金流、物流、信息流能够在这套系统里自由运转；四是共享开放。

第三，“一个平台”。传化集团面对着非常多的物流角色：货主、收货方、物流公司、专线公司，它们之间存在大量的交易关系，必然会产生大量的产品和服务，传化集团要建立的是针对整个行业的开放平台，倡导“合作共赢、先人后己、开放共享”的平台精神。

第四，“一朵云”。即大数据云，未来能通过大数据中心，为全国的制造业提供各种各样的服务。

为了实施战略，传化集团进行了很多布局，归纳起来分为三大业务板块，一是建设公路港城市物流中心，目的就是将整个城市的物流资源尽量地聚集在一个地方，让城市生活变得更便捷。二是搭建更高效的物联网平台，建立金融及生态的增值性服务。三是未来在百万级的货主企业以及千万级的货车司机之间搭建一个高效的、国内最大的“门到门的无车承运网络”。这将通过三大举措来实现：第一，利用现有的产品搭建这个生态圈。第二，通过联盟合作不断扩建生态圈。包括经纪人联盟、车队联盟、区域网联盟和公路港联盟四大联盟。第三，金融手段。目前已经成立了物流地产基金、新三板投资基金、产业基金、海外并购基金等，并希望通过投资快速实现要素聚集。此外，还搭建了创客空间，通过打造国家级的物流创客空间，为新成立的物流公司提供更多的支持。

7.7 大宗商品供应链金融运作模式

传统物流金融运作模式与大宗商品供应链金融运作模式（见图7－5）差别显著，主要体现在前者具有融资的自偿性、操作的封闭性、融资用途定向化以及风险控制的核心转为贷后操作等显著特征。融资的自偿性是指商业银行以贸易背景和上下游企业的资信实力为依托，以短期金融产品为工具，以资金封闭运作为条件给予借款企业的单笔或专项授信额度；融资的偿还完全依赖企业的未来销售收入、存货或贸易所衍生的确定的未来现金流；风险控制的要点在于银行对物流、资金流的控制能力，以及对有实力关联方的责任和信誉的捆绑程度。大宗商品供应链金融运作模式具有显著的自偿性特点，表现在通过供应链融资产品的模式设计，确保将销售回款首先用于归还融资贷款或作为归还授信的保证。企业的借款将以产品的销售收入形式直接偿还，而不再完全依赖授信到期时企业的综合现金流。大宗商品供应链金融运作模式均以授信合同项下的商品销售收入所产生的确定未来现金流作为直接还款来源，将授信企业的销售收入自动导回授信银行的特定账户中，并且全程通过与第三方物流企业的合作控制物流，这种方式大大降低了银行的信贷风险。大宗商品供应链金融运作模式具有显著的操作封闭性特点。操作的封闭性表现在银行从放款到资金收回实行全程控制，既包括对资金流的控制，也包括对物流的控制，以及对其中的信息流的控制。大宗商品供应链金融运作模式具有融资用途定向化特征。表现为在银行授予企业的融资额度下并借助于项目模式，使该企业的每次出账都对应确定的贸易背景，做到时间、交易对象、金额等信息相匹配。大宗商品供应链金融运作模式与传统融资模式相比，商业银行风险控制重心移至操作过程控制，如实物或资产质押、合同执行情况、核心企业运营情况等。在大宗商品供应链金融运作模式中银行融资的风险并不是借款人本身的信用等级，而是在贷款人对交易进行结构化设计以及融资的自偿性程度，因而非常适合中小微企业的特点。

大宗商品供应链金融中包含不同的角色，包括金融机构、第三方物流企业、担保公司与代偿主体、保险公司、核心企业与授信主体等。

大宗商品供应链金融的授信主体是缺乏资金的中小型企业，它环绕“一”家核心企业，通过未来货权融资与现货质押相结合，打通了从原料采购，制作成品，到通

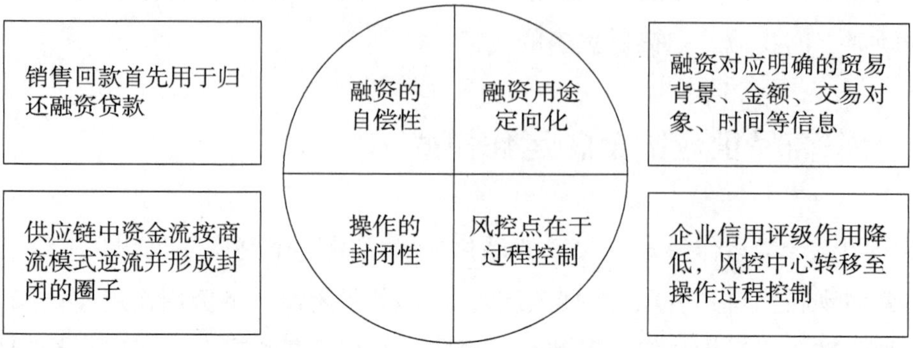

销售回款首先用于归还融资贷款	融资的自偿性	融资用途定向化	融资对应明确的贸易背景、金额、交易对象、时间等信息
供应链中资金流按商流模式逆流并形成封闭的圈子	操作的封闭性	风控点在于过程控制	企业信用评级作用降低，风控中心转移至操作过程控制

图7-5　大宗商品供应链金融运作模式

过销售把产品卖到消费者手中的连续过程，将供应商、制造商、分销商、零售商、消费者连接在一起，为这一过程上的数个企业提供全面融资服务，从而实现所有供应链成员的不断增值。供应链融资服务有别于以往的银行类融资，它就是抓住供应链上下端经营规范、资质以及信誉良好、有相对稳定的销售渠道和能够及时回款的大型优质企业进行有针对性的产品设计，很好地解决了中小微企业融资难的问题。

在供应链金融业务中有不同的授信方式，包括授信物流企业、授信买方、授信卖方、授信担保公司、授信交易平台等，银行为了有效规避放贷风险，针对不同的供应链上下游企业情况，可以灵活地采取一种或多种授信方式。授信买方是指根据贸易商与生产厂家合法、有效、真实的买卖合同关系，银行对实际需要资金的供应链下游企业进行授信，比如银行在基于订单的融资中为需要融资的贸易商提供资金以供其购买原材料。授信卖方是指在供应链上游的厂家对生产厂家承诺回购或提供担保的情况下，该生产厂家被银行授予一段时间内的授信额度，允许该厂家针对下游借款的买家的条件和需求进行信用贷款或分配信贷额度。这种授信方式常常针对生产厂家的信用评级比买家的信用评级高的情况。通过卖方授信，放贷风险由银行转移到生产厂家，合理有效地规避了银行直接对信用评级较低的下游买家放贷的风险。授信物流企业也称作物流授信，是指物流企业直接被银行授信，并针对其长期物流合作关系企业的不同情况，分配不同的信贷额度。通过这种方式，银行可以成功地缩短对企业融资的耗时、控制放贷风险。授信交易平台是指银行对于专业从事供应链金融的现货电子商务平台进行授信或信用贷款，该平台再进一步将信用额度或资金下放给有资金需求的企业。通过这种模式，电子商务平台在全国的会员仓库代为监管货物，并利用其业务的大范围辐射性，实现规模监管以及规模融资。这种授信方式较容易从商业银行取得信用额度或贷款，可以有效控制商业银行的放贷风险。授信担保公司，是指通过担保公司的担保，商业银行对中小微企业放贷，如果遇到中小微企业无法偿还贷款的情况时，一切资金由担保公司偿还。

针对供应链金融实际操作中的不同情况有不同的结算方式供灵活选择，目前银行承兑汇票、开证监管、银行流贷几种结算方式最为常见。银行承兑汇票是指承兑申请人保证在合同期限内支付相应金额给持票人或收款人的票据。该承兑汇票由存款人在承兑银行开立存款账户并出票，承兑申请人经过开户银行审查通过后同意承兑方能生效。银行承兑汇票的特点是期限一般小于半年，如果超过期限时承兑申请人仍未按合约付款，则由承兑申请人支付逾期罚息。承兑申请人多数情况下需要向银行支付一定数额的手续费，约为5%。开证监管是指通过向银行缴纳一定比例的保证金，进口商获得银行的信用证并凭借该凭证从国外出口商或生产商处购买货物，而其余部分的贷款则通过所进口货物的货权作为担保从银行借贷。在开证监管这种结算方式中，第三方物流企业受委托负责货物的承运、监管及保管作业。银行流贷是指银行流动贷款，即需要融资的企业或其上游企业直接获得银行的流动资金作为贷款。

第三方物流企业是中小微企业和金融行业的连接者，在中小微企业融资过程中，能够有效地缓解风险控制难和信息不对称等问题，其在大宗商品供应链金融业务中的作用主要体现在如下几点：首先，在贷款前筛选信息。金融机构在向中小微企业提供融资服务前，需要分析与研究中小微企业的购销情况、结算方式、库存数量、经营状况等基本信息。且由于中小微企业财务信息透明度低并且生产经营规模小，导致金融机构的风险识别和信息筛选方面的成本较高，进一步导致金融机构对中小微企业存在较为严重的惜贷心理。由于中小微企业常年采用第三方物流企业为其提供仓储管理、运输配送等服务，第三方物流企业能够透彻掌握中小微企业的销售情况、平均进货周期、结款信誉度、库存商品的动态变化等金融机构贷前分析所需的主要信息。因此，金融机构通过与中小微企业常年合作的第三方物流企业进行信息筛选，大幅度地降低了金融机构的筛选成本，提高了其对中小微企业的贷款意愿和运行效率。其次，评估和监管质押物。越来越多地参与中小微企业供应链管理的第三方物流企业，掌握中小微企业的销售数量和商品价格、规格、库存数量、到货数量等信息，因此由其为金融机构提供质押物的评价信息，将会使金融机构的信贷风险和交易成本大大降低。再次，对提货的严格管理。目前，密码提货制度被大宗商品电子商务平台广泛地应用于开展融资业务。密码提货指的是银行或放贷方要求提货者存入足够的保证金后方能开具提货单，且随着提货单产生一组随机数字作为提货密码，该密码仅提货者知晓，对于提货管理中的风险控制水平起到明显提升作用。最后，处置违约货物。在货主违约的前提下，第三方物流企业接收到银行处置其质押在第三方物流企业货物的指令，使其有权在市场上进行回购或拍卖，以尽快回笼资金。以上供应链金融业务的有效实现需要第三方物流企业有较为先进的支持多客户、各种物资、多银行、多仓库的统一管理系统。管理系统有以下几个功能：一是通过质押融资的客户登录系统直接与发货方查看货物保存状况并对额度进行限制的权限；二是对仓库质押物进行远程实时视频监控；三是支持仓库通过远程视频监控实时掌握仓库质押物的功能；四是银行的在线开具提货单、银行在线授信、在线放贷的功能等。

融资性担保是担保公司在供应链金融业务中扮演的最基本角色，指的是根据银行的要求审核借款人的相关资质证明，银行业金融机构与担保公司等债权人约定银行对完成审核的资料进行复核后方能放款，且担保公司收取被担保人一定的服务费用。贷款保证保险被许多保险公司在实际供应链金融业务中作为替代融资性担保的解决方案而创新性地引进到供应链金融业务中。贷款保证保险的保险责任是：由于该投保企业经营与生产不当而造成企业倒闭或宣布破产的，保险公司负责替投保企业偿还所欠银行贷款的本息，且自此之后保险公司对企业贷款本身享有债权。在工商行政管理部门依法登记的具有法人资格的个体工商户及企业，在向金融机构申请贷款时需要按照条款规定将企业的流动资产、固定资产购买企业财产保险。根据被保险人所取得的银行贷款的金额，银行贷款保证保险的保险金被划分为不同标准，且期间如果换据或贷款转期则需另办投保手续。投保企业需向保险公司按月提供财务报表、企业计划等基本信息，并一次性付清所有保险费，同时在贷款资金的运用和投向方面接受保险公司的检查和监督。当出现变更贷款用途时，需经过银行允许，并书面告知保险公司进行手续的批改。当投保企业倒闭或被法院、主管部门宣布破产时，投保企业可向保险公司申请赔偿，同时应提供相关报表、账册、单证等文件，经保险公司核查后将贷款本息赔偿给银行，该金额一般情况下不超过保险金额。代偿是指被担保人未按合同约定履行义务，由担保人代其履行义务的一种行为。担保人代偿后取得对被担保人的求偿权，取得对相应反担保抵质押物的处置权，这也称为代偿赔付。担保代偿一般分两个步骤，第一步是确认贷款银行索赔的有效性。确认索赔的有效性是实施担保赔付的前提。第二步是实施代偿。在大宗商品物流供应链金融中，保险公司最常见的角色是货物由供应地向接收地的物流过程中，为货主提供财产一切险。银行通过与保险公司合作的模式，将供应链金融中财产灭失的不确定风险转化为固定财务支出，并将风险转嫁给投保人。大宗商品物流供应链金融融资模式以大型优质核心企业作为基准创建“1 + N”或者“M + 1 + N”的金融服务模式，关注交易过程，整合物流、商流、信息流和资金流。跨行业提供金融服务、下沉服务。其特点就是在供应链中围绕并以大型优质核心企业作为出发点，为整体供应链给予金融支持。

7.8 我国供应链金融的服务创新

7.8.1 我国供应链金融的服务创新现状

表7－1为我国供应链金融发展的现状描述。表中详细列举了供应链金融产品及其服务。

表7－1 国内部分商业银行供应链金融产品及服务概览

商业银行名称	产品名称	产品特色	适用对象	最高授信额度	最长授信期限
中国工商银行	电子供应链（订单融资、保理与发票融资、商品融资、预付款融资）	融资业务流程电子化；客户自助操作为主；实现跨区域融资服务	核心企业、信用支撑下的上下游客户	3000万元	1年
中国建设银行	供应贷	应收账款作质押的贷款业务	建行标准的小型和微型企业	单户最高1000万元，且不超过企业上一年度销售收入的30%	单笔或多笔质押贷款最长9个月；资产池质押贷款最长12个月
交通银行	蕴通财富（商品融资、应收账款池融资、国内保理、保兑仓和厂商银）	全程电子化，审批效率高；网银自助申请，成本低；产品丰富、细致化	相关核心企业及上下游企业	2000万元	1年
招商银行	集群贷	批量化融资、跨区域服务	特定产业链和集群模式客户群体	—	—

续 表

商业银行名称	产品名称	产品特色	适用对象	最高授信额度	最长授信期限
中国民生银行	核心企业担保贷款、经销商信用贷款、供应商信用贷款、应收账款池质押贷款	大型零售商或特大型企业提供法人担保；借款人基本条件严格	大型品牌企业生产资料供应商；稳定分销渠道的品牌代理商和经销商集群。与大型企业合作超过一年以上	500 万元	少于 2 年
平安银行	线上供应链金融、批量贷	客户批量开发；多种担保方式，灵活组合；简化资料	商圈类客户群、产业链类客户群、各类行业协会/商会类客户群	1500 万元	1 年
浦发银行	供应链融资	供应链融资电子化；担保方式范围广泛；程序简便；供应链融资电子化	通畅的经销渠道、企业资质良好的成长型企业	—	—
兴业银行	融通供应链（应收类、存货类、预付类）	产品丰富，分解细致；产品标准化与非标准化相结合	稳定合作关系的买卖双方、上下游企业为大型企业	—	1 年

在经济全球化的背景下，生产分工模式越趋细化，使得企业生产经营模式由过去的企业内部的产供销一条龙模式转化为当今企业之间的产供销模式，从而形成了一条条清晰的产业链。供应链上供应商、制造商、销售商之间赢利模式和生产模式的差异化，使得各个企业对现金流的需求各不相同，导致了供应链上资金流的循环差异。由此出现了供应链上的资金链断裂情况，严重影响了企业的正常运转。

基于以上情况，为解决供应链上企业的资金需求，2006 年 6 月，深圳发展银行首次提出供应链金融的概念，为供应链上资金需求提供了新的融资渠道，同时也为商业银行中小微企业金融服务发展提供了方向。中小微企业金融是我国金融领域还未真正开发的一个领域，同时，我国各大商业银行都面临市场激烈竞争带来的转型问题，因此，商业银行都想借助中小微企业金融服务争夺更多的市场份额来助推银行的成功转型。

近几年，各个商业银行也都针对中小微企业市场纷纷推出了各种特色产品服务，在中小微企业金融服务上展开了激烈的竞争。其中，供应链金融就是商业银行推出的解决中小微企业融资难问题的特色产品，其不仅成为解决我国众多中小微企业融资难问题的方式之一，同时也是我国商业银行适应转型发展的一次重要机遇。

发展至今，供应链金融服务在国内很多行业都有过成功的实施案例，供应链金融产品也纷繁推出，其实施与发展主要表现在三个方面。

7.8.1.1 产品丰富，利于满足企业个性化需求

随着供应链金融在我国的起步与发展，各商业银行根据供应链及各行业特点，量身设计了多种供应链金融服务产品。从表 7－1 中可以看出，我国的中国工商银行、中国建设银行、交通银行、招商银行、中国民生银行、平安银行、浦发银行、兴业银行都重点推出了适合本行和供应链客户的多种特色供应链产品。其中，交通银行根据供应链上资金流动难点设计了四种相应的供应链金融产品：商品融资服务——有助于企业盘活库存、应收账款池融资服务——加速供应链资金周转、国内保理服务——提前回笼货款、保兑仓和厂商银——快速实现预付款融资；中国民生银行根据供应链主要参与主体供应商、核心企业和经销商三方，推出了仅适合供应商的应收账款池抵押贷款服务、供应商信用贷款服务，适合供应商、核心企业和销售商的核心企业担保贷款服务，以及仅适合经销商的销售商贷款服务，这三者相互分开与捆绑两种方式的供应链金融服务，为供应链上融资企业带来了便利，简化了产品内涵与程序；而最突出的是兴业银行能准确分析供应链交易环节的特点，以供应链上存在的应收账款、存货和预付账款三类动产抵押资产为划分点，推出了包括应收款类（国内保理、应收账款质押授信、国内信保项下应收账款、质押授信、应收租赁款质押授信等）、存货类（动产质押授信、进口控货开证）以及预付类（保兑仓、厂仓银、厂厂银、国内买方信贷、卖方担保买方融资）一系列相对完善的产品体系，从而能灵活应对企业的个性化需求。

7.8.1.2 流程越趋简化，走电子化道路

随着网络银行与信息技术的发展，电子化银行是降低银行高经营成本，为客户提供便捷、高效服务的有效途径。针对中小微企业融资额度小、资金急、频率高等特点，商业银行的中小微企业融资服务也转向电子平台业务道路，为中小微企业融资提供流程简便、在线自助申请服务，有利于中小微企业能及时申请到贷款资金，为供应链金融服务的跨区域发展提供平台。供应链金融服务电子平台至今发展最好的属中国工商银行和平安银行。中国工商银行的供应链金融服务中，企业客户可以进行线上自助申请贷款服务。平安银行线上供应链金融服务，只需要客户开通企业网银和线上供应链金融服务模块，就可以线上申请融资贷款。企业线上申请供应链金融服务，商业银行一般会在几天之内审核并与客户进行沟通和交流，相对传统贷款业务，大大缩短了业务所需时间，给中小微企业争得时间上的效益。

7.8.1.3 效果显现，但实施范围有限

供应链金融服务在最近几年发展势头确实比较乐观，并取得了一定的效果。平安银行、中国民生银行和中信银行等多家银行都重视供应链金融的发展，并纷纷推出了很多具有中小微企业特色的供应链金融产品，甚至京东商城、阿里巴巴、苏宁易购等电商也纷纷成立小贷公司来帮助其上下游客户进行供应链融资，同时腾讯也发表声明将申请银行牌照拟建供应链金融平台。如平安银行从 2012 年 2 月—2013 年 11 月，与美的、华为、宝钢、宝马在内的逾 200 家大公司以及围绕它们开展生意的供应商、分销商、零售商进行供应链融资合作，仅在其线上供应链金融 2.0 平台就办理了超过 9 万笔的出账，以及超过 33 万笔的还款赎货业务。截至 2013 年第三季度，供应链金融综合服务平台为平安银行贡献新增客户 6296 户，新增日均存款 664 亿元、新增日均贷款 20 亿元，实现非利息净收入 4.46 亿元、总收入 26 亿元。时至今日，供应链金融成为了平安银行公司业务板块的核心利润来源。但是供应链金融产品的应用却很有限。商业银行基于风险的考虑，设置了严格的企业融资条件，导致供应链金融服务的实施范围存在很大限制。银行供应链金融产品，仅限于给国内外知名品牌、信誉良好、资金雄厚的核心企业及其上下游实力较雄厚的供应商和销售商提供部分融资服务。如民生银行供应链金融产品借款人的融资条件明确规定为从业经验 5 年以上，企业成立时间 3 年以上，个人家庭与企业总净资产不低于 100 万元，且企业与核心企业具有超过 1 年以上的稳定供应关系，生产经营情况良好，具有稳定的商业模式和收入来源。2012 年，《首席财务官》杂志在我国启动的“2012 年供应链金融现状与需求”的大型调查数据显示，国内供应链金融仍旧处于“以资取人”的传统信贷发展阶段。供应链金融服务较适合于资产密度较高的制造业和汽车及零部件行业，供应链中扮演重要角色的零售商场、超市和物流行业，以及重资产密集度的钢铁、化工和石油行业。由数据可见，我国供应链金融的实施仅限少数几个行业，其服务在我国并没有得到很大的推广，虽然中小微企业融资需求非常大，但是银行在设计供应链金融产品时表现谨慎。因此，供应链金融虽然理论上证明是非常具有创新意义的一款金融产品服务，但在实施过程中却显得不够完善，商业银行和企业仍需不断摸索前进。

7.8.2 我国供应链金融的服务创新存在的不足

供应链金融这种创新服务虽然在我国银行间得到了推广和重视，但作为一个全新的授信服务模式，不免遇到诸多问题，需要逐步解决。通过前文供应链金融服务创新的现状分析可知，供应链金融在实际发展中主要存在着五个方面的不足。

7.8.2.1 供应链金融对核心企业过度依赖

银行供应链金融这种创新服务在实际应用时，基于中小微企业资金实力小、经营稳定性差等风险因素控制的考虑，首要任务是寻找符合银行条件的核心企业来对中下游企业授信进行反担保。由前文作为核心企业的条件可知，在现实供应链中，中小微企业合作的伙伴中能满足银行核心企业条件的并不多，特别在我国，中小微企业占全国企业总数的80%以上，相对而言，满足银行条件的核心企业就非常少了。仅就湖南省衡阳市来说，能够满足银行核心企业条件的企业仅仅几家而已，而全衡阳市中小微企业则有2万多家。因此，从规模上来说，核心企业相对较少，但又必须是以核心企业的存在为前提条件，这就导致了供应链金融的应用与发展受到很大限制，致使中小微企业通过供应链金融这种创新服务渠道获得融资的规模并不大。

7.8.2.2 欠成熟的供应链管理限制了供应链金融的推广

供应链管理虽是企业管理的重要方向，但我国供应链管理的应用才刚刚起步，现只有少数企业有意识地参与到供应链管理中来，大多数企业对供应链管理意识比较淡薄，即使参与了供应链管理也缺乏对供应链全局战略的考虑，因此，我国供应链管理暂未在企业中真正实施开来，企业成员之间关系松散，核心企业也没有较好的手段对上下游合作企业进行制度化管理，从而在供应链金融服务融资中，上下游合作企业和核心企业之间并没有明确的战略规划和明显的黏性，导致核心企业对上下游合作企业融资进行反担保的积极性不高，而上下游企业的潜在违约风险也相对大大提高，最终使银行可以选择的供应链极其有限。发展至今，我国商业银行供应链金融服务也仅限于汽车、家电、医药、钢铁等几个行业。因此，供应链管理发展的不成熟，极大地限制了供应链金融服务的发展，导致供应链金融服务的发展远未成气候。

7.8.2.3 风险控制体系不完善

作为信用捆绑的供应链金融服务，在我国仍旧是一项处于探索与发展过程中的新兴业务，在推广该金融服务时，大多数银行暂没有标准的规范和流程，没有专业的操作平台和运营机构以及债项评级体系，也没有针对融资企业、核心企业和第三方物流企业的严格的管理办法，银行暂时也仅是将供应链金融作为推广业务的一种新方式，因此，风险控制体系非常不完善，潜在的风险比较大。从参与主体看，供应链金融风险主要来自核心企业的道德风险、银行内部的操作风险、物流企业的仓单质押风险、信息传递风险和供应链金融聚集的风险。核心企业的道德风险主要体现在供应链融资中核心企业占据着谈判的优势地位，并倚仗自己规模大、实力强的背景，故意在货物价格、账期等方面做出有利于自己的行为，从而进一步挤占中小微企业资金，并提高供应链不稳定风险。对于来自银行的内部操作风险，主要是银行内部员工的操作失误及因受贿而不公正评估抵押物带来的操作风险和质押物价值变动引发的抵押风险。而物流企业仓单质押所带来的风险更加复杂，主要表现在：①客户的业务能力、质押货物来源的合法性，质押物在提货滚动时以次充好等带来的客户资信风险；②仓单作为质押贷款和提货的有价凭证，仓单不规范、不统一而引发的仓单风险；③由物流企业与银行之间信息不对称引发的物品监管风险。针对信息传递风险，日趋复杂的供应链上下游企业之间信息传递延误和资金链断裂会给商业银行带来决策及聚集风险。

7.8.2.4 信息技术支持相对薄弱

供应链管理和银行供应链金融服务平台都需要电子信息网络技术的大力支持。我国在这两方面的信息技术支持都相对薄弱。一方面，供应链管理所依赖的供应链管理数据库基本还没有建立起来，供应链上产、供、销等数据没有得到共享，导致供应链上信息不准确和业务衔接不流畅现象严重，从而在供应链金融层面上，银行和企业之间容易造成信息不对称，引发信用风险，同时也增加了银行的信息收集成本和难度。另一方面，银行供应链金融服务电子平台还没有建立起来，供应链金融服务中的文件传递、出账、赎货等流程仍需要人工进行确认，这不仅严重影响了银行的融资效率，也增加了银行的操作风险。目前，除了平安银行建立了比较全面的电子平台可以进行网上申请供应链融资外，其他银行普遍进行后台人工操作。这显示了我国供应链金融技术含量偏低，亟须加大信息技术的支持力度。

7.8.2.5 第三方物流企业服务能力未能跟上供应链金融的发展脚步

银行质押产品的转移、估价与监管是供应链金融服务的要点之一。但根据我国第三方物流企业的发展现状可知，当前第三方物流企业品牌意识不强、科技含量不高、人才投入较少，使得物流企业在物品价值评估、物品监管等方面还不具备为银行进行物品监管的综合服务能力。首先，第三方物流企业还没有形成一体化物流服务，当前主营业务仍旧是仓储和运输等服务，在物流管理技术上也没有跟上现代物流信息发展的脚步，从而没有能力从客户角度出发进行专业策划，为客户提供专业化和个性化的增值服务；其次，第三方物流企业作为银行的代理监管方，暂时还没有与金融机构和货主建立系统的业务、信用和资信体系，在客户管理与维护方面，还没有规范具体的制度，且品牌意识不够强烈，导致金融机构在选择信任的物流企业时存在很大难处，选择余地也非常小；再次，第三方物流企业在人才投入方面比较少，员工普遍存在教育程度低、岗位培训时间少等特点，导致员工的业务能力受限、操作风险和道德风险增加，这些都影响着物流金融的发展；最后，物流金融是建立在信息化物流平台之上的，客户信息、产品和市场的动态管理和质押物的有效监管都必须依靠信息化平台来实现，而当前物流企业在信息技术投入上还远远不够。

7.8.3 我国供应链金融的服务创新发展模式

供应链上企业形成的经营现金流资金缺口是供应链金融这种金融服务创新的前提条件。供应链中，核心企业凭借资金雄厚的实力以及自身在供应链中的影响力，经营中现金流量管理相对较为容易，资金短缺问题也较容易解决。而上下游中小微企业由于资金实力不强和融资难等问题，导致经营中要求具有较高的现金流动性，从而经常引起现金流缺口现象严重。

从供应链上的交易分析，由于上下游企业与核心企业的运营周期不同，导致供应链上现金流缺口主要体现在以下三点：一是上游供应商与核心企业之间的原材料交易，核心企业没有及时支付供应商相应货款形成的应收账款引发的现金流缺口；二是供应链上企业自身原材料和半成品或产成品等存货积压形成的资金没有及时回笼的资金缺口；三是下游经销商因承接核心企业产品销售需向核心企业预付一部分货款形成的资金需求缺口。供应链上的资金缺口，往往会影响供应链上的资产利用率和整体运营效率，因此，为提高供应链的整体效率和竞争力，解决上下游中小微企业融资难问题，供应链金融应运而生了。供应链金融的创新之处主要有两方面：一方面是供应链金融中的质押物是经营中可以流通的原材料、产品、订单合同等作为质押动产，摆脱了传统信贷中的不动产抵押模式，并以质押物的真实交易为基础，进行信贷，有利于控制资金的泛滥使用；另一方面是供应链金融以资信较好的核心企业作为反担保人，以整条供应链的运行情况作为参考，大大降低了上下游中小微企业的信贷违约风险。基于供应链上资金缺口形成原因将供应链金融服务创新模式分为了三大类：应收账款模式、保兑仓模式和融通仓模式。

7.8.3.1 应收账款模式

应收账款模式是指企业将自己持有的应收账款动产质押给银行，并取得银行融资的行为，其信贷金额一般为应收账款总金额的50%～60%，期限一般由应收账款的账龄来确定，最长不超过一年。因此，供应链金融中的应收账款模式是指上游供应商为获得融通资金，将企业持有的向下游核心企业销售原材料所形成的未到期的应收账款作为质押动产，在核心企业进行反担保的前提下，取得银行一定额度信贷资金的融资业务。因此，该模式的参与主体是上游供应商、核心企业和融资机构（银行）。该模式中，上游供应商、核心企业和银行签订三方融资协议，以核心企业应付给上游供应商的应收账款作为银行信贷的第一还款来源，而核心企业作为反担保人，在上游供应商出现信贷违约时作为信贷还款的追索方，承担银行还款责任。一般情况下，上游供应商为了能与下游核心企业建立长期的合作关系，增强自己的资信能力，供应商不会轻易违约。应收账款模式具体流程如下：①买卖双方签订购销合同，发生购货交易；②核心企业延期付款，向上游供货商发出应收账款单据，建立债权债务关系；③上游供应商向银行申请应收账款质押融资，银行核定额度；④核心企业向银行承诺给予上游供应商应收账款融资担保；⑤上游供应商向银行提交商务合同、发票等单据办理应收账款质押手续；⑥银行审核后向上游供应商发放贷款；⑦应收账款到期，核心企业支付货款，直接用于偿还上游供应商在该银行的融资；⑧该银行扣除上游供应商的融资本息后将余款转入上游供应商的银行账户。对上游供应商来说，应收账款模式可以利用与核心企业的真实交易和核心企业的信用担保快速获得融资便利，而不用提供传统融资模式下的不动产作为贷款抵押，有利于上游企业盘活应收账款，同时，也可以缓解核心企业因赊销造成的资金压力。

7.8.3.2 保兑仓模式

保兑仓模式是指卖方（上游生产商企业）、买方（分销商）、银行和仓储方（企业）四方合作，以银行信用作为载体，以银行承兑汇票作为结算方式，由银行控制提货权，买方支付一定比例的承兑保证金，卖方或仓储方受托保管货物并承担回购担保责任，由银行向卖方（上游生产商企业）和买方（分销商）提供的一种金融服务。供应链金融中的保兑仓模式是基于下游分销商在进购产品时对上游生产商形成的预付账款资金缺口而产生的以产品作为动产质押向银行进行融资的方式。该模式参与主体为下游分销商、上游生产商、融资机构（银行）和仓储方。此模式中参与主体四方签订合作协议，银行根据预付款对下游分销商进行融资，并直接支付给生产商，上游生产商或仓储方负责监管货物，通过下游分销商缴纳的保证金来逐步释放提货权；下游分销商销售产品获得的销售收入作为还款和缴纳保证金的来源，上游生产商作为回购担保人，在产品销售不力、分销商无力按期还款的情况下，上游生产商负责回购剩余质押产品，仓储方根据银行要求监管并依据提货单释放货物。保兑仓模式具体流程如下：①因预付款资金短缺，下游分销商向银行申请贷款；②银行与上游生产商签订担保回购协议，承诺若下游分销商无力偿还贷款，上游生产商则回购剩余未出售商品；③银行与仓储方签订仓储监管服务协议，仓储方替银行监管下游分销商向上游生产商订购的产品；④经银行审核，发放贷款，并将款项直接支付给上游生产商；⑤上游生产商收到货款，即向仓储方发货，并取得仓单；⑥上游生产商将取得的仓单质押给银行，并取得银行承兑汇票；⑦银行收到仓单，即通知仓储方，释放提货权；⑧分销商向仓储方提取货物；⑨分销商将销售货物所得收入作为还款来源，继续缴纳保证金取得提货资格，超出保证金部分作为贷款还款；⑩上游生产商将未销售出去的质押货物执行回购。保兑仓模式，对分销商来说，利用与生产商之间业务的真实交易向银行进行融资，不仅解决了全额购货的资金困难，也可以增加订货量，实现杠杆采购，获得生产商给予的优惠，降低销售成本，同时可以通过季节销售差异，淡季低价进货，旺季高价销货，提高经销商销售利润；对于上游生产商来说，保兑仓融资有利于企业减少应收账款的占用，提高企业的资金使用效率，同时也促进企业解决销售渠道问题，扩大市场份额，提高利润率。

7.8.3.3 融通仓模式

融通仓是集成物流与金融的创新服务，“融”即金融，“通”即物资流通，“仓”即物流仓储，融、通、仓三者合一，统一管理，即融通仓是在银行与融资企业之间的动产质押中引入第三方物流企业，将质押物资存入物流企业，物流企业为银行提供监管、价值评估和信息担保等服务，银行再根据质押动产的评估价值、供应链状况等向融资企业提供授信。融通仓利用物流来拉动资金流，大大提高了融资企业的资金使用效率和存货周转率。因此，融通仓融资成为了中小微企业解决资金困境的又一新办法。融通仓模式，与传统的动产质押模式不同，该模式是中小微企业、银行和银行指定的第三方仓储企业签订三方协议，中小微企业将银行认可的动产作为质押，来取得银行的授信，而银行则委托仓储企业对质押产品进行有效监管的一种融资服务。由此，融通仓模式参与方主要是中小微企业、金融机构（银行）和第三方物流企业。第三方物流企业实现了银行的动产质押转移，构架起了中小微企业和银行之间的融通资金的新桥梁，同时，第三方物流企业为银行和中小微企业提供的仓储业务、货物监管、物价评估和信息担保等服务，也开创了物流企业增值服务新空间。当然，银行有时为了降低授信风险，还会与中小微企业的上游或下游核心企业签订质押物回购协议。融通仓模式具体流程如下：①融资企业根据质押人与银行签订的质押贷款合同及三方仓储协议，将采购的原材料或待销产品存入第三方物流企业设立的融通仓；②融通仓设立后，融资企业向银行申请贷款；③第三方物流企业对融资企业质押的存货进行货物验收、价值评估及监管；④第三方物流企业向银行出示货物验收、价值评估结果的证明文件；⑤银行根据融资企业资信及融通仓货物证明文件确定贷款额度，并发放贷款；⑥融资企业销售货物获得资金分批偿还贷款，在银行允许的情况下也可以将新采购的货物替换原来质押的货物；⑦银行收到部分货款，即通知第三方物流企业发货；⑧融资企业可以到融通仓提货销售；⑨银行为了控制融资企业信用风险，也可能会与融资企业的上游或下游核心企业签订质押物回购协议。融通仓模式，有利于盘活企业存货，解决资金占压问题，特别是从事大宗原材料、基础产品等商品的生产或销售，库存较多往往资金占压额比较大。同时，依据融通仓的中小微企业信用担保体系，相对应收账款和保兑仓来说，其业务更加灵活，有利于融资企业与金融机构的合作。

7. 8. 4　供应链金融的服务创新效用分析

7. 8. 4. 1　商业银行角度

不仅是我国银行，欧美国家和地区在 20 世纪也没有重视过中小微企业的金融服务，同样认为中小微企业客户金融服务承受的风险高、管理成本大，但又不会带来可观的收益，因此，大型银行一直忽视中小微企业金融服务领域。然而，在 20 世纪末，美国的国富银行却打破了大型银行歧视中小微企业的传统观念，认为服务中小微企业，并针对中小微企业需求管理好各类风险和成本才是今后银行保持竞争力所在。1995 年，国富银行开创了全美小微企业贷款先河，通过对同种产品的批量式处理和集中工厂化管理模式来控制信贷风险、降低成本，并通过细分客户和分层营销的方式为中小微企业客户量身定做了多种金融信贷方案，以及简单的申请程序和风险评估卡，以此来便利中小微企业获得贷款，降低了客户的逆向选择率和坏账损失率。后来，事实证明，虽然中小微企业业务的收益率比个人贷款高，但不良贷款率却比个人贷款低。国富银行的实践告诉我们，创新发展中小微企业金融服务、调整客户结构是我国商业银行转型过程中突破行业激烈竞争的必然选择。

1. 优化商业银行业务结构，对积极推进供应链金融服务在改进商业银行业务结构方面具有重大意义

商业银行传统模式下的信贷业务结构主要存在信贷客户量少，单个客户信贷额度大等特点，导致银行在开展公司业务时受到诸多限制，中间业务、表外业务面临发展瓶颈。但通过供应链金融，银行与供应链上的各个企业进行了合作，不同企业的金融服务需求会增加企业与银行之间各种中间业务和表外业务的往来，扩展了银行的业务范围，优化了银行业务结构。物流企业与银行的合作，也促进了银行新业务的开发。

2. 改善商业银行盈利能力

供应链金融作为中小微企业金融服务之一，也是商业银行新的盈利方向。“稳步推进利率市场化改革”是我国“十二五”规划纲要中明确指出的。随着利率市场化改革进程的持续进行，对以存贷差为主要盈利模式的商业银行来说，存贷差的

不断压缩必然会引起银行盈利能力的大幅下降。同时，在《金融业发展和改革“十二五”规划》中又明确提出“十二五”目标是直接融资占社会总融资比例要达到15%。显然政策的支持拓宽了大中型企业的直接融资渠道，银行贷款规模则必然会受到一定的影响。对于银行传统模式下的大客户信贷结构，在金融资源定价权方面，银行相对处于弱势地位，大客户的信贷必然收窄了银行的净利差，从而银行的盈利能力会遭遇下降的趋势。而对于中小微企业来说，基于直接融资的经营规模和财务状况等硬性要求，直接融资渠道显然力不从心，因此，间接融资渠道仍然会是中小微企业的主要融资方式。一般情况下，这些企业的主要融资渠道有企业自筹款、商业银行贷款和民间借贷三种方式。企业自筹款受限于自身资金实力，很难循环反复；而民间借贷，基于资金的短缺，民间借贷成本一路高涨，有时甚至会高于企业的经营利润，企业无法长期承受。所以，商业银行贷款仍旧是中小微企业所期盼的主要融资渠道。但对于银行来说，单个的中小微企业信贷，仍然需要承受较大的风险，因此供应链金融的产生，为银行解决了这个层面的担忧。供应链金融产品的授信对象基本上是核心企业上下游的中小微企业，而银行在中小微企业信贷方面，具有很强的定价权，能够实现定量风险下的高收益。因此，商业银行的中小微企业金融服务，不仅能给银行带来信贷业务上的新的利润增长点，还能够从企业结算、企业投资、企业理财以及财务顾问等其他企业金融服务需求中获得额外收益。

3. 拓宽银企客户群

供应链金融服务，不仅是一款新的信贷业务产品，更重要的是它是基于银行与企业之间、企业与企业之间的长期战略合作伙伴关系而设立的。对于银行来说，供应链金融服务的实施，其实是一种客户绑定。一方面，供应链金融服务的开展，巩固了银行与核心企业的深度合作关系，并增加了供应链上核心企业以外的中小微企业客户群；另一方面，供应链上的中小微企业的金融服务在一定程度上离不开该银行，企业为了便利性，则会增加与银行的资金往来和其他金融服务。因此，供应链金融是一款综合性的金融服务，能够使银行在拓宽客户的同时带来多方面利润。另外，供应链金融产品上的物流企业参与方也将是银行的客户源之一。

7.8.4.2 核心企业角度

核心企业资信能力强，抵押品充足，融资难度并不大。核心企业在供应链金融中并没有直接受益，但是为何核心企业愿意为上下游中小微企业进行反担保呢？原因是随着市场环境竞争的日趋激烈，当今企业之间的竞争已经不再是企业与企业之间的单打独斗，而是企业集群的竞争、供应链与供应链之间的竞争了。企业为了更好地持续发展，企业之间的战略联盟现象凸显。核心企业作为供应链上的枢纽点，要使自己在市场竞争中立于不败之地，必须加强供应链上上下游企业的深度合作，最大化供应链上的利润、最小化供应链上的总成本。供应链上游供应商是核心企业的原料提供商，核心企业为了降低财务成本，往往会选择延期支付的形式来对中小微企业进行利润压榨，但长期持续的延期支付容易导致供应商资金短缺，影响原材料的如期供应，从而影响核心企业的生产效率和进度。而供应链下游核心企业产品销售的销售商，产品销售的顺畅与否直接影响了产成品存货成本的高低和资金回笼速度。因此，供应链金融不仅给供应链企业注入了资金活力，转移了自己的资金压力，而且没有增加企业自身的财务成本，减少了核心企业与供应商的矛盾，为销售商拓宽分销渠道提供了资金支持，加速了核心企业资金回笼，提高了核心企业的生产经营效率。总之，供应商和销售商是核心企业的左膀右臂，只有左膀右臂的效率提高了，作为枢纽点的核心企业才会强大起来。

7.8.4.3 上下游中小微企业角度

供应链上下游中小微企业是供应链金融服务的直接受益者。资金是维系企业正常运转的血液，充足的资金是企业健康发展、创造效益的前提条件。而融资则是企业创立和发展的起点，任何企业的发展，都离不开融资活动。对于缺乏抵押担保物，无法获得融资保证的中小微企业来说，融资难题已成为企业发展最致命的硬伤。近两年，在温州市、广州市等地，企业倒闭、员工失业、银行损失以及暴力讨债等现象频繁上演，民间高息借贷险象环生，中小微企业资金链断裂，严重影响了我国实体经济的持续发展和社会秩序的稳定。近几年该问题已经受到国家的高度重视，比如，2011 年银监会发布了《关于支持商业银行进一步改进小型微型企业金融服务的补充通知》，鼓励商业银行为中小微企业提供特色的金融服务。供应链金融作为商业银行响应国家政策和顺应银行未来发展趋势的一种金融创新服务，为中小微企业融资提供了一条有利途径。供应链金融对于中小微企业来说，有三方面的益处：一是依托资信能力强的核心企业，以与核心企业之间的真实交易作为质押物，提升了银行信贷融资能力，且融资额度也得到相应提高；二是批量式融资申请，不仅降低银行的管理成本，同时，银行也会在融资成本上给予企业一定的优惠；三是捆绑式的融资模式，有利于中小微企业与核心企业建立长期的合作伙伴关系，促进企业之间长久、深度合作。因此，供应链金融对于上下游的中小微企业来说是有益而无害的。

7.8.4.4 物流企业角度

供应链金融给物流企业带来了增值服务。物流企业的传统业务主要是运输和仓储管理业务，发展至今，很少有各种增值服务。然而基于物流企业具有专业的监管技能和便利的实地监管条件，使物流企业成为了供应链金融的参与主体之一，对商业银行与中小融资企业之间的金融服务起到了纽带与监督的作用。物流企业在供应链金融中为商业银行提供商品监管储存、货物运输和质押物评估等多项增值服务，丰富了物流企业的服务业务品种，拓宽了物流企业的客户群，为物流企业创造了新的发展空间，增强了供应链上物流企业的市场竞争力。另外，与商业银行的深度合作，便于物流企业的信贷融资。

7.9 2016年中国供应链金融大事记

2016年被称为金融改革元年，回望这一年，中国在金融业的转型更为深入，无论是在规范化发展，还是在技术、体制创新等方面，都取得了长足的进步。而随着大数据、云计算、人工智能、区块链等一系列技术创新的发展，供应链金融的发展呈现出巨头涌现、全面开花的景象。

7.9.1 国家多项鼓励供应链金融政策出台

在中小微企业融资难、融资贵的大背景下，作为一种创新的融资模式，供应链金融越来越得到国家的高度重视。除了金融方面的政策大力支持供应链金融发展，国家宏观政策中亦有提及。在政策的暖风下，供应链金融得到突飞猛进的发展，并呈现出百花齐放的局面。

2016年2月16日，中国人民银行、国家发展和改革委员会、工业和信息化部等八部委联合发布《关于金融支持工业稳增长调结构增效益的若干意见》，专门提及“大力发展应收账款融资”以及帮助中小微企业供应商融资等内容。

2016年8月，农业部、中国农业银行为了加速我国农村产业发展，联合印发《关于金融支持农村一、二、三产业融合发展试点示范项目的通知》，该通知涉及供应链金融、物流金融等相关内容。

2016年11月17日，商务部等10部门联合发布的《国内贸易流通“十三五”发展规划》就有专门章节提及“鼓励流通企业采用投资基金、动产质押等多种方式融资”。

7.9.2 消费供应链金融迅猛发展

通过电商领域的供应链金融拓展，个人信贷业务这一传统银行难以全面惠及的领域，能够借助供应链金融体系建立专业化的个人消费金融系统，更好地服务于居民个体。

京白条：2016年3月27日，京东金融发布了消费金融品牌战略，宣布其消费金融业务将围绕着“白条”品牌进一步走出京东，其独立域名baitiao.com官网正式启用。

蚂蚁花呗：2016年8月4日，蚂蚁花呗消费信贷资产支持证券项目在上海证券交易所挂牌，这也是上交所首单互联网消费金融ABS（Asset - Backed Security，资产抵押债券）。

7.9.3 物流企业加速布局供应链金融体系

物流基础设施服务商通过线下的物流设施对货物直接或间接地进行掌控，在切入供应链金融特别是以存货融资为基础的业务方面占据天然的优势。这些物流技术设施服务商推出供应链金融业务既可提供高质量、高附加值的物流服务，又可增强主营业务的黏性。

菜鸟：2016年9月18日，阿里旗下的菜鸟网络宣布联合蚂蚁金服旗下的网商银行正式上线供应链金融产品，单笔最高可贷3000万元，从申请到放款仅需3秒钟。

普洛斯：2016年8月16日，作为国际物流地产巨头普洛斯旗下的普洛斯金融控股（重庆）有限公司正式签约落户重庆市，全面打造国内领先的供应链金融平台。

7.9.4 传统制造商巨头进入供应链金融

产业巨头居于产业链的焦点位置，对上下游的商流、资金流有绝对的掌控，供应链金融在风控上有着天然的优势。无论是政策上的供给侧改革，还是从业务层面的盘活资产、完善供应链，传统企业看到了“互联网+金融+实业”带来的一线生机。但是也应看到，金融最终需要服务实体经济，如果实体企业不能做大做强自己的主营业务，那也会使资金走避实就虚的老路，损害实体经济。

富士康：2016年6月20日，富士康宣布本年内推出金融科技服务平台，主要针对的客户群是相近供应链的企业客户，帮助他们解决金融问题。

海尔：海尔作为实体产业进军供应链金融的标杆性企业，2016年6月6日，其旗下互联网金融平台海融易与青岛银行就P2P资金存管服务达成合作协议。6月30日，海融易更是斩获“最佳风控创新奖”。

另外，格力、TCL、美的、联想、海航、新希望六和等行业巨头均开始抢滩供应链金融市场。

7.9.5 互联网科技公司抢滩供应链金融

2016年金融科技一度被推向高潮，而互联网企业自身具备的人工智能、大数据、云计算等技术是核心能力，因此其本身就具有无可比拟的供应链金融风险防控能力，从而提高国内整体供应链金融技术水平。新兴供应链金融科技公司通过技术手段有效地实现资产端、交易端、支付端、资金端互联互通，对传统金融渠道起到变革、信息共享、业务撮合作用。

小米：2016年9月26日，小米科技上线互联网股权融资平台“米筹金服”。米筹金服包括支付、供应链金融、消费金融、理财、银行、互联网股权投融资、产品众筹等在内的完整的互联网金融业务体系。

乐视：2016年3月，重庆市乐视小贷公司揭牌成立，主要开展各类贷款、票据贴现、资产处置以及互联网贷款业务，以实现供应链金融、消费金融、汽车金融和小微金融四位一体和2B2C、线上线下、生态内外三大有机结合。

7.9.6 传统零售迎来供应链金融新赛场

2016年，在毛利低、成本高、传统零售行业大环境趋冷的当下，不少商业超市纷纷布局金融业务，希望利用自身在供应链方面的优势，为其产业链上的中小门店提供金融服务。在零售业巨头中，金融业务收入均已占据相当比重，成为零售企业重要的业务构成，比如沃尔玛。传统零售企业如果能够用好原有的庞大客户基础数据，也将极大降低介入供应链金融后企业的获客成本。可以说“零售+金融”模式让“新零售”企业看到了“钱景”。

永辉：2016年9月，永辉超市发起设立福建省华通银行，并希望通过布局供应链金融，稳固产业链关系和探寻盈利新模式。

怡亚通：2016年11月24日，怡亚通在深圳市推出“星链”系列创新产品，为成千上万的中小店主解决采购、物流、金融、营销的传统商业难题，另外，怡亚通星链钱包支付平台将附加O2O金融服务，助力中小零售商做大做强。

7.9.7 行业标准相继出台保驾供应链金融

当前供应链金融市场的鱼龙混杂，随着监管政策的逐步完善，整个互联网金融行业进入有法可依的阶段，对于整个行业发展是很大的利好。标准可以有效地提高竞争门槛，提升企业在整个行业的规范性。

2016 年 9 月 28 日，由国际商会（ICC）主导，全球金融服务协会（BAFT）、欧洲银行协会（EBA）、国际保理商联合会（FCI）及国际贸易和福费廷协会（ITFA）共同参与制定的《供应链金融技术标准定义》在国内发布。

2015 年年中，国家标准《担保存货第三方管理规范》正式发布，其落地平台全国担保存货管理公共信息平台随之上线，经过一年的完善，2016 年 9 月 29 日，该平台宣布，平台的功能和内涵包括存货全生命周期管理服务等在内的功能都有了进一步的完善和拓展。

7.9.8 供应链金融成电商 B2B 平台业务增长点

供应链金融作为电子商务 B2B 平台新的业务增长点和增值点，已经成为我国电子商务 B2B 平台发展的重要探索方向。

欧冶云商：2016 年 10 月 14 日，欧冶“绿融”正式上线，一小时解决中小微用户融资难题。实现了授信线上化、签约线上化，业务深度整合，支持中小微企业发展。

东煤交易：2016 年 6 月 30 日，东煤交易方宣布本年度将重点发力在线供应链金融及以可视化物流为基础的风控体系，并推出金单、金保、金仓等产品。

7.9.9 保险或成供应链金融增信新方式

供应链金融引入保险企业，这样不仅可以为客户提供保险保障，同时保险企业也可借此渗透到更多的市场当中。京东金融联手保险公司为用户进行理赔，先缓解消费者的等待之痛。而蚂蚁金服与中华保险联合，为农牧产业龙头企业提供新的解决方案，通过引入保险企业的增信方式可获得低成本、高效率的融资。

京东“送货龟速险”：2016 年 11 月 1 日，京东金融宣布上线一款保险“送货龟速险”，即从 11 月 1 日到 11 月 10 日，凡是在京东商城完成购物下单的消费者，就可以获赠一份京东金融的“送货龟速险”。处于同一阵营的京东金融为京东商城打起了“保险牌”。

蚂蚁金服联手中华保险：2016 年 11 月，蚂蚁金服、中华保险与内蒙古科尔沁牛业股份有限公司联合宣布，三方就供应链金融方面达成合作。蚂蚁金服将与中华保险联手，为科尔沁的大型养殖户提供贷款等金融服务。

7.9.10 区块链技术推动供应链金融创新

区块链技术被誉为继互联网和移动互联网革命之后的新一轮变革，它的影响范围广阔，尤其是对金融的各个细分领域，如清算、结算、汇款、支付、风控、估值手段等都将产生深远影响，它还将重新连接被物理国界分割开的地域、人群，甚至重塑整个经济和社会形态。

供应链金融依托于供应链，供应链本身天然就是多方协作的网状结构，而区块链具有开放性、去中心化、可追溯性、真实验证且不能篡改等特征，利用区块链技术，可以有效解决供应链上多主体信息共享和多主体的交易成本问题。

2016 年 12 月 20 日，中国物流与采购联合会决定筹备成立中国物流与采购联合会区块链应用分会，依托区块链技术构建物流供应链企业信用机制，解决物流供应链上中小微企业融资的问题，助力物流供应链产业的转型发展。此分会将由区块链技术企业、物流企业及金融企业联合发起成立。

2016 年 9 月，全球最大的货运代理公司与区块链科技前沿企业 BitSE（巴比特）正式签订了唯链（VeChain）资产管理领域的 BAAS（Backend as a Service，后端即服务）服务合同，以区块链技术对货运资产追踪管理，此货运代理公司将借此向全球客户提供多方参与的领先物流服务，堪称首个真正实现商业化落地的区块链服务项目。

参考文献

[1] 赵燕. 互联网金融冲击下我国商业银行供应链金融业务发展现状分析 [J]. 经济研究导刊，2014 (11)：127 - 129.

[2] 刘达. 基于传统供应链金融的“互联网 +” 研究 [J]. 经济与管理研究，2016 (11)：22 - 29.

[3] 钟懿. 互联网供应链金融发展与措施 [J]. 时代金融，2015 (29).

[4] 蔡宇江. 互联网供应链金融的发展趋势 [J]. 中国物流与采购，2014 (22)：62.

[5] 丁杰，马柱. P2P 网贷模式异化及风险管控 [J]. 开放导报，2015 (5)：101 - 104.

[6] 王子柱，张玉梅. P2P 行业发展新趋势研究 [J]. 征信，2016 (5)：25 - 28.

[7] 颜浩龙，王琳. 互联网金融视域下供应链金融模式创新研究 [J]. 财务与金融，2015 (3)：78 - 82.

[8] 李国英. 论供应链金融与 P2P 平台融合 [J]. 开放导报，2015 (5)：105 - 108.

[9] 史金召，郭菊娥. 互联网视角下的供应链金融模式发展与国内实践研究 [J]. 2015 (7)：10 - 16.

［10］宋华．供应链金融：Supply chain finance［M］．北京：中国人民大学出版社，2015.

［11］马英杰．UPS 物流金融模式对中邮物流金融业务发展的启示［J］．河北金融，2012，24（11）：85－87.

［12］雷小清．UPS 商务服务同步的一个实例及其对我国供应链金融的启示［J］．物流科技，2011，34（5）：14－17.

［13］邱晖，李宗民．"互联网＋"供应链金融发展浅议［J］．合作经济与科技，2017（4）：74－75.

［14］赵培培．P2P 供应链金融的发展模式分析［J］．商场现代化，2016（29）：193－194.

［15］张艳．UPS 与京东：各具特色的供应链金融服务［J］．企业管理，2017（4）：65－67.

［16］朱晓晖．传化物流供应链金融与管理创新的实践［J］．中国物流与采购，2016（23）：84.

［17］安娜．大宗商品供应链金融运作模式及风险控制研究［D］．长春：吉林大学，2015.

［18］陈希琳．供应链金融20万亿市场新风口［J］．经济，2016（10）：14－21.

［19］佚名．供应链金融的八种武器［J］．首席财务官，2016（22）：72－73.

［20］唐砚．供应链金融的服务创新研究——以 A 银行 B 百货供应链金融电子化创新为例［D］．衡阳：南华大学，2014.

［21］杨云飞．产品化＋平台化＋多元化京东供应链金融创开放服务典范［J］．现代物流报，2017（A12）.

本篇撰稿人： 张　辉　原国家知识产权局高级审查员
左　敏　北京工商大学教务处处长/教授
姜同强　北京工商大学教授
高海伟　中国副食流通协会食品安全与信息追溯分会秘书长
高　昂　中国标准化研究院博士、副研究员
战文彬　内蒙古师范大学教务处
杨慧河　内蒙古巴彦淖尔市教育局信息中心副主任
郭炳晖　北京航空航天大学数学、信息与行为教育部重点实验室副主任

案例分享篇

8 行业平台——中国食品安全信息追溯平台

8.1 简介

8.1.1 机构简介

中国副食流通协会成立于 1993 年，是国家一级协会。中国副食流通协会食品安全与信息追溯分会响应国家食品安全、信息追溯等方面政策号召，在政府和中国副食流通协会的支持下，于 2015 年由食品生产企业、食品物流企业、食品商贸企业、信息科技企业等知名企业共同发起成立的非营利性行业组织。其宗旨是在遵守中华人民共和国的宪法、法律、法规和政策，遵守社会道德风尚前提下，全心全意为会员及行业服务，加强社团、企业与政府间的联系，维护会员及企业的合法权益，加强行业自律，推进我国食品安全与信息追溯产业的健康、有序、稳定的发展。

8.1.2 平台简介

中国食品安全信息追溯平台（www. chinafoods. org. cn）是中国副食流通协会食品安全与信息追溯分会建立的食品行业第三方信息追溯服务平台。该平台是在行业协会和企业的共同监督下，为食品企业提供第三方信息追溯服务和数据交换平台服务。

2016 年 11 月 18 日，中国食品安全信息追溯平台在第二届中国食品信息追溯大会现场数百名行业代表的见证下，由商务部内贸专家委员会主任、原部长助理黄海先生，中国物流与采购联合会原常务副会长丁俊发先生、中国物流与采购联合会专家委员会主任戴定一先生、中国副食流通协会会长何继红女士、贵州茅台集团总会计师杨建军先生、泸州老窖集团总工程师李锦松先生、古贝春集团总经理助理王树文先生等业内知名专家和企业代表共同启动，标志着中国食品安全信息追溯平台正式对行业开启服务。中国食品安全信息追溯平台启动现场如图 8－1 所示。

图 8－1　中国食品安全信息追溯平台启动现场

8.2　服务内容

8.2.1　第三方信息追溯服务

中国食品安全信息追溯平台为行业用户提供直接的信息追溯实施系统和技术支持服务，适用于不想自建系统、追溯服务外包的食品生产企业。

8.2.2　数据交换服务

中国食品安全信息追溯平台为自建追溯系统的行业企业客户间提供数据交换、数据标准化转换等数据交换服务，以便能够更好地解决行业内、上下游系统间的数据互联互通。中国食品安全信息追溯平台界面如图 8－2 所示。

图 8 –2　中国食品安全信息追溯平台界面

8. 2. 3　服务流程

本着为行业企业用户提供高效、优质服务的理念，中国食品安全信息追溯平台有着一套完备的服务流程，如图 8 –3 所示。为了满足不同客户的需求，平台提供物理标签和电子数码标签等各类追溯码载体，企业可以根据自己的需求选择适用物理标签或将电子标签码直接喷、刻到商品上。样标如图 8 –4 所示。

8. 3　标准化引导

基于食品追溯体系万象丛生的局面，中国食品安全信息追溯平台将在行业推广追溯体系的同时进行标准化、规范化的行业引导。

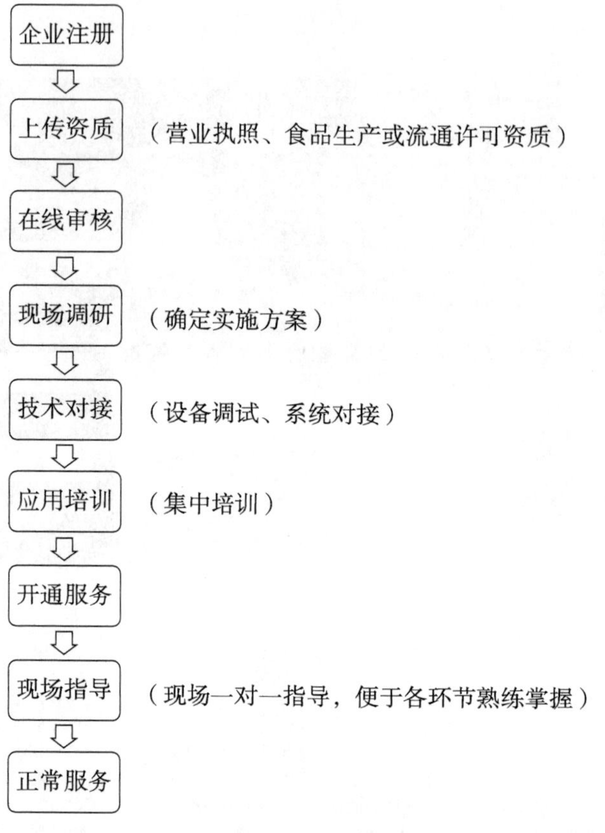

图 8－3　中国食品安全信息追溯平台服务流程

图 8－4　中国食品安全信息追溯平台样标

9 技术案例之一——万信方达基于供应链模式的第三方信息追溯平台

9.1 公司简介

万信方达科技发展（北京）有限责任公司（以下简称万信方达）成立于2006年，是涉足追溯领域较早的公司。该公司率先提出提供基于供应链、第三方全程追溯的服务。在客户资源、标准制定、项目推广等方面拥有丰富的经验，在行业内有较好的口碑和影响。运营的VFRONT（万信方达）信息追溯平台积累了大量的数据资源、项目经验。

VFRONT（万信方达）信息追溯平台是由万信方达科技发展（北京）有限责任公司联合中国物流与采购联合会、北京交通大学、北京航空航天大学等机构、学校的专家共同研发的用于重点领域商品信息追溯的第三方服务平台。该平台对每件商品建立一个独立的电子档案，是一个能够连接生产、检验、监管、流通和消费各个环节，为生产和物流企业提供安全把控，为政府部门对商品生产和流通监管提供依据，并让消费者了解符合安全的生产和流通过程的信息管理平台。其服务范围、追溯范围如图9-1所示。

9.2 技术方案

9.2.1 设计思想

9.2.1.1 客户实施成本控制

作为基于供应链的商品第三方信息追溯服务平台，该平台设计之初就考虑到应用客户的项目实施成本控制。因此，项目采用标准化建设、标准化服务、统一流程、统一数据内容及标准的设计原则。在整个项目实施过程中，只需供应链链主企业承担标识赋码成本，其他追溯体系相关各方无须支付费用，该模式将客户实施成本控制到了最低。

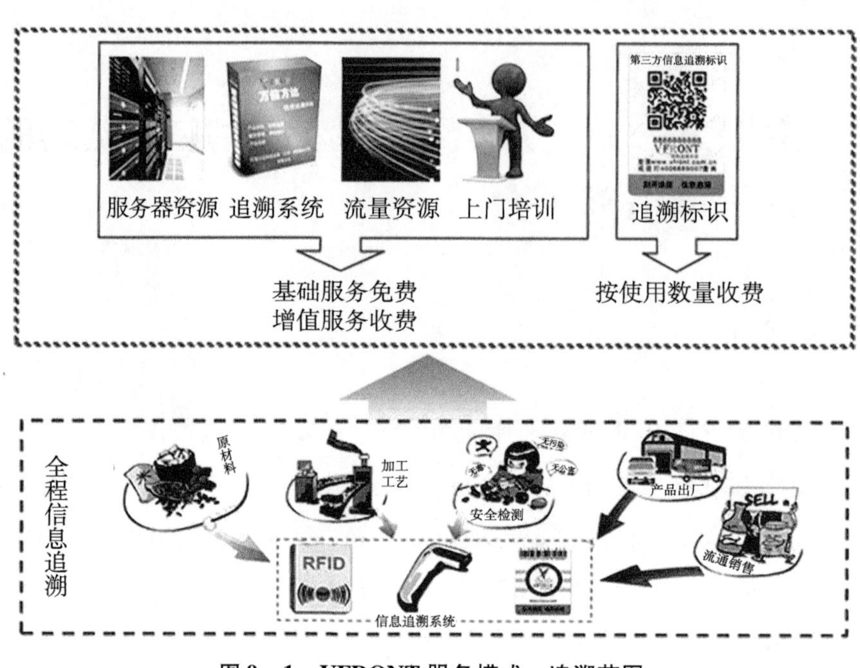

图 9－1 VFRONT 服务模式、追溯范围

9.2.1.2 简化操作

追溯系统的直接用户除了消费者以外，主要是大量的生产工人和物流作业人员。为了能让追溯系统适应用户，而且不影响正常作业效率，系统采集数据尽量与现有系统进行整合对接，实现一次采集多系统共享。人工采集的环节操作尽量简单、便捷化，不增加额外工作量。

9.2.1.3 个性化与标准化兼顾

面对我国数千万的生产企业的不同的生产工艺、环境和管理体系，我们提出以产品成品为分界线，原材料到产品成品之间为企业内部追溯，产品成品到消费者之间为外部追溯。

内部追溯采用个性化的定制服务，以满足不同厂家的不同生产工艺、管理需求，同时将数据保存到企业私有云。外部追溯采用统一标准化的第三方平台服务，将数据保存到公有云。VFRONT 内部追溯与外部追溯关系如图 9－2 所示。私有云与公有云通过规范安全接口进行数据交换，实现个性化数据向标准化数据的转换。私有云与公有云结合的混合云既保障了生产企业的数据私密性，又解决了流通领域追溯数据的标准格式问题。VFRONT 追溯平台云数据结构如图 9－3 所示。

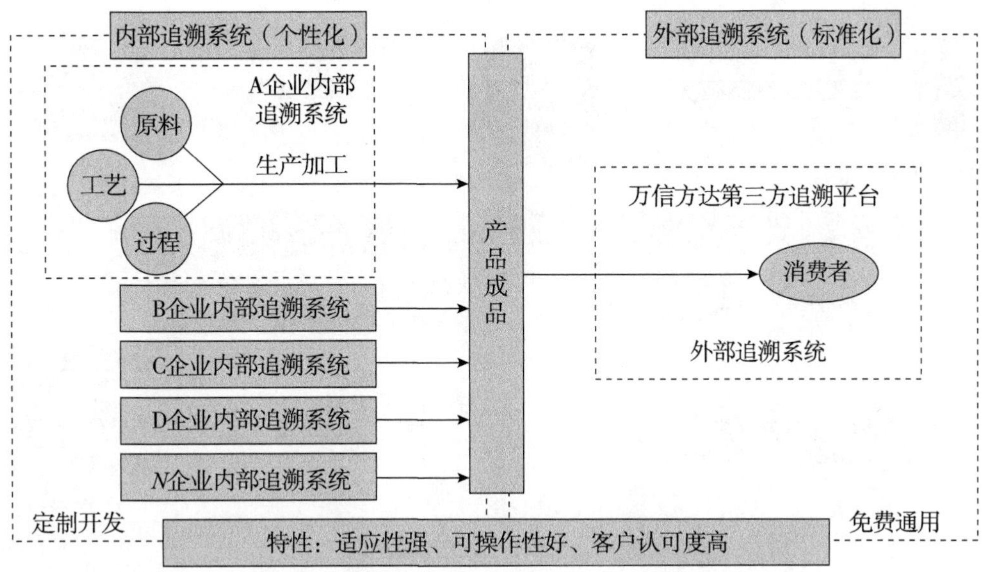

图 9－2　VFRONT 内部追溯与外部追溯关系图

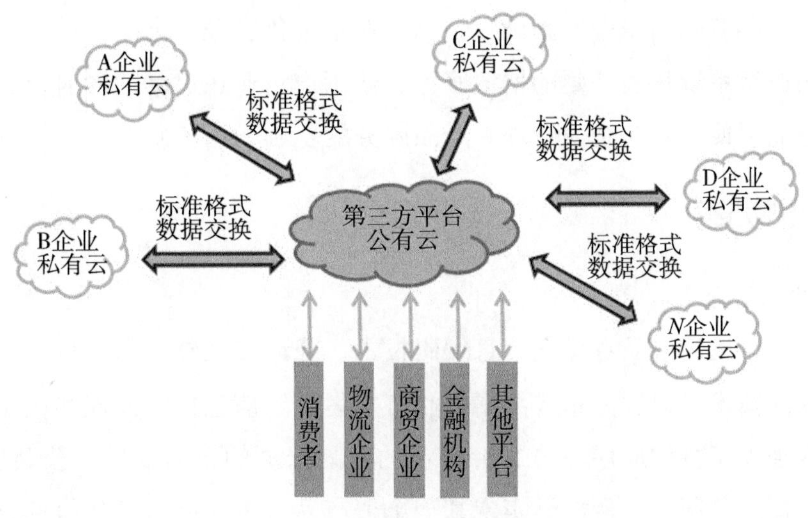

图 9－3　VFRONT 追溯平台云数据结构

9.2.1.4　包容性

为适应我国不同领域食品生产赋码的特点，系统开发时要考虑各种形式赋码的兼容性设计和与其他系统对接通信设计。

在赋码方面，系统支持贴标及套标、激光刻码、喷码、赋值等方式，在形式上支持前置关联、前置赋码后置关联、在线赋码、在线关联等形式。在互联互通方面，系统提供标准接口，可以与企业 ERP、WMS（仓库管理系统）、CRM（客户关系管理）、营销系统等系统对接。赋码及数据关联示意图如图 9－4 所示。

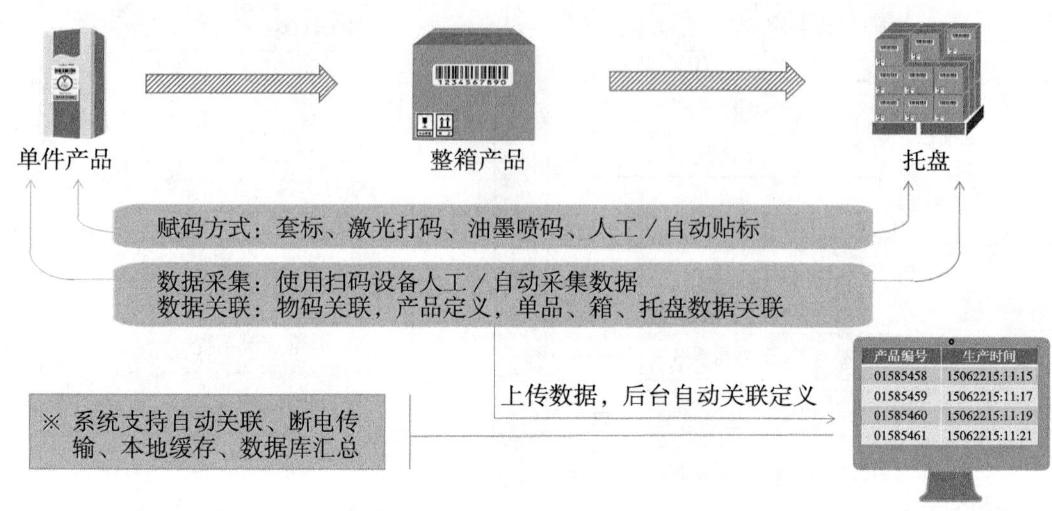

图 9－4　赋码及数据关联示意图

9.2.1.5　拓展外延增值服务

在满足追溯的基本服务的基础上，从企业精细化管理、商品营销、消费者行为分析等方面进行系统拓展外延的增值服务，使用户企业在追溯的同时，有更多的增值体验，进而促使追溯向企业管理、产品服务的基础功能转变。

9.2.2　具体方案

9.2.2.1　技术简介

本项目综合运用商品身份全信息编码技术、隐形二维码技术、自动标签盲采集技术等物联网技术，通过分布式数据中心将采集到的信息集中处理和应用，以云计算体系实现独立于具体应用环境或者企业的商品追溯的按需取用、公共服务平台。该云信息管理公共服务平台能够实现基于单个产品身份信息的公共信息查询与管理通道，为商业企业、监管机构和个人用户提供基于云服务架构的“一物一码”数据核验与全程信息服务。

VFRONT 信息追溯系统利用信息技术对商品全程的安全属性、加工流通、环境状况以及消费行为等信息进行有效的标识，并在数据库中记录保存食品物流经过各节点时的标识信息，通过多维码智能标签采集和追溯云平台实现技术目标。平台对每件商品建立一个全生命周期电子档案，连接生产、检验、监管、流通和消费各个环节，便于生产者管理、监管者和消费者了解符合安全的生产和流通过程，实现独立第三方的双向追溯。

平台的体系结构设计包含五个设计要素，其中硬件方面包括数据采集方式和通信网络，软件方面包括编码体系、数据库建设以及质量追溯策略。这五个设计要素根据物联网四层架构组织在一起，实现六大功能模块，分别为原料及成品仓储管理、加工流程管理、消费终端管理、产品信息管理、物流流向管理以及追溯事件管理。关键技术及服务模式包括以下两个方面：

1. 基于 IaaS（Infrastructure as a Service，基础设施即服务）的数据链化独立平台化云服务技术

本平台中的追溯信息采集和捕获终端涉及多种不同的码源传感采集设备，因此需要构建以 IaaS 云服务为基础架构的数据链化管理平台。平台是松散耦合式的，具有一个放置全部关键数据采集点集合的容器，在实际运用过程中可以向集合容器中加入新开发的关键数据采集点，以便追溯平台能够感知新的关键数据采集点的存在。一方面，从关键数据采集点中选择需要的关键数据，并对这些关键数据制定相应的关联规则以形成追溯数据链。这样，通过 IaaS 云服务架构支持用户从关键数据采集点集合中自主选择所需要的关键数据采集点，实现用户通过从链尾检索至链首的方式对追溯查询服务的按需供应。另一方面，服务平台将计算任务分布在资源池上，用户对追溯数据可实现随时获取、按需使用、随时扩展，实现标签付费、数据免费的独立第三方云服务模式，如图 9 - 5 所示。

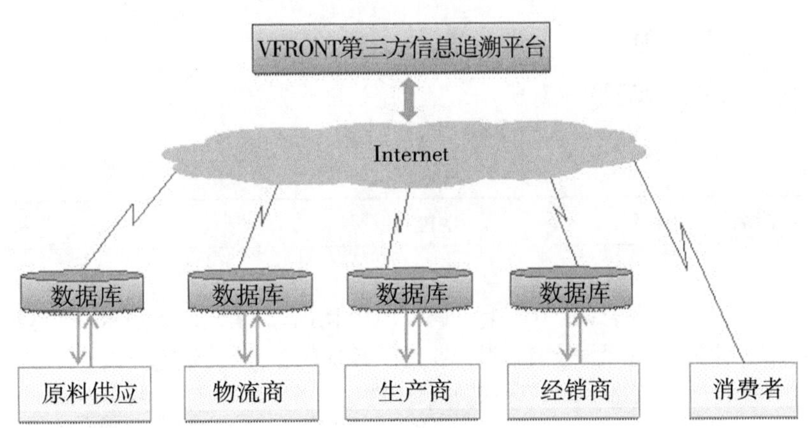

图 9 - 5　基于 IaaS 的数据链化混合云服务

2. 基于个体全周期与隐身印刷技术的二维码处理技术

本平台基于技术、成本、可操作性等因素，将外部追溯的印刷二维码标签与内部追溯系统的电子标签有机结合，并通过分布式数据中心进行结构化数据处理后与企业 ERP 对接，从而实现以单个商品为最小追溯对象的原料采购、生产加工、存

储、流通、销售等全程信息追溯和避免假货、冒牌追溯标签等影响的双重功能。在最低数据链要求的前提下，本项目平台结合采用快速响应二维码技术与红外油墨隐形印刷技术来实现信息追溯系统的安全与防伪功能。

9.2.2.2 业务场景

生产环节完成赋码、数据关联组合后，商品进入物流、商贸等流通环节，流通环节中进行扫码即可完成数据采集，系统自动记录商品信息、节点信息、追溯码信息、经手人信息、时间信息等数据。业务场景示意如图9－6所示。

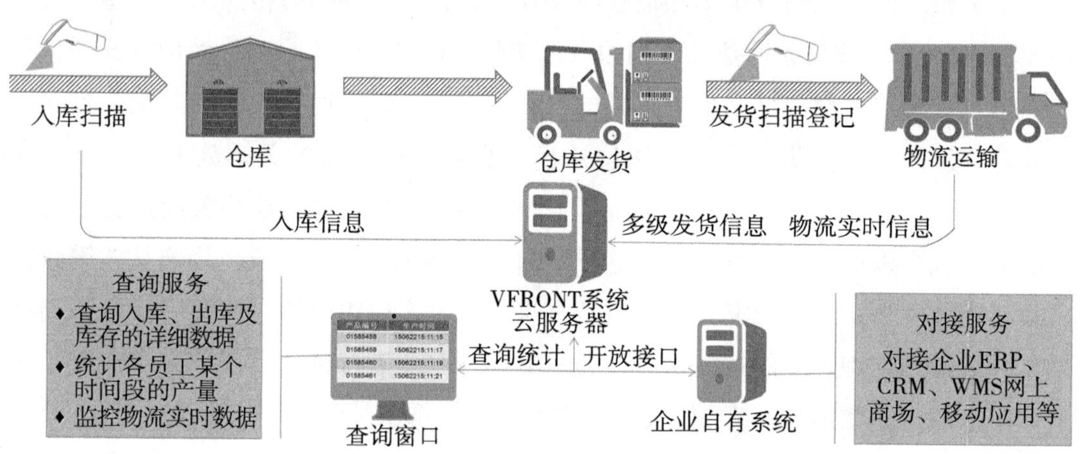

图9－6 业务场景示意

9.2.2.3 系统主要功能

系统主要功能，如表9－1所示。

表9－1 系统主要功能

序号	功能名称	功能介绍	备注
1	商品信息追溯	平台采用“一物一码”的技术手段，实现厂家至消费者、消费者至厂家的商品正向、逆向双向全生命周期信息追溯	厂商正向：后台终端查询展示和指定码查询两种方式； 消费者逆向：微信等扫码工具扫描二维码
2	商品防伪	动态二维码、动态对象码、防伪码三码唯一组合（非线性S盒函数类分组密码）与超线、多色logo结合	实践验证：防伪技术好，造假技术难度大、成本高，无法批量复制
3	商品防窜货	一物一码技术为每个对象提供了唯一身份码，通过对象间组合实现商品防窜货	支持虚拟托盘

续 表

序号	功能名称	功能介绍	备注
4	商品促销	消费者商品追溯显示电子界面可以由厂商在醒目位置自主植入两条文字广告，使每件商品都成为一个厂商的广告载体，配合厂家进行商品促销和消费互动	
5	消费者商品积分	平台提供消费者消费商品积分的功能模块，管理者可在后台自主进行管理：哪类商品开通积分功能，积分数量等。平台依据商品唯一 ID 和防伪码指定字段，实现每件商品只可积分一次的有效管理，避免同一商品大量重复积分的问题	消费者积分可以在厂家指定平台兑换消费或由厂家进行礼品兑换
6	消费者商品抽奖	平台提供消费者扫码抽奖功能，管理者后台指定某款产品开通抽奖功能，并进行奖项设定。奖项支持实物、电子卡、积分、现金红包四类，中奖概率、数量都可后台设置	
7	现金红包投放	平台提供商品定额红包投放和抽奖投放两种现金红包模式，可以大大提高消费者的扫码和消费积极性	
8	市场调查问卷	平台提供市场调查问卷功能模块，问题类型包括单选题、多选题、问答题等。调查问题由管理者后台填写开通，问卷可在商品促销区投放来进行调查	该功能开通时需要平台进行小规模调试
9	商品官方价格指导	管理者可在后台添加某类商品的厂商指导价，避免某些比价软件对商品市场价格的干扰	
10	数字仓库（全供应链）	平台提供全供应链数字仓库功能，即管理员可以开通厂区库（增减仓库管理员、业务员）、一级经销商库（省区库），一级经销商可开通二级经销商仓库，二级经销商可开通三级经销商仓库。仓库层级和数量无限制，仓库具有商品进销存功能、数据统计功能、流水账单功能等	
11	数据统计	后台提供平台整体数据统计功能，如生产统计、仓库库存、销售统计等 仓库环节提供本仓库盘点、流水账单等统计功能 （可根据厂商需求生成各种报表）	

续 表

序号	功能名称	功能介绍	备注
12	多形式商品赋码	商品一物一码的赋码形式有：印刷成品标（主要用于酒瓶或酒盒）、现场打印标（主要用于箱和托盘）以及现场喷码 码载体：二维码、一维条码、RFID 电子标签、数字码	
13	流水线自动信息采集	VFRONT 专用采集器、可伸缩万向支架、VFRONT 数据采集软件构成的流水线自动信息采集系统，经过近三年的数据采集验证，本系统采集准确率超过 99.99%	
14	标识管理	系统将每一枚追溯标识附着到商品以前的各个环节上时，都与相关经手责任人关联	
15	经销商管理	平台提供经销商管理功能，可在系统中查看经销商库存、销售、产品流向数据	
16	物流管理	对厂区库、一级经销商库（省级库）进行增加或删除，查看各仓库库存、入库、出库、销售记录、产品流向等数据 一级经销商可对其业务范围内的二级经销商进行上述操作，二级可对三级进行操作，以此类推	
17	数据监控中心	使用屏幕墙的模式，基于信息追溯平台数据，对厂区灌装流水线、仓库实时数据进行监控显示，供厂领导全面了解生产、物流数据或政府相关领导参观使用	屏幕墙：将数台液晶电视或显示器固定到一面展示墙上
18	销售员考勤系统	针对销售员的工作性质和管理需求，开发的基于微信平台的移动考勤系统。销售员根据公司规定时间在微信公众号中进行打卡，系统自动记录销售员的打卡时间、实际位置信息	市场巡查使用微信扫描商品追溯码时，可将其身份信息、位置信息、商品追溯信息记录到系统中
19	经销商订单系统	经销商订单系统，在系统内选择要采购的商品名称、数量等信息下单。厂商相关人员审核完成后将订单转给仓库，由仓库人员根据订单进行发货 系统打印具有唯一动态二维码的发货单并将确认短信发给订货人	发货单动态二维码和确认短信供订货人确认收货使用

续 表

序号	功能名称	功能介绍	备注
20	物流配送系统	物流商根据发货单进行物流配送，订货人收货后用手机扫描发货单动态二维码，并根据显示数据进行验货，完成验货后输入确认短信完成收货	通过动态二维码、验货数据（追溯码）比对、确认短信等唯一匹配信息完成验货
21	客户营销系统	消费者通过扫描二维码完成消费积分或抽奖后，将产品及互动信息（产品基础信息、追溯信息、积分、抽奖、微信红包等）通过朋友圈分享 消费者推荐好友购买产品获得相应积分或红包奖励	部分功能需要企业微信公众号支持
22	位置服务	消费者扫码查询时，经消费者同意获取其位置信息。根据位置信息分析产品市场分布情况	
23	仓位管理系统	在已有功能“9 数字仓库”的基础上，开发仓位管理功能，将仓库划分为具体仓位，并由系统生成唯一编号。库内商品与仓位进行关联，可大大提高仓库使用率和仓库管理效率 系统支持平面库和立体库	
24	消费者管理系统	针对使用微信和其他扫码工具扫描二维码的消费者用户，进行引导并抓取其行为。系统对消费者信息、扫码行为、消费商品、消费时间、消费频率、位置信息等进行记录和分析	
25	积分商城	基于积分兑换等需求，开发的面向终端消费者的积分商城。该商城支持多用户开店、支持积分兑换商品、系统推送订单等功能	

9.2.3 标准化

万信方达团队非常重视并积极参与行业标准体系建设，为追溯领域标准化体系建设和完善贡献自己的一份力量。万信方达 2013 年牵头立项《酒类商品物流信息追溯管理要求》（WB/T 1053—2015）行业标准，于 2013 年 10 月获得国家发展和改革委员会批准立项。2014 年联合贵州茅台、泸州老窖、烟台张裕、古贝春集团、酒仙网、安吉物流、对外经济贸易大学等业内知名机构共同完成了标准的起草工作并上报主管单位，该项标准于 2015 年 2 月正式开始实施。2016 年，万信方达积极筹备休闲食品流通追溯标准，通过前期大量的走访调研，在充分了解休闲食品流通行业现状后向中国副食流通协会提交了《休闲食品流通追溯管理规范项目建议书》，申请立项起草《休闲食品流通追溯管理规范》团体标准。2017 年 4 月，标准项目获得批准。目前，《休闲食品流通追溯管理规范》（T/CFCA－0004/2017）起草工作正在进行中，并且万信方达将会根据市场需求投入到更多的标准化建设中去。

9.3 技术应用方向及发展规划

9.3.1 顺应市场趋势，扩大追溯应用范围

随着市场的日趋成熟，项目服务模式和功能上也要更进一步地贴近市场，将追溯的应用范围扩大到更多的食品领域里面。

9.3.2 通过创新降低技术门槛、降低应用成本

当前制约追溯发展的两个主要瓶颈就是技术难点和企业应用成本，万信方达将与同行一起，通过不断地创新研发来不断地攻克技术难点和降低应用成本。

9.3.3 明确服务定位，不断提高服务质量

万信方达将坚持追溯第三方平台服务，通过不断地努力进一步将服务做实做精，不断提高服务质量。

10　技术案例之二——华信瑞德基于食品“一物一码”全程追溯管理解决方案

10.1　公司简介

北京华信瑞德信息技术有限公司（以下简称“华信瑞德”）定位服务于物联网行业高端客户。公司长期专注于物联网应用领域的产品质量追溯、防伪、防窜货、二维码营销、RFID 应用、物联网 SaaS 服务及移动互联网解决方案，是我国标识系统全产业链整体解决方案服务商。

公司创始于 2004 年，成立于 2011 年，注册资金 510 万元。华信瑞德十年的防伪、防窜货及产品质量追溯的经验积累，八年的标识行业软件和硬件开发和实施经验，为公司积累了在防伪、防窜货、追溯、赋码、智能控制等应用方面几十项专利和软件著作权。拥有一批硕士研究生、本科学历工作人员组成的开发团队。公司下属两家子公司、多家办事处，北京市子公司成立于 2004 年，专注于防伪标签的加工和生产，深圳市子公司和多家办事处均设有技术支持团队和销售人员，公司现有员工 100 余名，研发人员 30 余名。

华信瑞德作为标识系统全产业链整体解决方案服务商，业务涵盖标签（设计、防伪、生产）、产线赋码及采集关联系统、产线标识智能控制系统、防窜货物流追踪管理系统、供应链产品质量追溯系统、二维码营销平台及数据应用中心平台。

10.2　技术方案

10.2.1　概述

随着我国经济的快速发展，为食品生产企业提供了巨大的消费市场。同时，随着消费者消费趋向的理性化、品牌化，企业想提高产品市场占有率必须树立自己的产品品牌。但伴随着企业品牌知名度、竞争力迅速提升，假冒伪劣现象也如影随形。假冒伪劣产品，不仅侵害消费者利益，给消费者造成经济上的损失，同时也严重损害了企业的利益和品牌形象，成为企业长远发展的噩梦。面对假冒产品的困扰和公司长远发展的需要，企业必须高度重视产品防伪工作。

一方面，企业在研制、生产优质产品的同时，为了扩大销售，需要依赖渠道销售来建立强大的、覆盖面广的渠道营销网络体系。同时为了激励渠道提升销量，还会辅以不同的渠道销售价格体系或激励政策，使得各渠道之间形成价格差异。不良经销商会利用价差跨区域窜货，区域内利用杀价争夺售点，损害窜货区域内的经销商利益，同时也破坏了企业辛苦建立的渠道网络，给市场的良性健康运行造成很大的破坏。

近些年，随着智能手机日益普及，移动互联网的飞速崛起，二维码作为一种新的营销手段，越来越受到企业的追捧。二维码营销的核心功能就是将企业推广文字、图片、视频、促销活动、链接等植入二维码，用户通过手机扫描即可随时随地体验浏览、查询等，达到企业宣传、产品展示、活动促销、客户服务等效果。

另一方面，国家政策文件《国务院关于积极推进“互联网+”行动的指导意见》（国发〔2015〕40号）指出，“互联网+”是把互联网的创新成果与经济社会各领域深度融合，推动技术进步、效率提升和组织变革，提升实体经济创新力和生产力，形成更广泛的以互联网为基础设施和创新要素的经济社会发展新形态。在全球新一轮科技革命和产业变革中，互联网与各领域的融合发展具有广阔前景和无限潜力，已成为不可阻挡的时代潮流，正对各国经济社会发展产生着战略性和全局性的影响。积极发挥我国互联网已经形成的比较优势，把握机遇，增强信心，加快推进“互联网+”发展，有利于重塑创新体系、激发创新活力、培育新兴业态和创新公共服务模式，对打造大众创业、万众创新和增加公共产品、公共服务“双引擎”，主动适应和引领经济发展新常态，形成经济发展新动能，实现中国经济提质增效升级具有重要意义。

因此，为顺应市场发展，响应国家政策，企业也迫切需要搭建一套综合管理平台，实现有效防伪、防窜货、供应链追踪与管理，构建基于移动互联网的二维码营销体系。

10.2.2 系统架构

搭建一套基于食品“一物一码”生产全过程质量追溯系统，需要从企业产品生产或包装源头开始，为企业生产的每一件产品都赋予唯一的数字身份码，并在产品生产、流通的各主要环节采集加载相关的生产、物流信息，从而建立起一个围绕企业产品防伪、防窜货的产品质量追溯体系，并配合各种产品数字身份查询途径的应用，方便消费者或企业市场监管。消费者、稽查人员可以随时随地查验产品真伪，使用产品物流追踪、产品质量溯源、经销商窜货监管等应用服务。同时，提供企业决策管理人员产品生产流通数据分析，为企业制定决策提供数据依据。

伴随着产品质量追溯体系的建立，企业还可以借助消费积分、扫码送红包等多种增值服务吸引更多的消费者及提升顾客忠诚度，也可以借助消费终端填报信息来收集广大顾客对企业产品的认可度和改进意见，为企业产品研发方向定位、升级产品功能、提升产品市场竞争力提供有力的支撑。系统架构如图 10 - 1 所示。

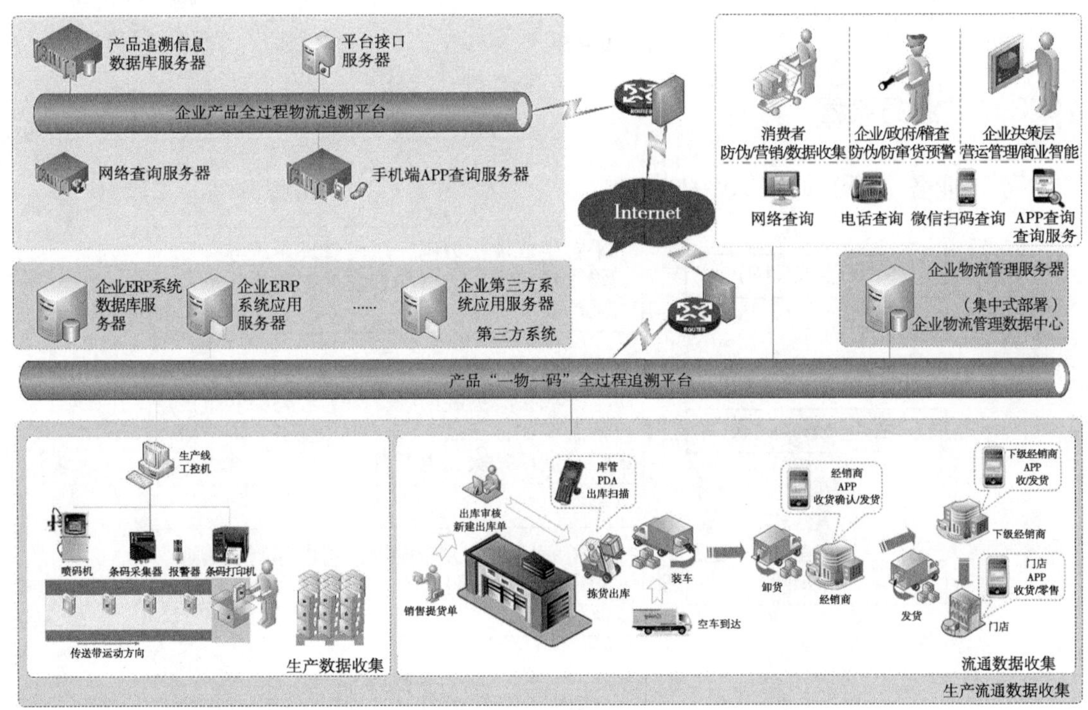

图 10 - 1　系统架构

10.2.3　业务模型

业务模型，如图 10 - 2 所示。

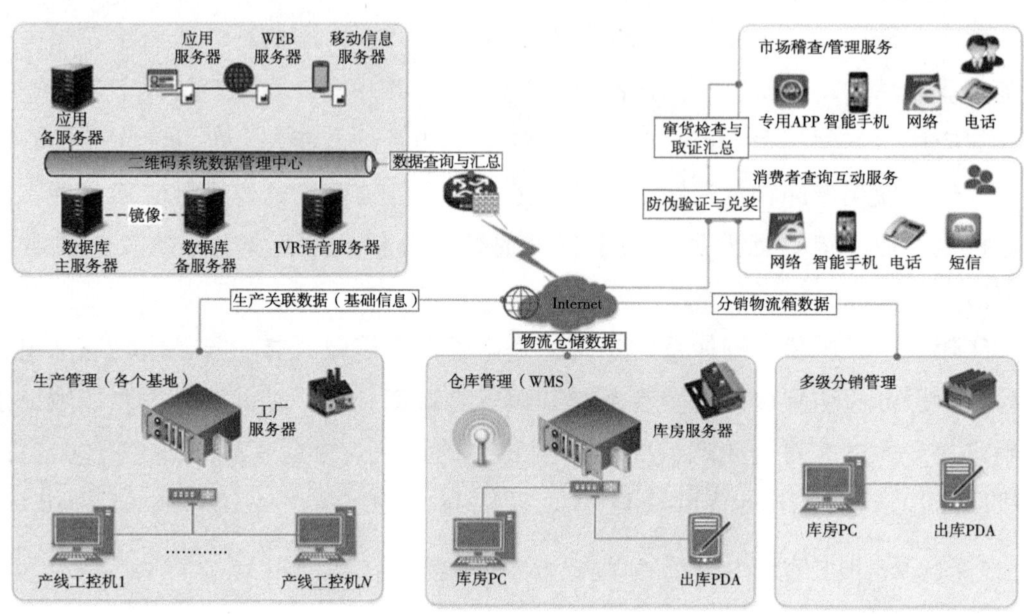

图 10－2　业务模型

10.2.4　业务流程

系统业务流程，如图 10－3 所示。

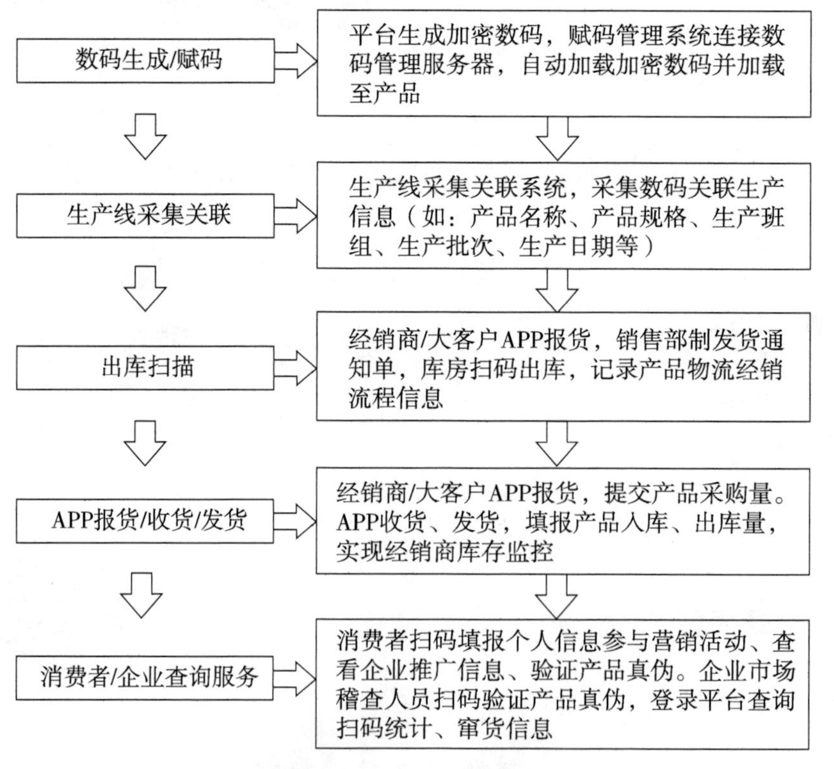

图 10－3　系统业务流程

数码加密技术：产品“一物一码”数字身份码由华信瑞德特殊加密算法得出，具备唯一性、随机性、不可破译性。

赋码技术：根据客户产品包装特性、生产线形态等因素综合考虑，选择适合企业的赋码方式［变码印刷、TTO（即热转印赋二维码技术）、喷码、激光打码等］，将数字身份码赋至产品包装上，实现产品与数字身份码绑定。

数码激活关联生产信息：通过在生产线安装调试专业条码采集设备，在线识别产品数字身份码，并完成与实际产品信息（产品名称、产品规格、生产日期、生产批次及有效期等）的绑定。同时，建立与实物包装相符的多级包装关联关系（盒－箱、箱－托盘）。

物流信息加载：产品发货时，创建出库单，记录发货经销商、发货产品、发货数量，扫描产品数字身份码，实现产品发货信息记录。

产品全过程追溯平台：生产数据、发货数据上传至产品追溯平台，提供生产、流通查询服务。同时，基于收集产品生产流通全过程大数据，提供企业商业智能分析、营运管理实时监控功能。

10.2.5 数码生成/包材赋码

数码特性：为了有效实现产品防伪、防窜货、营销应用，方案设计采用“一袋一码”即唯一身份码（多重功效具备防伪、防窜货、追溯、营销互动等功能），身份码具备以下特性：

唯一性：一袋一码，该数码具备唯一性。“唯一性”使系统能够识别单一数码的批量复制，针对数据超次查询设置阀值实现假冒自动告警，及时制止造假行为。

保密性：采用高等级加密算法的身份码，防范数码批量伪造的可能。系统具备严密的安全防范措施；同时数据可采取上传“激活”机制，确保数据安全。

一次性验证：系统内每组数码只能有效查询一次并记录首次查询具体时间，再次查询系统会提示该数码已被查询的次数及时间，可防止数码重复使用。

如图10－4所示为小包装赋码效果示意图。

小包装赋码说明：

赋码技术：TTO使用专用热转印设备完成高分辨率的标识打印，便于安装，操作简单，TTO代表了一种更先进的赋码解决方案，具备环保设计、更长的运行时间以及卓越的工作性能等特点。

图 10－4　小包装赋码效果示意

赋码环节：彩印膜复合前，安装专用热转印设备，控制软件，完成可变二维码赋码操作。

赋码准备：包材改版，开透明窗预留打码位置。

赋码流程：在袋体 OPP（O－phenylphenol，邻苯基苯酚）膜彩色印刷环节后，通过独立的复卷环节，实现可变二维码打码加载（包装袋指定位置），打码完成后将带有二维码的 OPP 膜再与内膜进行工艺复合，二维码复合至夹层，起到保护二维码的作用。完成单袋可变二维码的赋码工作。

10.2.6　生产线采集关联

如图 10－5 所示为生产线采集关联流程。

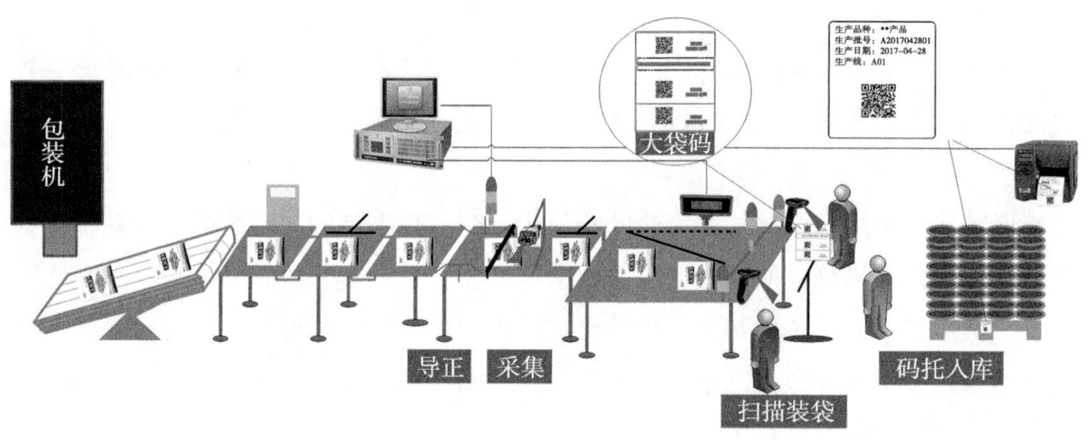

图 10－5　生产线采集关联流程

生产线扫描关联操作流程说明如下：

根据生产线现场情况，安装工控设备、采集设备及条码打印设备，工控机安装在在线采集客户端。

启动生产任务：启动在线采集客户端软件，并进入生产线启动信息设置功能界面，分别按要求设置产品信息、生产线信息、生产班组信息、生产批号、生产日期、有效期、自动入库库房信息。

在线采集：经包装机自动灌装完成的产品，落在输送带上，传输过程中，导正并压平后，经过安装在输送带上的二维码在线采集设备，完成在线采集，记录存储。如采集失败，信息传输至工控机，发送指令给剔除设备实现自动剔除，同时控制声光报警提示。

扫码建立对应关系：人工扫描大袋码（大袋码事先印刷成大袋标签，可根据实际情况，选择不干胶标签或者三联单式封口签），小袋成功扫描数量达到包装比例后，客户端依次自动建立小袋－大袋包装对应关系。

在线打印托盘码：大袋码扫描数量达到包装比例后，满托盘，客户端控制建立大袋码－托盘码包装对应关系，同时控制条码打印机自动打印托盘标签，人工粘贴至托盘。

发货扫描出库流程如图 10－6 所示。

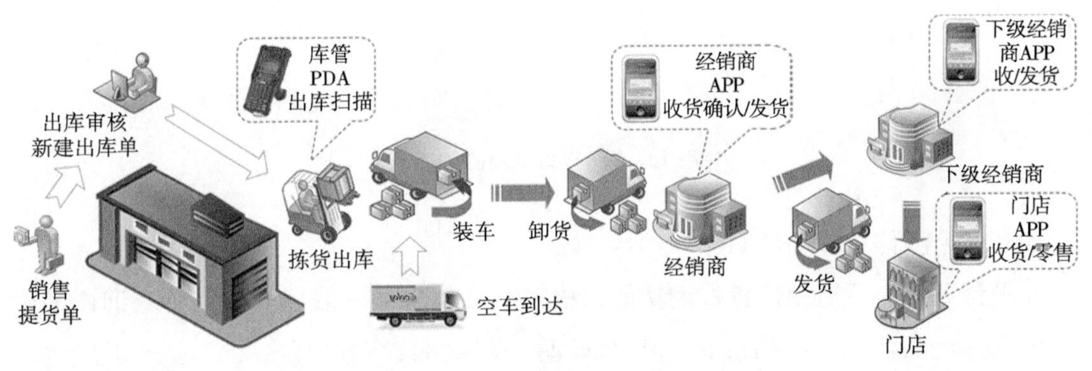

图 10－6　发货扫描出库流程

出库操作流程说明：

建单打印：创建出库单并打印，打印的单据内容含出库单号二维码信息。

发货扫描：装车发货前，库管员操作 PDA（Personal Digital Assistant，掌上电脑）扫码出库。PDA 联网状态，扫描出库单二维码，自动获取出库单据信息（出库经销商信息、出库产品及数量），扫描产品二维码，校验产品信息核销出库（整托盘出库扫描托盘码，整箱出库扫描箱码，单品出库扫描单品码）。

经销商收货确认：经销商收货时，登录 APP 收货确认，完成经销商库存核注入库。经销商往下级经销商/门店发货时，APP 扫码发货，完成库存核销出库，实现多级经销商产品流通管理及经销商库存管理。

门店收货/零售：门店收货时，登录 APP 收货确认，完成门店库存核注入库。零售扫码并录入客户信息，实现客户信息收集及门店库存管理。

登录平台，可根据追溯码查询生产信息、经销发货信息。产品追溯信息查询，如图 10－7 所示。

图 10－7　产品追溯信息查询

产品追溯信息查询说明：

平台提供产品追溯信息查询功能，根据产品包装唯一数字身份码可查询详细生产信息（产品名称、产品规格、生产日期、有效期、生产任务号、生产工厂、产线、班组等信息）、经销发货信息（发货经销商记录、发货时间），为企业人员稽查提供数据依据。

10.2.7　窜货预警

完成产品物流信息管理及窜货判断、告警和窜货信息统计分析，实现渠道监控，为打击窜货提供信息。

窜货分析说明：

窜货记录自动生成：自动获取扫码查询时消费者的位置信息，核对该产品发货经销商的经销区域，如不一致，自动生成窜货记录。

按区域统计窜货量，可以为企业实现精准窜货稽查提供数据依据。

如图 10－8 所示为产品投诉/假冒投诉分布图。

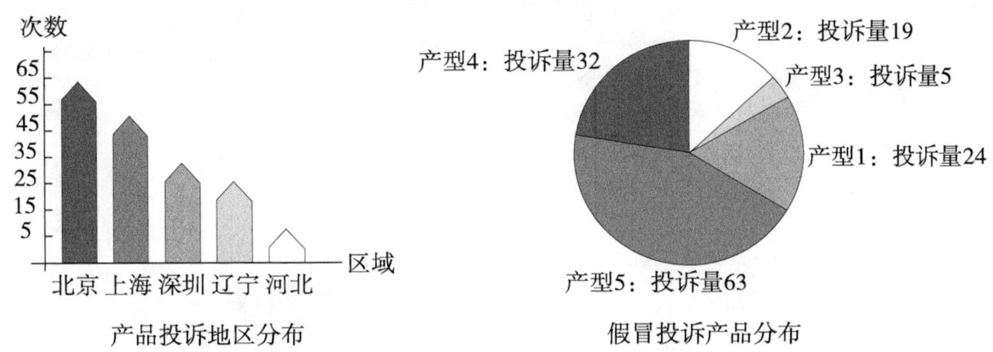

图 10－8　产品投诉/假冒投诉分析

投诉分析说明：

消费者投诉：消费者扫码后，可提交产品投诉意见、产品假冒投诉，提交数据时，后台记录消费者位置信息。

基于地图，按区域统计投诉量，为企业提供定向服务提供数据依据。

10.2.8　企业营运管理平台/商业智能

如图 10－9 所示为多维数据分析。

多维数据分析说明：

提供基于生产数据、经销数据、消费者扫码数据、营销数据等的多维数据统计分析功能。搭建企业大数据运营管理平台，为企业制订商业战略计划提供数据依据。

10.2.9　扫码查询服务

随着移动互联网技术的蓬勃发展和智能终端设备的普及，二维码依靠其高效性、安全性、便利性，已经被越来越多的企业和消费者接受。

二维码像一扇门，消费者通过扫码开门，企业即可为其展现丰富多姿的企业形象，为其提供防伪查询、一对一营销等活动，服务客户。

如图 10－10 所示即为多方式查询服务展示。

消费者和企业/政府稽查人员可以通过 400 查询电话（自动语音服务电话和人工服务电话）、互联网、电子邮件以及 APP（智能手机终端）等多种途径访问平台进行信息查询服务。

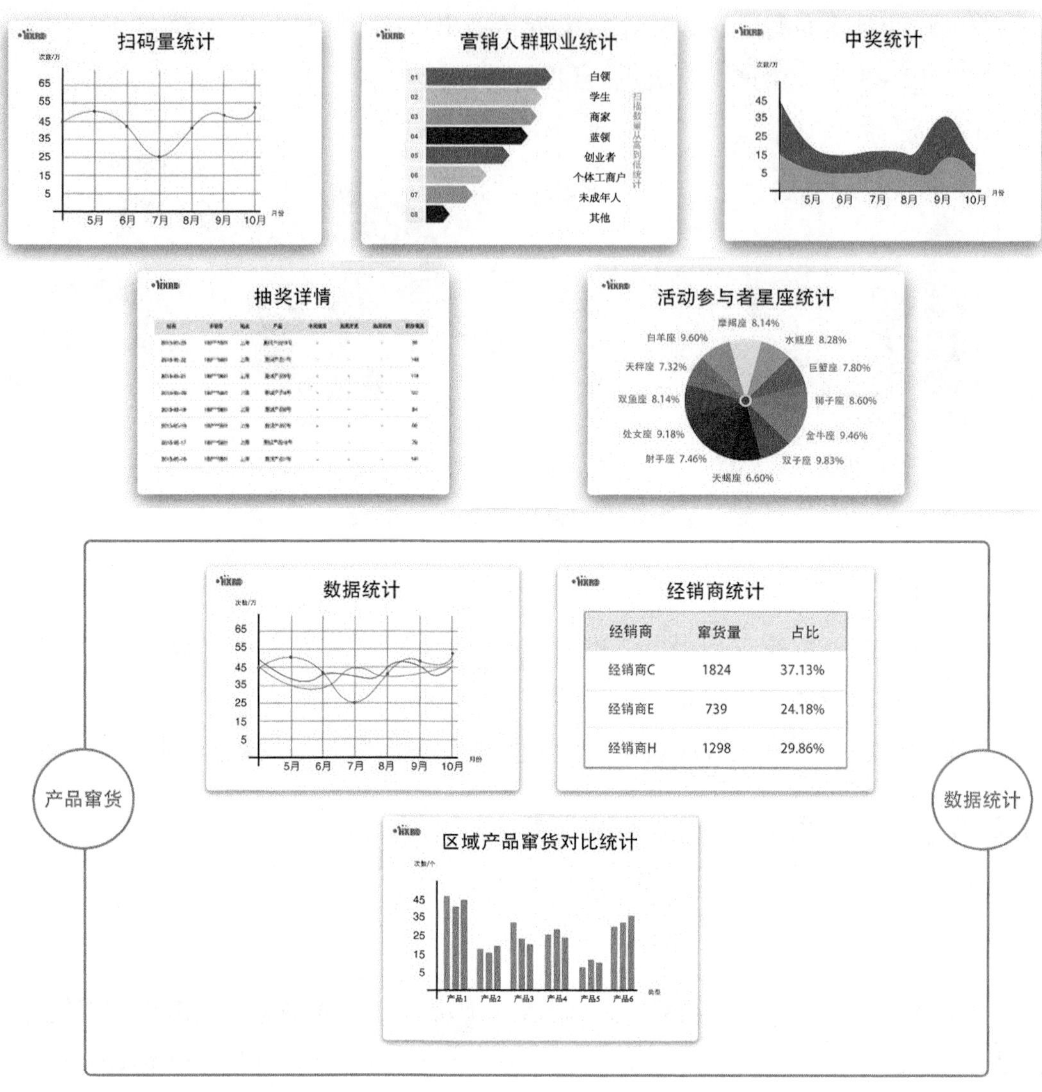

图 10－9　多维数据分析

伴随着互联网技术的快速发展、二维码应用技术的推广，消费者可通过扫描二维码快速验证产品真伪（见图 10－11），防伪查询手段更丰富。

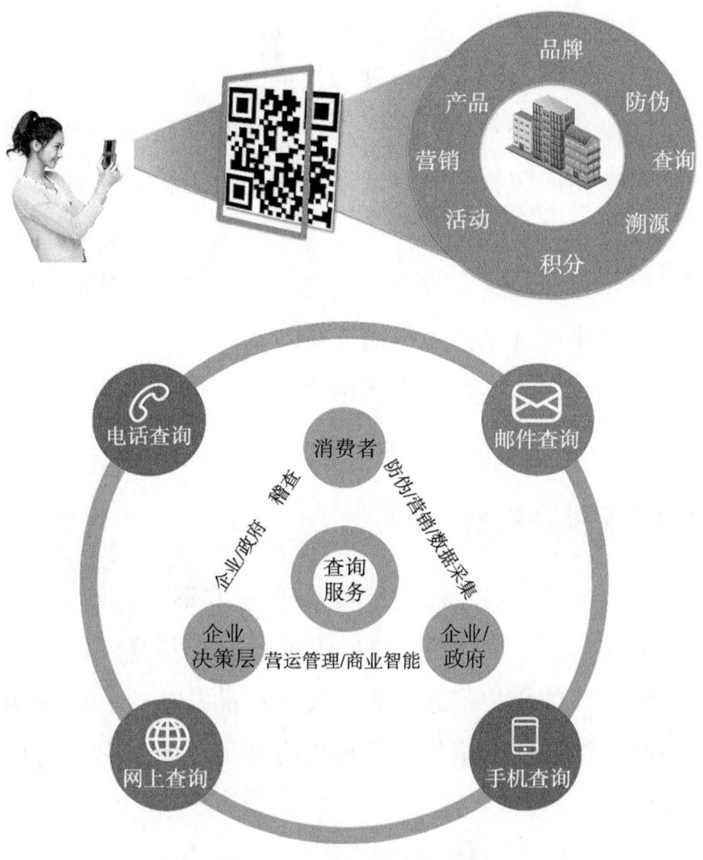

图 10－10　多方式查询服务

图 10－11　扫码查询真伪

10.3　技术应用方向及发展规划

10.3.1　技术创新点

①利用二维码编码、二维码采集、数据库、软件工程及计算机等技术手段，实

现覆盖产品生产、流通、消费的全过程信息追溯。

②提高公司生产流通全过程信息化管理水平。

③消费者扫描二维码防伪查询，验证真伪。同时收集消费者信息、产品消费区域信息。平台核对经销商区域，实现自动窜货预警，为公司实现精准打击窜货提供数据依据。

④通过收集工厂发货、经销商收发货信息，实现经销商库存的实时统计，为公司掌握市场动态、制订生产计划提供数据支持。

⑤消费者扫码防伪查询时，可同步展示公司推广信息，为公司开展定向营销推广提供技术支持。

10.3.2 行业应用及发展规划

基于食品“一物一码”生产全过程质量追溯方案，通过从包材生产环节的“一袋一码”赋码管理、产品生产环节的采集关联生产信息、经销流通环节的发货数据收集、门店零售环节的零售信息收集，实现产品从生产、流通到消费的全生命周期溯源管理，可有效防伪、防窜货，实现供应链追踪与管理，可广泛推广应用于食品生产企业、经营企业。

11 技术案例之三——大连睿芯基于无源无硅基芯片 RFID 的产品全生命周期追溯管理系统平台

11.1 公司简介

睿芯（大连）股份有限公司于 2011 年由风险投资机构和英国剑桥大学归国博士共同发起成立，注册资金人民币 1000 万元。作为高新技术企业，公司研发实力雄厚，专业从事射频识别（RFID）技术的研究与产品开发，并提供相关技术支持和售后服务。通过“研、学、产”三位一体的研发理念，坚定不移推进技术研发和应用相结合。

公司强化和国内外科研机构、院校横向联系，与英国剑桥大学光电子研究中心、中科院化学所、中国软包装协会、亚洲托盘协会共同开展 RFID 核心技术研究、关键部件开发、产品标准制定等工作合作。围绕自主研发的无源无硅基芯片 RFID 电子标签（产品名称：匠芯 RFID），推出智能包装物联网行业相关应用；围绕智能中间件管理系统［产品名称：iPES（项目执行管理系统）］，广泛应用在智能仓储和物流收发环节。整个系统作为产品全生命周期的管理平台，包括：赋码、读码、信息绑定、验码、数据归集、推送、展示等主要环节。

公司业务涉及副食品智能大包装物联网、智能仓储管理、服装智能门店展示和专业展会信息智能收集四大行业。销售产品涵盖硬件服务、软件服务、持续标签供应和打印标签用耗材。

11.2 技术方案

11.2.1 概述

基于无源无硅基芯片 RFID 的产品全生命周期追溯管理系统分为硬件系统和软件系统两大部分，硬件系统主要负责商品的标识及商品追溯信息的采集，软件系统主要负责企业信息化管理及商品追溯信息的分析、加工及展现。两大系统无缝衔接旨在从商品的源头生产到产品最终消费的全生命周期进行监控与追溯管理。

商品的识别问题是对商品进行监控、追溯信息采集的基础，传统的商品识别主要是基于条码技术，而睿芯则将无源无硅基芯片 RFID 电子标签复合于产品包装之上，从而解决商品的标识问题。

商品追溯信息的采集，睿芯是通过在生产线上、在商品流转托盘上、在叉车上、在成品库房内安装专有的识读设备来实现的，商品流转到对应环节后，识读设备就会自动识别到复合于产品外包装之上的电子标签，进而将读取的信息上传至后端云服务中进行记录。

后端云服务是基于云计算技术、大数据技术的智能生产管理系统平台，为企业用户提供诸如组织管理、权限管理、产品管理、订单管理、生产管理、进销存管理等基础服务，同时基于生产线上采集的生产数据和最终用户反馈的数据为消费者提供全面的商品追溯信息、为企业提供个性化的定制分析报表以辅助公司高层决策。

整个系统建设方案如图 11－1 所示。

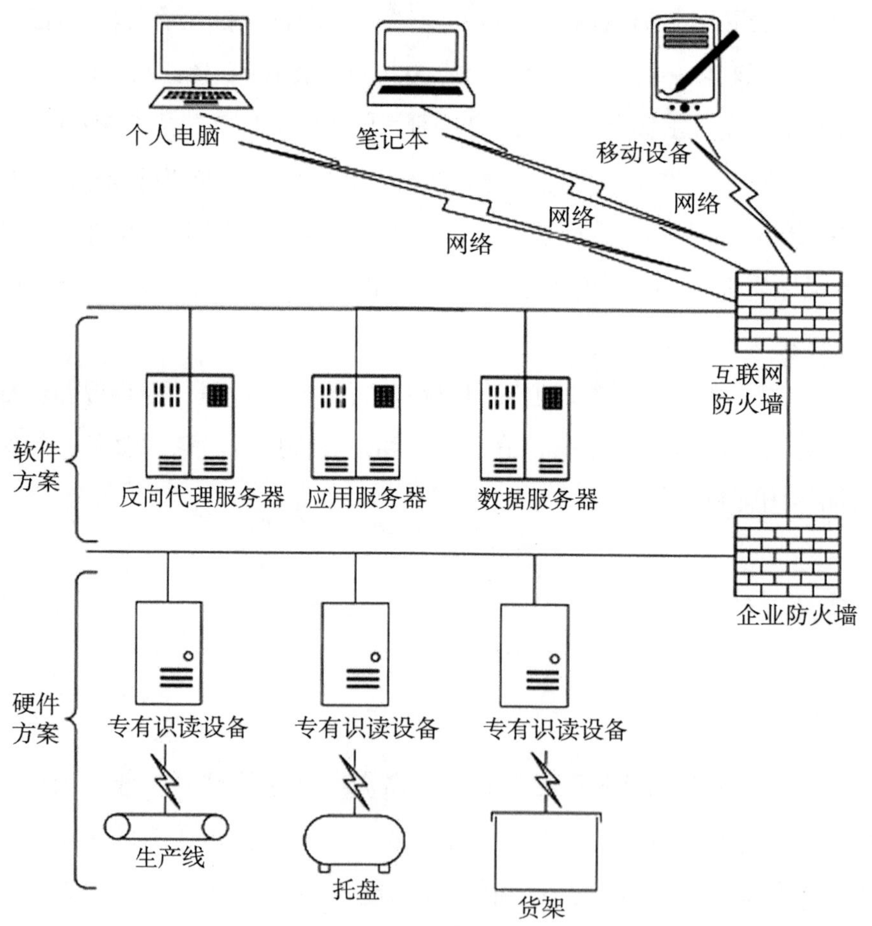

图 11－1　系统建设方案

11.2.2 硬件系统方案

硬件系统是整个基于无源无硅基芯片 RFID 的产品全生命周期追溯管理系统的基础，其主要负责商品的识别和商品追溯信息的采集。

11.2.3 商品识别方案

商品识别技术方案的研发遵循如图 11－2 所示的技术路线开展。

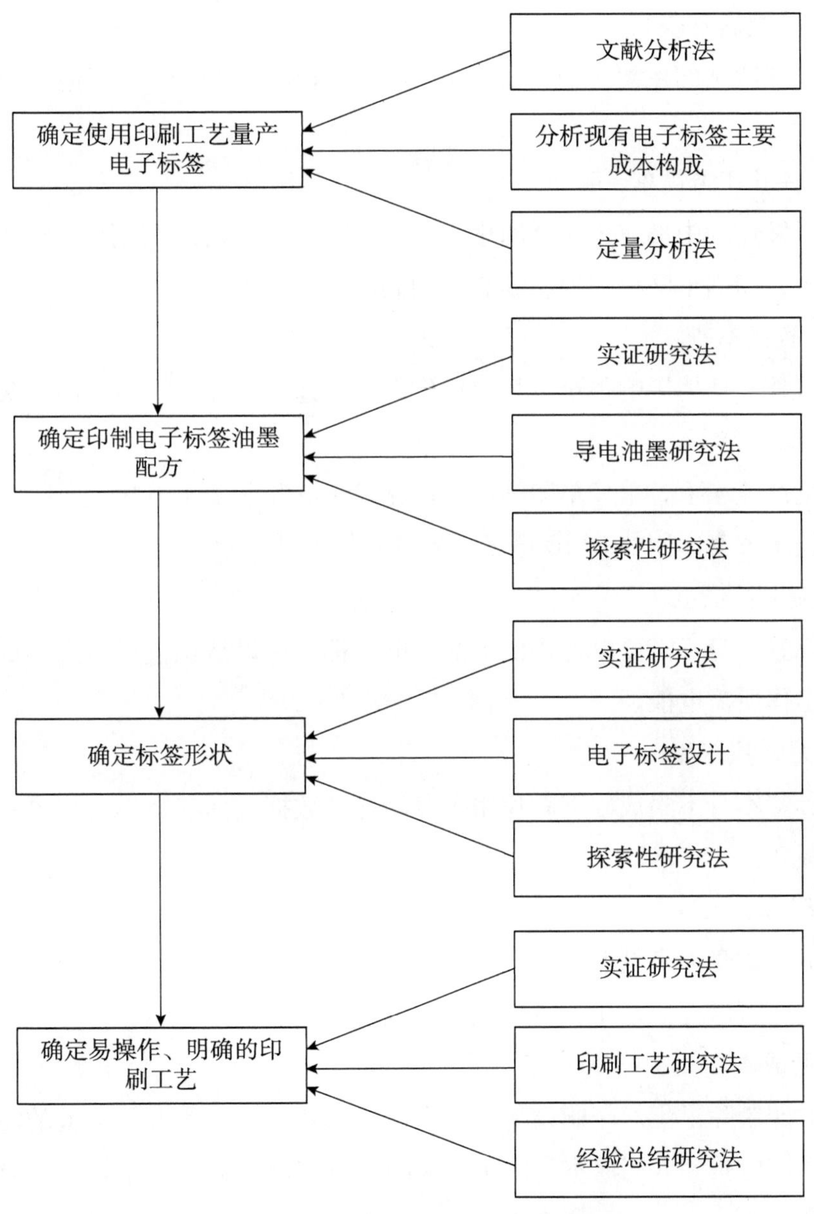

图 11－2　商品追溯信息识别技术方案

睿芯在商品的识别技术上并没有选择现在行业内大量使用的条形码技术或二维码技术，而是选择了 RFID 技术作为商品识别的底层技术支撑，主要是考虑了 RFID 技术在识读方式、识读速度、保密性、使用寿命、环境适应性等方面的优势。但是 RFID 技术成本偏高一直是制约该技术产业化的首要问题。在成本问题上，睿芯研发团队历时五年时间研发出成熟的第三代无源无硅基芯片 RFID 电子标签产品，此电子标签制造采用更易于实现的印刷方式，省去了硅基芯片制造和烦琐的倒封装工艺，有效地降低了制造成本。这种 RFID 电子标签制作工艺具备如下特点：

11. 2. 3. 1　原材料易获取

电子标签印制的主要原材料是导电油墨，导电油墨可以方便地在市场上购买获得。

11. 2. 3. 2　生产工艺简单、明确

睿芯研发过程中形成了完整的生产工艺流程说明，对印刷制版、油墨调制做了明确的规定，印刷车间根据说明制版、调制油墨后即可生产。

11. 2. 3. 3　良品率高

印刷过程受环境影响很小，只要操作人员不违规操作基本不会出现次品。

11. 2. 3. 4　效率高

正常生产速度下，单日单印刷设备可完成标签印制几十万枚。

这种技术方案印制的 RFID 电子标签具备如下特点：

（1）无电池供电

电子标签本身不需要电池提供电能，电子标签可以从识读设备发出的射频能量中提取其工作所需电能。

（2）无硅基芯片

电子标签本身不集成硅基芯片用于存储标签数据，标签数据由标签物理特性决定，不易损坏。

（3）超薄、柔性

由于标签本身不带电池、不含芯片，因此标签可以做到 1 ~ 2 微米厚度，且自身是柔性的，可以卷曲，非常适合塑料软包装。

（4）低成本

标签的印制除了生产印刷设备的一次性投入外，每一个电子标签的印制仅需要微量的油墨、电费和人工成本，由于巨大的产量和高良品率，平均一个电子标签的成本不足 0. 1 元。

11.2.4 商品信息采集方案

睿芯在商品追溯信息采集环节上使用了自主研发的标签识读设备，在降低成本的同时保证了整个系统良好的扩展性，可以与生产、流通、仓储各个环节方便地对接。商品追溯信息采集方案的研发遵循图 11－3 所示技术路线。

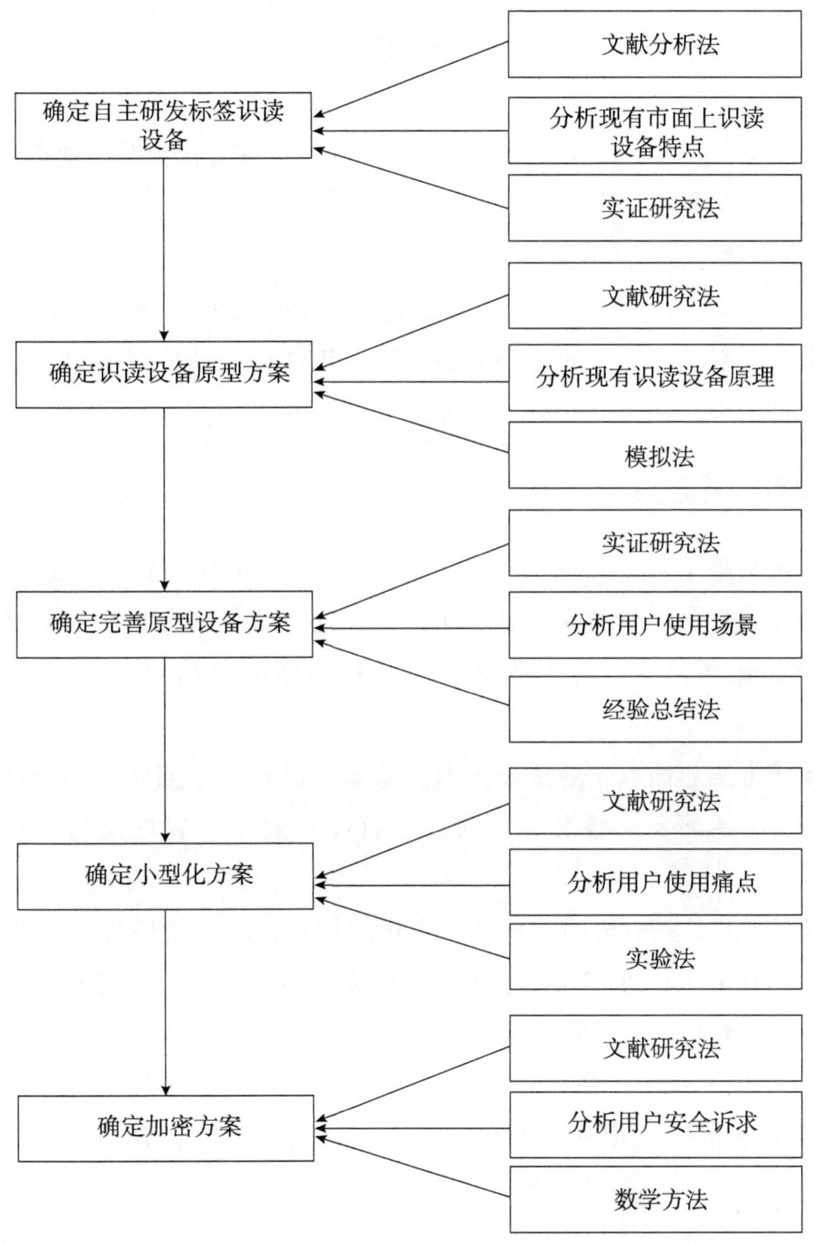

图 11－3　商品追溯信息采集技术方案

这种自主研发 RFID 电子标签识读设备的方案具备如下特点：

11.2.4.1 适应性强

识读设备可以根据安装设备的不同设计、不同的固定方式用于固定在生产设备、叉车、库房内。

11.2.4.2 扩展性强

识读设备可以根据用户的需求定制开放扩展接口，比如支持 SIM（用户身份识别）卡、SD（安全数码）卡，支持 USB（通用串行总线）接口等。

11.2.4.3 安全性强

识读设备除了完成标签识读功能之外还集成了标签防伪检验、数据加密功能模块，有效提高了数据采集的安全性。

11.2.4.4 成本低

识读设备除固定研发成本外，物料的选择都是经过精心筛选的，既满足功能、性能的要求，又不浪费硬件的处理能力，整个识读设备的物料成本不足市面产品的1/4。

11.2.5 软件系统方案

软件系统是整个基于无源无硅基芯片 RFID 的产品全生命周期追溯管理系统的价值核心所在，其主要负责硬件系统采集信息的存储、分析，为最终消费者提供全面的商品追溯信息，为企业提供个性化的定制分析报表以辅助公司高层决策。

软件系统方案遵循以企业用户需求为基础，以睿芯远期规划为指导的原则进行建设。图 11－4 所示是睿芯在调研多家食品企业用户后整理的企业用户需求文档。

为了满足睿芯日益增长的用户数、多样的用户需求、软件架构的扩展性、稳定性等产品内在需求，睿芯软件系统方案在满足用户需求功能的同时也重点考虑了图 11－5 所示的产品化需求。

综合用户需求和产品需求，睿芯研发团队设计了如图 11－6 所示的软件系统架构，既满足了企业用户对功能的诉求，又满足了公司对软件系统的远期规划。

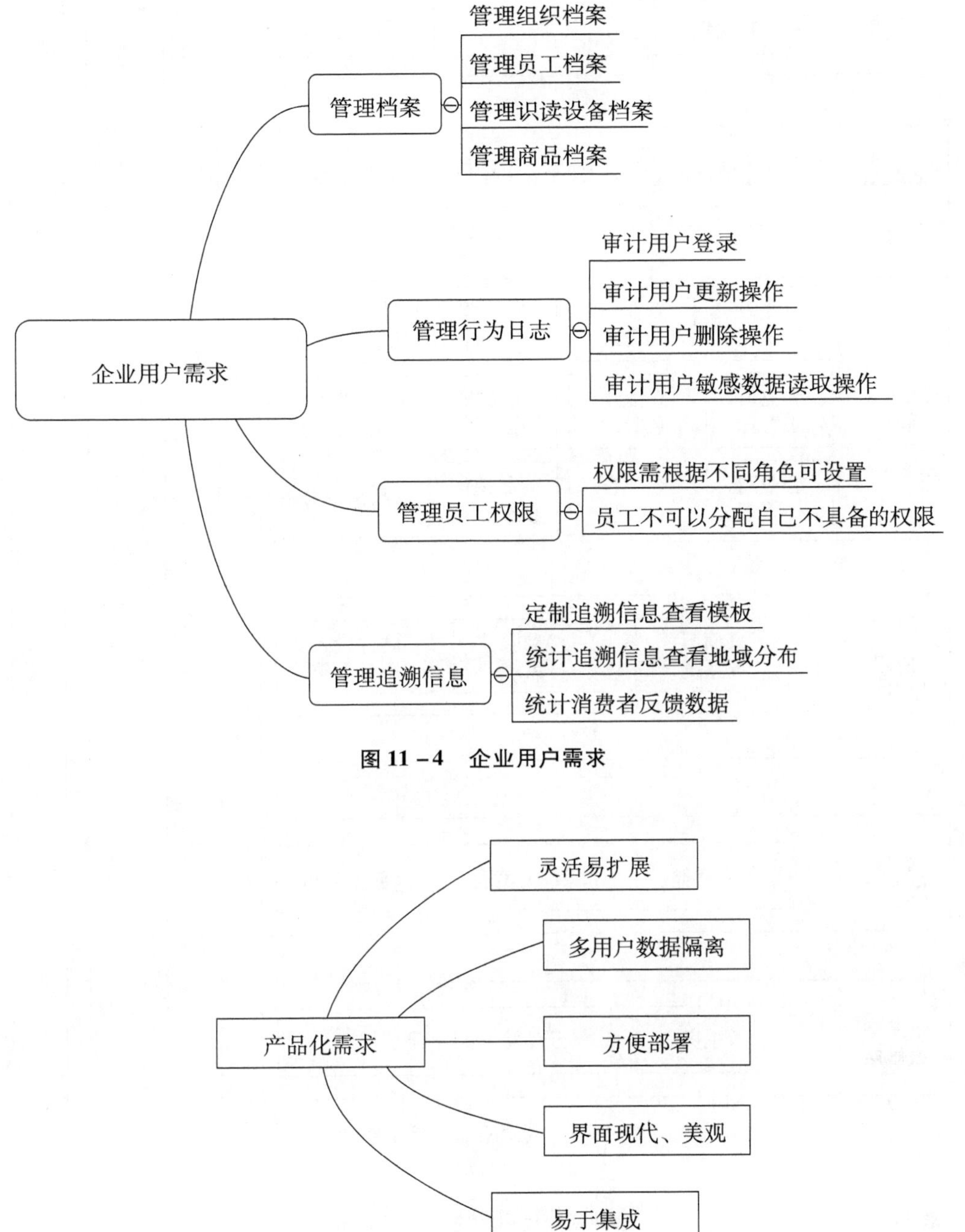

图 11－4　企业用户需求

图 11－5　企业产品化需求

溯源平台软件系统的建设使用了时下前沿的软件技术、优雅的界面设计、流行的编程风格，在满足用户需求的同时提升了用户体验，加快了软件开发速度，降低了软件维护成本。表 11－1 所示是软件系统使用的主要技术方案。

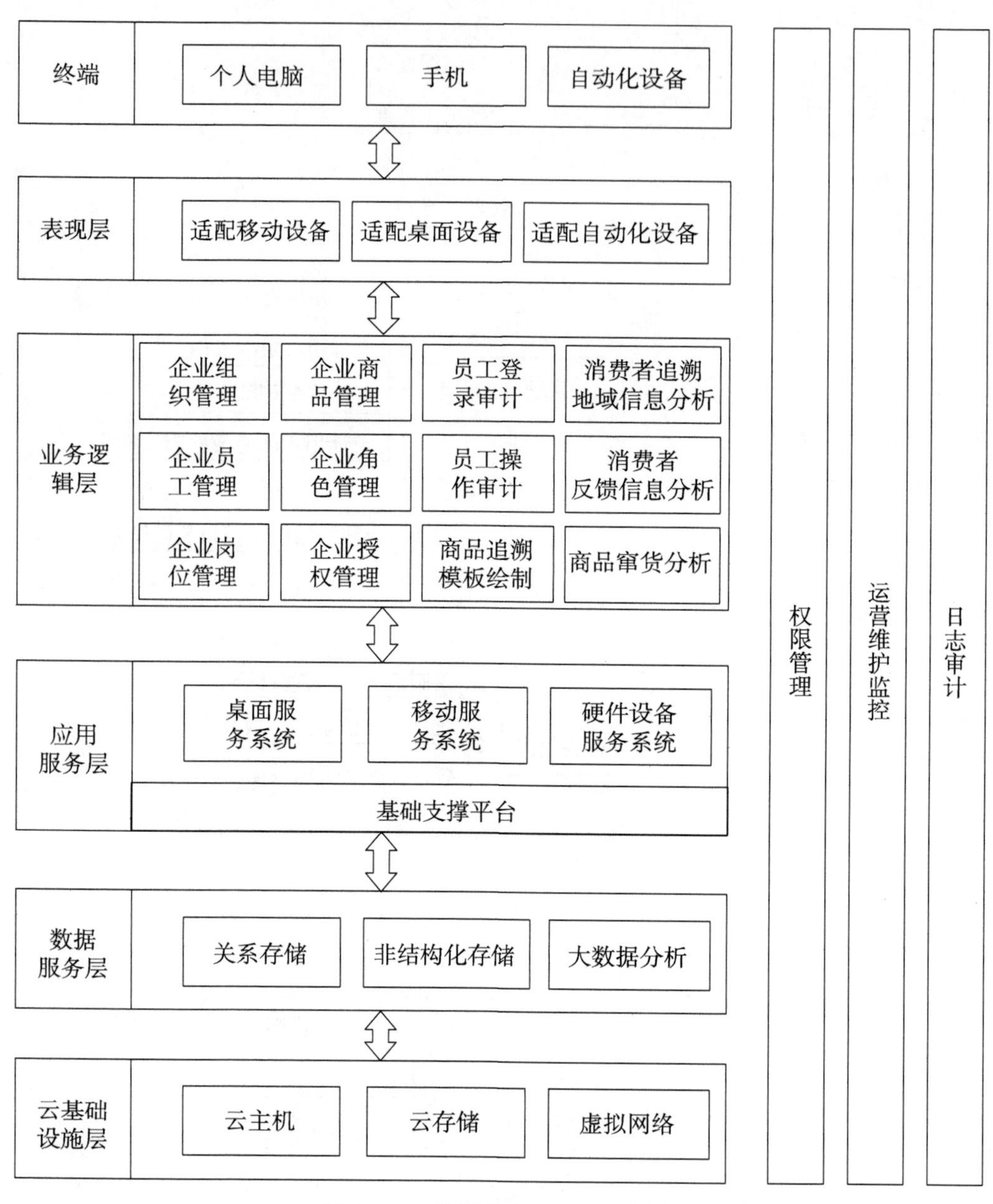

图 11-6　溯源平台软件系统架构

表 11-1　软件系统使用的主要技术方案

应用层次	使用的技术方案
表现层	Restful（架构约束原则应用程序设计）、AngularJS（JavaScript 框架）、Bootstrap（开源用于前端工具包）、Html5（超文本标记语言 5.0）、CSS3（层叠样式表）
业务逻辑层	Spring MVC（Java 框架）、Spring Security（安全服务体系）、MyBatis（持久层框架）

续 表

应用层次	使用的技术方案
应用服务层	Linux（类 Unit 操作系统）、Tomcat（汤姆猫服务器）、Apache（Web 服务器软件）
数据服务层	MySQL（关系型数据库管理系统）、MongoDB（基于分布式文件存储的数据库）、MapReduce（面向大数据并行处理的计算模型）
云基础设施层	阿里云 ECS（Elastic Compute Service，弹性计算服务）、阿里云负载均衡、阿里云 RDS（Relational Database Service，关系型数据库服务），阿里云块存储、阿里云对象存储、阿里云 CDN（Content Delivery Network，内容分发网络）

整个软件系统方案具备如下特点和优势：

11.2.5.1 用户体验好

表现层使用了时下最流行的前端开发框架 Bootstrap，基于扁平化设计思想，深入考究了用户操作习惯，保证了用户以很低的学习成本使用软件系统。

11.2.5.2 技术流行

技术选型上使用了时下流行的 Spring MVC 作为业务逻辑控制层，简单、灵活的 MyBatis 作为关系数据访问层，流行的大数据分析框架 MapReduce 作为数据服务层核心，整个系统对外提供 Rest 架构风格的接口。

11.2.5.3 安全性强

用户的每一项数据在数据服务层中都是经过加密的，且用户的数据相互隔离，在系统外访问时均以 HTTPS（Hyper Text Transfer Protocol over Secure Socket Layer，以安全为目标的 HTTP 通道）加密协议进行交互。

11.2.5.4 可靠性高

系统中各层服务都存在备用节点，不会出现单点故障问题。

11.2.5.5 资源随需扩展

服务部署于云端，服务高峰期可以提供更多节点保证服务连续性，压力下来后可以回收部分节点节约开支。

11.3 技术应用方向及发展规划

目前，大连睿芯与北方著名软包装企业和南方纸质包装企业展开全面合作，立足北方农副产品塑料软包装、南方酒类和电子产品的纸质包装，强化包装的功能特性，持续为包装企业供应制造匠心 RFID 的特殊材料，为产品提供平台服务，为企业提供一手的消费数据。应用的服务对象包括仓储物流类公司，服装类公司，会展服务类公司，食品、药品、烟草类公司。适用的场景包括仓储管理、商品批量识别、智能门店、大型展会智能管理类服务、资产监管类服务、生产自动化、商品防伪溯源等。

公司近期在继续扩大销售生产的同时，着力开展基于无源无硅基芯片 RFID 电子标签的食品安全溯源体系标准建立，并争取国家相关部门支持，上升为国家标准。

远期完成带温度传感器的 RFID + AMOLED（射频识别有源矩阵有机发光二极体）柔性屏的智能大包装产品开发，并应用于冷链物流行业，争取建立冷链行业全程食品安全追溯体系标准，并争取升格为国标标准。

通过对匠心 RFID 生产设备的改造和升级，使其成为包装企业生产设备中的可选插件模块——数字喷印 RFID 生产插件，更加方便行业的推广。同时，对标签识读设备的小型化升级后，对产线和环境的适应性越来越强，便于铺设。验证终端多元化，即存在商超里的溯源柜机，也推出智能手机壳套装，预计在 2017 年 9 月，联手主流手机厂家共同推出“鉴真智能机”，使得 B2C 变得可能，扩大产品的受众人群。

12　技术案例之四——稻源科技食品安全溯源一体化数据采集系统解决方案

12.1　公司简介

江苏稻源微电子有限公司是清华启迪实业集团旗下企业。该公司自主研发芯片及提供射频识别芯片解决方案，致力于给物联网上每一个物品一个“数字身份证”，通过移动终端、云计算及自动化技术，为消费升级、智慧城市、工业4.0获取大数据，让商务活动更高效，生活更安全便捷。产品应用包括防伪溯源、供应链管理、仓储物流、行李分拣、服装零售、智慧安防、资产管理、车联网等领域。

公司愿景是成为世界一流的物联网公司，具体如下：

①国际化；

②商品溯源防伪技术及方案全球化品牌；

③物联感知芯片为基因的产品服务公司；

④行业应用物联网+大数据公司的品牌技术提供商。

公司的核心技术集中于从事超低功耗、高性能无线射频识别RFID集成电路芯片设计开发，公司已研发出高频15693型、14443A型、NFC（Near Field Communication，近场通信）移动支付及超高频UHF（Ultra High Frequency，特高频无线电波）芯片等7条产品线，共14款芯片。公司同时开发出拥有自主专利的包含射频模拟前端、存储器、数字和算法等设计技术的低功耗无源芯片。公司开发出基于自主芯片及标准的，包括APP及云平台的解决方案。公司已申请及授权专利27项，其中发明专利16项，获得芯片国家布图登记保护证8项。

12.2　项目概述

近年来，食品安全已经引起了国家及广大人民的广泛关注。目前，我国谷物、水果、肉类、禽蛋和水产品等主要食品产量居世界第一位，为了确保人民群众的食品安全，有效控制食源性疾病的暴发，以及排除我国食品的出口面对进口国食品跟踪与追溯法律法规的限制，食品跟踪与追溯的工作将对食品行业的发展产生巨大的影响。

12. 2. 1　系统特点

利用 RFID 的优势特性达到对食品的安全与追溯的管理，相比文字等记录追溯方式更加高效、实时、便捷。

在食品供应链中提供完全透明的管理，保障食品安全全程可视化控制、监控与追溯，并可以全面监控食品从生产到销售及各个流通环节中的产品信息及安全隐患。

数据能够通过网络实现实时、准确报送，便于快速高效做更深层次的分析研究。通过网络，消费者可查询所购买食品的完整追踪信息。

通过基于 EPC Global（国际物品编码协会与美国统一代码委员会合资公司）的物联网地址解析系统实现对重点食品跟踪与溯源查询管理，借助 RFID 技术和互联网技术对食品原材料状态、运输及生产和库存进行实时跟踪管理。通过对食品库存、在途、生产以及流向销售信息记录，实现对食品跟踪及溯源的工作，有效完成对食品安全的监控，最大化地保障食品在各个环节的信息公开化，保障食品安全。

12. 2. 2　系统目标

①完成食品安全溯源一体化数据采集系统主机硬件设备的定制。该主机由嵌入式触控平板工控机，具备 RS232/485 接口、USB 接口、千兆以太网接口、WiFi 无线通信模块、4G 高速无线接入终端模块、GPS 模块、内置温湿度采集模块、RFID 刷卡模块组成。硬件设置达到工业级标准。

②完成 6 家企业的溯源示范系统的测试验证服务，包括软件调试、数据对接、联调服务等其他服务。

③实现食品生产、入库、出库、实时库存、流通运输及销售环节的信息溯源，根据网络可及时查询食品溯源信息，查询响应时间小于 3 秒。

12. 2. 3　风险/约束

①项目实施过程中可能由于现场环境及网络设施等因素会延长本次项目完成

时间。

②RFID 标签受损，会导致识别困难。

12.2.4 项目设计原则

本次食品安全溯源管理系统建设，在符合开发要求定义的基础上，还要为系统的进一步发展和扩充留有充足的空间。设计中需要考虑食品安全溯源等其他发展，进行统一规划和设计。由于本次项目建设以业务、数据为核心，设计原则具体如下：

12.2.4.1 满足业务/管理需求原则

从实际需求出发，遵循业务/管理应用为主导的优先原则，以客户最需要的业务数据为基础，以实现食品安全溯源需求为目标。

12.2.4.2 统一规划、标准规范

系统建设应采用“统一规划、分步实施、统一标准、降低风险”的策略。在遵循管理规范的前提下，事先进行总体规划及食品安全溯源系统设计和标准体系建设，分步进行实施。总体规划方案的设计要从简单实用角度出发，遵循一体化原则，减少系统复杂性。

12.2.4.3 成熟先进原则

在保证成熟性、实用性、可靠性的前提下，系统建设在设计思想和实现技术两方面都必须坚持先进性原则。

12.2.4.4 安全可靠原则

食品安全溯源系统建设必须具有高安全性和高可靠性。要采用严格完善的安全措施，从网络、系统、应用、用户、数据等方面确保业务系统的可靠性和保密性，服务质量和信息安全是 IT 规划、设计、建设方案的根本，必须考虑建立统一完善的安全标准、安全技术措施、安全管理制度，制定明确的数据分类保护等级规范，建立统一的用户管理和访问控制机制。

12.2.4.5 易维护与扩展原则

系统应该具备安装方便、配置方便、使用方便等特点。系统整体构架灵活，能提供简单的维护工具，以满足功能扩充的要求；同时，要能与其他信息系统有机结合，协同工作。

以上几点相互关联，相辅相成，构成了本次项目建设的总体指导原则。

12.3 总体框架

12.3.1 系统架构

系统架构如图 12－1 所示。

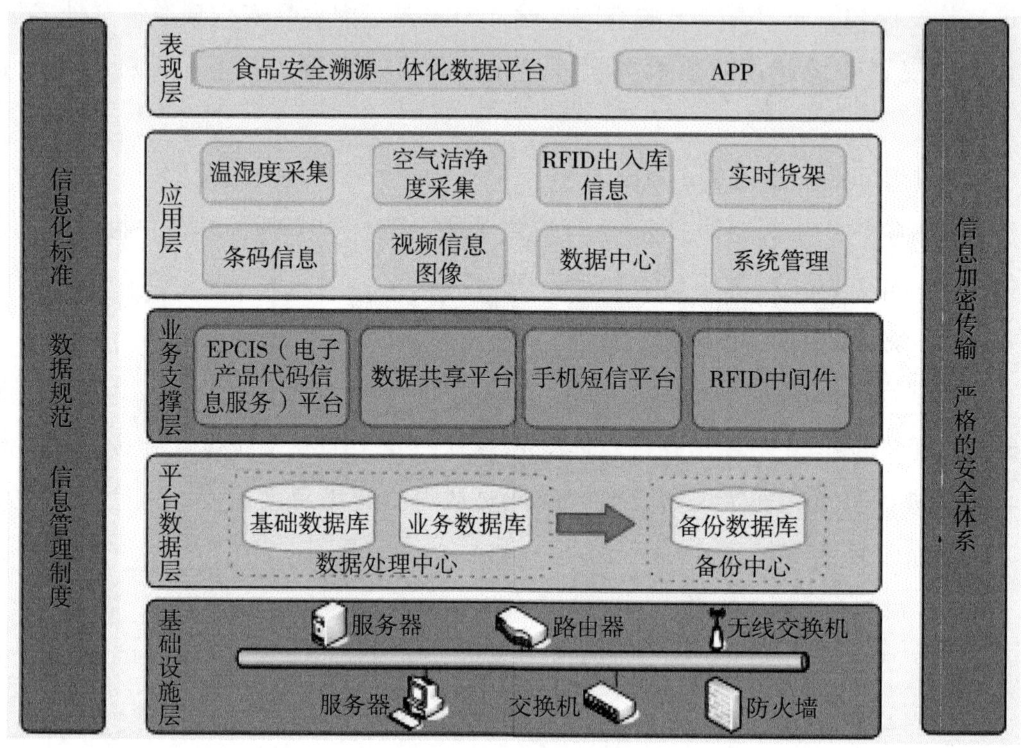

图 12－1 系统架构

系统五层架构如表 12－1 所示。

表 12－1 系统五层架构说明

层级	说明
第 5 层	表现层，包含食品安全溯源一体化数据平台和 APP
第 4 层	应用层，包含温湿度采集，PM2.5（细颗粒物）空气洁净度采集，RFID 出入库信息，实时货架，条码和视频信息图像采集等业务流程
第 3 层	业务支撑层，包含 EPCIS 服务器和数据共享平台、手机短信平台和 RFID 中间件
第 2 层	平台数据层，包含基础数据库和业务数据库及备份数据库
第 1 层	基础设施层，包含 PLC（可编程逻辑控制器）、RFID 读写器、喷码机、条码视觉系统、传感器、RFID 打印机、手持扫描枪等

12.3.2 总体层次架构

总体层次架构如图 12－2 所示。

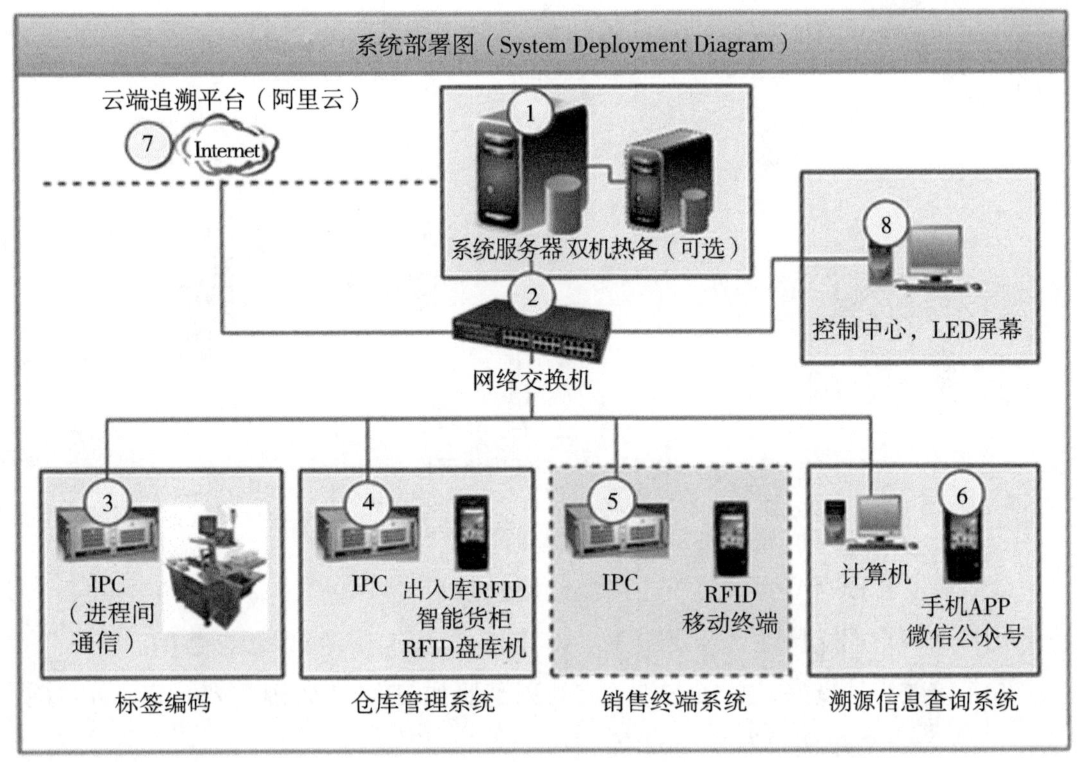

图 12－2 总体层次架构

总体层次架构，其中包括标签编码、仓储管理系统（出入库管理）、销售终端系统、溯源信息查询系统，通过网络进行与数据服务中心的数据交换。

12.3.3 系统网络架构

系统网络架构如图 12－3 所示。

12.3.4 系统性能指标

①99%的情况下，首页需要在 5 秒内呈现；各页面加载时间需要在 5 秒左右完成。

②系统须支持 Web API（应用程序编程接口）与 Web Service（Web 应用程序）

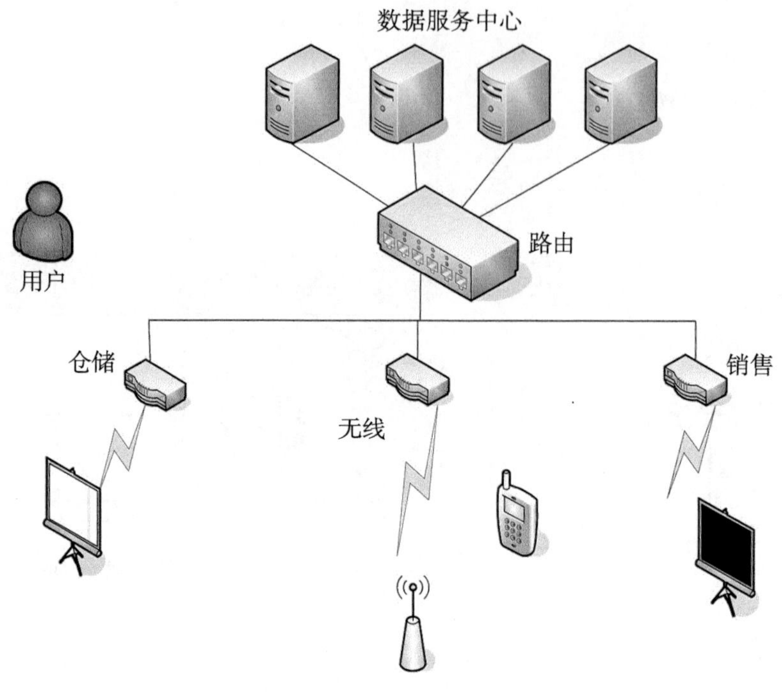

图 12－3　系统网络架构

两种方式，通过接口传递信息且有一定的加密方式。

③系统支持读写分开，使用连接池链接数据库。

④移动客户端支持通过 WiFi，3G/4G 等方式访问，并可以缓存数据。

⑤系统兼容性良好，必须支持主流的浏览器如 IE（微软浏览器）、Firefox（火狐）、Chrome（谷歌浏览器）、360 等。

12.4　技术特点

12.4.1　射频识别（RFID）技术

射频识别，即 RFID 技术，又称无线射频识别，是一种通信技术，可通过无线电讯号识别特定目标并读写相关数据，而无须识别系统与特定目标之间建立机械或光学接触。RFID 读写器也分移动式的和固定式的，目前，RFID 技术应用很广，如图书馆、门禁系统、食品安全溯源等。

射频识别系统最重要的优点是非接触识别，它能穿透雪、雾、冰、涂料、尘垢和条码无法使用的恶劣环境阅读标签，并且阅读速度极快，大多数情况下不到 100 毫秒。有源式射频识别系统的速写能力也是重要的优点。可用于流程跟踪和维修跟踪等交互式业务。

RFID 是一项易于操控、简单实用且特别适合用于自动化控制的灵活性应用技术，可自由工作在各种恶劣环境下：短距离射频产品不怕油渍、灰尘污染等恶劣的环境，可以替代条码，例如用在工厂的流水线上跟踪物体；长距离射频产品多用于交通上，识别距离可达几十米，如自动收费或识别车辆身份等。射频识别系统主要有以下几个方面优势：

12.4.1.1 读取方便快捷

数据的读取无须光源，甚至可以透过外包装来进行。有效识别距离更大，采用自带电池的主动标签时，有效识别距离可达到 30 米。

12.4.1.2 识别速度快

标签一进入磁场，解读器就可以即时读取其中的信息，而且能够同时处理多个标签，实现批量识别。

12.4.1.3 数据容量大

数据容量最大的二维条码（PDF417），最多也只能存储 2725 个数字，若包含字母，存储量则会更少；RFID 标签则可以根据用户的需要扩充到数十 KB。

12.4.1.4 使用寿命长，应用范围广

RFID 的无线电通信方式，使其可以应用于粉尘、油污等高污染环境和放射性环境，而且封闭式包装使得其寿命大大超过印刷的条码。

12.4.1.5 标签数据可动态更改

利用编程器可以向标签写入数据，从而赋予 RFID 标签交互式便携数据文件的功能，而且写入时间相比打印条码更少。

12.4.1.6 更好的安全性

不仅可以嵌入或附着在不同形状、类型的产品上，而且可以为标签数据的读/写设置密码保护，从而具有更高的安全性。

12.4.1.7 动态实时通信

标签以每秒 50～100 次的频率与解读器进行通信，所以只要 RFID 标签所附着的物体出现在解读器的有效识别范围内，就可以对其位置进行动态的追踪和监控。如图 12－4 所示为 RFID 射频通信模式。

12.4.2 先进统一的 SOA 架构

SOA，即面向服务的体系结构，是一个组件模型，它将应用程序的不同功能单

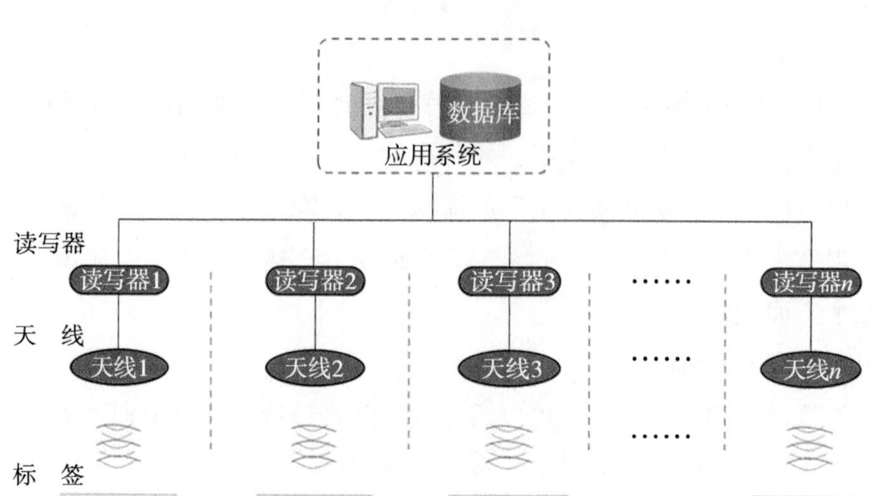

图 12 –4　RFID 射频通信模式

元（称为服务）通过这些服务之间定义的接口和契约联系起来。接口是采用中立的方式进行定义的，它应该独立于实现服务的硬件平台、操作系统和编程语言。这使得构建在这样的系统中的各种服务可以以一种统一和通用的方式进行交互。考虑到此系统需要和 SAP（System Applications and Products，企业管理解决方案）、物流平台等不同平台间的数据交互，SOA 提供了一种异构间系统的数据交互方式，SOA 的目标在于让 IT 系统变得更有弹性，以便更灵活、更快地响应不断改变的企业业务需求，解决软件领域一直以来存在的“如何重用软件功能”问题。采用 SOA 来构建信息平台，无疑是未来的发展方向。

SOA 的五大基本特征为软件功能重用提供了解决的办法。

12.4.2.1　通信简单

服务之间通过简单、精确定义的接口进行通信，不涉及底层编程接口和通信模型。

12.4.2.2　粗粒度服务

粗粒度服务提供一项特定的业务功能，它的优点在于使用者和服务层之间不必再进行多次的往复，一次往复就足够了。

12.4.2.3　松耦合性

松耦合性要求 SOA 架构中的不同服务之间应该保持一种松耦合的关系，也就是应该保持一种相对独立无依赖的关系。这样的好处有两点，首先是具有灵活性，其次是当组成整个应用程序的服务内部结构和功能逐步发生变化时，系统可以继续独立存在。而紧耦合意味着应用程序的不同组件之间的接口与其功能和结构是紧密相连的，因而当需要对部分或整个应用程序进行某种形式的更改时这种结构就显得非常脆弱。

12.4.2.4 位置透明性

位置透明性要求SOA系统中的所有服务对于其调用者来说都是位置透明的，也就是说，每个服务的调用者只需要知道想要调用的是哪一个服务，但并不需要知道所调用服务的物理位置在哪里。

12.4.2.5 协议无关性

协议无关性要求每一个服务都可以通过不同的协议来调用。另外，在许多传统的IT（互联网技术）系统的内在部分采用的是硬连接，这种结构很难让企业快速响应市场的变化，而SOA能够重复利用企业现有的资源，可以减轻企业运营成本，提升资源的使用效率，并且减轻企业维护人员的工作量，减少潜在的风险以及管理费用。

在业务方面和IT方面带来许多优势：

①服务给精确的业务流程带来灵活性。

②使用服务来改善客户服务，而不必担心底层复杂的IT基础架构。

③可以迅速创建新的业务流程和复杂的应用程序，以适应市场变化。

12.4.3 高效灵活的开发体系（组件化、可视化）

对于整个系统中包含了不同功能和业务的子系统以及功能组件而言，各个子系统间的数据交互不受开发语言、开发技术、数据传输协议的限制，通过将各个子系统独立内聚，同时系统间交互采用SOA架构，使得数据交互不受系统限制，同时将各个子系统设计成组件的形式，在整个平台实现可插拔，既保证了平台的可扩展性，又保证了各个系统间的独立，不会相互影响。

12.4.4 标准化接口管理

接口管理主要以Web Service的方式提供WSDL（网络服务描述语言）服务，不同架构的系统可以进行无缝数据交换，提供JSON（Java Script对象表示法，是一种轻量级的数据交换格式）或者Web API的方式数据，通过HTTP传输，同样也具备多平台的共享。

12.4.5 采用七层负载均衡策略

如图12-5所示为七层负载均衡的说明。

七层负载均衡策略，也称内容交换，主要通过报文中的真正有意义的应用层

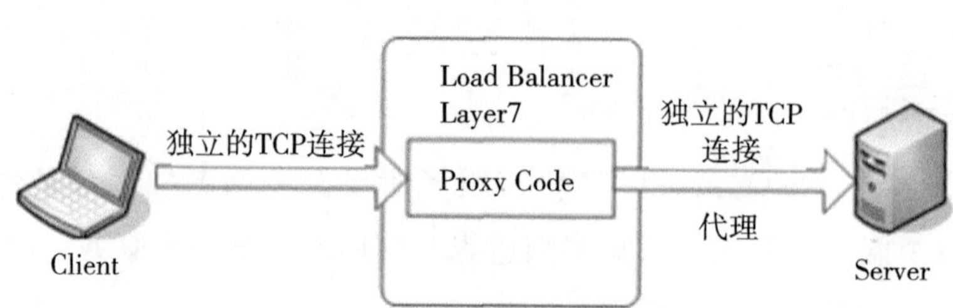

图 12－5　七层负载均衡

内容，再加上负载均衡设备设置的服务器选择方式，决定最终选择的服务器。由图 12－5 可知，其实七层负载均衡服务器起了一个代理服务器的作用，建立一次 TCP（Transmission Control Protocol，传输控制协议）连接要三次握手；而 Client 要访问 Web Server 要先与七层负载均衡于设备进行三次握手后建立 TCP 连接，把要访问的报文信息发送给七层负载均衡；然后七层负载均衡再根据设置的均衡规则选择特定的 Web Server，之后通过三次握手与此台 Web Server 建立 TCP 连接，然后 Web Server 把需要的数据发送给七层负载均衡设备，负载均衡设备再把数据发送给 Client。所以，七层负载均衡设备起到了代理服务器的作用。

七层负载均衡的好处是使整个网络更“智能化”。例如，在网站的运行中，用户可以通过七层的方式，将图片类的请求通过缓存技术传输到特定的图片服务器，将对文字类的请求通过压缩技术传输到特定的文字服务器。当然这只是七层应用的一个小案例，从技术原理上，这种方式可以对客户端的请求和服务器的响应进行任意方式的修改，极大地提升了应用系统在网络层的灵活性。很多在后台（例如 Nginx 或者 Apache）上部署的功能可以前移到负载均衡设备上（例如客户请求中的 Header 重写，服务器响应中的关键字过滤或者内容插入等）。另外一个常常被提到的功能就是安全性。在网络中常见的 SYN Flood（拒绝服务攻击）攻击中，黑客会控制众多客户端（肉鸡），使用虚假 IP 地址对同一目标发动 SYN（TCP/IP 连接时使用的握手信号）攻击，通常这种攻击会大量发送 SYN 报文，耗尽服务器上的相关资源，以达到 Denial of Service（DoS）的目的。从技术原理上也可以看出，四层模式下这些 SYN 攻击都会被转发到后台服务器上；而在七层模式下这些 SYN 攻击自然在负载均衡设备上被拦截，不会影响后台服务器的正常运营。另外，负载均衡设备可以在七层层面设定多种策略，过滤 SQL Injection（Structured Query Language Injection，结构化查询语言注入攻击）等应用层面的特定攻击手段，进一步提高系统整体安全。

12.4.6　数据库的读写分离与 Master－slave（主从复制）机制

如图 12－6 所示为数据库读/写分离示意图。

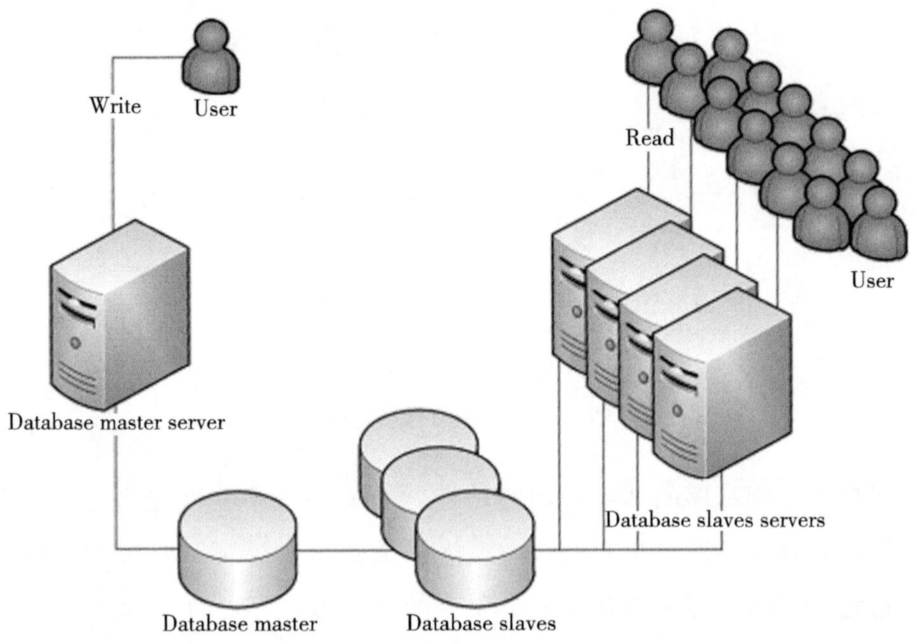

图 12 -6 数据库的读/写分离示意图

对于一个高并发压力的系统来说，其主要压力在于 I/O 的读/写，而 I/O 读/写的压力在于磁盘的操作，其实就是数据库磁盘的操作。所以，优化数据库的读/写是优化一个系统负载性能的关键。

首先，我们必须要保证数据库部署于单独的服务器，因为在高访问量的情况下，数据库的计算压力非常大，几乎占据了大部分资源，所以必须和应用服务器分开。

其次，通过采用 Master - slave 机制，将数据库分为一个主数据库和多个从数据库，主数据库和从数据库之间通过主从复制策略进行数据的同步。

最后，所有的 Write 操作（insert/update/delete），都在主数据库上进行，而所有的 Read 操作（select）在从数据库也就是 slave 上进行，我们先期可以采用一主一从的模式，随着系统压力的上升，适时采用一主多从的模式，大大分散了数据操作的压力。

12.4.7 数据库连接池技术的使用

如图 12 -7 所示为数据库连接池应用说明。

C3P0 是一个非常成熟稳定的数据库连接池，它能够很好地利用数据库连接，而不是每一个操作连接一次。数据库连接是一种关键的、有限的、昂贵的资源，这一点在多用户的网页应用程序中体现得尤为突出。对数据库连接的管理能显

连接池
Connection 1
Connection 2
Connection 3
应用程序
想要获得连接
返回一个连接
返回一个已连接好的空闲连接
数据库

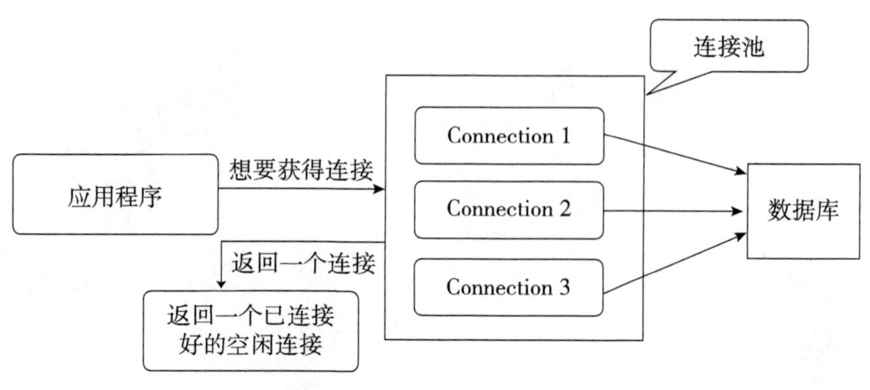

应用程序从连接池中获得连接

图 12－7　数据库连接池应用

著影响到整个应用程序的伸缩性和健壮性，影响到程序的性能指标。数据库连接池正是针对这个问题提出来的。数据库连接池负责分配、管理和释放数据库连接，它允许应用程序重复使用一个现有的数据库连接，而不是再重新建立一个；释放空闲时间超过最大空闲时间的数据库连接来避免因为没有释放数据库连接而引起的数据库连接遗漏。通过以上描述，这项技术能明显提高数据库操作的性能。

12.5　软件功能设计

基于 EPCIS 的食品企业一体化溯源设备的软件结构图，如图 12－8 所示。

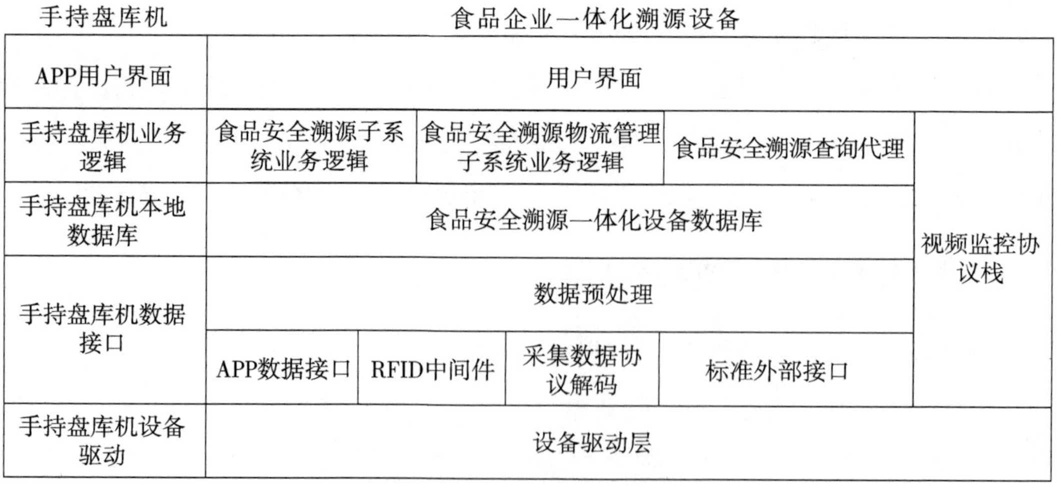

手持盘库机
食品企业一体化溯源设备
APP用户界面
用户界面
手持盘库机业务逻辑
食品安全溯源子系统业务逻辑
食品安全溯源物流管理子系统业务逻辑
食品安全溯源查询代理
视频监控协议栈
手持盘库机本地数据库
食品安全溯源一体化设备数据库
手持盘库机数据接口
数据预处理
APP数据接口
RFID中间件
采集数据协议解码
标准外部接口
手持盘库机设备驱动
设备驱动层

图 12－8　溯源设备软件结构图

从图 12 - 8 中可以看出，该系统主要应用在食品企业一体化溯源设备和手持盘库机上。

食品企业一体化溯源设备的软件结构包括：

①设备驱动层（工作在硬件与操作系统中），该层主要用来完成各种数据采集设备的驱动工作。

②RFID 中间件（工作在接口转换器中），该中间件主要负责对 RFID 读写器上报的数据进行整理、合并，将机器采集到的大量标签信息转换为逻辑上的入库和出库的事件。

③采集数据协议解码（工作在接口转换器中），该模块主要负责将各种数据采集设备采集到的多种异构数据转化为统一的数据格式，便于集中处理。

④APP 数据接口，负责与 APP 手持盘库机进行数据接口对接。

⑤数据预处理，对应于一系列的数据预处理加工逻辑，采集到的数据可能被分散到多张表存储，或者数据之间进行关联后再存储到一张表里。

⑥食品安全溯源一体化设备数据库，该数据库内包含多张互相关联的表，并包含一系列存储过程和触发器，以供上层业务模块调用。

⑦食品安全溯源物流管理子系统业务逻辑包括入库、出库、盘存、销售管理等物流常用的业务管理模块。

⑧用户界面则为食品安全溯源一体化设备和用户交互提供数据展示、输入/输出等用户 UI 接口。

⑨视频监控协议栈，提供视频监控接口，经过授权的用户可以远程查看企业的现场视频。

手持盘库机的软件模块包括：

①手持盘库机设备驱动，主要是由手持盘库机底层操作系统完成该功能模块。

②手持盘库机数据接口，实现了手持盘库机与食品安全溯源一体化设备之间的数据接口。

③手持盘库机本地数据库，是由一个内置的小型 SQLite 数据库，实现数据的暂时存储。

④手持盘库机业务逻辑，由一系列的溯源数据采集逻辑组成，包括入库、出库、盘点、对比、清除等业务逻辑。

⑤APP 用户界面提供了手持机和用户之间的 UI 接口。

12.5.1 软件总体功能

某食品有限公司试制设备研发软件重点在仓储环节，明确仓储环节软件功能如表12－2所示。

表12－2 仓储环节软件功能模块

功能模块	具体功能	功能描述
仓库管理模块	入库管理	基于RFID固定式读写器，自动完成入库操作，并智能完成货位分配。少量入库可使用RFID手持移动终端
	出库管理	根据提货计划，自动完成出库操作。对于少量货物，可使用RFID手持移动终端读取RFID电子标签或二维码/一维码出库
	盘点管理	根据盘点计划，使用RFID手持移动终端完成盘库操作
仓库数据中心模块	基础信息管理	对货物的属性设置管理，包括添加、删除等；对仓库位置进行设置，包括仓库、区域、货位等信息
	智能预警	根据物品的进出信息，自动统计当前库存减少量，并可以智能预警
	数据显示	流通环节采集的温湿度、位置信息、条码信息的显示

某超市门店试制设备研发软件要求还必须满足销售环节，明确销售环节软件功能模块如表12－3所示。

表12－3 销售环节软件功能模块

功能模块	具体功能	功能描述
被追溯商品管理模块	被追溯商品信息显示	采用手持机扫描RFID标签信息，可以显示被追溯商品的产地、生产日期、品类、温湿度、位置等信息
	被追溯商品统计	对商店里的被追溯商品数量和种类信息进行统计

12.5.2 溯源数据采集内容

12.5.2.1 产品入库

采购入库或者其他入库，自动生成入库单号，货品选择更方便快捷，可以区分正常入库、退货入库等不同的入库方式，入库的时候应支持 RFID 标签信息采集、二维码条码信息采集等功能。

12.5.2.2　**产品出库**

销售出库或者其他出库，可以自动生成出库单号，可以区分正常出库、异常出库等不同的出库方式，出库的时候应支持 RFID 标签信息采集、二维码条码信息采集。

12.5.2.3　**库存管理**

当入库和出库时，系统自动生成每类产品的库存数量，查询方便。

12.5.2.4　**特殊品库**

当客户需要区分产品时，可以建立虚拟的仓库进行管理，保证仓库各功能和正常品库一致。

12.5.2.5　**盘点管理**

用户随时可以盘点仓库，自动生成盘点单据，使盘点工作方便快捷。其中包含手持机 APP，有出入库（见图 12－9）以及系统盘点功能。

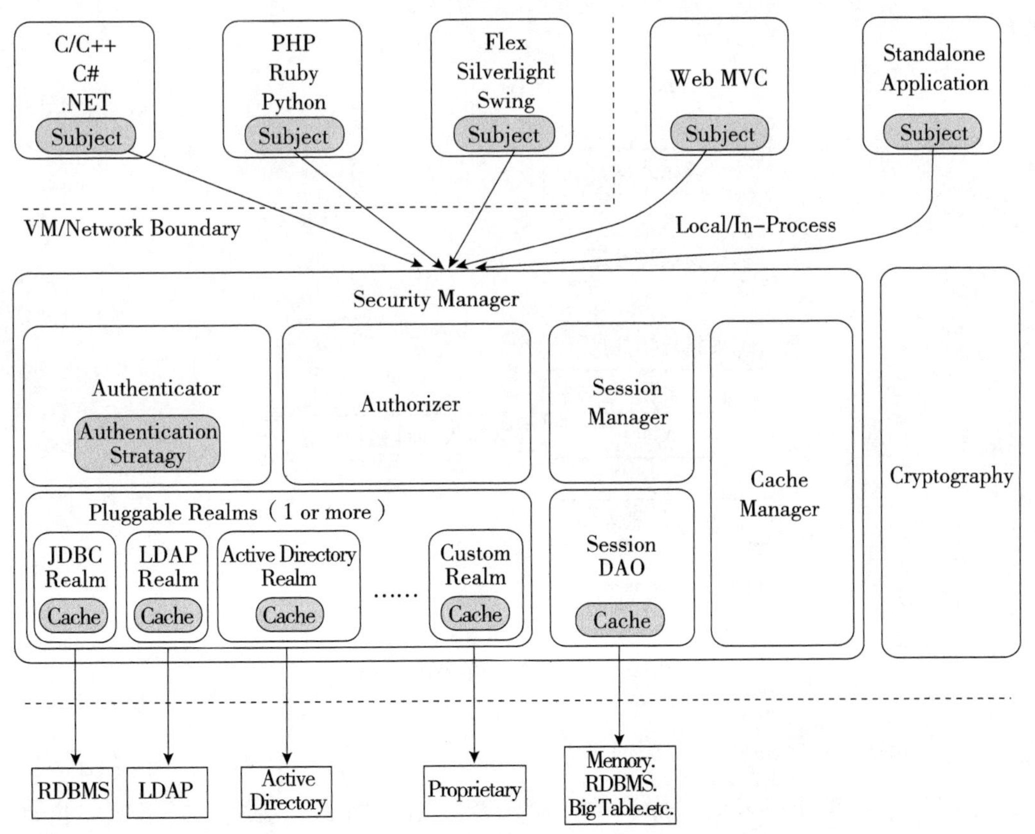

图 12－9　出入库 APP 系统架构

12.5.3 仓储软件系统功能设计

仓库管理系统的功能包括参数设置、出入库的管理、实时库存管理以及库位的推荐及预警等功能。

12.5.3.1 入库

①通过推车（具有 RFID 标签）将商品或者包装箱（均具有 RFID 标签）推过入库 RFID 扫描装置，RFID 读写器扫描推车 RFID 标签信息及该推车上的所有货物信息（若无 RFID 读写器，则可通过手持机扫描商品、包装箱上的条码、二维码读取信息），若入库商品信息与入库单不符，系统就会报警。

②系统自动根据当前货位情况分配本次待入库产品需要摆入的货位。

③操作工根据货位提醒将入库商品放到指定的货位。如果该产品未按要求放置到指定的货位（每个货位的商品进出都会被该货位的 RFID 感应到），系统会报警提示。

④当待入库产品全部放置完毕，系统将自动统计本次入库的商品和数量供用户确认。

入库流程如图 12－10 所示。

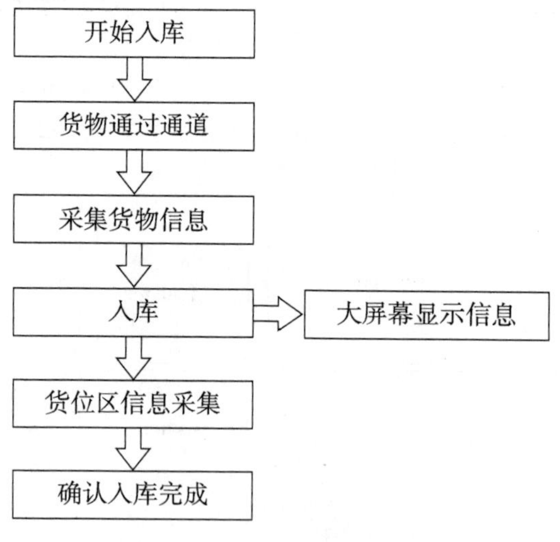

图 12－10　仓储环节入库流程

12.5.3.2 出库

①根据平台系统下发的出库订单，启动智能出库功能，系统根据出库单自动提示操作工从哪些货位取出商品，如果取出的商品不是出库单列示的商品，系统则报

警提示操作工将货品放回货位。当取出正确的商品时，则该货位的商品数量将自动减少。

②操作工根据提示取出出库单所示的所有商品时，系统提示已完成商品下架工作。同时智能货架上的商品数量实时刷新为最新实际数量。

③操作工将出库铲板推至出库的 RFID 读/写设备区域时，系统显示本铲板上的所有货品及数量，确认出库。

出库流程如图 12－11 所示。

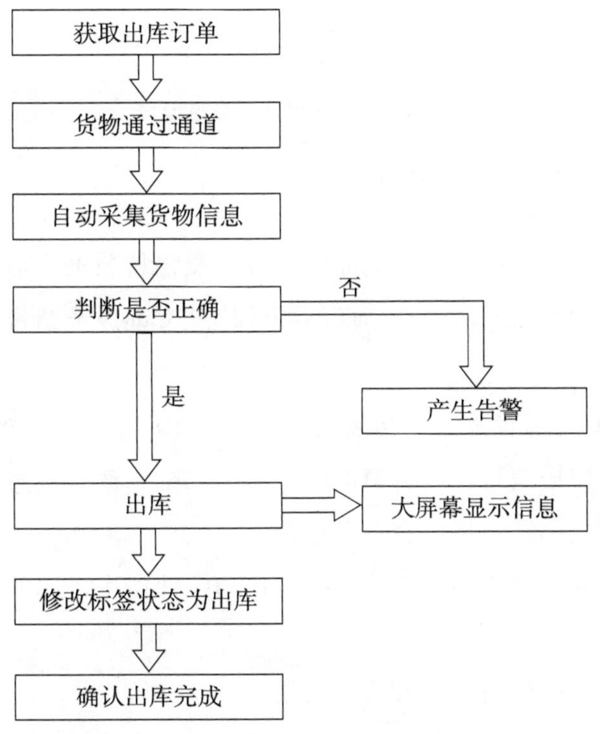

图 12－11　仓储环节出库流程

12.5.3.3　**盘点**

①选择盘点计划单，开始盘点产品信息。

②点击盘点结束，将盘点数据与系统计划单进行对比，判断结果是否一致，盘点是否正确。

③如果一致，盘点完成。

④如果不一致，报警提示，找出实物和 ERP 系统数据的差异，人工进行确认，并对差异结果进行处理。

盘点流程如图 12－12 所示。

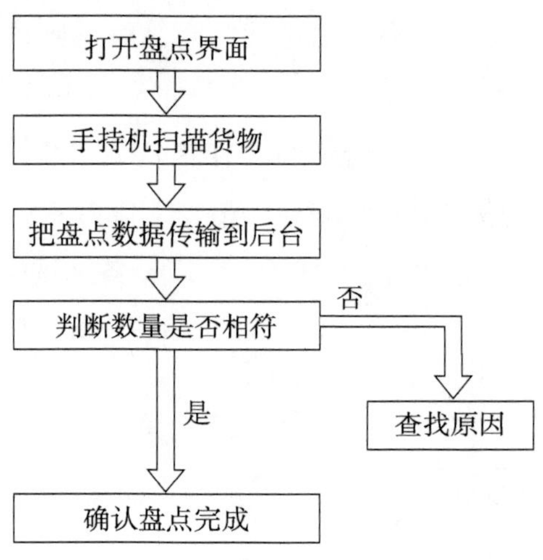

图 12－12　仓储环节盘点流程

12.5.4　销售软件系统功能设计

销售环节主要包括智能导购、商品溯源查询及销售数据中心模块；具体有系统的功能参数设置、商品入库的管理、商品溯源信息查询以及销售防盗报警等功能。

12.5.4.1　入库

①将具有 RFID 标签商品或者包装箱（均具有 RFID 标签）推过入库 RFID 扫描装置，通过手持机扫描商品、包装箱上的条码、二维码读取信息，若入库商品信息与数据中心系统数据不符，系统会自动报警。

②当待入库产品全部放置完毕，系统将自动统计本次入库的商品和数量供用户确认。

销售环节入库流程如图 12－13 所示。

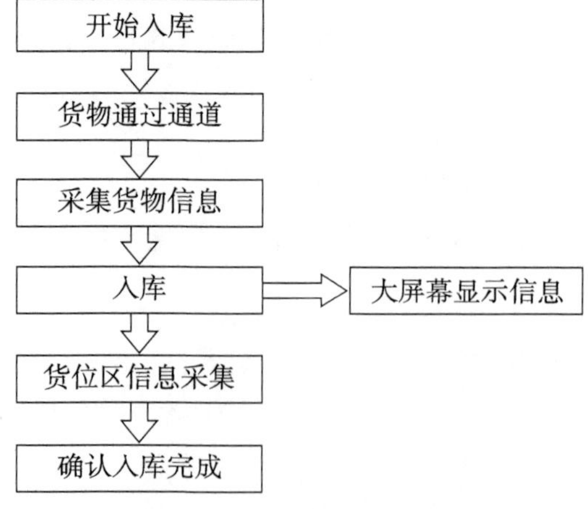

图 12－13　销售环节入库流程

12.5.4.2 商品显示

点击商品查询，将商品标签编码读出，查询相关信息，如图 12－14 所示。

商品查询	
标签编码(EPC):	525830000000000000006971
查询	
查询结果:	
商品编码:	2583000003
商品名称:	维岗高钙奶
生产批号:	B0003
商品数量:	12
商品价格(元):	100.0
生产日期:	161201
商品有效期:	161201
保质期(天):	0
剩余有效期(天):	-8

图 12－14 商品查询详情页面

12.5.4.3 自动结算、防盗

将购物车推到 RFID 结算通道进行结算：购物车推至 RFID 读/写区，销售系统自动显示商品及其数量、单价以及本笔消费的总价，进行结算。

销售结算流程图如图 12－15 所示。

12.5.4.4 APP 服务器设计

移动端服务器主要与 APP 应用端进行交互，主要负责提供和处理移动端提交的业务数据，将数据写入数据库中。数据传递格式采用 JSON，基于 HTTP 协议，以 Restful 的接口方式对 APP 端程序提供支持。

整个移动端服务器架构采用 MVC 的模式，利用 SpringMVC 框架控制程序的耦合，利用 MyBatis 进行数据的面向对象的实例化，既保持了 SQL 的灵活性，又充分利用了数据库面向对象技术的优点。

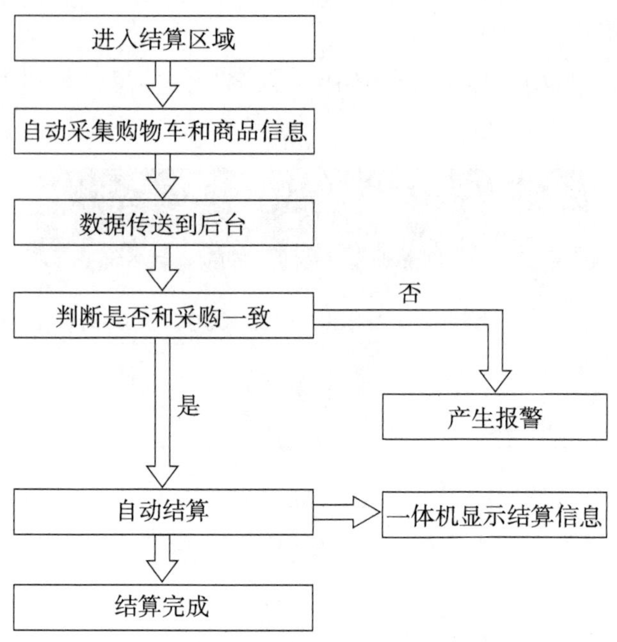

图 12－15　销售结算流程图

移动端系统架构，如图 12－16 所示。

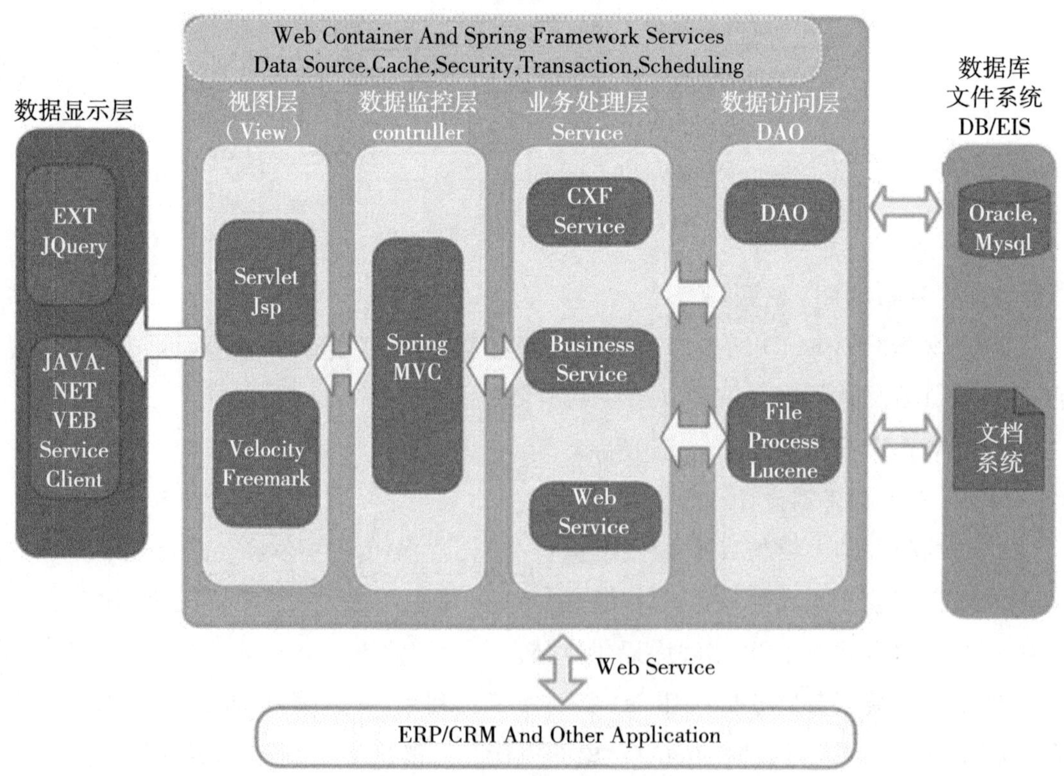

图 12－16　移动端系统架构

12.6 技术应用方向及发展规划

通过建立食品（肉、蔬菜类等）安全追溯体系将很好地解决食品（肉、蔬菜类等）批发市场存在的问题。本系统以行业定制化的软硬件方案实现以 RFID 技术为核心的食品（肉、蔬菜类等）质量安全追溯信息管理模式，并对众多的异构信息进行转换、融合和挖掘，实现以 RFID 为关键索引的信息应用服务，同时所提供的食品（肉、蔬菜类等）示范性应用全面涉及食品（肉、蔬菜类等）供应链的种植(养殖)、配送、物流、产品检验、批发、市场销售等诸多环节的信息采集、记录与交换，低成本高效率的硬件方案和完备的信息共享交换软件技术支撑平台无缝结合，严密的数据认证和访问控制设计机制，为不同对象涉及食品（肉、蔬菜类等）的质量安全应用服务提供了坚实基础。平台的建设将有利于指导农村规模化科学生产，优化传统批发流通企业的信息化管理流程，简化和加快企业与政府监管部门的信息交换，同时也充分满足消费者对食品信息的知情权。

13 应用案例之一——泸州老窖基于追溯体系的生产物流数字化管理的深层应用

13.1 公司简介

泸州老窖股份有限公司（以下简称泸州老窖）是国内追溯体系建设与运用的排头兵，至今泸州老窖的相关体系已经运行十多年。在多年实践积累的基础上，泸州老窖将产品一物一码的高精度数字化特点引入到生产物流管理中，让追溯体系在支撑外部管理的同时，也为泸州老窖内部执行管控发挥了巨大的深层应用价值。

2016 年，泸州老窖在安宁生产基地实施了整体深层应用的试点工作，通过二维码、RFID、自动控制与移动计算应用等技术手段，实现了对生产过程的集中控制管理、产品下线的自动报工管理、现场看板管理、立体仓库自动业务管理等。项目覆盖 8 条流水线，实施周期 2 个月。经过第三方的审计，整体系统达到了良好的效果，并如期验收。该系统的上线对生产现场管控，作业人员执行起到了超预期的效果；达到对外追溯基础数据精准、物流作业高效的结果，为各种营销互动打下了稳健的基础。

13.2 项目概述

13.2.1 泸州老窖追溯体系概述

2015 年 12 月 31 日，国务院办公厅印发《国务院办公厅关于加快推进重要产品追溯体系建设的意见》（国办发〔2015〕95 号）文件，明确要求企业自建追溯体系，并指出重要的原则：政府引导、企业自建、生产与经营全链条追溯、鼓励第三方服务、互联互通。

追溯体系概念是采集、记录产品生产、流通、消费等环节信息，实现来源可查、去向可追、责任可究，是强化全过程质量安全管理与风险控制的有效措施。以移动物联网、云计算等现代信息技术建设追溯体系，在提升企业质量管理能力、促进监管方式创新、保障消费安全等方面具有推动作用。

泸州老窖早在国务院办公厅发文之前，就已经根据自身经营与品牌保护等需求实现了追溯体系的建设，历时十多年，其建设与运行标准与国务院办公厅的指导要求不谋而合。

第一，泸州老窖追溯体系属企业自建体系，从经营角度出发，实现营销体系管理、消费安全、品牌保护等多个目标。

第二，泸州老窖追溯体系充分采用与第三方平台对接，利用社会专业技术力量，并引入公司，确保为公司快速、低成本地建立成熟、稳定、安全的体系。体系运行至今已经十多年，曾多次为消费者、经销商等提供服务。

第三，泸州老窖的追溯体系建设已经覆盖全品种，并细化到产品的最小销售单位，为达到实际效果曾先后运行过 RFID、二维码、防伪标签、激光蚀刻字符串等多种技术手段。在实行过程中，也逐渐形成了泸州老窖自己的一整套追溯系统和标准。

第四，泸州老窖的追溯体系，在逐年的发展过程中，因为产品品种繁多、供应商较多、供应链复杂等特点，于 2016 年与国内著名的供应链执行企业实施了追溯系统相关二维码的质量标准体系，为泸州老窖的供、产、储、销的平顺执行奠定了扎实的基础，确保了整体系统的平稳衔接。

第五，在追溯系统基础上，泸州老窖也是国内率先引入精准营销与游戏互动的企业。在同一基础平台上，实现了多种营销互动，实现了会员画像的采集与大数据分析等功能。

以上是泸州老窖多年来追溯体系的大致情况，2016 年泸州老窖结合企业自身生产、物流的实际状况，进行了数字化工厂管理的初步尝试。

13.2.2 《中国制造 2025》于泸州老窖的思考

纵观全球，新一代信息技术与制造业已经深度融合，正在对各行各业引发影响深远的产业变革，形成新的生产方式、产业形态、商业模式和经济增长点。各国各行各业都在加大科技创新力度，如三维（3D）打印、移动互联网、云计算、大数据、生物工程、新能源、新材料等技术都在急速发展。基于信息物理系统的智能装备、智能工厂等智能制造正在引领制造方式变革；网络众包、协同设计、大规模个性化定制、精准供应链管理、全生命周期管理、电子商务等正在重塑产业价值链体系；可穿戴智能产品、智能家电、智能汽车等智能终端产品不断拓展制造业新领域。在此情况之下，国家实施第一个十年的行动纲领《中国制造2025》，立足我国转变经济发展的实际需要，围绕创新驱动、智能转型、强化基础、绿色发展、人才为本，以及先进制造、高端装备等重点领域，提出加快制造业转型升级和提升增效的重大战略任务和重大政策举措，力争至2025年迈入制造强国行列。

泸州老窖股份有限公司是享誉海内外的百年老字号名酒企业，是我国著名的品牌企业之一。面对国家的宏伟蓝图，泸州老窖在这场工业转型的洪流中积极争先，坚定不移地执行国家战略，实践前行，努力尽早实现企业自身“2025”的目标，为我国的同行业、制造业发展起到带头作用，为消费者、合作伙伴、企业员工、所有股东带来更大收益。目前，泸州老窖正从自己的实际情况出发围绕着这一蓝图进行各种努力和尝试。

13.2.3 泸州老窖生产物流现状

泸州老窖股份有限公司整体生产物流管理的信息化虽然实施得较早，但整体性和系统性不够，整体的数字化管理不协调，其中物资资料的管控完全在系统之外，并且由于相关协作单位的调控仍然采用传统的方式，因此在整体资源调配和控制上，泸州老窖具有极大的管理上升空间。

13.2.4 基于追溯体系的生产物流数字化管理的目标

鉴于当前状况，泸州老窖针对性地提出本次试点工程的目标要求如下：

在泸州老窖现行的追溯系统基础上，结合十多年体系管理的实践经验，将用于产品防伪、防窜货的一物一码的高精度数字化特点引入生产物流管理中，让追溯体系在支撑外部管理的同时，为企业内部执行管控发挥出巨大的深层应用价值。通过二维码、RFID、自动控制与移动计算应用等技术手段，实现对生产过程的集中控制管理，产品下线的自动报工管理、现场看板管理、立体仓库自动业务管理等。实现对生产现场的管控，对员工的执行作业起到指导作用，提高追溯基础数据精准度，提高物流作业效率，实现生产物流的“透明化、数字化管理”“提高内部资源调配效率”，最终实现“增效减费”“提升企业交付与执行能力”的目标。

该系统的试点工作完成后，对整体系统进行调整和有计划、有步骤的推进。

13.3 泸州老窖数字化生产物流管理系统项目建设情况

13.3.1 系统总体架构

泸州老窖基于追溯体系的生产物流数字化管理的目的是将生产下线至仓库的数据信息透明化，让企业管理人员追查到自生产至仓储的相应信息，并实现对应的管理控制，在此基础上实现提高资源配置效率、增效减费、增强产品交付能力的效果。

如图 13－1 所示，生产、仓储、物流各个环节与过程通过一维条码、二维条码、RFID 等自动识别技术，并在移动计算技术、多种通信技术的支持下，实现对过程的数字化、透明化的实时管控。

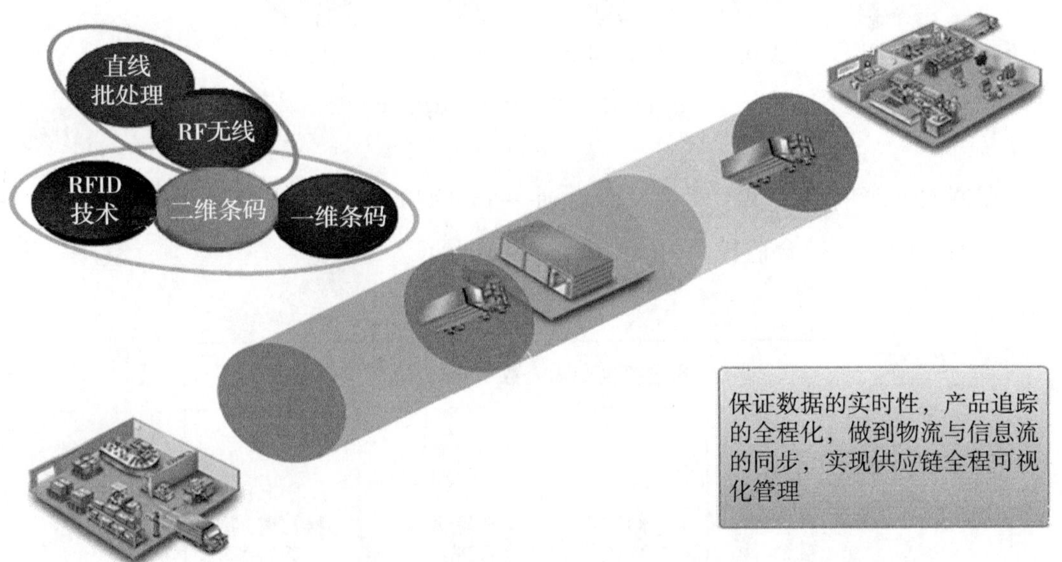

图 13－1 生产物流数字化管理示意图

产品物资在生产及仓储环节的状态被采集，所有的数据通过 Internet、3G/4G 或者 WiFi 传输到中央服务器，由中央服务器进行处理。中央服务器通过商业智能服务将大量数据进行抽取、加工，再为企业提供物料配送控制、调度管理、库存分析等多方面的应用。

该生产物流信息管理系统是物联网下的一个具体应用，其特征完全符合物联网的所有要素，其总体技术分为图 13－2 所示的三个层次：应用层、网络层和感知层。

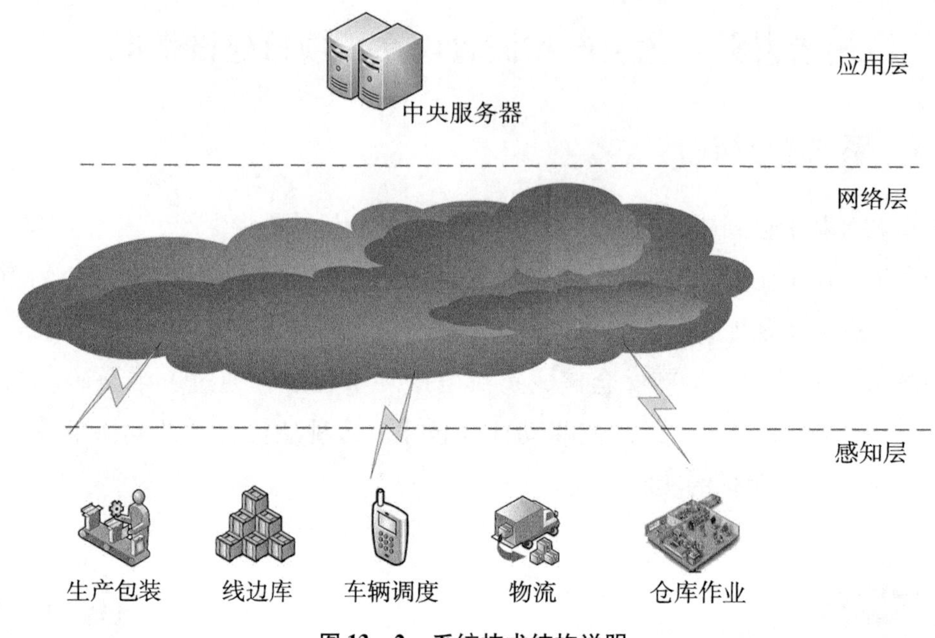

图 13－2　系统技术结构说明

在泸州老窖的体系架构图中可以看到一个典型的综合信息管理系统，其中包含四个子系统和一个综合监控平台，如图 13－3 所示。

泸州老窖生产物流数字管理系统			
生产管理系统	仓储管理系统	车辆调度管理系统	接口管理系统
综合监控平台			

图 13－3　泸州老窖生产物流数字管理系统子系统说明

①生产管理系统。生产管理系统实时监控生产进程，透明化反馈各线异常与生产进度，并通过现场的控制与自动化预警等实现人机交互，确保生产管理的执行稳定可靠。

②仓储管理系统（WMS）。实施仓储管理系统的企业可以通过接口的方式实时获得库内的数据与信息。

③车辆调度管理系统。相关资源数据与信息作为管理对象在系统中进行监控，实时将相应的数据汇总至集中控制中心。依据相关的规则，系统于后台给出相应的调度指令。

④接口管理系统。规划一个统一的接口管理系统，以应对相应的管理与日后服务的需要。

⑤综合监控平台。

建设数字化综合监控平台，实现统一集中控制，使企业的生产、仓库、物流、调度等实现透明化、数字化管理。该平台包含：生产信息集中监控、仓库信息集中监控、统一信息查询平台与生产调度集中管理平台几个部分，如图 13 – 4 所示。

图 13 – 4　综合监控平台示意图

13.3.2　系统网络拓扑图

系统网络拓扑架构如图 13 – 5 所示。在运营商的支持下，专线网络通信以光纤、网线的方式进驻各个工作区域直至各个工作站，在仓储工作范围内布设 AP（wireless Access Point，无线访问接入点），实现无线网络的全面覆盖，将整个园区的所有终端（各个工作站、手机、PDA、电脑等）纳入管理与应用的体系中。

13.3.3　生产执行管理系统简述

生产线与线边库、内转车辆（调度）、物流仓库的关系，如图 13 – 6 所示。

泸州老窖供应链系统
泸州老窖防伪系统
专线网络
仓储/物流系统
管理服务器
泸州老窖物流/防伪系统
生产服务器
驾驶员APP
泸州老窖防伪/物流码
自动采集单元
电子看板
移动终端
园区内光纤局域网
仓储无线网络
RFID读取器
驾驶员APP
路由器
路由器
电子看板
驾驶员APP
电子看板
泸州老窖防伪/物流码
自动采集单元
移动终端
仓储/物流操作终端
移动终端
RFID读取器
仓储/物流操作终端
RFID读取器
RFID读取器

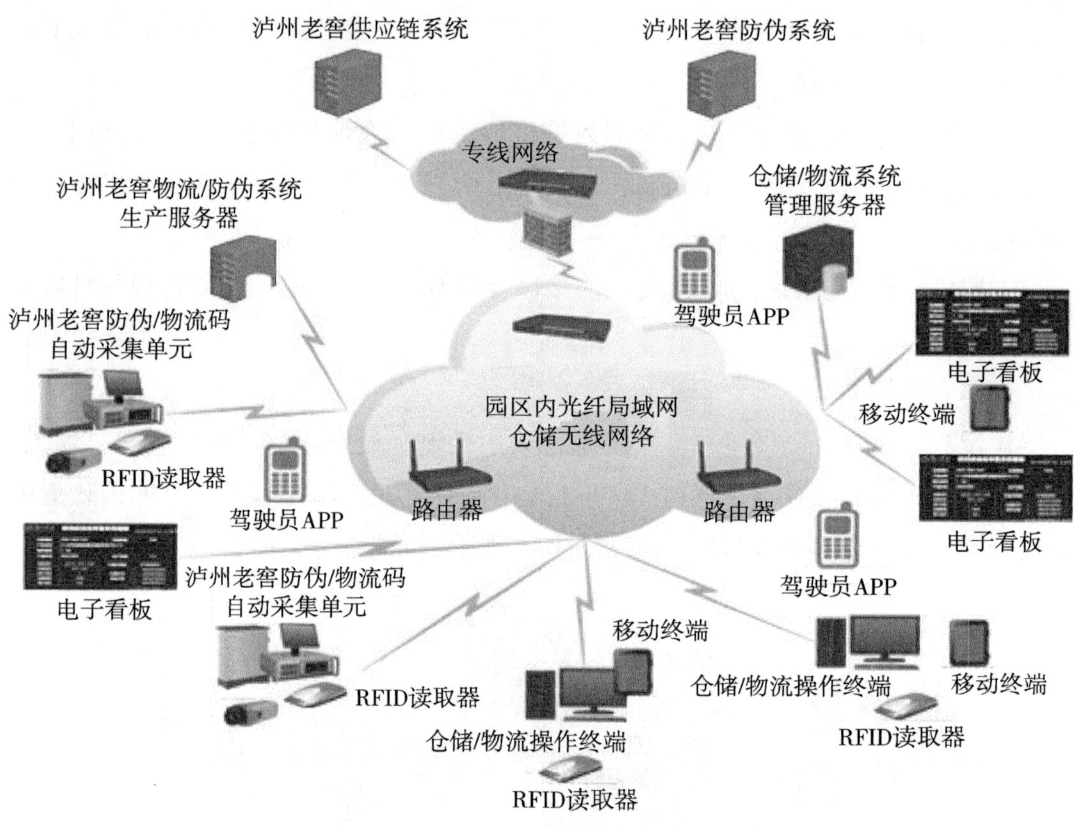

图 13－5　系统网络拓扑架构

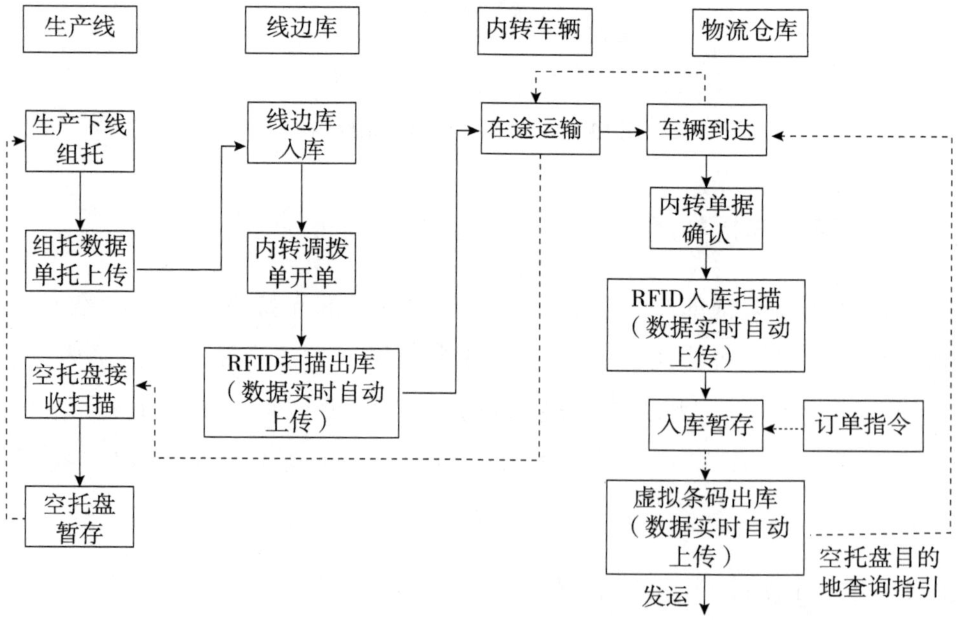

生产线
线边库
内转车辆
物流仓库
生产下线
组托
线边库
入库
在途运输
车辆到达
组托数据
单托上传
内转调拨
单开单
内转单据
确认
RFID入库扫描
（数据实时自动
上传）
空托盘接
收扫描
RFID扫描出库
（数据实时自动
上传）
入库暂存
订单指令
空托盘
暂存
虚拟条码出库
（数据实时自动
上传）
空托盘目的
地查询指引
发运

图 13－6　生产线与线边库、内转车辆（调度）、物流仓库的关系

该系统的建设是将泸州老窖的生产、仓储、物流、产品与各个仓库的库存、托盘在各个地方的库存情况进行透明化管理，并将各车辆、驾驶员、车厢以及装卸工的数据信息透明化管理，相关产品实现整体链条的数据化管控，相关资源实现自动化调度管理。在整个链条中，托盘的状态在系统中进行实时监控，当托盘状态为空时，系统自动进入托盘管理系统中。

13.3.4 数字化物流管理简述

数字化线边仓管理系统如图 13－7 所示，通过网络将后台系统与前端工控机进行连通，在前端终端上链接相应的 RFID 读取通道，实现对出入线边库的 RFID 数据的采集。

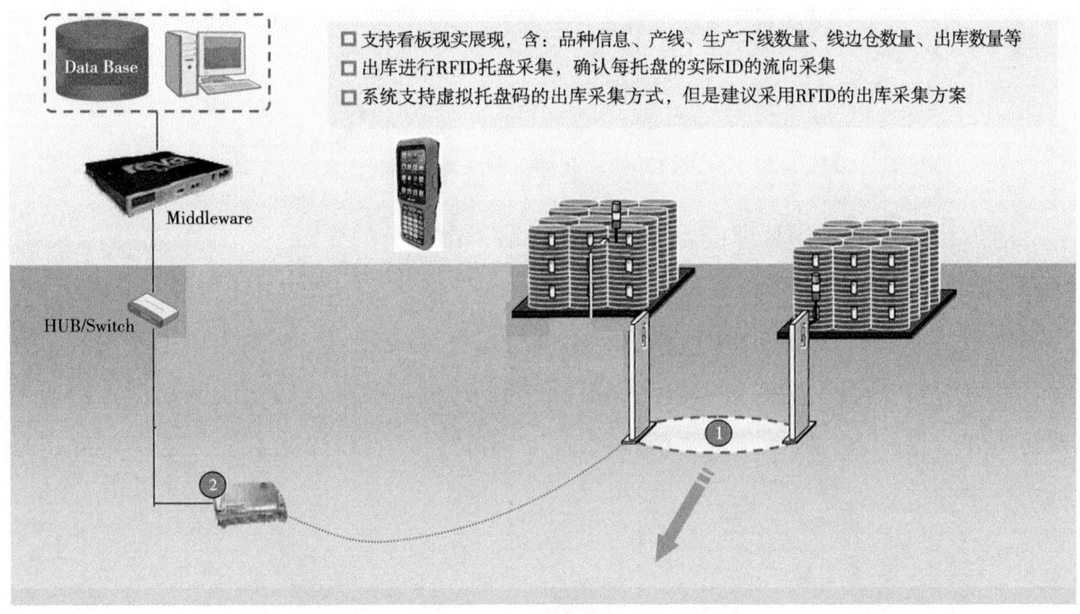

图 13－7 数字化线边仓管理系统

根据预先设定，系统会将符合当前产品的存放规则的仓库罗列出来，并提示可转运成品数量、当前库存、最大库存等信息。

系统根据预先设定的规则或采取人工的方式，开具调拨单，并复核后，系统自动将调拨单推送至目标线边仓、目标仓库、运输车辆司机手机、叉车司机手机等客户端上。

系统全程记录获取整批需调拨产品，从线边仓出库 RFID 读取时间，一直到仓库入库完成的全部 RFID 读取数据、各个节点的时间等。

数字化仓库管理，入库作业：在每个产品仓库入口处设置 RFID 读取设备（见图

13－8）读取入库托盘数据的RFID的ID数据信息。RFID读取设备与仓库进销存管理系统实现对接，要求与对方的入库管理实现接口，一次性完成入库的数据采集工作。

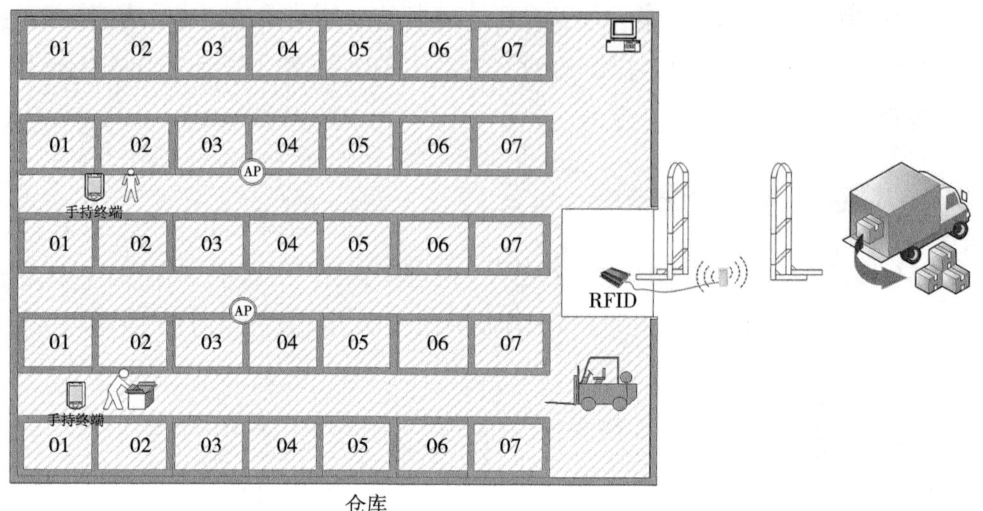

图13－8　仓库采集入库管理

仓库出库作业采集管理：如图13－9所示，在系统的支持下，深入应用RFID托盘码，产品在出库时，可以通过RFID读取设备获取发货托盘的ID号或者采用扫描箱码的虚拟托盘码的方式进行出库操作，从而将发货产品的信息与发货单据相对应，并结合部分零箱手动扫描数据后转化为相应数据，最后将数据返回至服务器后，由服务器解析并通过接口上传至“老窖防伪系统”，同时通过接口提交给泸州老窖供应链系统更新库存信息。

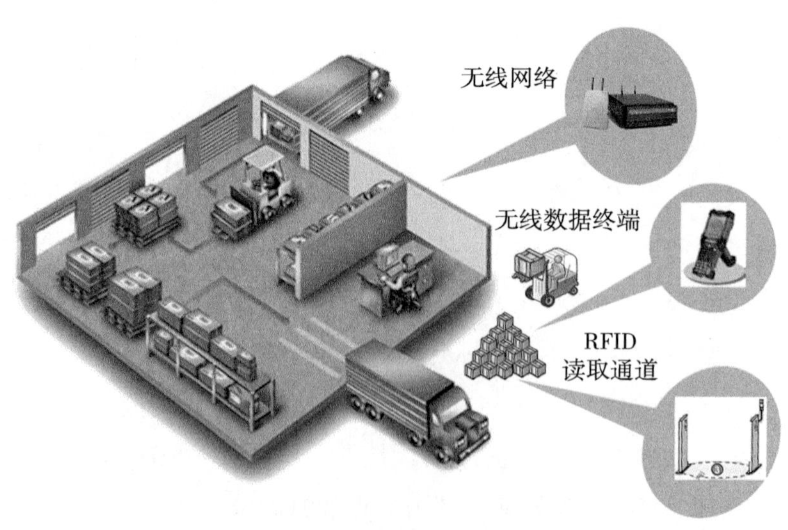

图13－9　仓库出库作业采集管理

13.3.5 托盘的管理简述

木制 RFID 托盘如图 13－10 所示。

图 13－10 木制 RFID 托盘

托盘在整体系统的管理中，从初始化开始进入系统管理，RFID 与条码标签相一致并登记入账，并在各个节点，包括入仓库、入生产车间、入线边仓等环节实时记录托盘的数据情况。

托盘与各个节点的数据来自出入的数据，在生产车间环节，托盘的数据记录与实际的生产物流过程相匹配，如生产下线数量、线边库数据和发货数量等。

托盘在去往仓库的物流中，系统进行了在途管理，以确保跟踪相应的产品与托盘。托盘在仓库入库时，由于采用 RFID 的采集方式，随着产品的入库采集，托盘的采集也同时完成。产品在出库时，以 RFID 和虚拟托盘码两种方式进行发货采集，伴随着发货的完成，同时实现了托盘的状态释放。仓库内托盘的数量即由入库的总量减去已经发给车间托盘的总量而得出。每次刚转为空的托盘，在账面上加入到托盘（空）的数量中，是其不断增加的源头。随着配送指令的发出，仓库扫描指定的托盘数量的托盘码，而后生成托盘发货单，并在系统中进行提交出库，并将其送至生产车间，并经对方签字确认。

13.3.6 生产物流调度管理简述

车辆在园区内作为需要及时调度的资源，其本身不能与系统进行交流，本次系统规划通过驾驶员的手机安装 APP 系统，实现对车辆的调度管理，如图 13－11 所示。

图 13－11　驾驶员操作 APP

驾驶员（车辆）上岗状态包括上班与休假，车辆是否正常与维修保养，甚至报废等待装填，这些状态在系统中都需要进行有效的监控。是否接单，接单或闲置状态也需要在系统中表达出来，由于驾驶员对物流具有相应责任，所以系统还需要对单据与物流责任进行记录和统计等处理。

驾驶员需要使用智能手机，并且需要在操作系统上有一定的一致性（对开发成本而言），驾驶员需要在工作时统一使用 APP，并根据 APP 给出的调度任务进行实际的作业。如图 13－12 所示，驾驶员用手机 APP 系统登录后与后台调度管理系统实时交互，实现管理应用。

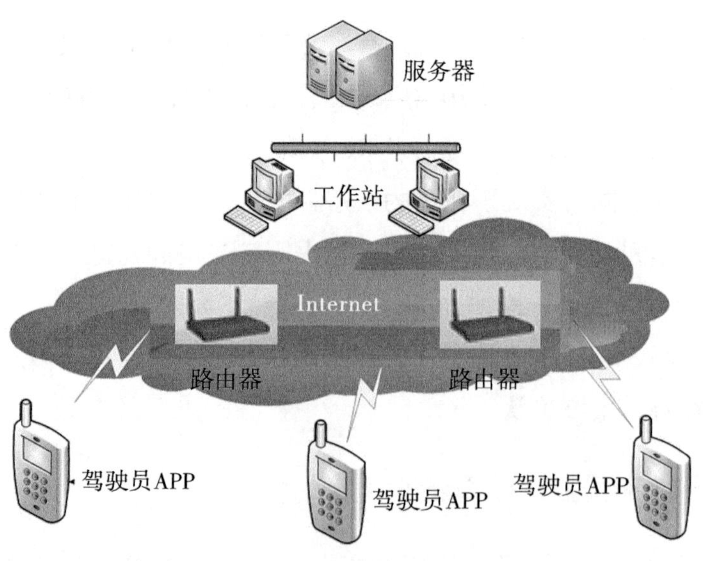

图 13－12　驾驶员调度管理系统结构

系统软件界面如图 13－13 所示。

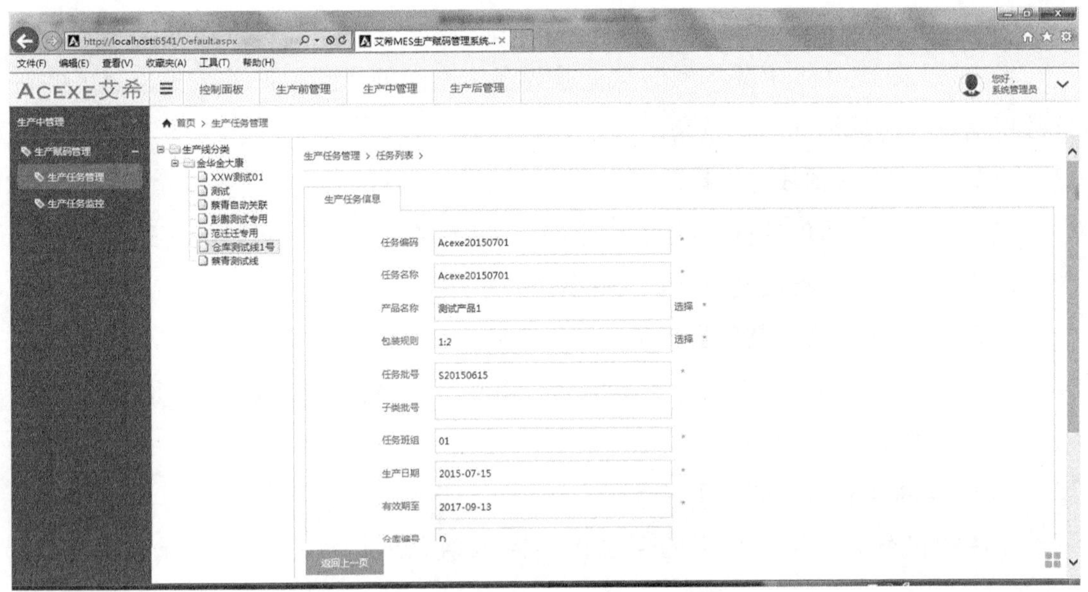

图 13－13　系统软件界面

生产物流调度管理现场示意如图 13－14 所示。

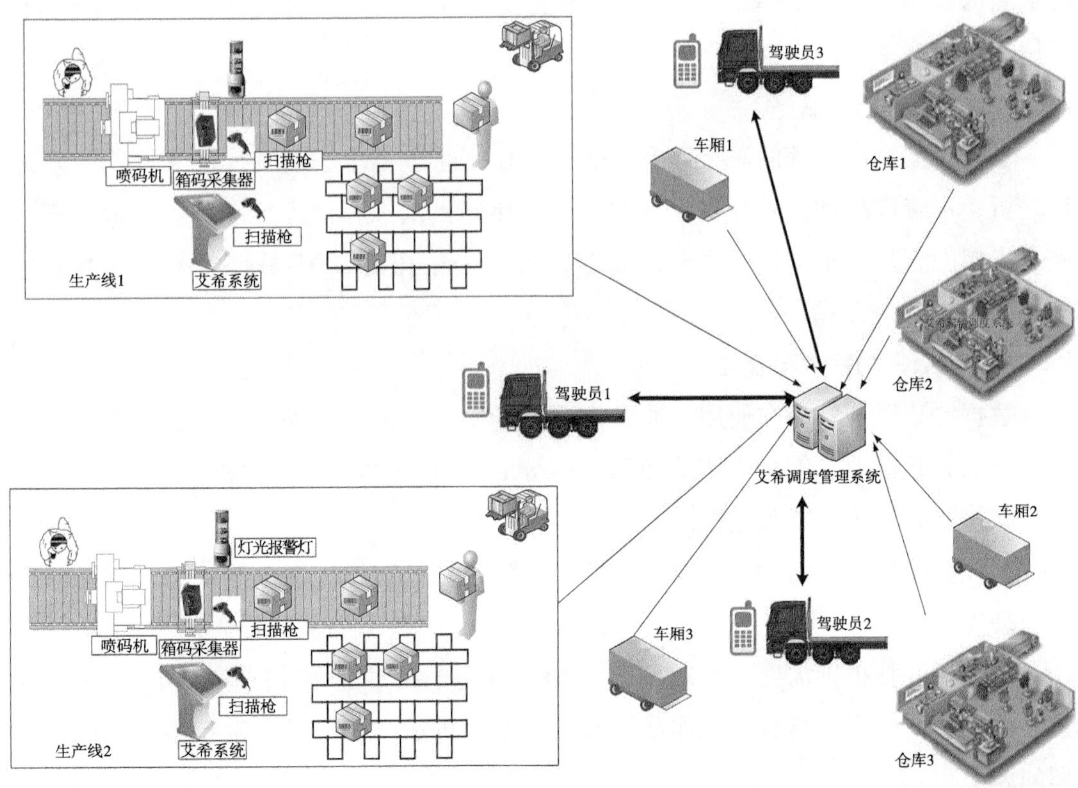

图 13－14　生产物流调度管理现场示意

13.3.6.1 生产车间的数据信息与状态

系统根据采集生产下线的实时数据获得各个车间的实际生产的数据信息，并将该数据信息实时反馈回后台系统。

13.3.6.2 生产车间的线边库数据

以生产下线为入库数据，减去物流单中的出库数据，获得实时的线边仓的产品数据，并将该数据信息实时反馈回后台系统。

13.3.6.3 车头的状态（驾驶员信息）

以工作状态的驾驶员作为车头的信息，对车头进行监控，数据与后台数据进行实时交互，确保状态的及时性。

13.3.6.4 车厢的信息（装车工信息）

车厢的状态信息与装车工的信息作为同一信息进行管理，状态分为“选择”“占用”“空闲”“维修”四种。

该数据是由车间生产后的送货单采集车厢码信息获得的，使得该车厢的状态刷新为“占用”，至仓库卸货完成后，送货单提交入库完成，系统自动将该车厢的状态更新为“空闲”，当车厢发生故障、不能使用等情况时，将由管理人员扫描车厢码信息，状态变更为“维修”。

13.3.6.5 仓库的信息

系统根据仓库系统的对接以及库区、库位等管理要求，对仓库的实际库容等进行分析，本着同品种产品在一个仓库存放，相同批次在相同库区、库位存放，产品先进先出的管理要求，进行实际的执行作业，采用托盘 RFID 采集、箱码采集、虚拟托盘码采集等方式。

13.3.6.6 数据的获取与管理

数据的获取与管理在使用中非常重要，其中，生产与仓库的相关数据需要通过自动化的方式获取，但是为了避免数据异常，系统提供相应的数据异常处理方式，经权限控制后可人工调整数据。

车厢数据则需要由人工进行维护管理，如车厢的初始化数据维护以及维修状态的处理等。

驾驶员的数据则需要由驾驶员下载 APP 系统，在系统中进行登录和注册，完善自己的信息，并且在驾驶员工作或休假时，及时进行维护，以免发生不当的调度管理问题。

系统管理员对数据进行及时的调整，当数据状态信息需要修正时，及时进行主动的调整，将真实的情况与系统进行统一，以实现数据差异产生后修复的管理目的。

13.4 项目总结及展望

13.4.1 项目实施回顾

泸州老窖成立专项项目组，并制订了严格的实施计划。经过 2 个月的实施，进行了小批量的试生产，并进行了第三方审计，从施工质量、系统功能、系统性能、用户体验以及稳定性等多个角度进行了测试和论证，最终以优质的质量验收了该项目。

回顾项目的整个历程，有很多需要总结和吸取的地方：

①因为系统是在追溯体系的基础上建设起来的，所以追溯体系的很多情况成为了系统的基本属性，导致生产系统体现出很多追溯系统的特征，对数据源的管控更是提高了精度要求。

②生产系统在原有老的生产设施系统上构建，老的厂房、流水线都已经运行了很多年，很多具体的布线、流水线改造等消耗了极大的物资，在改造中捉襟见肘，虽然最终达到了预期的要求，但是假设能在未来新的生产系统上提早规划部署，将会提高整体系统的完美程度。

③生产系统应以作业人员的素养出发，以多种培训相结合，并配以系统上线后的跟产指导，才能确保系统的成功。培训应该至少包含集中的课堂培训、现场的上机培训以及实际操作的指导等模式，才能适应成员年纪较大的生产团队。

④此外，自系统验收后，系统集成商又提供了 4 个月跟产服务，使得所有生产人员对系统有了更充分的认识，也能很好地处理各种异常情况，等等，保证生产一线人员全部理解并会使用系统。

当然，系统在上线与运行中，还遇到了很多其他问题，但是以上几点是我们总结后认为较重要的，也是有类似项目的实施团队可以借鉴的部分。

13.4.2 效益评估

对于泸州老窖数字化生产管理系统实施所带来的管理提升，宏观评价为：提升了生产计划性、实现了实时监控生产进度、提高了产品交付能力、增强了生产物流执行能力。详细的效益评价有如下几方面：

13.4.2.1 实现生产进程的透明化监控

对于生产任务执行状况实时把握，能够及时发现各条生产线的生产异常，能够高效及时地进行相应的处置，尤其是看板的运用使生产信息能够明确列示，让生产管理人员不再需要左右询问便能了然于胸。

13.4.2.2 生产计划的准确性提高

由于生产进程的实时反馈，使得相近的生产计划的制订与执行都有数据可依，生产任务的衔接、换产顺畅。仓库产品的数据清晰，也使生产管理者更加准确地把握市场需要的产品，制订出符合实际情况的生产计划，避免了畅销产品拖延生产，不畅销产品的多产积压等情况的发生。

13.4.2.3 系统上线与运行导致生产作业执行更加规范

生产系统的防错设计杜绝了作业中错误的发生，通过信息化、自动化的方式在第一时间将作业的指导警示给作业人员，使得操作工能够更加明晰作业工序与作业状态，确保了生产工序设计的有效执行。

13.4.2.4 生产数据的实时统计与人工的节省

自动化报工，取代了人工的统计与记录的工作，既规避了人工统计错误的风险，又实现了实时的记录与数据共享，使得相关数据应用人员或系统整体协调一致。原本工厂中的三个生产统计人员的工作由系统取代，既提高了准确性，也提升了及时性，还解决了加班倒班等一系列管理问题。

13.4.2.5 ERP/进销存/WMS 等系统的对接使得数据实现共享

数据实现共享避免了“信息孤岛”，同时由于数据时效提升，数据准确性提高，整体的多个系统的价值和作用得到了更大的发挥。相应的数据的传递和校对等烦琐的中间过程都得到了极大的改变。

13.4.2.6 自动化采集使产品质量提高，物流效率提升

生产过程中的自动化采集，确保了产品 ID 的精度，并与物流系统对接，实现了 RFID 与立体库的对接，提升了物流效率。

13.4.2.7 部分物资状态实现管理

RFID 托盘在系统中以载体的方式进行流转，通过生产自动采集、仓储物流自动采集，实现了对该物资的管理，避免了资产的流失，并在人为控制下实现了物资更加有效的流转。

13.4.2.8 取得宝贵经验，对未来有借鉴意义

本次系统的尝试，作为生产数字化管理的试点工作，对于企业从管理到生产作业再到物流的方方面面都起到了作用，取得了很多的宝贵经验，为后期的生产管理与信息化导入起到了极大的借鉴意义。

13.4.3 生产数字化管理的展望

生产管理的核心竞争力主要体现在交付能力与执行能力这两点。在 14 亿国人共同构筑中国梦的时代，泸州老窖不甘落后，在企业管理的方方面面打造世界级的竞争力。因此泸州老窖的工业化与信息化的两化融合工作将继续深化，在此次试点项目的基础上，我们将总结经验，做些必要的调整，在生产数字化管理、柔性定制化生产、智能制造等方向做出更大的努力。

14 应用案例之二——古贝春集团基于一物一码的酒类商品信息追溯应用

14.1 公司简介

古贝春集团有限公司（以下简称古贝春）始建于1952年，地处鲁西北平原，京杭大运河畔，承鲁酒千年历史，酿五粮现代精华。古贝春占地面积98万平方米，拥有现代化大型酿酒车间10万平方米，年生产、勾储优质白酒的能力达10万千升，是一家集产、学、研、发为一体的全国纯粮食酒重点生产厂家。公司坚持“一业为主，多元发展”经营战略，在坚持以五万亩生态原粮基地为依托，做大做强白酒主业基础上，不断拓展新领域，经营范围涉及热电、生物科技、环保建材、房地产开发、金融服务等业务，形成了优势互补、绿色环保的良性循环发展格局。古贝春先后被授予全国五一劳动奖状、中国白酒工业百强企业、全国守合同重信用企业、全国质量效益型先进企业、全国低度浓香型白酒著名企业、全国青年文明号、全国工业旅游示范点等荣誉称号，目前已成为长江以北最大五粮浓香型白酒生产基地。

14.2 项目概述

近年来，由于酒类市场的不断发展壮大，越来越多的不法分子用非常手段牟取暴利，假冒伪劣的酒类制品屡禁不止，极大地破坏了市场环境，对酒类企业造成了巨大的经济损失，也严重影响了人们的身体健康与生命安全。信息追溯建设项目就是在产品供应的整个过程中，对产品的各种相关信息进行记录、存储的质量保障系统，其目的是在出现产品质量问题时，可以通过食品标签上的溯源码进行联网查询。从原产品的加工、仓储、物流运输，到经销商的信息进行全面的记录并提供查询服务，建立起生命链防伪溯源管理，从根本上杜绝假酒的产生，由此来提高产品质量水平，保证食品的安全可靠。

14.3 信息追溯系统项目建设情况

14.3.1 项目实施

14.3.1.1 实施进度

古贝春根据项目申报书计划内容，于2012年开始着手准备实施产品信息追溯工作，从2013年年初开始调试，2013年5月开始上线试用，2013年8月正式上线使用，2014年8月对全部生产灌装线进行升级改造，完成全部流水线的信息追溯自动采集。古贝春的灌装现场，如图14－1所示。

图14－1 灌装现场

14.3.1.2 组织架构

古贝春非常重视酒类商品信息追溯项目的建设和实施，由公司执行总经理担任项目组组长、分管灌装和仓储的总经理助理和信息中心主任担任副组长，成员涵盖了技术研发、运营维护、生产、质检、仓库物流、纪检等部门，并由信息技术部门牵头，与技术支持企业万信方达科技发展（北京）有限责任公司（以下简称万信方达）共同实现信息追溯系统的运营维护，确保系统24小时的稳定运行。追溯项目组组织架构如图14－2所示。

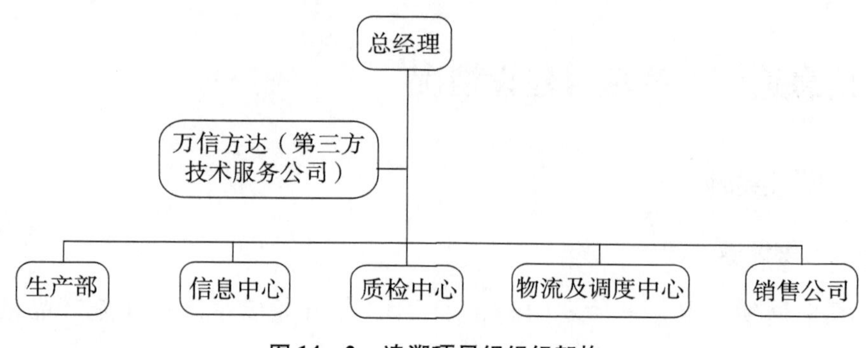

图 14－2　追溯项目组组织架构

14.3.1.3　数据库建设

本项目采用一物一码技术，数据量很大，同时考虑到数据安全和消费者快捷查询等因素，项目采用私有云数据库和公有云数据库结合的混合云数据库。在厂区内部生产线采集数据传输至厂内部的私有云数据库，并由同步软件将必要数据传输至公有云数据库，供物流环节、商贸环节和终端消费者查询使用。古贝春追溯混合云结构如图 14－3 所示。

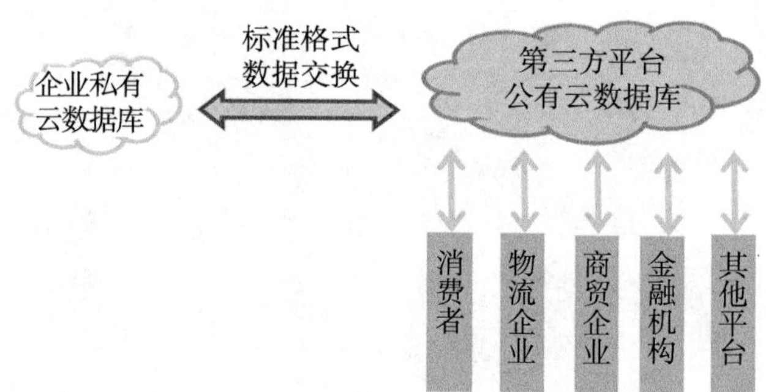

图 14－3　古贝春追溯混合云结构

为保障数据的安全性、实时性、有效性，古贝春在酒厂内部完成了硬件平台的升级改造，配置了专门的网管服务器，安装了内网安全管理软件对网内所有网络设备进行有效管理，并根据信息化建设发展需要，筹建了布局合理、功能完善、设备先进的现代化数据中心机房，为电子信息系统设备提供了一个安全、可靠的运行环境。

14.3.1.4　生产线改造

在实施信息追溯项目过程中，古贝春对原有的 8 条生产流水线进行了升级改造，每条流水线增加了信息追溯的读/写设备和自动采集设备，并在每条流水线上配备了连接无线网络的电脑，实现数据的实时传输。

图 14－4 为生产线附码采集示意图，图 14－5 为数据实时处理示意图。

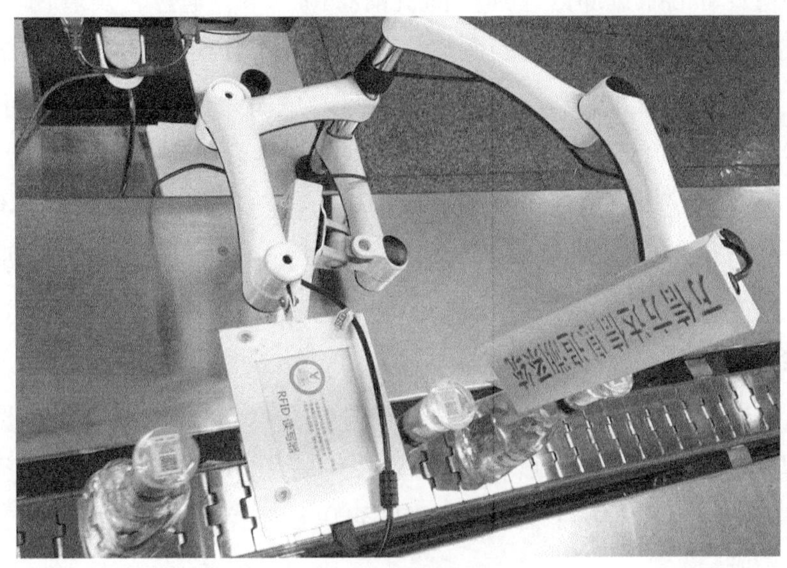

图 14－4　生产线附码采集

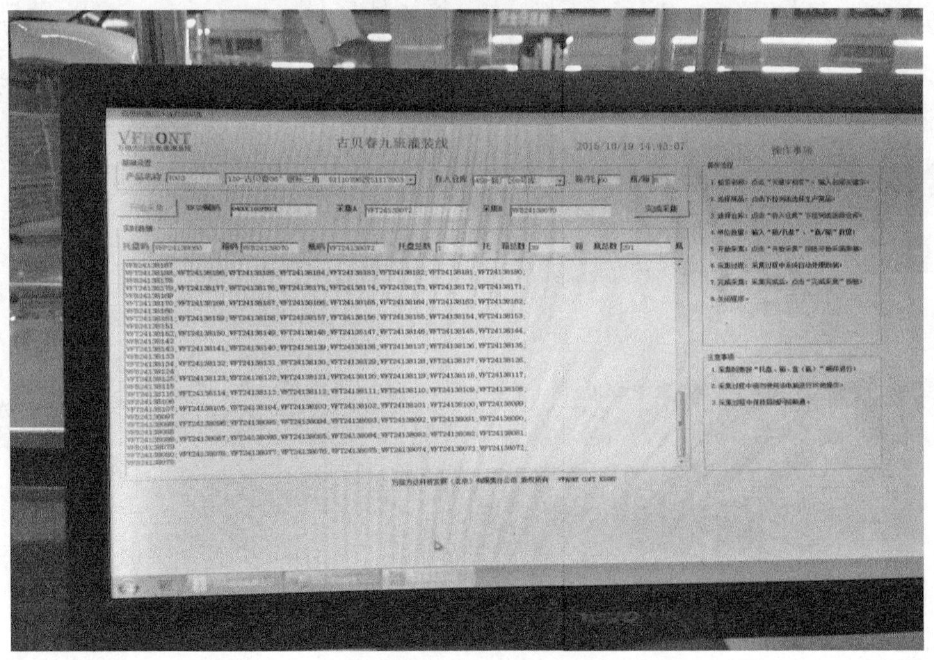

图 14－5　数据实时处理

14.3.1.5　追溯标签使用

目前古贝春信息追溯系统可以追溯产品达 110 多类，基本覆盖了古贝春的中高档产品。追溯标签分为二维码标签和 RFID 标签两类，两类标签年使用总量约为

900 万个。

只要将古贝春的瓶盖部分放到查询机前感应一下，通过古贝春酒类流通 RFID 追溯体系，就可以显现古贝春酒的产地、规格、生产日期、生产线、物流渠道等信息，购买者能立刻判别酒的真伪与质量。古贝春电子追溯体系充分利用了 RFID 技术的编码唯一性、芯片不可复制性、电子数据加密性、识别工具简单性、全流程监控性等技术，全面立体追溯到每一瓶古贝春酒的生产、存储、流通和销售的每一个环节，是目前为止较为完善的酒类防伪溯源系统。该系统通过追溯 + 防伪的方式，充分体现了其先进性、唯一性、准确性、可靠性、容易性和经济性。

14. 3. 1. 6　终端识别

为方便消费者查询，在酒厂和主要销售网点增加了查询一体机，消费者可随时对贴有 RFID 标签的产品进行查询。为保障生产线数据实时效果，在生产车间的大厅安装了实时监控屏幕，生产线的数据随时可以在监控屏幕上进行查看。数据监控墙如图 14 –6 所示。

图 14 –6　数据监控墙

同时消费者可以使用智能手机扫描产品上与 RFID 标签唯一关联的二维码进行信息识别。图 14 –7 为二维码、RFID 综合查询机和消费者使用智能手机扫码查询示意图。

14. 3. 1. 7　追溯技术

追溯标签：本项目商品追溯实现一物一码，采用 RFID 标签、二维码、防伪码多码合一的追溯标签，具有标签全球唯一性和防复制性（本标签不可批量复制）。

数据采集：生产线采用二维码硬解码光学采集和 RFID 无线传感采集相结合的方

图 14 -7　二维码、RFID 综合查询机和消费者使用智能手机扫码查询

式，实现标签采集准确率达到 99.99% 的国内先进水平。采集数据通过采集工作站、无线局域网实时传输至私有云服务器，同时在本地工作站存储数据做备份使用。

全程双向追溯：管理者可通过追溯 ID 实现从厂家到物流、商贸、消费者之间的正向追溯；消费者可通过扫描二维码的方式实现商品的逆向追溯查询。

14.3.1.8　**人员培训**

项目启动时由万信方达对古贝春信息中心工作人员、生产线工作人员、仓储及物流工作人员、销售工作人员、市场稽查人员进行为期两周的项目培训。项目实施期间，由万信方达和古贝春信息中心工作人员对常见问题进行定期集中的培训。对于新升级的功能，项目管理组组织相关人员对相关应用方实施定期培训。

14.3.2　追溯技术拓展应用

在应用一物一码标签实现信息追溯的同时，项目组将产品追溯码拓展应用于商品防伪、防窜货、经销商管理、全供应链电子仓库、商品促销、市场调查、商品市场跟踪、消费者互动等方面。为了满足消费者随时可查、与企业互动的需求，公司在 RFID 标签上增加了二维码和防伪码，实现了 RFID 标签、二维码、防伪码多码合一，并将 RFID 标签与二维码实现了唯一对应关联，消费者扫描二维码或读取 RFID 标签均可实现信息追溯，通过追溯系统中积分管理功能，可以通过消费者积分与消费者实现互动。

14.3.2.1 防窜货管理

采用一物一码信息追溯体系后，对长期困扰企业的产品窜货问题有了根本性的改变。厂区库发货时采集登记数据和终端商品分布地理位置进行数据比对，可以有效地解决窜货的问题。窜货商品后台比对信息如图 14－8 所示。

时间	类型	角色	备注	操作人
2015/12/24 0：35：09	打包			
2016/5/6 15：22：56	出库*	工作人员		170
2016/5/6 15：24：56	入库*	工作人员		170
2016/5/6 15：25：25	出库*	工作人员	CDYJJXSchengduyijijingxiaoshang	170

查询位置信息记录：

微信昵称	查询时间	经度	纬度	地址	商圈
郭新琦	2016/5/6 15：33：00	117.7375	36.80993	山东省滨州市邹平县 X035	
郭新琦	2016/5/6 15：33：00	117.7375	36.80993	山东省滨州市邹平县 X035	

查询记录信息：

序号	查询时间	查询方式	ip 地址
1	2016/5/6 15：29：41	二维码扫描	117.136.94.178

图 14－8 窜货商品后台比对信息

14.3.2.2 经销商管理

追溯体系与 ERP 系统对接将经销商纳入管理范围，通过追溯体系可以清楚地掌握经销商各类商品的进货、库存、销售等数据明细。经销商业绩情况如图 14－9 所示。

经销商	2015销量（箱/件）											按当月销售最多排序 按当年销售最多排
	1月	2月	3月	4月	5月	6月	7月	8月	9月	10月	11月	12月	年销量
销	860	2350	1871	3941	6213	7109	8621	8708	13958	5135	6601	7406	72773
占	0	5389	8196	450	8612	466	1599	5595	4909	86	425	1200	36927
宁	2148	5795	520	3672	8774	1261	705	2504	0	7755	3141	650	36925
销处	4104	5695	2117	2133	862	1610	2494	2065	3206	1234	3443	4266	33229
公司（魏建勇）	2749	2591	1291	522	287	303	2253	5381	4101	3909	2652	3309	29348
	7336	5306	1454	2851	1761	1638	646	891	2614	646	1181	2441	28765
翔	1867	2055	1519	610	943	328	3350	3904	6123	3335	2376	1119	27529
洪旭	5314	4994	3366	1836	0	23	0	900	9322	1073	0	0	26828
李树山	2760	8821	4001	5097	3345	0	0	123	0	0	0	0	24147
销处	11769	6152	2370	854	200	1299	155	0	240	138	25	24	23226
伟	2330	1674	918	120	8981	118	1780	826	1073	703	1624	463	20610
梅	2169	1168	1200	1166	717	441	1019	1448	1679	4904	4126	0	20037
洪江	3160	1293	3696	980	3381	0	960	2947	0	0	0	2000	18417
森	3180	4600	2631	2664	1138	1180	0	182	0	300	0	0	15875
成兴	1160	600	1761	0	9574	960	0	10	0	47	10	968	15090
隆	351	720	779	228	422	385	1351	1369	1378	1106	733	4660	13482
诺酒水	1653	498	1464	721	142	0	0	0	3838	0	1339	2252	11907
区	78	1024	584	188	1263	1006	766	601	1636	741	860	1974	10721

图 14－9 经销商业绩情况

14.3.2.3 供应链电子仓库

古贝春基于追溯体系为各级经销商提供了其专属的电子仓库系统，各经销商可以使用该系统进行商品的进销存管理和电子对账。

14.3.2.4 商品促销

追溯体系建设有效地促进了商品促销体系的完善和推进，一物一码的精准管理服务模式对营销商品对象及数量、投放时效、投放区域、投放范围、目标人群都有了比较好的管理。古贝春在追溯体系的基础上，根据产品特点、消费者习惯、地理区域等因素，进行了积分、红包、电子卡、实物奖品等营销、促销活动，收到非常好的效果。消费者参与营销界面，如图 14－10 所示。

图 14－10 消费者参与营销界面

14.3.2.5 商品市场分布跟踪

根据消费者扫码的数据反馈，可以精确地了解到各类商品的终端消费区域和数量，对公司产品市场调整、调控、管理、营销等起到很重要的作用。

14.3.3 项目绩效情况

14.3.3.1 信息追溯建设有效实现了产品的全生命周期管理

古贝春已完成厂区 8 条生产线的信息追溯升级改造，采集准确率达到 99.99%，达到全国最先进水平。目前古贝春信息追溯系统可以追溯产品多达 110 多类，基本覆盖了古贝春的中高档产品。

14.3.3.2 信息追溯建设大大加快了产品的信息化进程

之前的信息管理中，古贝春主要依靠企业内部的 ERP 系统实现信息管理。ERP 解决了物料和财务的管理问题，但对生产的产品、仓储信息、销售的产品信息并没有实现信息化。在使用了信息追溯系统之后，古贝春实现了数据和 ERP 的无缝对接，可以清楚地掌握生产、仓储、销售的报表情况。

14.3.3.3 信息追溯建设明确了流通环节中的责任界定

在产品流通环节中，责任界定问题一直比较难以解决。而在使用了信息追溯系统之后，发生责任变更时需要进行信息节点的记录，从而使流通环节中出现的问题一目了然，有效地防止了流通各方互相推诿责任的情况发生，加快了产品的流通，提升了企业的生产效率。

信息追溯系统在实现上述功能的同时，还极大地增强了消费者对产品的信心，进一步提升了企业产品的可信度，树立了诚信企业的良好形象。

14.4 信息追溯系统建设存在的问题

14.4.1 部分经销商追溯意识不够，抵触心理较强

由于信息追溯系统使得流通环节变得相对透明，损害到部分不法经销商的利益，因此这些经销商对信息追溯系统产生较大的抵触。同时还有个别经销商嫌在入库、出库中需要做信息采集麻烦，从而不愿意使用信息追溯系统。

14.4.2 RFID 电子标签成本较高，不利于消费者识别

因为 RFID 电子标签本身含有芯片，制作的成本较高且容易损坏，导致企业方面的成本投入的增加，同时识别 RFID 时需要借助一些特殊的设备，消费者的查询十分不便。

14.5 项目总结及展望

①面向流通环节的各级经销商推动追溯实施，逐步实现产品全链条可追溯。针对部分经销商追溯意识不强，古贝春与经销商进行了多次交流与沟通，使经销商逐渐认识到信息追溯系统带来的长远利益，从而实现古贝春与经销商的双赢。

②针对 RFID 电子标签成本较高的情况，大力推广价格低廉并且易用的二维码。二维码的成本较低，同时借助智能手机的任意二维码扫描端即可实现出库、入库、流通、终端追溯信息的操作，简单易用，值得大力推广。

③扩大追溯体系在生产管理、物流管理、营销管理、绩效管理等方面的延伸应用，通过追溯体系进一步提高古贝春整体精细化管理水平。

15　应用案例之三——张裕公司产品二维码追溯应用案例

15.1　公司简介

1892年，我国近代著名爱国华侨、实业家张弼士先生在山东省烟台市投资创办了“张裕酿酒公司”，成为我国第一个工业化生产葡萄酒的企业。1994年，张裕酿酒公司依照《公司法》进行了规范化公司制改造，组建成立了烟台张裕集团有限公司（以下简称张裕公司）。1997年和2000年张裕B股和A股先后成功发行上市。张裕公司经过120多年的发展，已经成为中国最大、世界知名的葡萄酒生产企业之一。

15.2　总体架构

图15－1为系统总体架构。本系统采用物联网技术，通过对产品外包装进行赋条码或者二维码，并且每个追溯码均具有唯一性，从而实现“一物一码”对产品进行标识的效果。在产品下线、仓储物流、市场监管三个阶段中，全程依据二维码内容进行产品出入库和产品物流轨迹跟踪管理，实现了到达消费者手中的每个单瓶通过二维码查询均可以反向溯源，查询的结果发给最终客户，达到追溯防窜货的效果。

15.3　功能模块

整个系统建设可分成三个子系统，分别为生产线赋码与关联子系统、仓储物流出入库扫描子系统、市场监管查询平台子系统。

15.3.1　生产线赋码与关联子系统

生产环节，对产品的瓶、箱、盘均进行赋码。同时在包装过程中，均进行追溯码的关联，即做到通过盘可以查到箱和瓶，反之亦然。

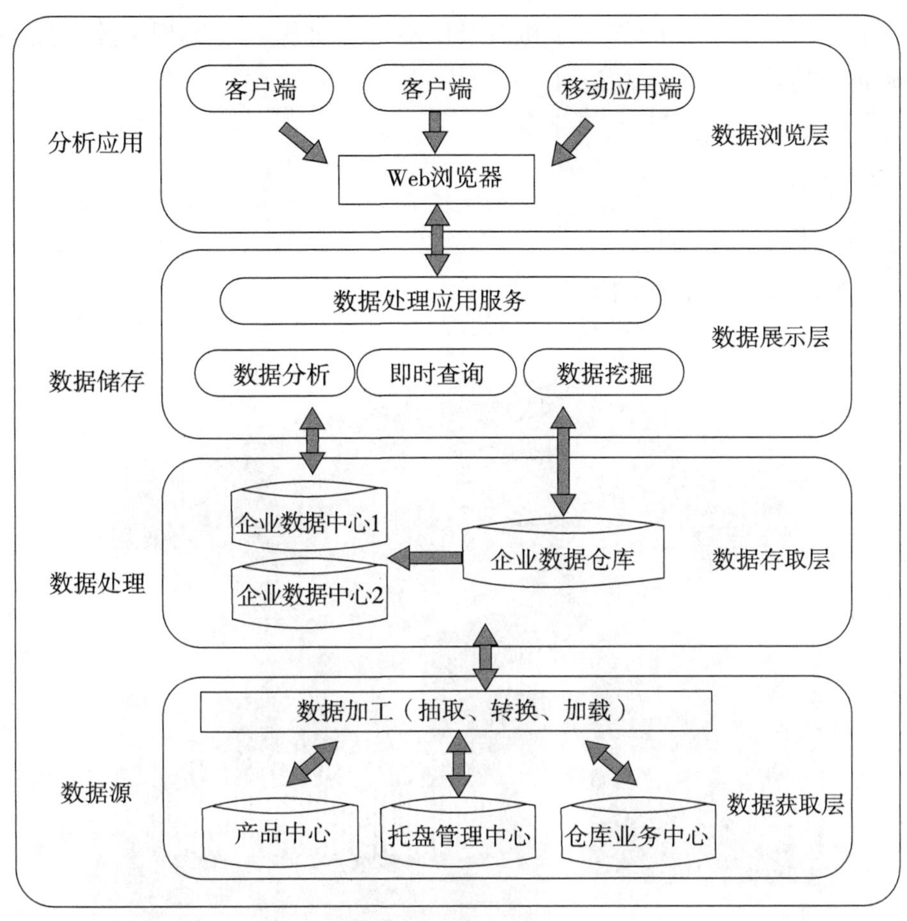

图 15－1　系统总体架构

15.3.1.1　瓶赋码关联

瓶一共赋 3 个追溯码，分别为瓶顶处的二维码、瓶身背标的二维码、瓶身的数字码。三个追溯码最终关联在一起，通过任意一个码均可以找到另外两个码，互为补充。

瓶身背标的二维码在印刷厂印刷过程中进行提前印刷，瓶顶二维码和瓶身数字码为在线实时赋码。瓶顶二维码为荧光码，在特殊光源下可充分显影，使用荧光码的目的是为适应于产品多样性的瓶盖底色，此荧光码在特殊光源的作用下能够忽略所有底色，从而达到 100% 采集的效果。瓶身码为数字暗码，人眼不可见，在特殊光源的照射下能够全部显示，即使在瓶身背标二维码被破坏的情况下，依然可以通过暗码进行查询和提取信息。

15.3.1.2　箱赋码关联

产品装箱后，在封箱前进行箱码赋码，在箱固定位置进行箱码赋码，两面均进行同一追溯码赋码，采用一维条码的形式进行喷印，同时在条码下方喷印此条码的数字码，从而同时适应于设备采集和人眼识别。此过程最终实现了箱与瓶的关联，通过箱码可以提取装箱内的瓶信息。

15.3.1.3 托盘赋码关联

1. 新托盘注册

（1）安装标签与标牌

标签与标牌安装示意如图 15－2 所示。

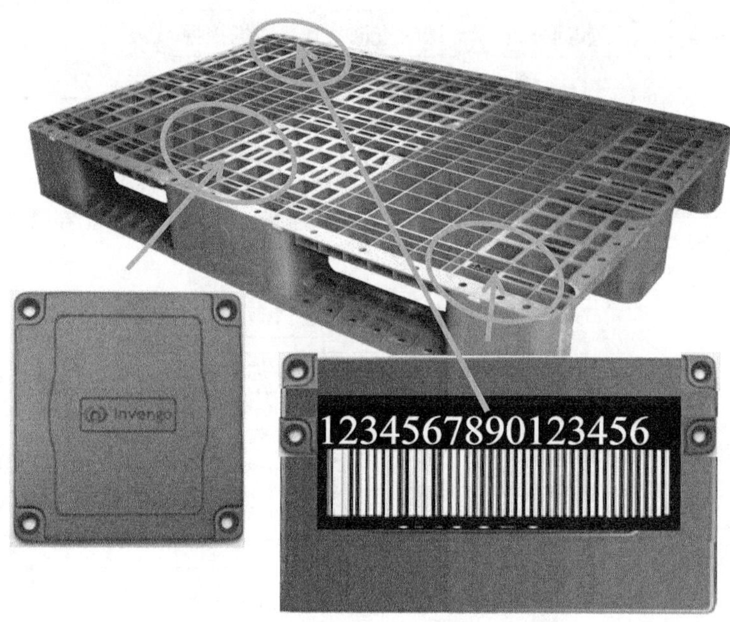

图 15－2　标签与标牌安装示意

（2）标签与标牌关联用手持扫描器

如图 15－3 所示为手持扫描器，功能如下：

图 15－3　手持扫描器

①扫描 RFID 电子标签。

②扫描金属标牌条码。

③建立两者的关联关系。

④发送到数据库（完成新注册）。

2. 产线托盘关联

码垛托盘使用张裕公司统一标准的托盘，此托盘两个右侧对角位置均使用不干胶进行赋托盘条码，同时托盘侧面中间位置嵌入芯片并使用固定装置将芯片固定，如图 15 –4 所示。

图 15 –4　托盘标识

托盘的芯片和两侧的托盘条码在制造过程中进行了提前关联并永久有效，通过扫描芯片可获取条码，反之亦然。托盘赋码关联如图 15 –5 所示。

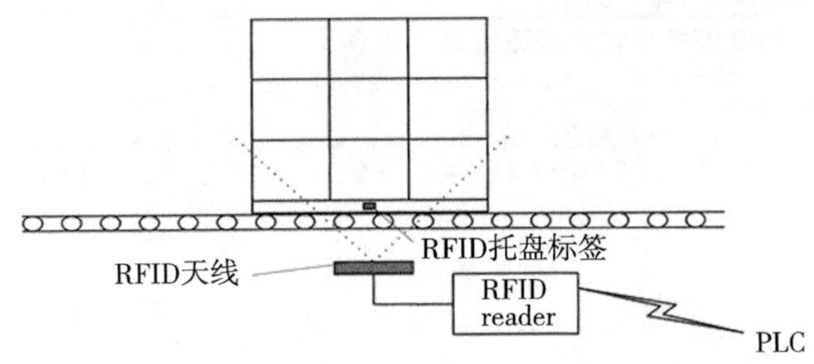

图 15 –5　托盘赋码关联

经过瓶、箱、盘三个位置的采集，最终实现了瓶、箱、盘的三级数据关联。箱垛数据关联示意如图 15 –6 所示。

图 15－6 箱垛关联示意

15.3.2 仓储物流出入库扫描子系统

产品下线后，进入仓储物流环节，仓储物流环节通过扫描托盘码或者箱码进行整盘或者若干箱的跟踪和定位。采集的数据均通过互联网实时上传到中心服务器进行存储。平台页面示意如图 15－7 所示。

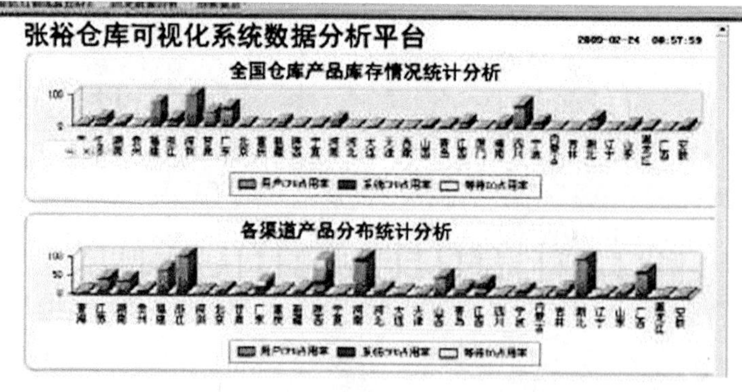

图 15－7 仓储子系统页面示意

15.3.2.1 仓库改造

1. 叉车改造

图 15－8 为叉车改造示意图。

图 15－8 叉车改造

2. 托盘出入库

工厂接收人员用手持 RFID 扫描器逐一扫描核对托盘号（RFID 电子标签或金属标牌条码），如图 15－9 所示。

图 15－9 托盘出入库扫码流程

15.3.2.2 入库操作

产品下线入库到仓库的场合下，叉车入库人员移动托盘前扫描芯片。读取成功后，系统依据芯片获取此盘产品信息以及存放数量。核对无误后，进行入位操作，到达指定货位后，输入货位编码提交数据。系统自动将此盘所代表的产品与仓库、货位进行绑定。入库示意图如图 15－10 所示。

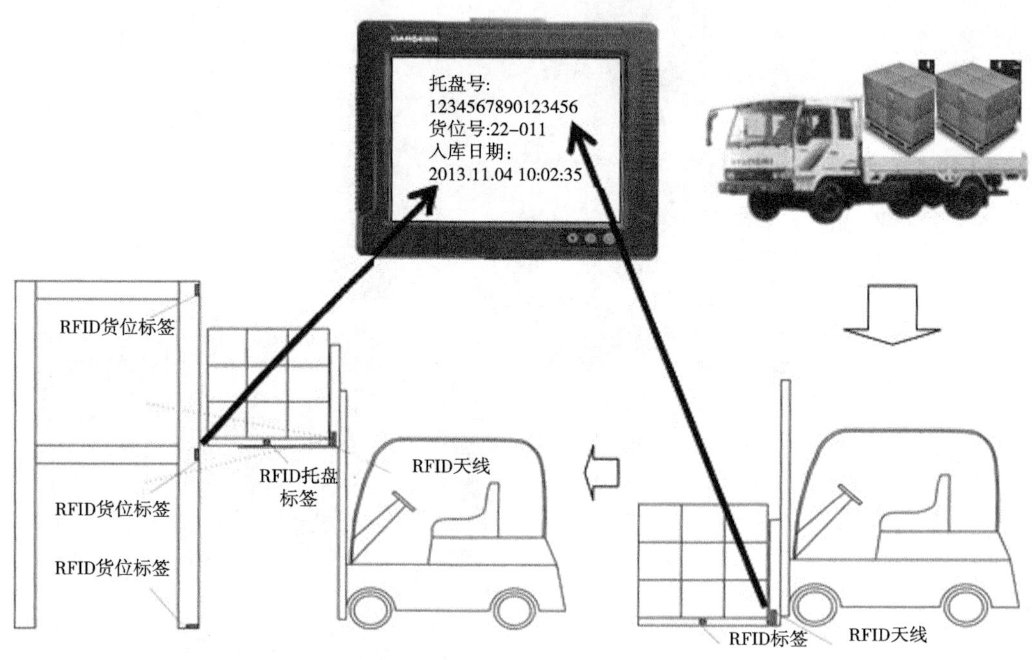

图 15－10 入库示意

15.3.2.3 出库操作

仓库调拨给仓库的场合下，仓库接收到出库通知单号，依据出库通知单从 SAP 系统接口获取出库信息，并通过此单号生成带有单据条码的出库作业单。叉车司机接收到出库指令后，依据系统提示的目标货位进行取货，扫描的数据提交数据中心后，后端程序自动将出库的箱与客户进行关联。出库示意图如图 15－11 所示。

15.3.2.4 基于 B/S 架构的展现平台

图 15－12 为基于 B/S 架构的仓储子系统平台示意图。

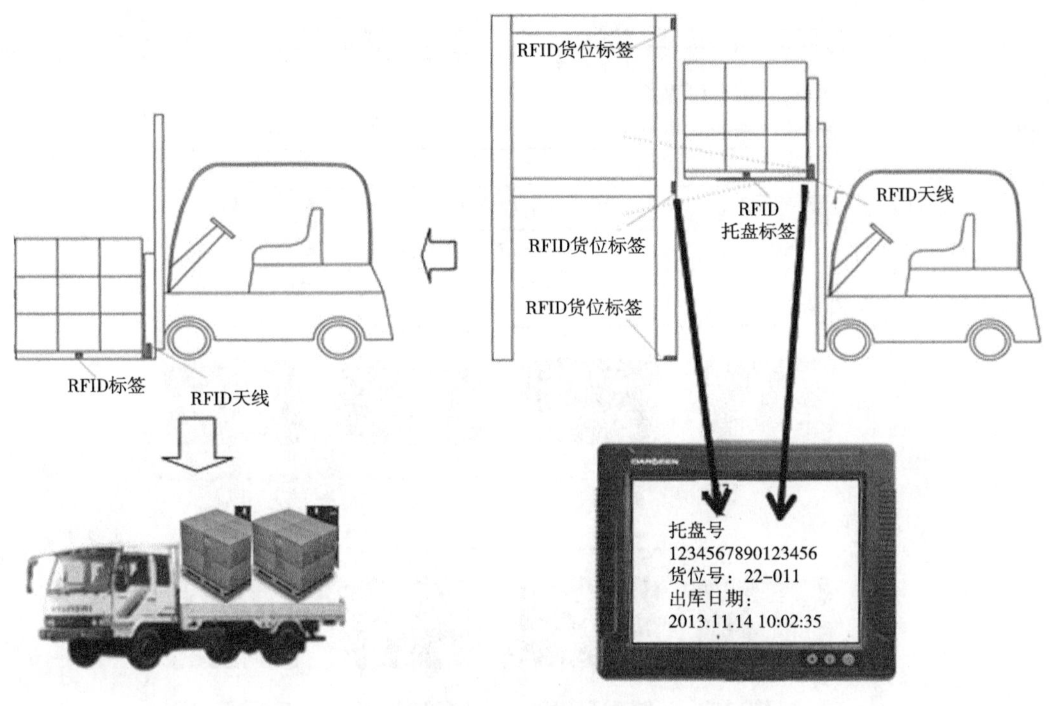

图 15－11　出库示意

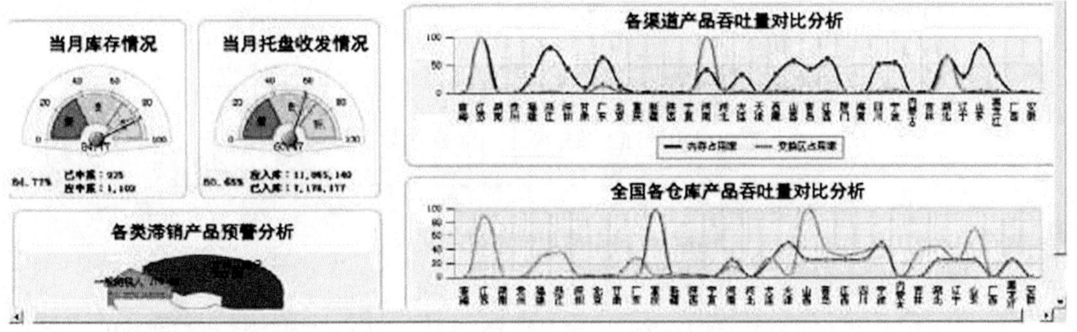

图 15－12　基于 B/S 架构的仓储子系统平台示意

15.3.3　查询平台

前两个阶段采集的数据，最终均存储在查询平台的数据中心，数据中心通过数据分析引擎，实现追溯码的物流轨迹查询。根据不同的查询对象，系统提供了多种查询手段。查询平台采用模块化设计，如图 15－13 所示。

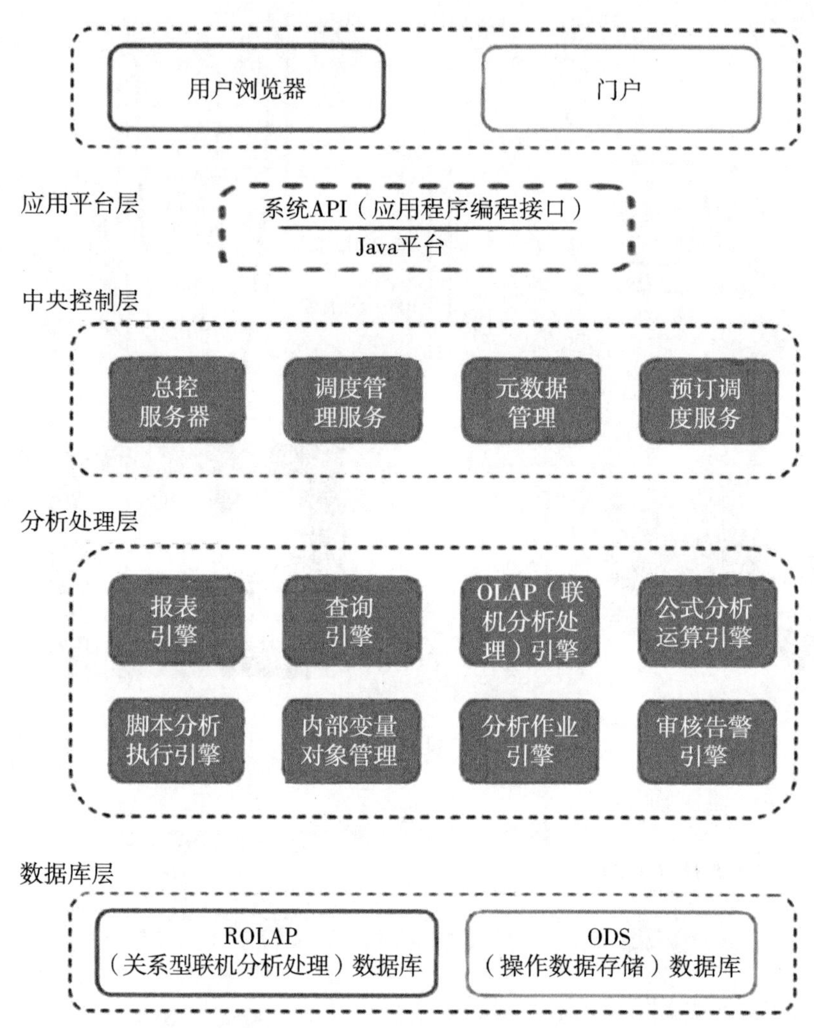

图 15－13　查询平台模块化设计

对于消费者可以通过“我查查”等大众网络社交软件进行扫描查询，可查询出产品的生产日期和批次等信息；对于市场检查人员，系统提供手机 APP 查询和 WEB 网络查询方式，多种查询入口体现了查询的方便性；系统提供“瓶码”“箱码”“盘码”多种查询记录。

通过瓶或箱查询，依据此瓶或者箱的生产记录以及出入库记录最终追溯到发给的具体客户。其中生产记录包括生产线信息、生产日期、批次信息。出入库记录依据出入库扫描时间顺序，依次显示发货的物流轨迹。实现了产品生产下线、仓储物流的全程记录跟踪。

通过托盘码查询的情况下，如果此托盘最终发货给多个客户的情况下，将进行多条显示，并显示向每个客户发送托盘的箱数及数量。

通过二维码追溯系统实现了产品的全程跟踪管理，依据大数据平台提供使用者每个追溯码的物流轨迹，及时并且准确无误，可有效地服务于制造类企业，解决企业窜货问题。

16　应用案例之四——北京艾森绿宝油脂有限公司产品质量追溯系统

16.1　项目介绍

16.1.1　项目背景

根据《中华人民共和国食品安全法》《国务院办公厅关于加快推进重要产品追溯体系建设的意见》（国办发〔2015〕95 号）和《关于推动食品药品生产经营者完善追溯体系的意见》（食药监科〔2016〕122 号）等规定，国家食品药品监督管理总局研究制定了《关于食品生产经营企业建立食品安全追溯体系的若干规定》，食品生产经营企业，包括食品生产企业，食品、食用农产品销售企业，餐饮企业，食品、食用农产品运输、储存企业等食品药品监管部门应当依法监管的企业，食品生产经营企业通过建立食品安全追溯体系，客观、有效、真实地记录和保存食品质量安全信息，实现食品质量安全顺向可追踪、逆向可溯源、风险可管控，发生质量安全问题时产品可召回、原因可查清、责任可追究，切实落实质量安全主体责任，保障食品质量安全。

目前社会诚信缺失，假冒伪劣产品严重扰乱企业正常的生产经营秩序，损害企业、经销商、消费者的合法权益，除了依法打击不法商贩的违法行为外，企业自身采取的防范措施也显得尤为重要。

建立溯源体系，需要信息化系统支撑，产品质量追溯系统采用北京华信瑞德信息技术有限公司研发的追溯平台，具体技术方案和项目效果如下：

通过为每个包装级别的产品赋码关联，为每个产品建立一个唯一的身份证编码，从而实现单品和生产环节中的关键信息绑定，最终建立一套基于二维码的产品质量追溯系统，搭建企业工厂信息化运营平台，实现企业产品质量追溯、防伪、防窜货等需求。

16.1.2 技术方案

16.1.2.1 项目需求

追溯信息包含：合同号、原油生产商、灌装品种、罐号、生产时间、班组、生产批次及原油生产国。

灌装赋码：实现一瓶一码（随机生成）、瓶身激光码（与二维码关联）、箱码及托码。

入库：自动入库和按照库位入库。

出库：按照派车单出库（按照车辆追踪客户）。

查询系统：通过二维码、激光码及箱码查询。

16.1.2.2 建设思路

建设总体思路，如图16－1所示。

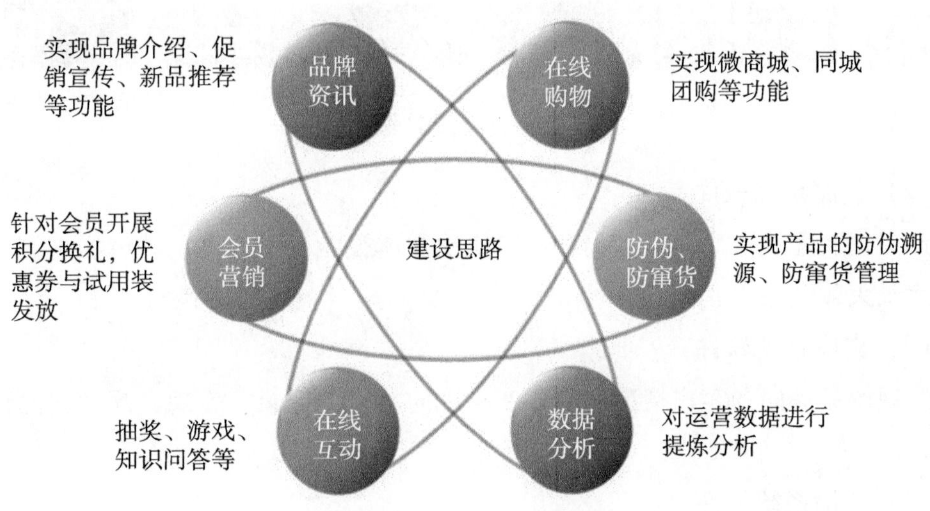

图16－1 建设总体思路

16.1.2.3 软件架构

软件架构，如图16－2所示。

软件架构目标解释：

（1）生产采集软件

生产过程中采集每个单位的数据，形成准确的关联关系。此基础数据决定了后期数据的使用。

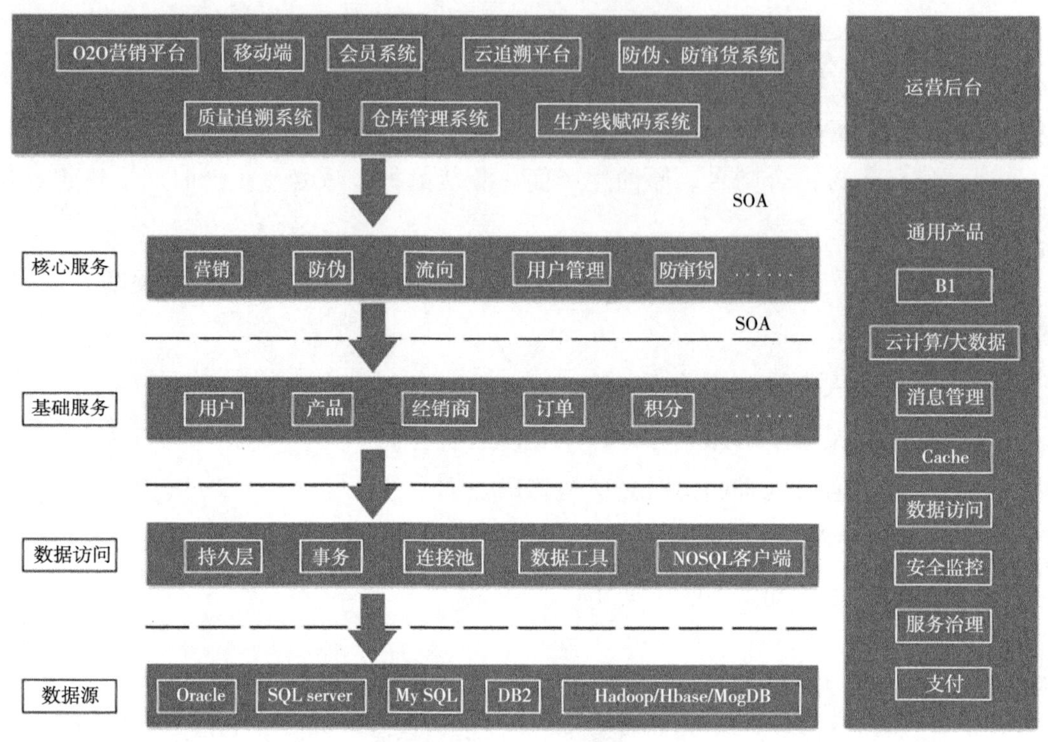

图 16－2　软件架构

（2）仓储系统软件

产品包装完成入库，产品的存放，实现立体智能仓库管理，能够实现高效出库和仓库最大化利用。

（3）出库系统软件

实现产品流向和客户精准关联，产品去向的精准记录，实现产品去向的快速高效定位。

（4）营销系统软件

二维码的应用在传统商业和网络商业之间架起了一座桥梁，推动移动商务活动迈上了一个新的台阶，同时提高了产品形象，也为企业收集市场信息提供一个更准确、更快捷的通道，为企业大数据应用提供基础。

16. 1. 2. 4　整体流程目标

整体流程目标如图 16－3 所示。

流程目标解释：

（1）生产环节

通过提前印刷可变二维码，生产线通过贴标机为每个桶贴一个可变二维码标

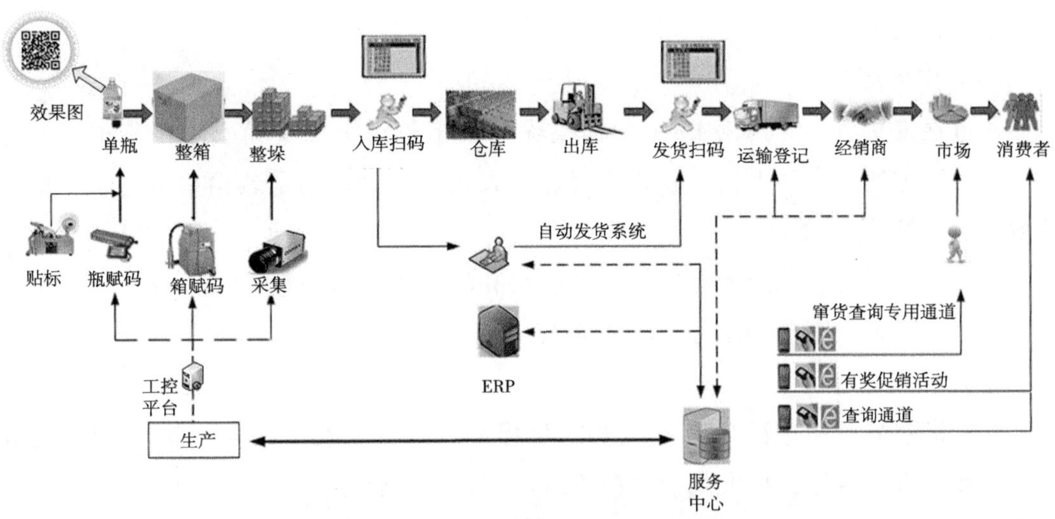

图 16－3　整体流程目标

签，桶身刻数字码，做到"二码联合为一"，通过建立生产任务将相关生产信息和码关联信息绑定，可以对所在工厂每条产线的生产数据进行实时动态掌握，通过大数据报表分析，可以分析工厂每条产线生产状况，为领导层决策提供数据支撑。

第一，贴标机在桶盖上贴上带有二维码的标签。

第二，扫描二维码之后用激光机在桶身上雕刻数字码，实现"二码联合为一"。

第三，桶装箱之后采集桶盖上的二维码，同时生成大箱码，赋码采集实现桶箱关联。

第四，码垛，当满一托盘之后，生成托盘码。实现箱托桶三级关联。

（2）仓储环节

仓储环节如图 16－4 所示。

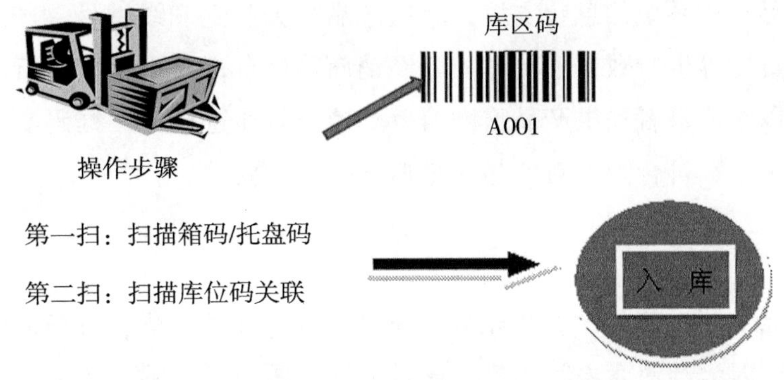

图 16－4　仓储环节

第一，产品整托盘入仓库。

第二，按照系统分配将托盘码和库位码关联。

第三，放入库位。

（3）出库环节

通过在发货管理时，由 PDA 扫描整垛任一箱条码实现整垛出库，节省人工占用，发货数据实现自动上传，发货准确、节省人工记录，结合装箱单信息，实现发货数据与 ERP 信息对接。

第一，扫描托盘码或者箱码实现产品码和出库单基本信息关联。

第二，实现出库单信息和车辆关联。

（4）经销商环节

同步搭建的产品追溯后台系统实时呈报和统计分析相关的生产数据和发货数据、消费者查询数据，拓展到经销商管理和一桶一码营销。

（5）流通环节

通过消费者（或经销商）查询整箱码实时的地理位置，系统后台自动核实每箱码的唯一 ID 和产品原有发货流向，提供到货区域和查询区域的深度分析、预警，从而有效遏制经销商窜货。通过产品追溯系统的精准发货管理，公司营销部门可以通过箱体上的条码进行精准扫码促销等活动，加强企业与消费者的实时互动，支持销售区域拓展，助力销售业绩提升。

第一，消费者通过网络实现防伪、防窜货查询。

第二，消费者通过扫描二维码参与有奖营销活动。

第三，企业通过消费者扫描实现客户信息数据采集。

（6）软件对接环节

实现客户现有 ERP 和防伪、防窜货系统对接。

通过产品追溯系统信息化支撑，每箱产品将关联生产线编号、产品编号、生产批号、生产日期等生产数据，出库关联经销商等信息，对内可以进行质量管控和溯源，对外可以给消费者提供产品追溯信息，消费者通过扫描二维码实现营销和消费者基本信息采集，符合国家对产品质量追溯的政策要求。

16.1.3 项目效果

实现产品从原料环节、生产环节、仓储环节、流通环节、市场环节的相关信息准确查询，同时为经销商之间的窜货提供依据。遏制了经销商的窜货，为企业规范了市场，挽回大量的损失。

16.1.3.1 发货方面

现有 ERP 系统里面有发货单的详细信息，通过 ERP 厂家在打印发货单据的时候增加二维码信息，消费者使用 PDA 扫描单据上的二维码，获取单据上的发货信息。

按照发货明细扫码，实现了垛扫码、箱扫码、桶扫码模式，也可以使用反扫模式来节约人工，节省操作时间，提高发货效率。

发货系统软件界面如图 16－5 所示。

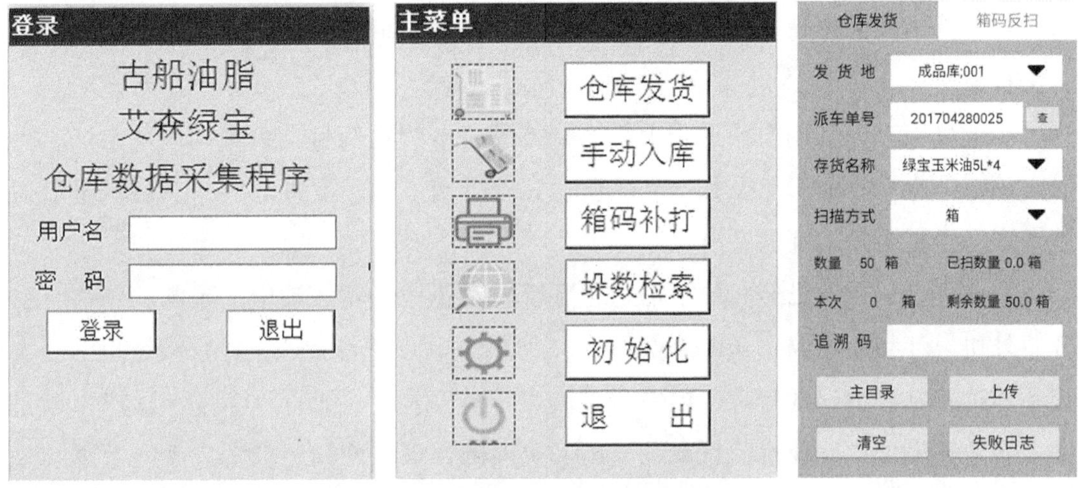

图 16－5　发货系统软件界面

16. 1. 3. 2　查询软件界面

查询软件界面如图 16－6 所示。扫描二维码或者安装 APP 扫描桶盖二维码获取追溯信息。

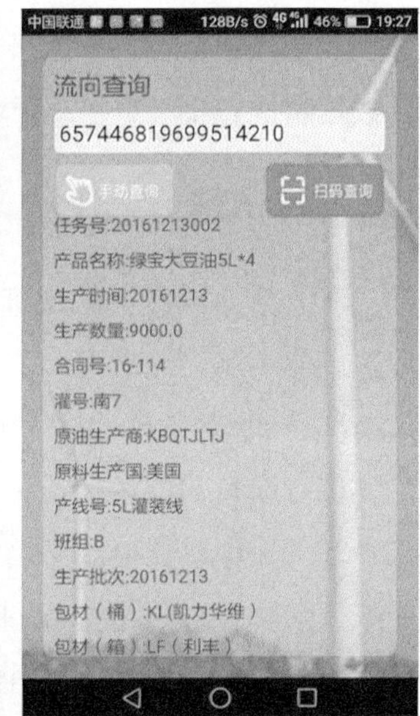

图 16－6　查询软件界面

16.2 存在问题及未来发展规划

16.2.1 存在的问题

假冒伪劣产品严重扰乱企业正常生产经营秩序，损害企业、经销商、消费者的合法权益。

企业可以充分利用产品追溯手段，一方面打击假冒伪劣、整顿和规范市场，另一方面对外提升企业形象及其产品品质、完善营销方案、促进销售，来展示企业对消费者、对社会负责任的态度。

目前许多的企业已经实施了信息化系统，对企业经营活动中的采购、销售、财务、外协、计划、BOM（Bill of Material，物料清单）进行管理，并且系统也已经实现了对这些基础数据的管理，但是由于信息不能互通，形成了“信息孤岛”。但是随着企业的发展，企业对信息系统提出了更高的要求，比如要求实现系统数据与外界系统的实时共享，要求对已经有一定积累的数据做数据分析，为企业的发展提供决策支持，需要通过对系统数据的分析，为开发新的产品、新的客户提供依据，从而使产品更好地满足客户的需求。

通过调研测试最终求同存异，实现不同环节、不同包装、用不同的赋码方式，通过对最小单品赋码，对每个环节相关信息和产品身份编码采集绑定，将各个环节的相关信息串联在一起，最终实现信息共享关联，突破“信息孤岛”，实现信息化及数据精准查询。

16.2.2 未来发展规划

未来规划需要增加或细化四个模块：细化原料管理环节；实现多级经销商管理；细化产品仓储管理环节；实现产品营销大数据统计。

16.2.2.1 原料管理

现有原料只能做到粗线条的批次管理，对产品原料的管理比较原始，通过纸质记录或者使用一些电子文档来管理，同时原料的质检部门和原料管理是分开的，不能数据共享。通过增加原料管理模块来管理供货商、原料验收入库、原料领料出库、原料的保存保养、原料的定期盘点。保证公司原材料和辅料等发存准确，做到物资存放安全，质量完好，数据处理及时准确，管理清晰。

16.2.2.2 多级经销商管理

现有追溯系统只做到从生产厂家到一级经销商的管理，无法做到下面的多级经销商的流通追溯。

通过为每一级代理商配备扫码设备或者安装手机 APP，每次产品出入库时通过扫描产品上的二维码，实现产品和下一级代理商的绑定，从而做到产品流通的准确记录，消费者和市场稽查人员就能做到产品每一级流通都能准确查询。

16.2.2.3 仓储管理

现有的仓储只做到具体规格的产品在每个仓库入库的量和日期可确定，未来可以利用现有产品的二维码和产品货架电子标签结合，建立一整套完善的仓储管理系统，做到仓库库位管理、产品入库上架、产品盘点、移库管理、报损管理、内部领用、仓库抽检、抽检退回等自动化管理。

16.2.2.4 营销平台

现有营销模式比较单一，比如传统的买大送小、买一送一的模式或者使用传统奖卡模式，没有吸引力或者使消费者容易产生千篇一律的疲劳感。

随着智能手机、平板电脑的日益普及，移动互联网开始飞速崛起，移动互联网和移动电子商务的迅速发展，正在引领新的互联网发展模式和消费者的生活习惯，二维码作为一种新出现的营销手段得到了广泛的推广和应用。二维码是解决移动互联网“最后一公里”的一种重要的技术手段，二维码互动营销成为时下最火热的电商概念，可以将二维码融入各种方式的二维码营销当中。

基于盖外贴标的方案，可以进行优化，在原有标签上实现盖内赋码并进行扩展应用，为营销管理体系做一个支持。二维码赋码位置采用全部遮挡技术，防止流通过程中被物流或者销售人员扫码，影响最终获取的信息。此外平台还采用制作过程中在线激活方式，多模加密技术，对称算法和非对称算法相结合，最大程度上对二维码进行保护，防止流通环节和其他环节可能伪造和仿造商品使用的二维码。

生产企业或者销售商通过营销平台可以开展多种多样的营销活动，例如当下比较流行的扫码送红包、幸运大转盘领取各种电子券等，消费者可以为了能够兑得大奖，会主动扫描产品上的二维码，扫描后会自动登录到系统的二维码营销平台，生产企业不但可通过营销平台对企业和推出的新产品进行宣传，还可以进入 B2C 或 O2O 电商平台，在线完成交易等，从而提升公司在终端市场的销量。或者通过注册会员获取积分方式规定消费者必须提供有效信息，即位置信息、个人信息、个人联系方式等。如此，系统可以获取大量的最终消费者的信息。此信息能够为企业在区域市场活动中提供数据支持，使促销活动能够务实有效，并能使企业和消费者点对点的活动更直接。

针对最终消费者提供积分换购的电子商务平台增加消费者对企业的黏性。同时建立企业与消费者之间的互动平台，通过消费者基本信息建立消费者关怀机制，并通过平台可以进行产品宣传及促销活动。

每个产品都有二维码标识，利用微信、微博等互联网工具做到有针对性的“一对一”营销、聚众营销和分类营销，通过线上线下市场活动的整合来补充并加强销售渠道，迅速进行互联网营销渠道占位，并通过该类互联网工具收集并分析终端消费者群体，传播企业文化、历史文化、经营文化和产品文化。

本篇撰稿人： 高月红　中国副食流通协会食品安全与信息追溯分会常务副秘书长
崔绪辉　万信方达科技发展（北京）有限责任公司副总经理
柴　鹏　南京万信方达信息科技有限公司总经理
刘文战　北京华信瑞德信息技术有限公司副总经理
陆会会　江苏稻源微电子有限公司首席运营官
陈　浪　泸州老窖股份有限公司总调度室主任
徐前景　泸州老窖股份有限公司总调度室副主任
王树文　古贝春集团有限公司总经理助理
鞠远程　烟台张裕葡萄酿酒股份有限公司业务部经理

资料汇编篇

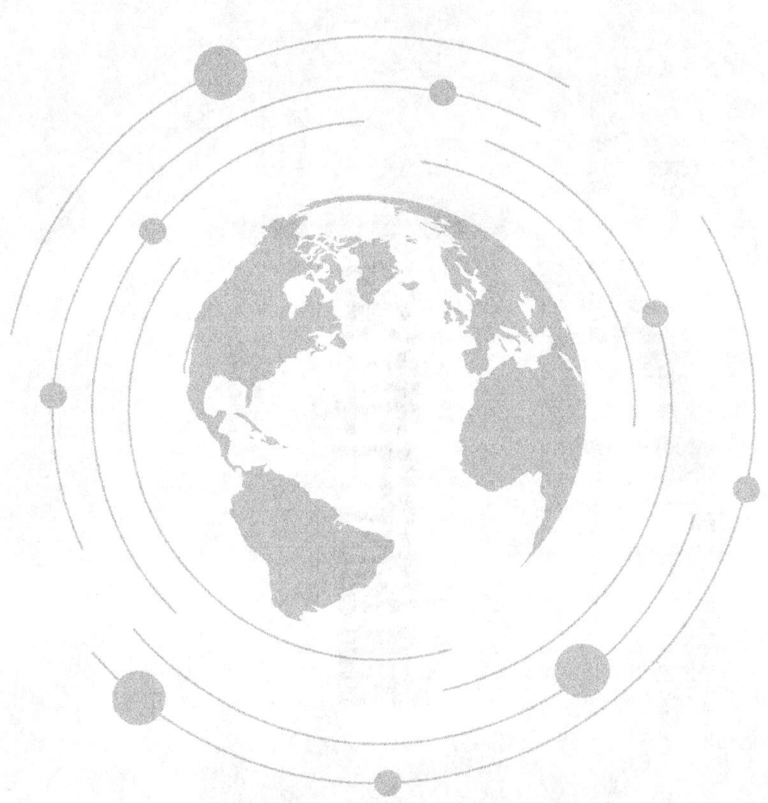

17 相关法律规章

17.1 概述

近几年，国家出台及修订了多项涉及食品行业追溯体系的法律法规，相关法律法规如表 17 -1 所示。

表 17 -1 相关法律法规

类别	名称	发布部门	实施日期	备注
法律	食品安全法	人大常委会	2015. 10. 1	2015. 4. 24 修订通过
	药品管理法	人大常委会	2001. 12. 1	2015. 4. 24 修正发布
条例	食品安全法实施条例	国务院	2016. 2. 6	2016. 2. 6 修订
部门规章	食用农产品市场销售质量安全监督管理办法	食药总局	2016. 3. 1	2015. 12. 8 审议通过
	进口食品进出口商备案管理规定	质检总局	2012. 10. 1	2012. 4. 5 批准发布
	食品进口记录和销售记录管理规定	质检总局	2012. 10. 1	2012. 4. 5 批准发布
	关于食品生产经营企业建立食品安全追溯体系的若干规定	食药总局	2017. 3. 28	2017. 3. 28 发布
地方规章	上海市食品安全信息追溯管理办法	上海市人民政府	2015. 10. 1	2015. 7. 27 公布
	甘肃省食品安全追溯管理办法（试行）	甘肃省人民政府	2014. 1. 29	2014. 1. 26 研究通过

17.2 《食品安全法》相关条文

第四十二条 国家建立食品安全全程追溯制度。

食品生产经营者应当依照本法的规定，建立食品安全追溯体系，保证食品可追溯。国家鼓励食品生产经营者采用信息化手段采集、留存生产经营信息，建立食品安全追溯体系。

国务院食品药品监督管理部门会同国务院农业行政等有关部门建立食品安全全程追溯协作机制。

17.3 《药品管理法》相关条文

第五十四条 药品包装必须按照规定印有或者贴有标签并附有说明书。

标签或者说明书上必须注明药品的通用名称、成份、规格、生产企业、批准文号、产品批号、生产日期、有效期、适应症或者功能主治、用法、用量、禁忌、不良反应和注意事项。

麻醉药品、精神药品、医疗用毒性药品、放射性药品、外用药品和非处方药的标签，必须印有规定的标志。

17.4 《食品安全法实施条例》相关条文

第四条 食品安全监督管理部门应当依照食品安全法和本条例的规定公布食品安全信息，为公众咨询、投诉、举报提供方便；任何组织和个人有权向有关部门了解食品安全信息。

第十五条 国务院卫生行政部门会同国务院农业行政、质量监督、工商行政管理和国家食品药品监督管理以及国务院商务、工业和信息化等部门制订食品安全国家标准规划及其实施计划。制订食品安全国家标准规划及其实施计划，应当公开征求意见。

17.5 《食用农产品市场销售质量安全监督管理办法》相关条文

第四条 食用农产品市场销售质量安全及其监督管理工作坚持预防为主、风险管理原则，推进产地准出与市场准入衔接，保证市场销售的食用农产品可追溯。

第七条 县级以上食品药品监督管理部门应当加强信息化建设，汇总分析食用农产品质量安全信息，加强监督管理，防范食品安全风险。

集中交易市场开办者和销售者应当按照食品药品监督管理部门的要求提供并公

开食用农产品质量安全数据信息。

鼓励集中交易市场开办者和销售者建立食品安全追溯体系，利用信息化手段采集和记录所销售的食用农产品信息。

17.6 《进口食品进出口商备案管理规定》相关条文

第一条 为掌握进口食品进出口商信息及进口食品来源和流向，保障进口食品可追溯性，有效处理进口食品安全事件，保障进口食品安全，根据《中华人民共和国食品安全法》、《国务院关于加强食品等产品安全监督管理的特别规定》和《进出口食品安全管理办法》等法律、行政法规、规章的规定，制定本规定。

17.7 《食品进口记录和销售记录管理规定》相关条文

第一条 为掌握进口食品来源和流向，确保进口食品可追溯性，加强食品进口记录和销售记录的监督管理，依据《中华人民共和国食品安全法》及其实施条例、《国务院关于加强食品等产品安全监督管理的特别规定》《进出口食品安全管理办法》等法律、行政法规、规章的要求，制定本规定。

17.8 《关于食品生产经营企业建立食品安全追溯体系的若干规定》相关条文

一、适用范围

本规定适用食品生产经营企业建立食品安全追溯体系及食品药品监管部门的指导和监督。所指食品生产经营企业，包括食品生产企业，食品、食用农产品销售企业，餐饮企业，食品、食用农产品运输、贮存企业等食品药品监管部门应当依法监管的企业。本规定不包括《中华人民共和国食品安全法》确定的特殊食品生产经营企业；不适用食品、食用农产品销售企业销售自制食品；不适用餐饮企业销售非预包装食品。不适用的食品生产经营主体和行为，可参照本规定建立食品安全追溯体系。

二、工作目标

食品生产经营企业通过建立食品安全追溯体系，客观、有效、真实地记录和保存食品质量安全信息，实现食品质量安全顺向可追踪、逆向可溯源、风险可管控，发生质量安全问题时产品可召回、原因可查清、责任可追究，切实落实质量安全主体责任，保障食品质量安全。

三、基本原则

食品生产经营企业建立食品安全追溯体系以及食品药品监管部门指导和监督，应当遵循以下基本原则：

一是企业建立。食品生产经营企业是第一责任人，应当作为食品安全追溯体系建设的责任主体，根据相关法律、法规与标准等规定，结合企业实际，建立食品安全追溯体系，履行追溯责任。

二是部门指导。食品药品监管部门根据有关法律、法规与标准等规定，指导和监督食品生产经营企业建立食品安全追溯体系。

三是分类实施。食品生产经营企业数量多、工艺差别大、规模水平参差不齐，既要坚持基本原则，也要注重结合食品行业发展实际，分类实施，逐步推进，讲究实效，防止“一刀切”。

四是统筹协调。按照属地管理原则，在地方政府统一领导下，各相关部门做好统筹、协调、推进工作。食品药品监管部门要注重同农业、出入境检验检疫等部门沟通协调，促使食品、食用农产品追溯体系有效衔接。

四、追溯信息内容

食品生产经营企业建立食品安全追溯体系的核心和基础，是记录全程质量安全信息。

（一）生产企业应当记录的基本信息。

1. 产品信息。企业应当记录生产的食品相关信息，包括产品名称、执行标准及标准内容、配料、生产工艺、标签标识等。情况发生变化时，记录变化的时间和内容等信息。应当将使用的食品标签实物同时存档。

2. 原辅材料信息。企业应当建立食品原料、食品添加剂和食品包装材料等食品相关产品进货查验记录制度，如实记录原辅材料名称、规格、数量、生产日期或生产批号、保质期、进货日期及供货者名称、地址、负责人姓名、联系方式等内容，并保存相关凭证。企业根据实际情况，原则上确保记录内容上溯原辅材料前一直接来源和产品后续直接接收者，鼓励最大限度将追溯链条向上游原辅材料供应及下游产品销售环节延伸。

3. 生产信息。企业应当记录生产过程质量安全控制信息。主要包括：一是原辅材料入库、贮存、出库、生产使用等相关信息；二是生产过程相关信息（包括工艺参数、环境监测等）；三是成品入库、贮存、出库、销售等相关信息；四是生产过程检验相关信息，主要有产品的检验批号、检验日期、检验方法、检验结果及检验人员等内容，包括原始检验数据并保存检验报告；五是出厂产品相关信息，包括出厂产品的名称、规格、数量、生产日期、生产批号、检验合格单、销售日期、联系方式等内容。

企业要根据不同类别食品的原辅材料、生产工艺和产品特点等，确定需要记录的具体信息内容，作为企业生产过程控制规范，并在生产过程中严格执行。企业对相关内容调整时，应记录调整的相关情况。原辅材料、半成品和成品贮存应符合相关法律、法规与标准等规定，需冷藏、冷冻或其他特殊条件贮存的，还应当记录贮存的相关信息。

4. 销售信息。企业应当建立食品出厂检验记录制度，查验出厂食品的检验合格证和安全状况，如实记录食品的名称、规格、数量、生产日期或生产批号、保质期、检验合格证号、销售日期及购货者名称、地址、负责人姓名、联系方式等内容，并保存相关凭证。

5. 设备信息。企业应当记录与食品生产过程相关设备的材质、采购、设计、安装、使用、监测、控制、清洗、消毒及维护等信息，并与相应的生产过程信息关联，保证设备使用情况明晰，符合相关规定。

6. 设施信息。企业应当记录与食品生产过程相关的设施信息，包括原辅材料贮存车间、预处理车间（根据工艺有无单设或不设）、生产车间、包装车间（根据工艺有无单设或不设）、成品库、检验室、供水、排水、清洁消毒、废弃物存放、通风、照明、仓储、温控等设施基本信息，相关的管理、使用、维修及变化等信息，并与相应的生产过程信息关联，保证设施使用情况明晰，符合相关规定。

7. 人员信息。企业应当记录与食品生产过程相关人员的培训、资质、上岗、编组、在班、健康等情况信息，并与相应的生产过程履职信息关联，符合相关规定。明确人员各自职责，包括质量安全管理、原辅材料采购、技术工艺、生产操作、检验、贮存等不同岗位、不同环节，切实将职责落实到具体岗位的具体人员，记录履职情况。根据不同类别食品生产企业特点，确定关键岗位，重点记录负责人的相关信息。

8. 召回信息。企业应当建立召回记录管理制度，如实记录发生召回的食品名称、批次、规格、数量、来源、发生召回原因、召回情况、后续整改方案、控制风险和危害等内容，并保存相关凭证。

9. 销毁信息。企业应当建立召回食品处理工作机制，记录对召回食品进行无害化处理、销毁的时间、地点、人员、处理方式等信息，食品药品监管部门实施现场监督的，还应当记录相关监管人员基本信息，并保存相关凭证。企业可依法采取补救措施、继续销售的，应当记录采取补救措施的时间、地点、人员、处理方式等信息，并保存相关凭证。

10. 投诉信息。企业应当建立客户投诉处理机制，对客户提出的书面或口头意见、投诉，如实记录相关食品安全、处置情况等信息，并保存相关凭证。

（二）销售企业应当记录的基本信息。

1. 进货信息。企业应当建立进货查验记录制度，查验供货者的许可证和食品出厂检验合格证或其他合格证明，如实记录食品的产地、名称、规格、数量、生产日期或生产批号、保质期、进货日期及供货者名称、地址、负责人姓名、联系方式等内容，并保存相关凭证。实行统一配送经营方式的食品经营企业，可由企业总部统一查验供货者的许可证和食品合格证明文件，记录进货查验信息。

食用农产品销售企业应当建立食用农产品进货查验记录制度，在包装、保鲜、贮存、运输中使用的保鲜剂、防腐剂等食品添加剂和包装材料等食品相关产品应当符合食品安全国家标准，如实记录食用农产品的产地、名称、数量、进货日期及供货者名称、地址、负责人姓名、联系方式等内容，并保存相关凭证。

2. 贮存信息。企业应当按照保证食品安全的规定贮存食品，定期检查库存食品，及时清理变质或超过保质期的食品，如实记录贮存的相关信息，并保存相关凭证。

食品贮存应符合相关法律、法规与标准等规定，需冷藏、冷冻或其他特殊条件贮存的，还应当记录贮存过程的相关信息。

食品经营者贮存散装食品，应当在贮存位置标明食品的产地、名称、生产日期或生产批号、保质期、生产者名称及联系方式等内容。

3. 销售信息。从事食品批发的食品、食用农产品经营企业应当建立食品销售记录制度，如实记录批发食品的产地、名称、规格、数量、生产日期或生产批号、保质期、销售日期及购货者名称、地址、负责人姓名、联系方式等内容，并保存相关凭证。

食品经营企业销售散装食品，应当在散装食品的容器或外包装标明食品的产地、名称、生产日期或生产批号、保质期及散装食品生产经营者名称、地址、负责人姓名、联系方式等内容。散装食品来自不同的预包装食品混合而成，应当记录混合品种及比例等情况。

（三）餐饮企业应当记录的基本信息。

1. 进货信息。企业应当建立进货查验记录制度，查验供货者的许可证和食品出厂检验合格证或其他合格证明，制定并实施原料控制要求，如实记录原料的产地、名称、规格、数量、生产日期或生产批号、保质期、进货日期及供货者名称、地址、负责人姓名、联系方式等内容，并保存相关凭证。

实行统一配送经营方式的食品经营企业，可由企业总部统一查验供货者的许可证和食品合格证明文件，记录进货查验信息。

2. 贮存信息。企业应当按规定维护食品加工、贮存、陈列等设施、设备，清洗、校验保温设施及冷藏、冷冻设施，并记录相关信息。

（四）食品生产经营企业应当记录的运输、贮存、交接环节等基本信息。

1. 运输信息。包括由食品生产企业，食品、食用农产品经营企业，餐饮企业，相关的运输企业，或其他负责食品、食用农产品运输企业的运输行为。企业应当建立运输记录管理制度，记录运输相关信息，包括运输产品的产地、名称、数量、批次、交通工具、运输时间、运输人员及负责人姓名、联系方式、双方交接情况等保障食品安全的运输信息，并保存相关凭证。

食品、食用农产品的运输过程应当符合相关法律、法规与标准等规定。需冷藏、冷冻或其他特殊条件运输的，还应当记录运输过程的相关信息。

2. 贮存信息。包括由食品生产企业异地贮存采购的原辅材料和成品，食品、食用农产品经营企业异地贮存采购的产品，餐饮企业异地贮存采购的产品，相关的贮存企业，或其他负责食品、食用农产品贮存企业的贮存行为。食品生产经营企业应当建立食品贮存记录管理制度，记录贮存的相关信息，包括贮存产品的产地、名称、数量、批次、入库、出库、仓库管理、双方交接人员姓名、联系方式等保障食品安全贮存要求信息，并保存相关凭证。

食品、食用农产品的贮存过程应当符合相关法律、法规与标准等规定。需冷藏、冷冻或其他特殊条件贮存的，还应当记录贮存的相关信息。

3. 交接信息。交接环节是指食品、食用农产品在食品生产经营企业之间的交付接收过程。应当保证各食品生产经营企业建立的食品质量安全追溯体系与食用农产品生产者，即种植养殖环节食用农产品追溯体系有效衔接，并保存相关凭证。

交接环节食品、食用农产品的一进一出，即不论物权归属，食品生产经营企业均需记录一进一出交接信息。应当在进货查验记录制度、出厂检验记录制度等要求记录的信息基础上，记录交接的时间、地点、人员、运输方式、运输工具等信息，保证食品、食用农产品在不同主体间流转有序，确保食品安全，并保存相关凭证。

4. 其他应当记录的基本信息。食品、食用农产品销售企业，餐饮企业，食品、食用农产品运输、贮存企业应当记录的设备、设施、人员、召回、销毁、投诉等信息，参照前述生产企业的相关信息内容，如实记录、保存。

五、信息记录、保存和衔接

企业食品安全信息记录与保存，是食品安全追溯体系有效运行的基础，信息链条的衔接是根本保障。

（一）信息记录。一是有效。记录的信息应当全面反映食品生产经营全过程质量安全控制实际情况。企业应当根据保障食品安全的需要、生产经营的特点和信息采集记录技术的发展水平，科学设定信息的采集点、采集数据、采集频率、采集方法、建立追溯平台形式等要求。防止发生问题后，应当记录的信息没有记录、记录的信息无法使用或记录的频率过低等，导致无法查清问题原因的现象。信息应当形成闭环，前后衔接，环环相扣。二是真实。企业应当真实记录采集的信息。能够实时采集的信息，应当实时采集、自动记录。手工记录的信息，要核查记录人员是否如实记录。纸质信息，要保存原始记录；电子信息，要保存初次采集数据。手工记录的信息，后期录入计算机的，要核查信息录入是否真实。所有信息记录应由记录和审核人员复核签名，确保信息记录内容完整。

（二）信息保存。一是不能灭失。采用纸质记录存储的，要明确保管方式；采用电子信息手段存储的，要有备份系统。无论采取何种保存形式，都要明确保管人员职责，防止发生信息部分或全部损毁、灭失等问题。信息记录和凭证保存期限不得少于产品保质期满 6 个月；没有明确保质期的，保存期限不得少于 2 年。二是不能修改。建立追溯体系所采集的信息，应当从技术上、规范上、制度上保证不能修改。确因特殊情况需要修改的，必须保存修改前的原始信息，并注明修改原因。

（三）信息衔接。一是食品药品监管部门负责指导、监督追溯关联企业之间的追溯信息有效衔接。食品生产企业的采购和销售信息，食品、食用农产品销售企业的采购和销售信息，餐饮企业的采购信息，及其相关的贮存、运输等信息，要保证有效衔接。二是食品药品监管部门要积极协调与农业部门逐步构建贯通食用农产品生产、流通、消费全过程的食品安全追溯体系，并通过监督食品生产企业、食用农产品经营企业、餐饮企业落实进货查验制度，实现与农业部门建立食用农产品安全追溯体系的有效衔接。三是食品药品监管部门要积极协调，与出入境检验检疫部门逐步构建贯通进出口食品和食用农产品生产、流通、消费全过程的食品安全追溯体系，实现与出入境检验检疫部门建立进口食品和食用农产品安全追溯体系的有效衔接。

六、企业建立食品安全追溯体系基本要求

食品生产经营企业负责建立、实施和完善食品安全追溯体系，保障追溯体系有效运行。

（一）科学严谨，可追可溯。企业应当建立食品安全追溯制度规范，适用和涵盖企业组织实施追溯的人员，生产经营各个环节实施追溯的记录，追溯方式及相关硬件、软件运用，追溯体系实施等要求。记录可采用纸质或电子信息手段记录，鼓励企业采用信息化手段记录和保存信息。

（二）统筹推进，积极实施。企业应当按照建立的食品安全追溯体系，严格组织实施。出现产品不符合相关法律、法规、标准等规定，或发生食品安全事故等情况，要依托追溯体系，及时查清流向，召回产品，排查原因，迅速整改。涉及相关食品生产经营企业的，应当按规定及时通报。

（三）不断完善，逐步提高。企业在追溯体系实施过程中，应及时分析问题、查找原因，特别是对发生食品安全问题或发现制度存在不适用、有缺环、难追溯的情况，要及时采取措施，调整完善。企业的组织机构、设备设施、生产经营方式、管理制度及相关人员等发生变化，应当及时调整追溯体系的相应要求，确保追溯体系运行的连续性。

七、监管部门指导和监督

地方食品药品监管部门要指导和监督食品生产经营企业建立食品安全追溯体系，落实质量安全主体责任。

（一）明确责任。地方政府应当依法履行领导责任，组织、协调、推动食品生产经营企业建立追溯体系工作。食品药品监管部门要依法履行监管责任，省级食品药品监管部门应当根据相关法律、法规与标准规定和本规定，结合行政区域食品生产经营企业实际，制定具体措施，明确各级责任。切实建立与农业、出入境检验检疫等部门沟通协调工作机制，确保不同的追溯责任主体之间有效衔接。探索建立指导与监督企业建立追溯体系的追溯工作信息化平台，掌握食品生产经营企业基本情况及建立追溯体系运行情况，并通过预警管理、远程监督、指挥联动、现场检查等协调机制，促进企业不断完善食品安全追溯体系，履行追溯责任。

（二）先行试点。省级食品药品监管部门要结合不同品种食品、食用农产品的生产经营特点，企业具体生产经营实际，及追溯依托科学技术的发展水平，不同追溯方式导致生产经营成本增减等多方因素，做好试点工作。可本着先主后次、先简后难原则，在一类或几类食品，特别是高风险食品中选择代表性企业先行试点，不断发现问题、解决问题、探索途径、总结经验。地市级食品药品监管部门应当重点做好推广试点经验工作，县级食品药品监管部门应当重点做好食品生产经营企业建立食品安全追溯体系的日常指导、完善和监督工作。防止急功近利，追求形式、走过场等行为，切实做到分类实施，稳步推进，逐步覆盖所有食品生产经营企业。争取“十三五”末，基本实现大米、小麦粉、婴幼儿配方乳粉、食用植物油、白酒等重点食品安全可追溯。

（三）督促落实。地方食品药品监管部门要加强对食品生产经营企业建立食品安全追溯体系情况监督检查，对于没有建立追溯体系、追溯体系不能有效运行，特别是出现不真实信息或信息损毁、灭失的，要依照相关法律法规等规定严肃处理。不断探索根据监管工作需要调用企业追溯信息的方式方法，提高监管工作的针对性和有效性，严防区域性、系统性食品质量安全问题的发生。省级食品药品监管部门应当适时分析总结食品质量安全追溯体系实施情况，报告国家食品药品监督管理总局。

八、引导社会力量共同推进食品安全追溯体系建设

食品生产经营企业建立食品安全追溯体系是一项系统工程，信息记录纷繁复杂，追溯环节链条长，专业技术性强，相互衔接难度大，需要社会各方切实共同努力，共同推进。

（一）切实发挥行业协会规范引导作用。鼓励和支持行业协会组织、推动企业开展食品安全追溯体系试点工作，探索、制定行业食品安全追溯体系建设指导规范，搭建合法、权威、公正的第三方行业追溯实施情况咨询平台。相关行业协会应当加强与食品药品监管部门联系，及时沟通、交流和解决食品安全追溯体系建设中存在的问题。

（二）切实发挥技术机构技术支撑作用。鼓励和支持科研院所、检验检测机构、追溯防伪技术专业性组织等技术机构跟踪食品行业技术发展，研究不同类型食品生产经营企业建立食品安全追溯体系的技术要求，探索实现不同的追溯技术手段，促进食品安全追溯体系不断完善、提高技术层次与科学运行水平。

（三）切实发挥社会监督作用。坚持社会共治，对未按规定建立食品安全追溯体系的企业，鼓励公众通过正常渠道进行社会监督，促进企业不断完善内部质量管理体系，对消费者负责，对社会负责。

通过大力推动食品生产经营企业建立食品安全追溯体系，逐步实现“从农田到餐桌”全过程追溯，落实企业安全主体责任，提升食品安全整体水平，保障我国食品行业规范、持续、健康发展。

17.9 《上海市食品安全信息追溯管理办法》全文

第一条 （目的和依据）

为了加强本市食品安全信息追溯管理，落实生产经营者主体责任，提高食品安全监管效能，保障公众身体健康和消费知情权，根据有关法律、法规的规定，结合本市实际，制定本办法。

第二条 （追溯类别与品种）

本市对下列类别的食品和食用农产品，在本市行政区域内生产（含种植、养殖、加工）、流通（含销售、贮存、运输）以及餐饮服务环节实施信息追溯管理：

（一）粮食及其制品；

（二）畜产品及其制品；

（三）禽及其产品、制品；

（四）蔬菜；

（五）水果；

（六）水产品；

（七）豆制品；

（八）乳品；

（九）食用油；

（十）经市人民政府批准的其他类别的食品和食用农产品。

市食品药品监管部门应当会同市农业、商务、卫生计生等部门确定前款规定的实施信息追溯管理的食品和食用农产品类别的具体品种（以下称追溯食品和食用农产品）及其实施信息追溯管理的时间，报市食品安全委员会批准后，向社会公布。

第三条 （生产经营者责任）

追溯食品和食用农产品的生产经营者应当按照本办法的规定，利用信息化技术手段，履行相应的信息追溯义务，接受社会监督，承担社会责任。

本办法所称的追溯食品和食用农产品的生产经营者，包括从事追溯食品和食用农产品生产经营的生产企业、农民专业合作经济组织、屠宰厂（场）、批发经营企业、批发市场、兼营批发业务的储运配送企业、标准化菜市场、连锁超市、中型以上食品店、集体用餐配送单位、中央厨房、学校食堂、中型以上饭店及连锁餐饮企业等。

鼓励追溯食品和食用农产品的其他生产经营者参照本办法规定，履行相应的信息追溯义务。

第四条 （政府职责）

市和区（县）人民政府领导本行政区域内的食品安全信息追溯工作，将食品安全信息追溯工作所需经费纳入同级财政预算，并对相关部门开展食品安全信息追溯工作情况进行评议、考核。

第五条 （市食品药品监管部门的职责）

市食品药品监管部门负责本市食品安全信息追溯工作的组织推进、综合协调，具体承担下列职责：

（一）在整合有关食品和食用农产品信息追溯系统的基础上，建设全市统一的食品安全信息追溯平台（以下简称食品安全信息追溯平台）；

（二）负责食品生产、餐饮服务环节信息追溯系统的建设与运行、维护；

（三）会同相关部门拟订本办法的具体实施方案、相关技术标准；

（四）对食品生产、流通、餐饮服务环节和食用农产品流通环节的信息追溯，实施监督管理与行政执法。

第六条 （市农业行政主管部门的职责）

市农业行政主管部门承担下列职责：

（一）负责食用农产品种植、养殖、初级加工环节信息追溯系统的建设与运行、维护；

（二）对食用农产品种植、养殖、初级加工环节和畜禽屠宰环节的信息追溯，实施监督管理与行政执法。

第七条 （市商务主管部门的职责）

市商务主管部门承担下列职责：

（一）负责食品和食用农产品流通环节、畜禽屠宰环节信息追溯系统的建设与运行、维护；

（二）对食品和食用农产品流通环节的生产经营者履行信息追溯义务，进行指导、督促。

第八条 （区县相关部门的职责）

区（县）市场监管、农业、商务等部门按照各自职责，负责本辖区内食品和食用农产品信息追溯的监督管理与行政执法，以及有关信息追溯系统的运行、维护等具体工作。

第九条 （其他相关部门的职责）

出入境检验检疫部门应当根据食品安全信息追溯管理需要，配合提供进口追溯食品和食用农产品的相关信息。

发展改革、财政、经济信息化、卫生计生等部门按照各自职责，共同做好食品安全信息追溯工作。

第十条 （系统与平台的对接）

市食品药品监管、农业、商务部门负责建设的信息追溯系统应当与食品安全信息追溯平台进行对接。

鼓励有条件的生产经营者、行业协会、第三方机构建立食品和食用农产品信息追溯系统，并与食品安全信息追溯平台进行对接。

市食品药品监管部门应当会同市农业、商务等部门制定政府部门、生产经营者、行业协会、第三方机构信息追溯系统与食品安全信息追溯平台对接的技术标准。

第十一条 （行业引导）

食品和食用农产品生产、流通以及餐饮服务等行业协会应当加强行业自律，推动行业信息追溯系统和信用体系建设，开展相关宣传、培训工作，引导生产经营者自觉履行信息追溯义务。

第十二条 （生产经营者电子档案）

追溯食品和食用农产品的生产经营者应当将其名称、法定代表人或者负责人姓名、地址、联系方式、生产经营许可等资质证明材料上传至食品安全信息追溯平台，形成生产经营者电子档案。

前款规定信息发生变动的，追溯食品和食用农产品的生产经营者应当自变动之日起 2 日内，更新电子档案的相关内容。

第十三条 （追溯食品生产企业的信息上传义务）

追溯食品的生产企业应当将下列信息上传至食品安全信息追溯平台：

（一）采购的追溯食品的原料、食品添加剂、食品相关产品的名称、规格、数量、生产日期或者生产批号、保质期、进货日期以及供货者名称、地址、联系方式等；

（二）出厂销售的追溯食品的名称、规格、数量、生产日期或者生产批号、保质期、检验合格证号、销售日期以及购货者名称、地址、联系方式等。

第十四条 （追溯食用农产品生产企业等的信息上传义务）

追溯食用农产品的生产企业、农民专业合作经济组织、屠宰厂（场）应当将下列信息上传至食品安全信息追溯平台：

（一）使用农业投入品的名称、来源、用法、用量和使用、停用的日期；

（二）动物疫情、植物病虫草害的发生和防治情况；

（三）收获、屠宰或者捕捞的日期；

（四）上市销售的追溯食用农产品的名称、数量、销售日期以及购货者名称、地址、联系方式等；

（五）上市销售的追溯食用农产品的产地证明、质量安全检测、动物检疫等信息。

第十五条 （批发经营者的信息上传义务）

追溯食品和食用农产品的批发经营企业、批发市场的经营管理者以及兼营追溯食品和食用农产品批发业务的储运配送企业应当将下列信息上传至食品安全信息追溯平台：

（一）追溯食品和食用农产品的名称、数量、进货日期、销售日期，以及供货者和购货者的名称、地址、联系方式等；

（二）追溯食品的生产企业名称、生产日期或者生产批号、保质期；

（三）追溯食用农产品的产地证明、质量安全检测、动物检疫等信息。

第十六条 （零售经营者的信息上传义务）

标准化菜市场的经营管理者、连锁超市、中型以上食品店应当将下列信息上传至食品安全信息追溯平台：

（一）经营的追溯食品和食用农产品的名称、数量、进货日期、销售日期，以及供货者的名称、地址、联系方式等；

（二）经营的追溯食品的生产企业名称、生产日期或者生产批号、保质期；

（三）经营的追溯食用农产品的产地证明、质量安全检测、动物检疫等信息。

第十七条 （餐饮服务提供者的信息上传义务）

集体用餐配送单位、中央厨房、学校食堂、中型以上饭店及连锁餐饮企业应当将下列信息上传至食品安全信息追溯平台：

（一）采购的追溯食品和食用农产品的名称、数量、进货日期、配送日期，以及供货者的名称、地址、联系方式等；

（二）采购的追溯食品的生产企业名称、生产日期或者生产批号、保质期；

（三）直接从食用农产品生产企业或者农民专业合作经济组织采购的追溯食用农产品的产地证明、质量安全检测、动物检疫等信息。

集体用餐配送单位、中央厨房还应当将收货者或者配送门店的名称、地址、联系方式等信息上传至食品安全信息追溯平台。

第十八条　（信息上传要求与方式）

追溯食品和食用农产品的生产经营者应当在追溯食品和食用农产品生产、交付后的 24 小时内，按照本办法规定，将相关信息上传至食品安全信息追溯平台。

追溯食品和食用农产品的生产经营者应当对上传信息的真实性负责。

追溯食品和食用农产品的生产经营者可以通过与食品安全信息追溯平台对接的信息追溯系统上传信息，或者直接向食品安全信息追溯平台上传信息。

第十九条　（信息传递）

批发经营企业、批发市场和标准化菜市场的经营管理者、兼营批发业务的储运配送企业、连锁超市等已经纳入本市食用农产品流通安全信息追溯系统的生产经营者，应当利用物联网等信息技术手段，进行信息传递。

前款规定以外的追溯食品和食用农产品的生产经营者需要实施信息传递的，由市食品药品监管部门会同市农业、商务等部门制定具体方案，报市食品安全委员会批准后，向社会公布。

第二十条　（其他规定）

批发市场、标准化菜市场的场内经营者应当配合市场的经营管理者履行相应的信息追溯义务。

实行统一配送经营方式的追溯食品和食用农产品的生产经营企业，可以由企业总部统一实施进货查验，并将相关信息上传至食品安全信息追溯平台。

第二十一条　（消费者知情权保护）

消费者有权通过食品安全信息追溯平台、专用查询设备等，查询追溯食品和食用农产品的来源信息。

追溯食品和食用农产品的生产经营者应当根据消费者的要求，向其提供追溯食品和食用农产品的来源信息。

鼓励生产经营者在生产经营场所或者企业网站上主动向消费者公示追溯食品与食用农产品的供货者名称与资质证明材料、检验检测结果等信息，接受消费者监督。

消费者发现追溯食品和食用农产品的生产经营者有违反本办法规定行为的，可以通过食品安全信息追溯平台或者食品安全投诉电话，进行投诉举报。食品药品监管、市场监管、农业等部门应当按照各自职责，及时核实处理，并将结果告知投诉举报人。

第二十二条 （政府服务）

食品药品监管、市场监管、农业、商务等部门应当自行或者委托相关行业协会、第三方机构，为追溯食品和食用农产品的生产经营者上传信息、信息传递以及追溯系统与食品安全信息追溯平台的对接等，提供指导、培训等服务。

第二十三条 （监督管理）

食品药品监管、市场监管、农业等部门应当将食品安全信息追溯管理纳入年度监督管理计划，通过定期核查、监督抽查等方式，加强对生产经营者履行食品安全信息追溯义务的监督检查，并将有关情况纳入其信用档案。

第二十四条 （追溯食品和食用农产品的生产经营者违反有关规定的法律责任）

违反本办法第十二条至第十七条、第十八条第一款规定，追溯食品和食用农产品的生产经营者有下列行为之一的，由食品药品监管、市场监管、农业等部门按照各自职责，责令改正；拒不改正的，处以2000元以上5000元以下罚款：

（一）未按照规定上传其名称、法定代表人或者负责人姓名、地址、联系方式、生产经营许可等资质证明材料，或者在信息发生变动后未及时更新电子档案相关内容的；

（二）未按照规定及时向食品安全信息追溯平台上传相关信息的。

违反本办法第十八条第二款规定，追溯食品和食用农产品的生产经营者故意上传虚假信息的，由食品药品监管、市场监管、农业等部门按照各自职责，处以5000元以上2万元以下罚款。

违反本办法第二十一条第二款规定，追溯食品和食用农产品的生产经营者拒绝向消费者提供追溯食品和食用农产品来源信息的，由食品药品监管、市场监管、农业等部门按照各自职责，责令改正，给予警告。

第二十五条 （行政责任）

违反本办法规定，食品药品监管、市场监管、农业、商务等部门及其工作人员有下列行为之一，造成不良后果或者影响的，由所在单位或者上级主管部门依法对直接负责的主管人员和其他直接责任人员给予警告或者记过处分；情节较重的，给予记大过或者降级处分；情节严重的，给予撤职处分：

（一）未履行有关食品安全信息追溯系统、平台建设或者运行、维护职责；

（二）未履行食品安全信息追溯管理职责；

（三）未核实处理投诉举报，或者未将结果告知投诉举报人。

第二十六条 （有关用语含义）

本办法所称的中型以上食品店，是指经营场所使用面积在200平方米以上的食品商店。

本办法所称的中型以上饭店，是指经营场所使用面积在150平方米以上，或者就餐座位数在75座以上的饭店。

本办法所称的标准化菜市场，是指符合本市有关菜市场设置和管理规范，专业从事食品和食用农产品零售经营为主的固定场所。

第二十七条 （施行日期）

本办法自2015年10月1日起施行。

17.10 《甘肃省食品安全追溯管理办法（试行）》全文

第一章 总 则

第一条 为严格落实食品生产、流通和餐饮服务单位（以下简称食品生产经营者）主体责任，建立健全食品（含食用农产品、食品原辅料、食品添加剂、保健食品，下同）全链条可追溯体系，根据《中华人民共和国食品安全法》和《中华人民共和国农产品质量安全法》等法律法规，结合本省实际，制定本办法。

第二条 本省范围内食品生产经营者，应当按照相关法律法规和本办法的规定从事生产经营活动，对社会和公众负责，保证其生产经营的食品可全程追溯，接受社会监督，承担社会责任。

第三条 食品安全追溯管理是指运用现代技术手段，以电子追溯系统为基础，以索证索票、进货查验和台账记录为核心，实现食品从农产品市场准入和食品生产经营各环节来源可溯、流向可追、问题可查。

第四条 县级以上人民政府统一负责和协调本行政区域内的食品安全追溯管理

工作，健全完善工作机制，落实监督管理责任，加大经费保障力度，纳入政府目标责任考核内容，为食品安全全程追溯体系建设和监督管理提供强有力支持。

第五条 各级食品药品监督管理部门具体负责食品安全追溯管理工作，负责食用农产品市场准入、食品生产经营者索证索票及进货查验和采购记录的监督管理，依法查处食品安全违法行为。

第六条 县级以上人民政府各相关部门应当加强沟通、密切配合，按照各自职责分工，依法行使职权，承担食品安全追溯管理责任。

第七条 任何单位或者个人有权举报食品生产经营中违反本办法规定的行为，有权向有关部门了解食品安全追溯信息，对食品安全追溯监督管理工作提出意见和建议。

第二章 追溯平台建设

第八条 省食品药品监管局负责协调相关部门在整合现有食品安全追溯资源的基础上，统一规划建设甘肃省食品安全追溯信息平台，及时将各监管部门和食品生产经营者所采集的食品安全信息整合至甘肃省食品安全追溯信息平台，保障食品安全追溯信息的共享和公开。

第九条 食品安全追溯信息平台建设包含食品生产经营主体、食品信息、索证索票、进销货台账等基础信息数据库。

第十条 食品安全追溯信息平台应将食用农产品、食品生产、流通、餐饮服务等环节采集的相关信息进行录入、分析和整理，以条码、二维码、自编码和追溯卡为手段，实现食品安全全程追溯和监管。

第十一条 鼓励农产品种养殖、畜禽屠宰、食品生产、流通、餐饮服务环节的生产经营者采用先进技术，建立企业内部追溯系统，并与政府主导建立的追溯系统相对接。

第十二条 鼓励社会团体、行业协会组织开展食品安全追溯知识普及宣传工作，积极对食品安全追溯工作进行社会监督。

第十三条 广播、电视、报刊，以及各类新闻媒体等应当开展食品安全追溯知识的公益宣传，增强企业对食品安全追溯重要性的认识，提高人民群众自我保护意识。

第三章 追溯平台应用

第十四条 按照先易后难、先重点后一般的原则，区分食品品种和生产经营业态逐步推广应用食品安全追溯平台。

第十五条 全面推行食用农产品产销对接，入市交易食用农产品应当出具农产品质量安全机构的产地准出证明，落实“协议准入”、“场厂挂钩”、“场地挂钩”等追溯管理制度。食品生产经营者应当从规模化、标准化农产品生产基地、农民专业合作经济组织和能够保障食品信息可追溯的企业或市场采购食用农产品。

第十六条 食品生产经营者采购食用农产品，应当向供货方索取下列相关证明材料，并将证明材料上传至甘肃省食品安全追溯信息平台。

（一）农产品质量安全监管机构出具的产地准出证明。

（二）农产品质量安全检测机构出具的检验合格证明。

（三）动物及其产品的检疫合格证明。

（四）无公害农产品、绿色食品、有机农产品、地理标志农产品认证证书复印件和标示标志。

（五）进口食用农产品出入境检验检疫证明。

（六）村民委员会或农村专业合作社出具的自产自销证明和销售者身份证明。

第十七条 食品生产企业采购食品及原辅料，应当索取食品生产商（供货商）营业执照、生产（流通）许可证、质量检验报告或进口食品的检验检疫合格证明，以及进货票据等证明材料，并录入甘肃省食品安全追溯信息平台，凡出厂产品必须按批次将食品信息及流向录入食品安全追溯平台，并向收货方出具“电子一票通”。

第十八条 乳制品生产企业应全面应用“甘肃省乳制品企业溯源与监管系统”，并按生产批次录入上传质量检验报告，实现与甘肃省食品安全追溯信息平台互联互通。

第十九条 食品批发商必须应用甘肃省食品经营电子管理系统，落实进货验收制度，负责向甘肃省食品安全追溯信息平台录入供货方提供的“五证”（食品生产企业营业执照、生产许可证、质量检验报告、供货方营业执照、流通许可证），建立进销货电子台账，销售食品时必须出具电子一票通。

第二十条 商场超市全面应用甘肃省食品经营电子管理系统，负责网上核实相关信息和现场进货检查验收，建立电子进货台账，索取供货方出具的电子一票通。与入场经营者签订食品经营管理合同时，应将追溯系统使用要求相关条款加入合同。

第二十一条 餐饮服务单位采购食品及原料，应当查验并索取有效的供货方资质证明、产品合格证明及购货凭证，如实记录供货方名称及联系方式、产品名称、生产批号、产品数量、送货或购买日期等内容，并索取供货方出具的电子一票通。中型以上餐馆、集体用餐配送单位、中央厨房及学校食堂必须建立电子进货台账，将食品进货信息录入甘肃省食品安全追溯信息平台。

第二十二条 实行集中统一配送方式的食品生产经营企业，可由企业总部统一查验供货者的许可证、《营业执照》和食品合格的证明文件，进行食品进货查验记录，将食品信息录入甘肃省食品安全追溯信息平台。所属相关经营单位凭总部出具的电子一票通建立进货台账，也可以采用信息化技术，联网备查。

第二十三条 现场制售食品的生产经营者，采购食品及原辅料时应当索取相关证明材料，建立原辅料进货台账（电子一票通）和生产加工记录（包括食品名称、用料成分、食品添加剂使用记录、生产数量、生产日期、保质期等内容）。

第二十四条 散装食品生产、批发企业应当按品种采取“自编码”方式，依托甘肃省食品经营电子追溯系统，建立电子进销货台账。经营者采购散装食品须向供应商索取、查看有关证明文件（复印件）。销售散装食品必须落实标牌公示制，真实标明食品名称、自编码、食品添加剂成分、生产日期、保质期、生产厂家、联系电话、合格证等。

第二十五条 鼓励食品小作坊、小食杂店、小餐饮、食品摊贩应用甘肃省食品经营电子管理系统，不具备应用条件的，应索取供货方出具的电子一票通，并按月装订成册，形成进货台账；供货方不能提供电子一票通的，应当索取食品生产企业营业执照、生产许可证、质量检验报告以及供货方出具的销售票据，建立进货台账。

第二十六条 食品集中交易市场的开办者、食品经营柜台的出租者和展销会的举办者，应当审查入场销售者的经营资格，明确入场销售者的食品安全管理责任，并定期对入场销售者的索证索票情况进行检查，督促入场销售者建立并切实执行食品安全追溯制度。

第二十七条 商场、超市应设置食品消费查询终端，食品药品监管等部门网站应开辟查询窗口，方便社会公众查询食品质量安全追溯信息，加强社会监督，提振消费信心。

第二十八条 各级食品药品监督管理部门要按照“一户一档”的原则，建立食品生产经营者档案，档案内容主要包括主体资格、食品进销货台账、日常监督、信用管理、行政处罚等信息，推行档案信息化管理。

第二十九条 食品药品监管人员要落实属地监管责任，采取实地检查、电子巡查和网上巡查等方式，加强对食用农产品准入、食品生产、流通、餐饮服务环节的食品安全追溯管理。

第四章　法律责任

第三十条　食品生产经营者有未建立并遵守查验记录制度、出厂检验记录制度、进货时未查验许可证和相关证明文件行为的，按照《食品安全法》第八十七条之规定，由食品药品监督管理部门责令改正，给予警告；拒不改正的，处2000元以上20000元以下罚款；情节严重的，责令停产停业，直至吊销许可证。

第三十一条　集中交易市场的开办者、柜台出租者、展销会的举办者允许未取得许可的食品经营者进入市场销售食品，或者未履行检查、报告等义务的，按照《食品安全法》第九十条之规定，由食品药品监督管理部门处2000元以上50000元以下罚款；造成严重后果的，责令停业，由原发证部门吊销许可证。

第五章　附　则

第三十二条　本办法自发布之日起施行。

18 相关政策

18.1 概述

近年来，国家及相关部门相继发布了一系列指导政策。2016 年，仅国务院发布的 266 项政策文件中，就有 33 项正文内容涉及追溯体系。主要内容如表 18－1 所示。

表 18－1 食品信息追溯相关政策

部门	文件名	发布部门
国务院	国务院关于促进市场公平竞争　维护市场正常秩序的若干意见	国发〔2014〕20 号
国务院办公厅	国务院办公厅关于加快推进重要产品追溯体系建设的意见	国办发〔2015〕95 号
七部门	关于推进重要产品信息化追溯体系建设的指导意见	商秩发〔2017〕53 号
商务部等十部门	国内贸易流通“十三五”发展规划	商建发〔2016〕430 号
商务部办公厅	关于加快推进重要产品追溯体系建设有关工作的通知	商办秩函〔2016〕78 号
农业部	关于加快推进农产品质量安全追溯体系建设的意见	农质发〔2016〕8 号
食药总局	关于推动食品药品生产经营者完善追溯体系的意见	食药监科〔2016〕122 号
	关于白酒生产企业建立质量安全追溯体系的指导意见	食药监食监一〔2015〕194 号
	关于进一步完善食品药品追溯体系的意见（征求意见稿）	尚未发布
质检总局	关于推进重要进出口产品质量信息追溯体系建设的意见	质检办通〔2017〕419 号

18.2 《国务院关于促进市场公平竞争　维护市场正常秩序的若干意见》相关条文

条文“强化市场行为监管”中明确了相关部门的职责：

广泛运用科技手段实施监管。充分利用信息网络技术实现在线即时监督监测，加强非现场监管执法。充分运用移动执法、电子案卷等手段，提高执法效能。（工商总局、质检总局、安全监管总局、食品药品监管总局、环境保护部、文化部、海关总署等部门按职责分工分别负责）利用物联网建设重要产品等追溯体系，形成“来源可查、去向可追、责任可究”的信息链条。（商务部牵头负责）加快完善认定电子签名法律效力的机制。（工业和信息化部、法制办牵头负责）

18.3 《国务院办公厅关于加快推进重要产品追溯体系建设的意见》全文

各省、自治区、直辖市人民政府，国务院各部委、各直属机构：

追溯体系建设是采集记录产品生产、流通、消费等环节信息，实现来源可查、去向可追、责任可究，强化全过程质量安全管理与风险控制的有效措施。近年来，各地区和有关部门围绕食用农产品、食品、药品、稀土产品等重要产品，积极推动应用物联网、云计算等现代信息技术建设追溯体系，在提升企业质量管理能力、促进监管方式创新、保障消费安全等方面取得了积极成效。但是，也存在统筹规划滞后、制度标准不健全、推进机制不完善等问题。为加快应用现代信息技术建设重要产品追溯体系，经国务院同意，现提出以下意见：

一、总体要求

（一）指导思想。贯彻落实党的十八大和十八届二中、三中、四中、五中全会精神，按照国务院决策部署，坚持以落实企业追溯管理责任为基础，以推进信息化追溯为方向，加强统筹规划，健全标准规范，创新推进模式，强化互通共享，加快建设覆盖全国、先进适用的重要产品追溯体系，促进质量安全综合治理，提升产品质量安全与公共安全水平，更好地满足人民群众生活和经济社会发展需要。

（二）基本原则。坚持政府引导与市场化运作相结合，发挥企业主体作用，调动各方面积极性；坚持统筹规划与属地管理相结合，加强指导协调，层层落实责任；坚持形式多样与互联互通相结合，促进开放共享，提高运行效率；坚持政府监管与社会共治相结合，创新治理模式，保障消费安全和公共安全。

（三）主要目标。到2020年，追溯体系建设的规划标准体系得到完善，法规制度进一步健全；全国追溯数据统一共享交换机制基本形成，初步实现有关部门、地区和企业追溯信息互通共享；食用农产品、食品、药品、农业生产资料、特种设备、危险品、稀土产品等重要产品生产经营企业追溯意识显著增强，采用信息技术建设追溯体系的企业比例大幅提高；社会公众对追溯产品的认知度和接受度逐步提升，追溯体系建设市场环境明显改善。

二、统一规划，分类推进

（四）做好统筹规划。按照食品安全法、农产品质量安全法、药品管理法、特种设备安全法和民用爆炸物品安全管理条例等法律法规规定，围绕对人民群众生命财产安全和公共安全有重大影响的产品，统筹规划全国重要产品追溯体系建设。当前及今后一个时期，要将食用农产品、食品、药品、农业生产资料、特种设备、危险品、稀土产品等作为重点，分类指导、分步实施，推动生产经营企业加快建设追溯体系。各地要结合实际制定实施规划，确定追溯体系建设的重要产品名录，明确建设目标、工作任务和政策措施。

（五）推进食用农产品追溯体系建设。建立食用农产品质量安全全程追溯协作机制，以责任主体和流向管理为核心、以追溯码为载体，推动追溯管理与市场准入相衔接，实现食用农产品“从农田到餐桌”全过程追溯管理。推动农产品生产经营者积极参与国家农产品质量安全追溯管理信息平台运行。中央财政资金支持开展肉类、蔬菜、中药材等产品追溯体系建设的地区，要大力创新建设管理模式，加快建立保障追溯体系高效运行的长效机制。

（六）推进食品追溯体系建设。围绕婴幼儿配方食品、肉制品、乳制品、食用植物油、白酒等食品，督促和指导生产企业依法建立质量安全追溯体系，切实落实质量安全主体责任。推动追溯链条向食品原料供应环节延伸，实行全产业链可追溯管理。鼓励自由贸易试验区开展进口乳粉、红酒等产品追溯体系建设。

（七）推进药品追溯体系建设。以推进药品全品种、全过程追溯与监管为主要内容，建设完善药品追溯体系。在完成药品制剂类品种电子监管的基础上，逐步推广到原料药（材）、饮片等类别药品。抓好经营环节电子监管全覆盖工作，推进医疗信息系统与国家药品电子监管系统对接，形成全品种、全过程完整追溯与监管链条。

（八）推进主要农业生产资料追溯体系建设。以农药、兽药、饲料、肥料、种子等主要农业生产资料登记、生产、经营、使用环节全程追溯监管为主要内容，建立农业生产资料电子追溯码标识制度，建设主要农业生产资料追溯体系，实施全程追溯管理，保障农业生产安全、农产品质量安全、生态环境安全和人民生命安全。

（九）开展特种设备和危险品追溯体系建设。以电梯、气瓶等产品为重点，严格落实特种设备安全技术档案管理制度，推动企业对电梯产品的制造、安装、维护保养、检验以及气瓶产品的制造、充装、检验等过程信息进行记录，建立特种设备安全管理追溯体系。以民用爆炸物品、烟花爆竹、易制爆危险化学品、剧毒化学品等产品为重点，开展生产、经营、储存、运输、使用和销毁全过程信息化追溯体系建设。

（十）开展稀土产品追溯体系建设。以稀土矿产品、稀土冶炼分离产品为重点，以生产经营台账、产品包装标识等为主要内容，加快推进稀土产品追溯体系建设，实现稀土产品从开采、冶炼分离到流通、出口全过程追溯管理。

三、统一标准，互联互通

（十一）完善标准规范。结合追溯体系建设实际需要，科学规划食用农产品、食品、药品、农业生产资料、特种设备、危险品、稀土产品追溯标准体系。针对不同产品生产流通特性，制订相应的建设规范，明确基本要求，采用简便适用的追溯方式。以确保不同环节信息互联互通、产品全过程通查通识为目标，抓紧制定实施一批关键共性标准，统一数据采集指标、传输格式、接口规范及编码规则。加强标准制定工作统筹，确保不同层级、不同类别的标准相协调。

（十二）发挥认证作用。探索以认证认可加强追溯体系建设，鼓励有关机构将追溯管理作为重要评价要求，纳入现有的质量管理体系、食品安全管理体系、药品生产质量管理规范、药品经营质量管理规范、良好农业操作规范、良好生产规范、危害分析与关键控制点体系、有机产品等认证，为广大生产经营企业提供市场化认证服务。适时支持专业的第三方认证机构探索建立追溯管理体系专门认证制度。相关部门可在管理工作中积极采信第三方认证结果，带动生产经营企业积极通过认证手段提升产品追溯管理水平。

（十三）推进互联互通。建立完善政府追溯数据统一共享交换机制，积极探索政府与社会合作模式，推进各类追溯信息互通共享。有关部门和地区可根据需要，依托已有设施建设行业或地区追溯管理信息平台。鼓励生产经营企业、协会和第三方平台接入行业或地区追溯管理信息平台，实现上下游信息互联互通。开通统一的公共服务窗口，创新查询方式，面向社会公众提供追溯信息一站式查询服务。

四、多方参与，合力推进

（十四）强化企业主体责任。生产经营企业要严格遵守有关法律法规规定，建立健全追溯管理制度，切实履行主体责任。鼓励采用物联网等技术手段采集、留存信息，建立信息化的追溯体系。批发、零售、物流配送等流通企业要发挥供应链枢纽作用，带动生产企业共同打造全过程信息化追溯链条。企业间要探索建立多样化的协作机制，通过联营、合作、交叉持股等方式建立信息化追溯联合体。电子商务企业要与线下企业紧密融合，建设基于统一编码技术、线上线下一体的信息化追溯体系。外贸企业要兼顾国内外市场需求，建设内外一体的进出口信息化追溯体系。

（十五）发挥政府督促引导作用。有关部门要加强对生产经营企业的监督检查，督促企业严格遵守追溯管理制度，建立健全追溯体系。围绕追溯体系建设的重点、难点和薄弱环节，开展形式多样的示范创建活动。已列入有关部门开展的农产品质量安全、食品药品安全、质量强市、质量提升等创建活动的地区，尤其要加大示范创建力度，创造可复制可推广的经验。有条件的地方可针对部分安全风险隐患大、社会反映强烈的产品，在本行政区域内依法强制要求生产经营企业采用信息化手段建设追溯体系。

（十六）支持协会积极参与。行业协会要深入开展有关法律法规和标准宣传贯彻活动，创新自律手段和机制，推动会员企业提高积极性，主动建设追溯体系，形成有效的自律推进机制。有条件的行业协会可投资建设追溯信息平台，采用市场化方式引导会员企业建设追溯体系，形成行业性示范品牌。支持有条件的行业协会提升服务功能，为会员企业建设追溯体系提供专业化服务。

（十七）发展追溯服务产业。支持社会力量和资本投入追溯体系建设，培育创新创业新领域。支持有关机构建设第三方追溯平台，采用市场化方式吸引企业加盟，打造追溯体系建设的众创空间。探索通过政府和社会资本合作（PPP）模式建立追溯体系云服务平台，为广大中小微企业提供信息化追溯管理云服务。支持技术研发、系统集成、咨询、监理、测试及大数据分析应用等机构积极参与，为企业追溯体系建设及日常运行管理提供专业服务，形成完善的配套服务产业链。

五、挖掘价值，扩大应用

（十八）促进质量安全综合治理。推进追溯体系与检验检测体系、企业内部质量管理体系对接，打造严密的全过程质量安全管控链条。发挥追溯信息共享交换机制作用，创新质量安全和公共安全监管模式，探索实施产品全过程智能化“云监管”。构建大数据监管模型，完善预测预警机制，严防重要产品发生区域性、系统性安全风险。充分挖掘追溯数据在企业质量信用评价中的应用价值，完善质量诚信自律机制。建立智能化的产品质量安全投诉、责任主体定位、销售范围及影响评估、问题产品召回及应急处置等机制，调动公众参与质量安全和公共安全治理的积极性。

（十九）促进消费转型升级。加大宣传力度，传播追溯理念，培育追溯文化，推动形成关心追溯、支持追溯的社会氛围。逐步建立与认证认可相适应的标识标记制度，方便消费者识别。探索建立产品质量安全档案和质量失信“黑名单”，适时发布消费提示，引导消费者理性消费。加大可追溯产品推广力度，推动大型连锁超市、医院和团体消费单位等主动采购可追溯产品，营造有利于可追溯产品消费的市场环境。

（二十）促进产业创新发展。加强追溯大数据分析与成果应用，为经济调节和产业发展提供决策支持。在依法加强安全保障和商业秘密保护的前提下，逐步推动追溯数据资源向社会有序开放，鼓励商业化增值应用。鼓励生产经营企业以追溯体系建设带动品牌创建和商业模式创新。鼓励生产经营企业利用追溯体系进行市场预测与精准营销，更好地开拓国内外市场。推动农产品批发市场、集贸市场、菜市场等集中交易场所结合追溯体系建设，发展电子结算、智慧物流和电子商务，实现创新发展。

六、完善制度，强化保障

（二十一）完善法规制度。制修订有关法律法规和规章，进一步完善追溯管理制度，细化明确生产经营者责任和义务。研究制定农产品质量安全追溯管理办法，细化农产品追溯管理和市场准入工作机制。针对建立信息化追溯体系的企业，研究建立健全相应的随机抽查与监管制度，提高监管效率。研究制定追溯数据共享、开放、保护等管理办法，加强对数据采集、传输、存储、交换、利用、开放的规范管理。

（二十二）加强政策支持。推动建立多元化的投资建设机制，加大政策支持力度，带动社会资本投入。鼓励金融机构加强和改进金融服务，为开展追溯体系建设的企业提供信贷支持和产品责任保险。政府采购在同等条件下优先采购可追溯产品。完善追溯技术研发与相关产业促进政策。

（二十三）落实工作责任。地方各级人民政府要将重要产品追溯体系建设作为一项重要的民生工程和公益性事业，结合实际研究制定具体实施方案，明确任务目标及工作重点，出台有针对性的政策措施，落实部门职责分工及进度安排，确保各项任务落到实处。有关部门要按照职责分工，加强协调，密切配合，共同推进。商务部要会同有关部门加强对地方工作的检查指导。

18.4 七部门《关于推进重要产品信息化追溯体系建设的指导意见》相关条文

各省、自治区、直辖市、计划单列市及新疆生产建设兵团商务、工业和信息化、公安、农业、检验检疫、质量技术监督（市场监管）、安全监管、食品药品监管部门：

推进重要产品信息化追溯体系建设，是惠民生、促消费、稳增长和推进供给侧结构性改革的重要举措，对提高供应链效率和产品质量安全保障水平、推动流通转型升级和创新发展、构建信息化监测监管体系、营造安全消费的市场环境具有重大意义。为进一步加快建设重要产品信息化追溯体系，按照《“健康中国2030”规划纲要》、《国务院办公厅关于加快推进重要产品追溯体系建设的意见》（国办发〔2015〕95号）及《国内贸易流通“十三五”发展规划》（商建发〔2016〕430号）要求，现提出以下意见。

一、指导思想、基本原则与建设目标

（一）指导思想。

全面贯彻党的十八大和十八届三中、四中、五中、六中全会精神，深入贯彻习近平总书记系列重要讲话精神，围绕统筹推进“五位一体”总体布局和协调推进“四个全面”战略布局，坚持创新、协调、绿色、开放、共享的发展理念，以保障民生为核心，以落实企业主体责任为基础，以信息化追溯和互通共享为方向，加强统筹规划，健全标准体系，创新发展模式，促进社会共治，建设覆盖全国、统一开放、先进适用的重要产品追溯体系，提升产品质量安全与公共安全保障能力，更好满足人民群众生产生活和经济社会健康发展需要。

（二）基本原则。

1. 统筹规划与属地管理相结合，兼顾地方需求特色。统一基础共性标准和建设规范，实现跨部门跨区域业务协同、资源整合、设施及信息开放共享，避免重复建设。在做好已明确的重要产品追溯工作基础上，鼓励地方结合实际确定追溯体系建设的重要产品名录。

2. 政府引导与市场化运作相结合，发挥企业主体作用。在做好政府主导的试点示范工作和公益性追溯管理平台建设同时，强化企业主体责任，支持行业组织和企业自建产品追溯系统，并与政府和相关机构实现追溯信息互通共享，促进公益性和市场化两类追溯平台有机衔接、协调发展。

3. 形式多样与互联互通相结合，注重产品追溯实效。坚持创新驱动，推进追溯理论、模式、管理和技术创新，鼓励追溯体系建设运行多样化发展。坚持追溯信息互通共享，统一优化公共服务，注重生产源头追溯信息的真实性、中间环节信息链条的连续性、消费端追溯信息获取的便捷性。

4. 试点示范与复制推广相结合，建立科学推进模式。以与群众生产生活密切相关、质量安全问题较多的产品为重点，选择基础较好的地区、行业和企业开展试点示范，先易后难，以点带面，及时总结可复制推广的经验，逐步扩大覆盖范围，提高运行效果。

（三）建设目标。

到2020年，初步建成全国上下一体、协同运作的重要产品追溯管理体制、统一协调的追溯标准体系和追溯信息服务体系；相关法律法规进一步健全；追溯数据统一共享交换机制基本形成，部门、地区和行业企业追溯信息初步实现互通共享和通查通识；重要产品生产管理信息化、标准化、集约化水平显著提高；追溯大数据分析应用机制进一步健全完善，追溯应急管理能力显著提高，追溯体系对群众安全消费、企业精准营销、行业管理优化、供应链安全保障及政府监测监管的服务能力不断增强。

国家重要产品追溯管理平台及食用农产品、食品、药品、农业生产资料、特种设备、危险品、稀土产品等分类产品追溯体系基本建成运行；有条件的地方和行业探索推进妇幼用品、建材、家电和汽车零配件、地方特色产品等追溯体系建设；企业产品质量安全主体责任意识显著增强，采用信息技术建设追溯体系的企业占比大幅提高；产品质量安全保障水平和品牌国际竞争力进一步提升；社会公众对追溯产品的认知度和接受度明显增强。

二、主要任务

（一）基本任务。

1. 建立目录管理制度。从产品对人身和生产安全的重要程度、危害事件发生概率及后果影响等方面进行科学评估，依法制定重点追溯产品目录和鼓励追溯产品目录。国家重要产品目录实行动态管理；各地酌情制定兼容国家目录的地方重要产品目录。

2. 完善追溯标准体系。分析提炼追溯的核心技术要求和管理要求，明确不同层级、不同类别标准的定位和功能，建成国家、行业、地方、团体和企业标准相衔接，覆盖全面、重点突出、结构合理的重要产品追溯标准体系。研制一批追溯数据采集指标、编码规则、传输格式、接口规范等共性基础标准，实现产品追溯全过程的互联互通与通查通识。在追溯标准化研究的基础上，选择条件好、管理水平高的地区、行业、企业探索开展重要产品追溯标准化试点示范工作，推动标准制定和实施。针对重点产品和环节，根据产品形态、包装形式、生产经营模式、供应链协同、相关业务流程等特点，明确各品种追溯体系建设的技术要求，设计简便适用、易于操作的追溯规程和查询方式。探索推进重要产品追溯标准与国际接轨，携手打造中国与“一带一路”沿线国家重要产品追溯通用规则，逐步建立国际间重要产品追溯体系，增强中国标准的国际规则话语权。

3. 健全认证认可制度。将重要产品追溯管理纳入现有强制性产品认证、有机产品认证、质量管理体系、食品安全管理体系、药品生产质量管理规范、药品经营质量管理规范、良好农业操作规范、良好生产规范、危害分析与关键控制点等制度。围绕健全追溯管理机制，建立追溯管理体系认证认可制度。完善认证规范、认证规则、认证工作后续监管及惩戒机制，建立与认证认可相适应的标识标记制度，方便消费者识别。

4. 推进追溯体系互联互通。按照统一规划、科学管理原则，采用大数据、云计算、对象标识与标识解析等信息技术，逐步建设中央、省、市级重要产品追溯管理平台。建立追溯信息共享交换机制，实现中央平台与有关部门、地区、第三方平台之间的对接。推进各类追溯平台与检验检测信息系统、信用管理系统、综合执法系统、企业内部质量管理体系等对接。建设国家重要产品追溯综合门户网站，宣传政策法规和追溯知识，统一提供追溯信息查询服务。

加强追溯大数据开发利用。结合企业发展与行业监管需求，开发智能化的产品质量安全监测、责任主体定位、流向范围及影响评估、应急处置等功能，为企业管理、政务决策、风险预警与应急处置提供有力支持，严防区域性、系统性风险。构建供应链上下游企业追溯信息投入与收益的合理分配机制。在依法加强安全保障和商业秘密保护的前提下，实现追溯数据资源向社会有序开放。

5. 促进线上线下融合。引导企业将追溯体系建设与信息化改造升级相结合，鼓励企业以建设追溯体系为契机，提高信息化、智能化管理水平。推进“互联网+追溯”创新发展，鼓励电子商务企业利用自身平台建设信息化追溯系统，实现销售与追溯双重功能，创建可追溯电商品牌，提高企业经济效益；支持生产加工、仓储物流、批发零售等企业将追溯体系建设与电子商务、智慧物流等信息化建设相结合，增强信息交互、在线交易、精准营销等功能；推动追溯体系与批发零售企业电子结算系统、冷链物流配送等体系融合发展。

6. 强化追溯信用监管。建立可信数据支撑体系，确保追溯信息的真实性和有效性。以企业为主体，政府部门、行业组织、专业机构和消费者等多方参与，将供应链中的生产经营企业、检测认证机构、监管机构、消费者等主体纳入可信数据支撑体系，通过相关技术手段整合产品供应链各环节追溯信息，形成不可篡改的可信追溯信息链条。建立完善产品质量安全档案和失信“黑名单”制度。建立消费者和用户监督机制，畅通举报投诉渠道，形成有效监督的社会氛围。建立追溯信息系统成熟度评价体系，从追溯数据链、检验检测、消费者监督等方面，对企业及产品开展综合评价。

（二）分类任务。

1. 食用农产品追溯体系。全面推进现代信息技术在农产品质量安全领域的应用，加强顶层设计和统筹协调，尽快搭建国家农产品质量安全追溯管理信息平台，建立生产经营主体管理制度，将辖区内农产品生产经营主体逐步纳入国家平台管理，以责任主体和流向管理为核心，落实生产经营主体追溯责任，推动上下游主体实施扫码交易，如实采集生产流通追溯信息，确保农产品全链条可追溯。出台国家农产品质量安全追溯管理办法，制定追溯管理技术标准，明确追溯要求，统一追溯标识，规范追溯流程，健全管理规则。选择重点地区和重点品种，开展追溯管理试点应用，发挥示范带动作用，探索追溯推进模式。发挥国家平台功能作用，强化线上监管和线下监管，快速追查责任主体、产品流向、监管检测等追溯信息，挖掘大数据资源价值，推进农产品质量安全监管精准化和智能化。

完善肉类蔬菜追溯体系。中央财政资金支持开展肉类蔬菜追溯体系建设的地区，加快探索政府和社会资本合作模式，调动社会力量参与追溯体系建设运行；完善考核评估体系，建立健全长效机制；逐步扩大追溯体系覆盖范围，增加品种和节点数量；升级改造追溯管理平台，向生产和消费两端延伸追溯链条，开发智能监管功能，提高数据处理和综合分析能力。

加强监管部门协调配合，健全完善追溯管理与市场准入的衔接机制，以扫码入市或索取追溯凭证为市场准入条件，构建从产地到市场到餐桌的全程可追溯体系。

2. 食品追溯体系。重点围绕婴幼儿配方食品、肉制品、乳制品、食用植物油、白酒等加工食品，推动生产加工企业建立追溯体系和管理制度。逐步扩大食品种类范围，提高覆盖率和社会影响力。

充分利用已有信息化基础设施，实现食品追溯、食品安全监管、食品生产流通行业管理相关信息的互通共享，提高政府部门食品质量安全监管的信息化和协同水平。加快推进国家食品安全监管信息化工程建设，加强重点食品质量安全追溯物联网应用示范工程推广应用。

3. 药品追溯体系。巩固提升中药材流通追溯体系。升级改造中药材流通追溯管理中央平台，促进不同药品追溯系统信息互通共享。逐步增加中药材追溯品种；逐步扩大覆盖范围，涵盖全国主要中药材批发市场所在地区；提高中药材种植养殖、经营、饮片和中成药生产经营主体、医疗机构及药店等节点的覆盖率。

推动药品生产流通企业落实主体责任，依据法律法规和国家标准，使用信息化技术采集留存原料来源、生产过程、购销记录等信息，保证药品的可追溯。扩大药品追溯监管覆盖范围，逐步实现全部药品从生产、流通到使用全程快速追溯。建立药品追溯管理机制。

4. 主要农业生产资料追溯体系。在饲料上，推动饲料企业建立执行生产过程管理制度，实现从原料入厂到成品出厂的全程可控可追溯；在条件成熟的地区，推进饲料产品电子追溯码标识制度。在种子上，实行种子标签二维码标识制度，推动种子生产经营者建立包括种子来源、产地、数量、质量、销售去向、销售日期等内容的电子生产经营档案；引导种子批发和零售商建立种子来源、数量和销售去向的电子台账；建立全国统一的可追溯管理平台，整合行政审批、经营备案、市场监管等各方信息，实现全程、全面可追溯。在兽药上，进一步加强国家兽药基础数据信息平台建设，完善兽药生产企业、兽药产品批准文号等兽药基础信息数据库；深入开展兽药“二维码”追溯系统建设，全面实施兽药产品电子追溯码标识制度，逐步实现兽药生产、经营、使用全过程追溯。在农药、肥料上，建立追溯监管体系，推动生产经营企业建立原料控制、生产管理、流通企业扩大质量追溯体系建设范围，不断提高物联网技术的应用能力，实行电子追溯码标识制度。

拓展全国农业生产资料信息追溯监管服务平台功能，推进试点企业与全国农业生产资料信息追溯监管服务平台对接，加快农资质量追溯关键技术装备研发和示范。

5. 特种设备追溯体系。以电梯、气瓶、移动式压力容器等特种设备为重点，建立全国特种设备追溯公共服务平台。推动企业建立特种设备信息化追溯系统，与全国特种设备追溯公共服务平台对接。逐步实现电梯的生产、使用、维护保养、检验、检测，以及车用气瓶和移动式压力容器的生产、使用、检验、检测、充装、报废等关键信息的记录、统计、分析、公示等功能，为社会提供追溯信息查询服务。

完善特种设备生产标识方法，健全生产单位、使用单位、检验检测机构数据报告制度和特种设备安全技术档案管理制度，建立企业生产流通全过程信息记录制度，为特种设备质量安全信息全生命周期可追溯提供制度保障。

6. 危险品追溯体系。建设全国危险品追溯监管综合信息平台。利用物联网、云计算、大数据等现代信息技术手段，以民用爆炸物品、剧毒化学品、易制爆危险化学品、烟花爆竹、放射性物品等为重点，形成国家、省、市、县、园区危险品信息追溯管控体系，探索实施高危化学品电子追踪标识制度，实现危险品全生命周期过程跟踪，信息监控与追溯。逐步增加危险品种类，扩大覆盖范围。

7. 稀土产品追溯体系。以稀土矿产品、稀土冶炼分离产品为重点，以生产经营台账、产品包装标识等为主要内容，加快推进稀土产品追溯体系建设，实现全程可追溯。开展稀土企业追溯试点，建立稀土专用发票、稀土产品出口报关、企业经营档案等各项信息共享机制。推动稀土企业建设信息化追溯系统，采用信息化手段对生产、库存、销售等信息进行管理，实现信息完整归集和可追溯。

8. 产品进出口追溯体系。以自由贸易试验区和跨境电子商务企业为重点，探索推进食品等重要产品和跨境电子商务零售等领域的进出口追溯体系建设。整合产品进出口国别（地区）、产地、生产商、品牌、批次、进出口商或代理商、收货人、进出口记录及销售记录等信息，与海关报关信息、检验检疫信息和产品标签标识相衔接，实现重点产品从生产到进出口销售全过程信息可追溯。落实进口食品的境外生产商、出口商、境内收货人注册备案和进口销售记录制度，建立进口食品信息追溯平台和全国统一的重要进出口产品平台，实现进出口产品流向和质量控制措施的可追溯，提升进出口企业和社会公众对质量追溯的认知度和接受度，实现进出口产品质量安全社会共治。

三、保障措施

（一）加强组织领导。

建立完善追溯体系建设协调推进工作机制。商务部会同有关部门建立部际联席会议制度，强化宏观指导，落实部门分工，加强法律法规、政策措施、标准规范等方面的协调配合，督促各项工作落实。各地完善领导机制，将重要产品追溯体系建设纳入工作考核指标。推动建立追溯行业组织。

（二）完善法规制度。

加快推进《农产品质量安全法》、《食品安全法实施条例》等相关法律法规和规章的制（修）订工作，完善重要产品追溯管理制度，细化明确生产经营者责任和义务。按照《产品质量法》《食品安全法》《社会信用体系建设规划纲要（2014—2020年）》等要求，将追溯体系建设与构建社会诚信机制、强化企业主体责任、问题产品召回紧密结合，最大限度发挥追溯体系的倒逼作用和服务功能。加快推动地方立法，实行依法建设，依法管理。

（三）营造发展环境。

鼓励大型连锁企业、医院、学校等团体消费单位优先选购可追溯产品。培育创新创业新领域，营造追溯体系建设的众创空间。加强追溯技术成果转化与知识产权保护，加快推动技术研发、系统集成、业务咨询、工程监理、大数据分析等追溯服务产业发展，为追溯体系建设运行、扩大应用提供专业服务。加大对贫困地区政策倾斜力度，推动形成“互联网＋产品追溯＋精准扶贫”的政策组合与市场化运作模式。

（四）创新支持方式。

加大政策支持力度，重点支持公益性重要产品追溯平台建设，以及完善标准、培育人才等追溯体系建设基础性工作。鼓励社会资本投入，采用市场化方式吸引企业加盟，为中小微企业提供信息化追溯服务。鼓励金融机构为开展追溯体系建设的企业提供信贷支持和产品责任保险。围绕重要产品追溯体系建设的重点、难点和薄弱环节，开展示范创建活动。支持有条件的地区创新追溯模式。及时总结经验，适时向其他地区复制推广。

（五）加强理论研究和人才培养。

加强追溯理论和应用技术的研究与交流。鼓励科研机构建立质量安全追溯技术及应用工程实验室，鼓励大学设立追溯专业院系及课程。建立完善追溯专业人才培育机制。鼓励成立重要产品追溯体系建设咨询机构和专家委员会，对追溯体系建设运行开展前期咨询论证和后期跟踪评估，促进重要产品追溯体系创新发展；建立发展重要产品追溯体系培训机构，培养多层次的追溯人才。

（六）强化宣传教育。

加强社会舆论宣传，通过广播、电视、报刊等传统媒体和网络、手机移动终端等数字化新媒体广泛开展追溯宣传和大众科普，突出强调生产经营企业建设产品追溯体系的主体责任、行业组织推进追溯体系建设、加强行业自律的典型经验、消费者参与追溯体系建设的重要意义等；推动行业组织开展法律法规和标准宣贯，传播追溯理念，培育追溯文化，形成熟悉追溯、支持追溯、积极参与追溯的社会氛围；制定合理有效的激励措施，充分调动消费者和用户的参与热情，构建全面推进重要产品追溯体系建设的市场倒逼机制。

18.5 商务部等发布《国内贸易流通“十三五”发展规划》相关条文（节选）

四、主要任务

（三）推动消费结构升级

5. 促进安全消费

建设统一的重要产品追溯信息服务体系，形成全国上下一体、协同运作的重要产品追溯管理体制，推进食用农产品、食品、药品、农业生产资料等重要产品追溯体系建设。鼓励各地制定追溯体系建设的重要产品名录，探索以认证认可加强追溯体系建设，推动生产经营企业加快建设追溯体系。鼓励重要商场、电子商务平台等开展质量责任首负承诺，加强“入口管理”，提升对上游供应链的质量监管。推进追溯体系与互联网融合，开展重要产品流通安全物联网技术研究与示范，建立重要产品追溯大数据公共服务体系，完善追溯大数据分析和应用机制，实现对种植养殖、生产加工、销售和消费等不同环节追溯数据的互联互通。创新追溯体系建设市场化运作模式，鼓励建设消费者深度参与的双向互动追溯模式，提升重要产品追溯体系综合服务功能，促进安全消费、放心消费。

重要产品追溯体系建设。推进肉类、蔬菜、中药材、酒类等产品追溯体系建设，加强重点产品追溯信息服务体系建设，建立来源可追、去向可查、责任可究的全程可追溯体系。

（五）加强流通标准化建设

1. 健全流通标准体系

制订内贸流通标准体系框架，加快构建国家标准、行业标准、团体标准、地方标准和企业标准相互配套、相互补充的内贸流通标准体系。从重点领域、重点行业、重点业态入手，制定一批内贸流通关键标准。推进流通基础设施、连锁经营、电子商务、商贸物流、农产品流通、药品流通、绿色流通、重要产品追溯体系等重点领域标准制修订。推进服务标准化，加快制定线上线下融合的服务标准，完善住宿餐饮、家政服务等行业服务标准。加大国际标准采标力度，积极参与国际标准制定，推进标准国际化进程。

18.6 商务部办公厅《关于加快推进重要产品追溯体系建设有关工作的通知》相关条文

各省、自治区、直辖市、计划单列市及新疆生产建设兵团商务主管部门：

近期，国务院办公厅印发《国务院办公厅关于加快推进重要产品追溯体系建设的意见》（国办发〔2015〕95 号，以下简称《意见》），就加快推进重要产品追溯体系（以下简称追溯体系）建设作出全面部署。结合商务工作实际，现就做好《意见》贯彻落实工作通知如下：

一、加紧制订实施方案

各地商务主管部门要按照当地人民政府要求，抓紧会同有关部门结合当地实际情况制订实施意见或方案，明确工作目标、任务及进度安排，研究提出具体可操作的贯彻措施，尽快报当地人民政府印发实施。参照《意见》确定的七类产品，综合考虑当地经济社会发展水平和产业接受度制订重点产品名录，统筹确定当地追溯体系建设的重点品种、重点企业和重点区域。抓紧推动建立当地人民政府领导下的部门分工协作机制，明确各相关部门职责分工，确保将各项任务分解落实到具体部门。

二、抓好前期项目管理

各地商务主管部门要适应项目质量终身责任制的要求，抓紧组织对前期肉类蔬菜和中药材流通追溯体系试点项目进行排查，认真查找问题并逐项整改，切实解决责任不落实、建设不到位、质量不过关、资金管理不规范等问题，消除风险隐患。目前尚未建成的地方尤其要采取有效措施加快进度，倒排工期全力推进，确保2016年年底前全部建成并投入运行。重点抓好批发市场电子结算系统建设，制订专门推进方案，加大力度抓紧推进。省级商务主管部门要加大督导力度，及时组织评估和考核验收，切实把好项目建设质量关。

三、出台促进政策措施

各地商务主管部门要围绕当地追溯体系建设的总体目标，坚持政府引导与市场化运作相结合，抓紧推动出台有针对性的政策措施，加快推进追溯体系建设，逐步扩大范围。推动建立完善财政引导政策措施，围绕追溯体系建设的重点、难点和薄弱环节，由各部门按照统一规划分工推进，开展形式多样的示范创建活动，大力扶持中小企业，培育示范典型。推动相关监管部门建立完善执法监管措施，加强对生产经营企业监督检查，督促企业严格遵守追溯管理制度，自觉建立健全追溯体系。

四、完善长效运行机制

各地商务主管部门要按照落实属地管理责任的要求，推动当地人民政府抓紧理顺肉类蔬菜和中药材流通追溯体系运行管理体制，将各项日常运行管理工作分解落实到各个相关部门，明确责任主体，确保对节点企业进行有效监管、对软硬件设备进行高效维护。推动将追溯体系运行经费列入当地财政年度预算，落实日常运行维护工作经费及老旧设备更新升级经费。针对制约追溯体系运行的突出问题，深入开展追溯体系运行效率提升行动，准确把握运行规律，破解运行难题，创新运行维护模式，不断提高追溯体系运行效率。

五、推进信息互联互通

各地商务主管部门要按照确保互联互通的要求，抓好有关国家或行业标准规范贯彻落实工作，确保当地追溯体系建设符合统一要求。推动建立完善本地政府追溯数据统一共享交换机制，推进跨环节追溯体系对接、不同部门间信息互通共享。有条件的地方可根据需要，依托肉类蔬菜和中药材追溯管理平台等已有设施，建设本地区追溯管理信息平台。积极参与国家食品追溯信息化工程建设，探索建设当地统一的追溯体系公共服务窗口，面向社会公众提供追溯信息一站式查询服务。前期开展酒类流通追溯体系建设的地方，要推动试点企业积极参与国家酒类追溯统一查询系统建设。

六、营造良好社会氛围

各地商务主管部门要配合当地追溯体系建设工作，制订专门的宣传工作方案，有计划有步骤地开展形式多样的宣传活动，不断扩大追溯体系社会影响，提高社会认知度、美誉度和接受度。坚持正面宣传，加大典型企业和案例宣传力度，让广大生产经营企业切实提高认识，形成积极参与的内在动力。创新宣传方式，贴近基层、贴近群众开展宣传，增强消费者主动选购可追溯产品的意识，培育扩大可追溯产品消费市场。充分利用好食品安全周、诚信兴商宣传月等宣传平台，组织开展声势浩大的集中宣传活动，形成宣传声势，扩大宣传效果。

各地商务主管部门要结合贯彻党的十八届五中全会和中央经济工作会议精神，切实增强工作责任感和紧迫感，积极履行职责，强化统筹协调，推动全面贯彻落实《意见》规定的各项任务。加强工作落实情况检查指导，及时汇总上报进展情况。商务部将适时对各地落实情况进行督导。工作中的问题或建议，请及时反馈商务部市场秩序司。

18.7 农业部《关于加快推进农产品质量安全追溯体系建设的意见》全文

各省、自治区、直辖市及计划单列市农业（农牧、农村经济）、畜牧兽医、农垦、渔业厅（局、委、办），新疆生产建设兵团农业（水产）局：

为贯彻落实《中共中央、国务院关于落实发展新理念加快农业现代化实现全面小康目标的若干意见》（中发〔2016〕1号）和《国务院办公厅关于加快推进重要产品追溯体系建设的意见》（国办发〔2015〕95号）精神，进一步提升农产品质量安全监管能力，落实生产经营主体责任，增强食用农产品消费信心，现就应用现代信息技术加快推进全国农产品质量安全追溯体系建设提出如下意见。

一、总体要求

（一）指导思想。贯彻落实党的十八大及十八届三中、四中、五中全会精神和《食品安全法》《农产品质量安全法》等法律要求，全面推进现代信息技术在农产品质量安全领域的应用，加强顶层设计和统筹协调，健全法规制度和技术标准，建立国家农产品质量安全追溯管理信息平台（以下简称“国家平台”），加快构建统一权威、职责明确、协调联动、运转高效的农产品质量安全追溯体系，实现农产品源头可追溯、流向可跟踪、信息可查询、责任可追究，保障公众消费安全。

（二）基本原则。坚持政府推动与市场引导相结合，明确政府、生产经营主体、社会化服务机构的职责定位，调动各方积极性；坚持统筹规划与分步实施相结合，做好顶层设计和整体规划，先行开展试点，分步推广应用；坚持农业部门主导与部门协作相结合，建立追溯管理与市场准入衔接机制，加强与有关部门的协作，保障追溯体系全程可控、运转高效。

（三）主要目标。建立全国统一的追溯管理信息平台、制度规范和技术标准，选择苹果、茶叶、猪肉、生鲜乳、大菱鲆等几类农产品统一开展追溯试点，逐步扩大追溯范围，力争“十三五”末农业产业化国家重点龙头企业、有条件的“菜篮子”产品及“三品一标”规模生产主体率先实现可追溯，品牌影响力逐步扩大，生产经营主体的质量安全意识明显增强，农产品质量安全水平稳步提升。

二、全面统筹规划，实现整体推进

（四）建立追溯管理运行制度。出台国家农产品质量安全追溯管理办法，明确追溯要求，统一追溯标识，规范追溯流程，健全管理规则。加强农业与有关部门的协调配合，健全完善追溯管理与市场准入的衔接机制，以责任主体和流向管理为核心，以扫码入市或索取追溯凭证为市场准入条件，构建从产地到市场到餐桌的全程可追溯体系。鼓励各地会同有关部门制定农产品追溯管理地方性法规，建立主体管理、包装标识、追溯赋码、信息采集、索证索票、市场准入等追溯管理基本制度，促进和规范生产经营主体实施追溯行为。

（五）搭建信息化追溯平台。建立“高度开放、覆盖全国、共享共用、通查通识”的国家平台，赋予监管机构、检测机构、执法机构和生产经营主体使用权限，采集主体管理、产品流向、监管检测和公众评价投诉等相关信息，逐步实现农产品可追溯管理。各行业、各地区已建追溯平台的，要充分发挥已有的功能和作用，探索建立数据交换与信息共享机制，加快实现与国家追溯平台的有效对接和融合，将追溯管理进一步延伸至企业内部和田间地头。鼓励有条件的规模化农产品生产经营主体建立企业内部运行的追溯系统，如实记载农业投入品使用、出入库管理等生产经营信息，用信息化手段规范生产经营行为。

（六）制定追溯管理技术标准。充分发挥技术标准的引领和规范作用，按照“共性先立、急用先行”的原则，加快制定农产品分类、编码标识、平台运行、数据格式、接口规范等关键标准，统一构建形成覆盖基础数据、应用支撑、数据交换、网络安全、业务应用等类别的追溯标准体系，实现全国农产品质量安全追溯管理“统一追溯模式、统一业务流程、统一编码规则、统一信息采集”。各地应制定追溯操作指南，编制印发追溯管理流程图和明白纸，加强宣传培训，指导生产经营主体积极参与。

（七）开展追溯管理试点应用。国家平台将于2017年上线，届时将选择部分基础条件好的省份开展区域试运行，根据试运行情况进一步完善国家平台业务功能及操作流程。优先选择苹果、茶叶、猪肉、生鲜乳、大菱鲆等几类农产品统一开展试点，不断总结试点经验，探索追溯推进模式，逐步健全农产品质量安全追溯管理运行机制，进一步加大推广力度，扩大实施范围。

三、推动多方参与，规范实施要求

（八）强化农业部门追溯管理职责。各地要按照属地管理原则，建立生产经营主体管理制度，将辖区内农产品生产经营主体逐步纳入国家平台管理，组织生产经营主体实施追溯，并对落实情况进行监督。组织辖区内监管、检测机构加快应用国家平台，规范开展监管、检测信息采集，及时将基地巡查、执法检查、检验检测、产品认证、评估预警等信息纳入国家平台管理。开展追溯示范点创建活动，组织辖区内统一规范开展追溯工作，发挥示范带动作用。

（九）落实生产经营主体责任。农产品生产经营主体应按照国家平台实施要求，配备必要的追溯装备，积极采用移动互联等便捷化的技术手段，实施农产品扫码（或验卡）交易，如实采集追溯信息，实现信息流和实物流同步运转。鼓励和引导有条件的生产经营主体实施农产品包装上市，加施追溯标识，确保农产品可溯源。有条件的地区可由政府统一配备必要的追溯装备设施。

（十）发挥社会化服务作用。在国家统筹指导下，创新市场机制，有序引导社会力量和资本投入追溯体系建设。激发第三方机构活力，鼓励其为国家平台提供配套服务，为农产品生产经营主体提供技术支撑，推动追溯服务业规范发展。

四、加强监督管理，拓展追溯功能

（十一）加强追溯监督检查。农业部门要加强追溯信息在线监控和实地核查，重点对主体管理、信息采集、标识使用、扫码交易等有关情况实施监督，推进落实各方责任。规范监管、检测机构信息采集管理，确保监管、检测信息及时准确上传。健全追溯管理激励、惩戒机制，建立生产经营主体信用档案和“黑名单”制度，对不履行追溯义务、填报信息不真实的生产经营主体，加大惩戒力度。

（十二）发挥追溯功能作用。加强国家平台功能应用，积极开展农产品全程追溯管理，强化线上监控和线下监管，快速追查责任主体、产品流向、监管检测等追溯信息，提升综合监管效能。用可追溯制度倒逼生产经营主体强化质量安全意识，加强内部质量控制，落实好第一责任。畅通公众查询、投诉渠道，提高农产品生产经营过程透明度，解决农产品生产经营信息不对称问题，提振公众消费信心。

（十三）提升智慧监管能力。建立“用数据说话、用数据管理、用数据决策”的管理机制，充分发挥国家平台决策分析功能，整合主体管理、产品流向、监管检测、共享数据等各类数据，挖掘大数据资源价值，推进农产品质量安全监管精准化和可视化。建立追溯管理与风险预警、应急召回的联动机制，提升政府决策和风险防范能力，加强事中事后监管，提高监管的针对性、有效性。

五、强化保障措施，夯实工作基础

（十四）健全工作体系。依托现有农产品质量安全监管机构或具有农产品质量安全职能的事业单位建立健全农产品质量安全追溯管理体系队伍，落实各方职责，积极争取工作经费和保障条件。加强人员培训，提高基层追溯管理业务能力和水平。组建全国农产品质量安全追溯专家组，为农产品追溯体系建设提供技术支撑。

（十五）完善法律制度。加快推进《农产品质量安全法》修订步伐，充分借鉴国外立法经验，推动农产品质量安全追溯管理法治化，重点将主体管理、市场准入、主体责任、监督管理、处罚措施等关键要素纳入法律范畴，为追溯管理提供法律依据。

（十六）加强政策扶持。落实属地管理责任，加快追溯管理基础设施建设，完善生产经营主体、检测机构和基层监管机构追溯装备条件。积极争取和出台农产品质量安全追溯管理扶持政策，加大对生产经营主体追溯装备设施配置、信息采集和标识使用补贴力度，建立追溯与项目扶持挂钩机制，提高生产经营主体实施追溯的积极性。支持引导社会资本参与追溯体系建设，形成多元化的资金投入机制，完善追溯技术研发与相关产业促进政策。

（十七）强化社会共治。深入开展有关法律法规和标准宣传贯彻活动，普及追溯知识，传播追溯理念，提升企业自律意识和责任意识，提高公众对可追溯产品的认知度。加强政府与公众的沟通交流，建立违法行为信息披露制度和有奖举报机制，发挥舆论监督作用，推动形成全社会关心追溯、使用追溯、支持追溯的良好氛围。

18.8 食药总局《关于推动食品药品生产经营者完善追溯体系的意见》全文

各省、自治区、直辖市食品药品监督管理局，新疆生产建设兵团食品药品监督管理局，总局机关各司局、各直属单位：

根据《中华人民共和国食品安全法》《中华人民共和国药品管理法》《医疗器械监督管理条例》《化妆品卫生监督条例》等有关法律法规的规定和《国务院办公厅关于加快推进重要产品追溯体系建设的意见》（国办发〔2015〕95 号）文件精神，为控制食品药品安全风险，保护消费者权益，现就推动食品药品生产经营者完善食品药品追溯体系提出如下意见：

一、食品药品追溯体系是食品药品生产经营者质量安全管理体系的重要组成部分。食品药品生产经营者应当承担起食品药品追溯体系建设的主体责任，实现对其生产经营的产品来源可查、去向可追。在发生质量安全问题时，能够及时召回相关产品、查寻原因。

二、食品生产经营者应当按照有关法律法规要求分别对其原辅料购进、生产过程、产品检验和销售去向等如实记录，保证数据的真实、准确、完整和可追溯。原则上，食品生产经营者均应采用信息化手段建立追溯体系。不具备信息化条件的生产经营者，可采用纸质记录等实现可追溯。纸质记录保存期限按照《中华人民共和国食品安全法》有关规定执行。

三、药品、医疗器械生产企业应当按照其生产质量管理规范（GMP）要求对各项活动进行记录。记录应当真实、准确、完整和可追溯。鼓励药品、医疗器械生产企业对产品最小销售单位赋以唯一性标识，以便经营者、消费者识别。植入性医疗器械应当标记生产企业名称或商标、批代码（批号）或系列号，以保证可追溯。

药品、医疗器械经营企业应当按照其经营质量管理规范（GSP）要求对各项活动进行记录。记录应当真实、准确、完整和可追溯，以保证药品、医疗器械购进、养护、出库、运输等环节可追溯，并按规定使用计算机信息管理系统进行有效管理。

药品、医疗器械使用单位应当按照《医疗机构药品监督管理办法（试行）》和《医疗器械使用质量监督管理办法》要求对药品和医疗器械的购进、验收、储存、使用等情况进行记录。

四、化妆品生产企业应当按照《化妆品卫生监督条例》等有关法规规定，确保产品生产、质量控制等活动可追溯，并记录产品进入流通环节的流向信息，实现产品去向可查、问题产品及时召回。化妆品生产经营者应当以进口化妆品、国产特殊用途化妆品、儿童化妆品等风险程度较高的产品为重点，推进追溯体系建设。

五、地方各级食品药品监管部门要按照《中华人民共和国食品安全法》《中华人民共和国药品管理法》《医疗器械监督管理条例》《化妆品卫生监督条例》等有关法律法规的规定，督促行政区域内相关生产经营者认真落实产品追溯主体责任，并对原料来源记录、生产过程记录、购销记录等追溯体系建设要求的落实情况进行督促检查和总结。对不履行追溯责任者依法及时查处。

六、鼓励生产经营者运用信息技术建立食品药品追溯体系。鼓励信息技术企业作为第三方，为生产经营者提供产品追溯专业服务。各级食品药品监管部门不得强制要求食品药品生产经营者接受指定的专业信息技术企业的追溯服务。

七、鼓励行业协会组织企业搭建追溯信息查询平台，为监管部门提供数据支持，为生产经营者提供数据共享，为公众提供信息查询。

八、麻醉药品、精神药品生产经营企业应当按照《麻醉药品和精神药品管理条例》有关监控信息网络的要求，建立追溯体系。具体内容由总局另行规定。

18.9 食药总局《关于白酒生产企业建立质量安全追溯体系的指导意见》全文

各省、自治区、直辖市食品药品监督管理局，新疆生产建设兵团食品药品监督管理局：

根据《中华人民共和国食品安全法》等法律法规规定，现就白酒生产企业建立质量安全追溯体系，提出如下指导意见。

一、工作目标

白酒生产企业通过建立质量安全追溯体系，真实、准确、科学、系统地记录生产销售过程的质量安全信息，实现白酒质量安全顺向可追踪、逆向可溯源、风险可管控，发生质量安全问题时产品可召回、原因可查清、责任可追究，切实落实质量安全主体责任，保障白酒质量安全。

二、基本原则

白酒生产企业建立质量安全追溯体系，应当遵循以下基本原则：一是企业建立。企业应当根据相关法律法规和食品药品监管部门要求，结合企业实际，建立质量安全追溯体系。二是部门指导。食品药品监管部门根据有关法律法规，督促和指导白酒生产企业建立质量安全追溯体系。三是运行有效。白酒生产企业结合白酒生产过程复杂、生产周期和产品生命周期长的特点，保存记录信息，确保白酒质量安全追溯体系有效运行，并定期组织演练。

三、质量安全信息的记录

白酒生产企业建立质量安全追溯体系的核心和基础，是记录质量安全信息，包括产品、生产、设备、设施和人员等信息内容。

（一）产品信息。企业应当记录白酒产品的相关信息，包括产品名称、执行标准及标准内容、配料、生产工艺、标签标识等。情况发生变化时，记录变化的时间和内容等信息。应当将使用的白酒产品标签实物同时存档。

（二）生产信息。信息记录覆盖白酒生产过程，重点是原辅材料进货查验、生产过程控制、白酒出厂检验等三个关键环节。

1. 原辅材料进货查验信息。企业应当建立白酒原料、食品添加剂、食品相关产品进货查验记录制度，记录质量安全信息。重点是粮谷、外购原酒、食用酒精、食品添加剂、加工助剂、直接接触酒体的包装材料等质量安全信息。

2. 生产过程控制信息。企业应当记录原辅材料贮存、投料、生产过程控制、产品包装入库及贮存等生产过程质量安全控制信息。主要包括：一是原辅材料入库、贮存、出库、生产使用的相关信息；二是制曲、发酵、蒸馏、勾调、灌装的相关信息；三是自产原酒的入库、贮存、出库、生产使用、销售的相关信息；四是成品酒的入库、贮存、出库、销售的相关信息；五是生产过程检验的相关信息，包括每批产品原始检验数据并保存检验报告。

3. 出厂检验信息。企业应当建立白酒出厂检验记录制度，记录相关质量安全信息。

（三）设备信息。记录与白酒生产过程相关设备的材质、采购、安装、使用、清洗、消毒及维护等信息，并与相应的生产信息关联，保证设备使用情况明晰，符合相关规定。

（四）设施信息。记录与白酒生产过程相关的设施信息，包括原辅材料贮存车间及预处理车间、制曲车间、酿酒车间、酒库、勾调车间、包装车间、成品库、检验室等设施基本信息，以及相关的管理、使用、维修及变化等信息，并与相应的生产信息关联，保证设施使用情况明晰，符合相关规定。

（五）人员信息。记录与白酒生产过程相关人员的培训、资质、上岗、编组、在班、健康等情况信息，并与相应的生产信息关联，符合相关规定。明确人员各自职责，包括质量安全管理、技术工艺、生产操作、检验等不同岗位、不同环节的人员，特别是制曲、配料、投料、发酵、蒸馏、原酒贮存、勾调、灌装、检验等关键岗位负责人，切实将职责落实到具体岗位的具体人员，记录履职情况。

四、质量安全信息记录与保存的基本要求

企业质量安全信息记录与保存，应当确保产品从原辅材料采购到产品出厂销售所有环节，都可有效追溯。

（一）质量安全信息记录基本要求。一是真实。能够实时采集的信息应当实时采集，确需后期录入的应当保留原始信息记录。二是准确。采集使用的设备设施能够准确采集信息。三是科学。根据生产过程要求和科技发展水平，设定信息的采集点、采集数据、采集频率等技术要求。四是系统。信息应当形成闭环，前后衔接，环环相扣，做到“五清晰”：原辅材料使用清晰、生产过程管控清晰、时间节点清晰、设备设施运行清晰、岗位履职情况清晰。

（二）质量安全信息保存基本要求。一是不能修改。企业在建立追溯体系中采集的信息，应当从技术上、制度上保证不能修改。二是不能灭失，确保信息安全。采用纸质记录存储的，明确保管方式；采用电子信息手段存储的，要有备份系统。无论采取任何保存形式，都要明确保管人员职责，防止发生信息部分或全部损毁、灭失等问题。

五、企业建立、完善和实施质量安全追溯制度

白酒生产企业负责建立、完善和实施质量安全追溯制度，通过统一规范，严格管理，保障追溯体系有效运行。

（一）建立制度。企业应当建立白酒质量安全追溯制度，适用和涵盖企业组织实施追溯的人员，生产过程各个环节实施追溯的记录，追溯方式及相关硬件、软件运用，追溯体系实施等要求。企业可根据实际情况选择具体追溯方式，如采用条码、二维码、RFID 等。记录可采用纸质，或依托计算机等电子记录等形式。鼓励企业采用信息化手段采集、留存信息，不断完善质量安全追溯体系。

（二）组织实施。企业应当按照建立的质量安全追溯体系，严格组织实施。出现产品不符合相关法律、法规、标准等规定，或生产环节发生质量安全事故等情况，要依托追溯体系，及时查清流向，召回产品，排查原因，迅速整改；原辅材料发现质量安全问题，应当通报相关生产经营单位；如有人为因素，应当依法追究责任。企业建立、完善和实施追溯制度情况，应当向所在地县级食品药品监管部门报告。

（三）完善提高。在追溯体系实施过程中，企业应当及时分析问题、查找原因、总结经验，特别是对发生食品质量安全问题或发现制度存在不适用、有缺环、难追溯的情况，要及时采取有效措施，调整完善。企业的组织机构、设备设施、生产状况、管理制度等发生变化，应当及时调整追溯信息记录与保存的相应要求，确保追溯体系运行的连续性。

六、监管部门检查指导

地方食品药品监管部门根据相关法律法规和本指导意见，提出指导、监督白酒生产企业建立质量安全追溯体系的具体措施，督促企业落实质量安全主体责任，提高监管工作水平。

（一）试点示范，稳步推进。省级食品药品监管部门应当根据行政区域白酒生产企业实际，制定规划，做好指导、督促、推进和示范工作。可选择有代表性的白酒生产企业先行试点，逐步覆盖所有白酒生产企业。不断指导企业加强追溯信息化建设，重点是追溯技术平台建设，引导企业依托信息化手段，提升追溯体系实施水平。

（二）检查指导，取得实效。地方食品药品监管部门要对白酒生产企业建立质量安全追溯体系情况进行监督检查，对于没有建立追溯体系、追溯体系不能有效运行，特别是出现不真实信息或信息灭失的，要依照相关法律法规等规定严肃处理。不断探索根据监管需要调用企业追溯信息的方式方法，提高监管工作的针对性和有效性，严防区域性、系统性白酒质量安全问题的发生。省级食品药品监管部门应当及时将白酒质量安全追溯体系实施情况分析总结，报告食品药品监管总局。通过大力推动企业建立追溯体系，提升白酒质量安全整体水平，保障我国白酒行业持续健康发展。

18.10 食药总局《关于进一步完善食品药品追溯体系的意见（征求意见稿）》全文

为深入贯彻落实《中华人民共和国食品安全法》《中华人民共和国药品管理法》《医疗器械监督管理条例》等法律法规，落实食品药品安全“四个最严”要求和《国务院办公厅关于加快推进重要产品追溯体系建设的意见》（国办发〔2015〕95 号）精神，按照国家建立追溯制度，企业建立追溯体系，鼓励企业采用信息化手段采集、留存生产经营信息的工作原则，现就进一步完善食品药品追溯体系提出如下意见：

一、食品药品追溯体系是食品药品质量管理体系的重要组成部分。建立食品药品追溯体系是企业的主体责任，是有效控制产品安全风险，保护消费者合法权益的重要手段。

二、企业建立追溯体系的目的是在发生产品质量问题时，及时召回产品，防控风险；便于经营者和消费者确认产品的真实性，以利于消费者权益受到侵害时索赔。

三、食品药品生产企业须对其原辅料来源、产品销售去向采取适宜的记录或标识方式，准确掌握原辅料的质量和其产品销售去向，并按有关法律法规要求保存相关记录信息和票据凭证。

四、食品药品经营企业须对其购进和销售的产品采取适宜的记录或标识方式，准确掌握其产品购进来源和销售去向，并按有关法律法规要求保存相关记录信息和票据凭证。

五、医疗器械使用单位应对其购进的医疗器械采取适宜的记录或标识方式，掌握购进来源；对购入的第三类医疗器械，必须妥善保存其原始资料，确保信息具有可追溯性；对购入的植入性和介入类医疗器械建立使用记录，植入性医疗器械使用记录永久保存，并使用计算机系统进行有效管理。

六、食品生产企业要严格执行法律法规要求，建立食品安全追溯体系，保证食品可追溯。药品和医疗器械生产企业要严格执行生产质量管理规范（GMP），经营企业要严格执行经营质量管理规范（GSP），以保证其生产和经营过程中的数据真实、完整、可追溯。

七、消费者合法权益受到侵害时，可向销售者或生产企业要求赔偿。食品药品生产经营企业接到消费者赔偿要求，应当承担首负责任，通过追溯体系向相关责任方追偿。

八、根据食品药品不同属性、风险程度和法律法规要求，应采取适宜的追溯方式。

食品生产经营企业以婴幼儿配方食品、肉制品、乳制品、食用植物油、白酒等品类为重点推进追溯体系建设并分类实施。

药品生产经营企业须对药品生产经营过程中的物料采购、生产、检验、放行和药品采购、验收入库、养护、销售出库等环节操作进行认真审核记录，确保各项记录完整准确真实，并使用计算机系统进行有效管理。

医疗器械生产经营企业和使用单位以植入性等高风险医疗器械为重点推进追溯体系建设，鼓励企业采用普遍适用的产品标识的方式。

九、省以下各级食品药品监管部门要按照《中华人民共和国食品安全法》《中华人民共和国药品管理法》《医疗器械监督管理条例》等有关法律法规的规定，督促行政区域内相关企业认真落实产品追溯主体责任，并对落实情况进行监督。对违法违规行为及时查处、纠正。

十、鼓励生产经营企业运用信息技术建立食品药品追溯体系。鼓励信息技术企业作为第三方，为生产经营企业提供产品追溯专业服务。各级食品药品监管部门不得强制要求食品药品生产经营企业接受指定的专业信息技术企业的追溯服务。

十一、支持行业协会组织企业搭建追溯信息查询平台，推动协会、企业、政府间信息系统互联互通和信息共享。

十二、麻醉药品、精神药品生产经营企业按照《麻醉药品和精神药品管理条例》有关监控信息网络的要求，建立追溯体系。具体由食品药品监管总局另行规定。

18.11　质检总局《关于推进重要进出口产品质量信息追溯体系建设的意见》全文

各直属检验检疫局：

为贯彻落实《国务院办公厅关于加快推进重要产品追溯体系建设的意见》（国办发〔2015〕95 号）和商务部、质检总局等 7 部委《关于推进重要产品信息化追溯体系建设的指导意见》（商秩发〔2017〕53 号）要求，推进重要进出口产品质量信息追溯体系建设，现提出以下意见。

一、指导思想

按照国务院决策部署，以提高发展质量和效益为中心，推进供给侧结构性改革，扩大高质量产品供给。加快推进重要进出口产品质量信息追溯体系建设，坚持以落实企业追溯管理责任为基础，以推进信息化追溯为方向，加强统筹规划，健全标准规范，强化互通共享，为加强全过程质量安全管理和风险控制提供有力支撑，促进质量安全综合治理，提升产品质量安全与公共安全水平。

二、基本原则

（一）统筹规划、突出重点。统一基础共性标准和建设规范，实现检验检疫系统业务协同、资源整合、设施及信息开放共享，避免重复建设。以与群众生产生活密切相关、质量安全风险隐患大的进出口产品为重点，优先对消费者普遍关注的进出口产品和领域开展质量信息追溯。

（二）加强引导、社会共治。通过追溯体系建设，推动大质量监管机制创新，引导和调动各方面积极性，充分发挥进出口企业主体作用，完善对进出口产品质量监管，实现质量社会共治。

（三）数据集中、互联互通。质检总局对采集的信息数据实施集中管理，充分挖掘追溯数据的应用价值。在政府、企业、协会、消费者间促进追溯信息的互联互通、开放共享。

三、主要目标

通过采集记录产品生产、流通、消费等环节的基本信息，以及质量控制、检验检测等信息，实现进出口产品来源可查、去向可追、风险可控、责任可究，为强化全过程质量安全管理与风险控制提供有力支撑。初步建成重要进出口产品质量追溯管理机制和追溯信息平台，检验检疫监管服务水平明显提升，进出口企业质量追溯主体意识显著增强，社会公众对追溯产品的认知度和接受度逐步提升，初步实现进出口产品质量社会共治。

四、工作任务

（一）建设统一管理机制和信息标准。研究制定追溯工作规范，统一追溯做法。建设统一的数据标准，制定实施追溯的关键共性信息内容标准，统一数据采集指标、传输格式、接口规范、赋码规则、数据安全标准、第三方平台接入标准等。

（二）建设统一追溯信息平台。推动建设统一的进出口产品质量追溯信息平台，统一管理进出口产品追溯信息的归集、分析、应用、发布和查询，与检验检疫工作相关信息化系统实施对接，实现追溯数据信息的统一、完整、规范、准确和安全。

（三）推动数据资源互联互通。坚持追溯信息平台开放和数据资源共享，推进追溯信息平台与政府部门、进出口企业、第三方检验、鉴定、检测、认证机构对接，打造产品全生命周期质量追溯体系。加强与商务、海关、国税、外汇等政府部门合作，推进各方追溯信息互通共享。

（四）强化追溯结果应用。开展追溯大数据分析与结果应用，加强风险评估与风险决策。探索建立产品质量档案、追溯信用管理制度和质量失信“黑名单”，适时发布消费提示，保护消费者权益。建设统一的公共服务窗口，向社会公众提供追溯信息一站式查询服务。

（五）在重点产品和重点领域积极推进。以自由贸易试验区和跨境电子商务企业为重点，探索推进食品、出口摩托车等重要产品和跨境电子商务零售等领域的进出口追溯体系建设。各地可结合质量提升、国检试验区、“同线同标同质”工程、质量安全示范区、生态原产地保护等创建活动，将影响范围广、风险等级高的产品率先纳入质量信息追溯体系建设。

五、相关要求

（一）加强顶层设计。质检总局负责进出口产品质量信息追溯体系建设整体规划，推进完善法律法规、政策措施、标准规范等建设，指导追溯体系建设各项工作。

（二）强化贯彻落实。各直属检验检疫局负责所辖区域内追溯体系建设的组织实施。应将追溯体系建设作为“十三五”期间的重点工作，研究制定具体实施方案，明确任务目标及工作重点，出台细化措施，落实职责分工。

（三）应用先进技术。鼓励企业采用物联网、大数据等先进技术手段采集、留存质量信息，打造全过程信息化追溯链条，利用自有的信息化质量管理系统与追溯管理信息平台实施对接。

（四）创新支持方式。将进出口产品质量信息追溯工作和检验检疫监管工作有机结合，对企业纳入质量信息追溯体系的产品，经风险评估，实施分类管理，可采取便利化监管措施，鼓励企业主动参与追溯工作。

（五）保障数据安全。各级检验检疫部门应将追溯信息用于分析质量状况、开展风险评估、调整监管重点等工作，不得将追溯信息用于非法牟利或其他不相关事项。

以上意见，请结合实际，认真贯彻执行。推进工作中遇到问题情况，要及时向总局报告。